TESTI E FONTI
PER LA STORIA DEL DISEGNO
E DELLA GRAFICA

1

Giorgio Vasari
e la *Vita di Marcantonio Bolognese, e d'altri intagliatori di stampe*

Edizioni e fortuna critica 1568-1760

a cura di
Giovanni Maria Fara

Leo S. Olschki
2021

Casa Editrice Leo S. Olschki
Viuzzo del Pozzetto, 8
50126 Firenze
www.olschki.it

Testi e fonti per la storia
del disegno e della grafica

Direttore
Giovanni Maria Fara

Comitato scientifico
Linda Borean, Chiara Callegari, Alessandro Nova, Maria Chiara Piva,
Stefania Portinari, Massimiliano Rossi, Maddalena Spagnolo

Prima della pubblicazione il volume è stato sottoposto, oltre che alla valutazione del comitato scientifico, a un processo di referaggio anonimo

Volume pubblicato con il contributo
del Dipartimento di Filosofia e Beni Culturali dell'Università Ca' Foscari Venezia

ISBN 978 88 222 6806 8

PREMESSA

Non si può certo sostenere che le *Vite* di Vasari siano un argomento poco studiato. Più specificamente, la loro recezione è stata al centro di rilevanti pubblicazioni recenti: nel 2016 è uscito *Vasari als Paradigma: Rezeption, Kritik, Perspektiven. The Paradigm of Vasari: Reception, Criticism, Perspectives*, a cura di Fabian Jonietz ed Alessandro Nova, e l'anno seguente *La réception des "Vite" de Giorgio Vasari dans l'Europe des XVIe-XVIIIe siècles*, a cura di Corinne Lucas Fiorato e Pascale Dubus. Se invece ci limitiamo alla *Vita di Marcantonio Bolognese, e d'altri intagliatori di stampe*, che è l'oggetto d'indagine di questo volume, bisogna osservare come, dopo il seminale studio di Evelina Borea, *Vasari e le stampe*, pubblicato nel 1990 in un numero speciale di *Prospettiva* in ricordo di Giovanni Previtali, tale importantissimo «contenitore biografico», in cui «la storia della tecnica trasforma profondamente la biografia» (Paola Barocchi), è stato indagato in molti differenti, e parziali, contributi, che ne hanno svelato meccanismi di scrittura, identificato pezzi e attribuzioni, interrogato scelte ed esclusioni, ma anche in pubblicazioni che lo hanno affrontato integralmente, scritte entrambe in lingua inglese, e quindi molto lette e diffuse: la *Annotated and Illustrated Version* di Robert Getscher, del 2003, e lo studio di Sharon Gregory, *Vasari and the Renaissance Print*, del 2012. E infine, proprio a Marcantonio Raimondi è stato da poco dedicato un ampio convegno monografico, al quale chi scrive è stato invitato a partecipare, i cui atti sono in corso di pubblicazione (*Marcantonio Raimondi, il primo incisore di Raffaello*, a cura di Anna Cerboni Baiardi e Marzia Faietti).

Il libro che il lettore tiene fra le mani ha trovato quindi solide basi su cui poggiarsi, che come curatore sono ben felice di dichiarare fin dalle prime righe. Si può anzi sostenere che proprio incrociando l'indagine su una specifica, e assai singolare, *Vita* come quella dedicata agli incisori, con il tema più ampio della sua recezione, questo volume abbia trovato la sua prima, e più importante, ragione d'essere. Se infatti tre sono i contributi dedicati a questa particolare «antibiografia» giuntina (nello specifico: il contrastato, ma vivificante rapporto di Vasari con la tecnica xilografica; il breve, ma assai formativo, soggiorno veneziano di Marcantonio Raimondi, indagato in una prospettiva antiquaria che integra l'antica testimonianza vasariana, incentrata sul noto racconto della contraffazione di celebri xilografie di Albrecht Dürer; lo studio puntuale dell'esteso catalogo di Luca di Leida incisore contenuto nelle pagine delle *Vite*), quattro sono quelli rivolti alla sua fortuna europea fra XVII e XVIII secolo, a partire dalla terza edizione bolognese curata da Carlo Manolessi – la prima pubblicata dopo la morte di Vasari, che si può ora finalmente apprezzare, credo, in tutta la sua importanza – per proseguire con l'analisi dettagliata dei debiti contratti da John Evelyn nei confronti del testo vasariano, un argomento fino ad ora passato generalmente sotto silenzio negli studi, e con la variegata incidenza del testo vasariano nella Francia del XVII secolo, fra letterati e incisori di professione, per concludersi con la monumentale edizione di Giovanni Bottari, la prima corredata di un commento, vero e proprio spartiacque nella fortuna critica del testo, come avvertito già dai suoi primi lettori, che giudicavano le annotazioni presenti quasi in ogni pagina «istruttive e opportune» (Mariette), «limpide, accorte e sincere» (Zanotto), «erudite e copiose» (Temanza), aprendo in tal modo la strada alla loro continua riproposizione nelle edizioni successive, fino ai fondamentali commenti di metà Ottocento di Ernst Förster, e di Carlo e Gaetano Milanesi.

Tale volume è inoltre il primo di una nuova collana, specificamente dedicata al disegno e alla grafica, che si pone fra i suoi obbiettivi primari lo studio delle fonti e la loro edizione critica. Un compito che chi scrive sente ancora come imprescindibile per la disciplina storico-artistica, che dovrebbe essere finalmente in grado di allestire per ognuna delle sue molteplici fonti un'edizione «facilmente leggibile, filologicamente corretta, ed in cui il testo è ricondotto, con tutti i mezzi a disposizione (primo fra tutti un aggiornato commento) a quelle coordinate storiche al di fuori delle quali è destinato a rimanere, per il pubblico attuale, anche "colto" se non addirittura "specialistico", largamente incomprensibile. Considerazioni elementari, e che sono certo valide per qualsiasi testo di antica storiografia (per il Guicciardini o Paolo Sarpi non meno che per il Vasari o il Bellori), ma che sono doppiamente vere per i testi di critica artistica i quali, una volta persa di vista la connessione con gli specifici fatti figurativi alla cui presenza furono redatti, sono tanto più facilmente soggetti ad involontarie incomprensioni quanto a volontarie manipolazioni» (Giovanni Previtali, 1976). In questa medesima collana, a ideale e inscindibile completamento e prosecuzione del volume che ora si presenta, chi scrive ha quindi in preparazione l'edizione critica, con un esteso commento secolare che radunerà circa tre secoli di esegesi, fino all'edizione del 1880 curata da Gaetano Milanesi, della *Vita di Marcantonio Bolognese, e d'altri intagliatori di stampe*, nella speranza di riuscire a fornire, per un testo così fondante, uno strumento affidabile che possa rendere finalmente conto di una vasta e stratificata cronologia, dei cambiamenti del gusto e dei tempi, delle letture di epoche e paesi diversi; in breve: della sua secolare fortuna storica.

I testi qui riuniti sono stati pensati, e scritti, durante il mio insegnamento a Ca' Foscari, e quindi sono inevitabilmente collegati ad alcuni dei corsi e seminari che ho tenuto nella laurea magistrale e nel dottorato di ricerca. Oltre al mio specifico contributo, altri quattro sono stati infatti scritti da giovani studiosi che hanno conseguito sotto la mia direzione il loro titolo magistrale, e che, in alcuni casi, stanno già proseguendo la loro carriera di studio e di ricerca in altri atenei; i due restanti, sono stati composti da un dottorando veneziano da me seguito, e da Émilie Passignat, collega del mio Dipartimento. Senza volere esagerare la loro importanza, i testi in volume intendono quindi anche illustrare in che modo l'inscindibile legame fra didattica e ricerca, ossatura tradizionale degli studi universitari italiani, rappresenti ancora un valido modello di riferimento, certamente da salvaguardare, e perseguire ancora oggi. Ringrazio pertanto autrici e autori per aver fattivamente contribuito a un tanto vasto progetto.

Durante la preparazione del libro ho potuto attingere ai fondi dipartimentali di ricerca: per questo motivo ringrazio la Rettrice Tiziana Lippiello, il Direttore Giuseppe Barbieri, i miei colleghi, e il personale tecnico e amministrativo del Dipartimento di Filosofia e Beni Culturali dell'Università Ca' Foscari di Venezia. Come sempre sentito è il ringraziamento verso la casa editrice, per il legame speciale che ci unisce da molti anni: a Daniele Olschki, a Georgia Corbo, a Erika Marchetti.

Numerose biblioteche e istituzioni di ricerca mi hanno fornito assistenza e ospitalità. Qui a Venezia sono pertanto grato a direzione e personale della Biblioteca di Area Umanistica dell'Università Ca' Foscari; dell'Accademia di Belle Arti; della Biblioteca Nazionale Marciana; della Fondazione Cini. A Firenze: della Berenson Library a Villa I Tatti; della Biblioteca Nazionale Centrale; della Biblioteca delle Oblate; dell'Istituto Nazionale di Studi sul Rinascimento; del Kunsthistorisches Institut.

Per molteplici consigli e aiuti ricevuti durante la preparazione del volume, esprimo infine il mio più vivo ringraziamento: al Comitato Scientifico tutto, che ha autorevolmente ed amichevolmente sostenuto l'iniziativa, fin dalla sua prima ideazione; ai revisori, che devono restare anonimi, per le loro letture accurate e competenti; infine a Corinna Gallori, Alessia Giachery, Simone Guerriero, Ilenia Maschietto, Angela Munari, Roberto Palermo.

Venezia, 28 ottobre 2021

G.M. Fara

Lorenzo Gigante

VASARI E LA XILOGRAFIA: UN SILENZIO ELOQUENTE

1. La xilografia nelle *Vite*

Nel 1550, con la prima edizione delle *Vite de' più eccellenti pittori, scultori e architettori*, Giorgio Vasari divenne il primo storico dell'arte dei tempi moderni. Nel 1568, con la seconda edizione delle *Vite* e l'aggiunta della *Vita di Marcantonio Bolognese, e d'altri intagliatori di stampe*, guadagnò un ulteriore primato divenendo il primo a trattare, in maniera sistematica, una storia della stampa d'arte.[1] Più che la narrazione di una singola vita in sé, questa aggiunta è infatti il compendio di un fenomeno che aveva ormai raggiunto dimensioni tali da non poter essere più taciuto da Vasari. Così, Marcantonio divenne un pretesto, una cornice per una storia delle stampe e degli stampatori, dei loro cataloghi e della loro produzione, o almeno di quanto a Vasari fosse noto a riguardo.[2] Non che Vasari non ponesse attenzione al fenomeno

[1] Le citazioni da Vasari sono tratte dall'edizione Bettarini-Barocchi: G. Vasari, *Le Vite de' più eccellenti pittori scultori e architettori nelle redazioni del 1550 e 1568*, testo a cura di R. Bettarini, commento secolare a cura di P. Barocchi, 6 voll. di testi e 3 di indici, Firenze, Sansoni e Studio per Edizioni Scelte, 1966-1997 (di qui in avanti citato come VBB).

[2] Sul rapporto di Vasari sulle stampe, esemplificato soprattutto attraverso la *Vita di Marcantonio*, si vedano D. Landau, *Vasari, Prints and Prejudice*, «The Oxford Art Journal», 6, num. 1, 1983, pp. 3-10; E. Borea, *Vasari e le stampe*, in *Scritti in ricordo di Giovanni Previtali*, «Prospettiva», 57/60, 1989/1990, pp. 18-38; D. Landau, P.W. Parshall, *The Renaissance Print. 1470-1550*, New Haven-London, Yale University Press, 1994; R.H. Getscher, *An Annotated and Illustrated Version of Giorgio Vasari's History of Italian and Northern Prints from his Lives of the Artists (1550 & 1568)*, 2 voll., Lewiston, The Edwin Mellen Press, 2003; E. Borea, *Lo specchio dell'arte italiana. Stampe in cinque secoli*, 4 voll., Pisa, Edizioni della Normale, 2009, I, in particolare pp. 141-149; L. Aldovini, *Intagliato col disegno et invenzione. Disegnare per incidere secondo Vasari*, in *Dessiner pour graver, graver pour dessiner. Le dessin dans la révolution de l'estampe*, a cura di D. Cordellier, Paris, Société du Salon du Dessin, 2012, pp. 37-51; S. Gregory, *Vasari and the Renaissance Print*, Farnham, Ashgate, 2012; B. Stoltz, Disegno *versus* Disegno stampato*: Printmaking Theory in Vasari's* Vite *(1550-1568) in the Context of the Theory of* Disegno *and the* Libro de' Disegni, «Journal of Art Historiography», 7, 2012; G. Marini, *Vasari e "il principio*

delle stampe già dall'edizione torrentiniana del 1550. Nel 1568, tuttavia, la stampa trova una sua trattazione specifica, coerente con il resto delle *Vite* non solo nella sua impostazione biografica, ma anche in quella teorica.[3] Non si trattava, però, di una storia di tutta la stampa figurativa. La vera protagonista è l'incisione su rame, a discapito delle altre tecniche di stampa.

La grande assente della trattazione vasariana è, soprattutto, la xilografia: diffusissima nell'illustrazione libraria, con oltre un secolo e mezzo di storia alle spalle e un ruolo fondamentale nell'origine della stampa figurativa stessa. Invece, l'atteggiamento di Vasari verso questa tecnica artistica è coerente in entrambe le edizioni delle *Vite*, nonostante l'introduzione, nel frattempo, delle 'Vite degli intagliatori'. Con la sola significativa eccezione del chiaroscuro, la xilografia per Vasari non sembra essere, di fatto, degna di menzione.

In realtà, il silenzio vasariano sulla xilografia non è totale. Diversi passaggi delle *Vite*, sia nella prima che nella seconda edizione, ne toccano direttamente o indirettamente la tecnica, la storia o i protagonisti. Tra passaggi delle *Teoriche*, accenni di vite, sottintesi, silenzi eloquenti, si può riconoscere una sorta di pensiero coerente intorno alla xilografia, che va di pari passo con la formulazione della ben più nota teoria del disegno nelle *Vite*. Vasari probabilmente non amava la xilografia, che pure ben conosceva per usufruire anch'egli del suo potenziale riproduttivo. Soprattutto però, per lui la xilografia era una sorta di minaccia, all'artista e al primato del disegno.

Tacere la xilografia nel testo che si considera l'atto di nascita della storiografia artistica non fu un gesto senza conseguenze. Tale tecnica rimase tagliata fuori, di fatto, dalla storia dell'arte, ed è tutt'oggi difficile valutare la portata dell'esclusione vasariana.[4] Così, mentre l'incisione conoscerà una sua trattatistica (per quanto in proporzione minore rispetto a quella di altre arti), in Italia la xilografia scomparirà quasi del tutto dalla storiografia, specialmente per quanto riguarda la vicenda delle sue origini, almeno fino a Settecento inoltrato.[5] Ironia della sorte, ricomparve nel nascente

---

dell'intagliare le stampe" nella Firenze del Quattrocento, in *Figure, memorie, spazio. La grafica del Quattrocento. Appunti di teoria, conoscenza e gusto*, a cura di M. Faietti, A. Griffo, G. Marini, Firenze, Giunti 2013, pp. 88-107; G.M. Fara, *Albrecht Dürer nelle fonti italiane antiche: 1508-1686*, Firenze, Olschki, 2014, pp. 11-32, 68-70, 143-157; Id., *Intorno a Dürer: 1470-1550. Gli antichi maestri tedeschi nel Gabinetto dei Disegni e delle Stampe degli Uffizi*, Firenze-Milano, Giunti, 2019, pp. 17-29, 40-49.

3 Stoltz, Disegno *versus* Disegno stampato, cit.

4 E. Borea, *Appunto sulla fortuna delle xilografie antiche*, in F. Bellini – E. Borea, *Xilografie del Quattrocento da Ravenna e da altri luoghi*, catalogo della mostra (Roma, Istituto Nazionale della Grafica, 9 dicembre 1987 – 7 febbraio 1988), Ravenna, Longo, 1987, pp. 17-22.

5 Manca, nell'Italia tra Sei e Settecento, una trattazione coerente e monografica dedicata alla xilografia o alle sue origini, che pure non trovano quasi spazio nella letteratura dedicata

dibattito sull'origine della stampa figurativa proprio nel segno di Vasari, per confutargli quel preteso primato fiorentino nella genesi della stampa artistica tanto caro alla sua impostazione storiografica.[6] Messa all'angolo dal silenzio vasariano, la xilografia poteva finalmente ritrovare la sua storia. Rimane però una domanda aperta: perché quel silenzio?

La xilografia nella Torrentiniana (1550)

Nell'introduzione dell'edizione torrentiniana, il XXXV capitolo delle *Teoriche* si intitola, in maniera promettente, *De le stampe di legno e de 'l modo di farle e del primo inventor loro e come con tre stampe si fanno le carte, che paiono disegnate e mostrano il lume, il mezzo e l'ombre.*[7] In realtà il titolo è piuttosto contorto e di fatto ingannevole, riguardando soltanto la tecnica del chiaroscuro.[8] Dunque, non già «le stampe di legno» ma, meglio, «le stampe di legno di tre pezzi», come si specifica subito nel testo:

> Il primo inventore delle stampe di legno di tre pezzi, per mostrare, oltra il disegno, l'ombre, i mezzi et i lumi ancora, fu Ugo da Carpi il quale ad imitazione delle stampe di rame ritrovò il modo di queste, intagliandole in legname di pero o di bossolo, che in questo sono eccellenti sopra tutti gli altri legnami.[9]

---

alle stampe in genere. Basti qui ricordare il *Cominciamento e progresso dell'arte dell'intagliare* di Baldinucci del 1686 (edizione critica F. Baldinucci, *Cominciamento e progresso dell'arte dell'intagliare in rame colle vite di molti de' piú eccellenti maestri della stessa professione*, a cura di E. Borea, Torino, Einaudi 2013), dedicato (sulla scia del Vasari, a cui tanto deve Baldinucci) all'incisione su rame, dove la xilografia non trova quasi spazi, men che meno per quanto riguarda le sue origini. Eccezionali in questo sono gli *Intagliatori* di Baglione del 1642, pubblicati in fine alle *Le Vite de' pittori, scultori ed architetti. Dal pontificato di Gregorio XIII del 1572 in fino a' tempi di Papa Urbano VIII nel 1642*, recentemente ripubblicate in edizione critica (G. Baglione, *Intagliatori*, a cura di G.M. Fara, Pisa, Edizioni della Normale, 2016) che escluderebbero per la loro stessa natura cronologica il problema delle origini, ma dedicano tre (su ventuno) biografie a xilografi, con un accenno, benché di una sola riga, all'origine della tecnica (Baglione, *Intagliatori*, cit., pp. 7, 37-41, specialmente 40). Per una bibliografia della xilografia delle origini, comprendente anche la sua ripresa di interesse tra Sette e Ottocento, si rimanda a nota 67.

[6] Si veda Borea, *Appunto sulla fortuna*, cit., p. 19, e *infra*, nota 87.

[7] VBB, I, pp. 170-172. Sull'importanza delle *Teoriche* nelle *Vite* vasariane si veda A. Cerasuolo, *L'*Introduzione *alle Arti e la tecnica della pittura nelle* Vite *di Vasari*, in *Giorgio Vasari e il cantiere delle Vite del 1550*, a cura di B. Agosti, S. Ginzburg, A. Nova, Venezia, Marsilio, 2013, pp. 301-314.

[8] Sulla xilografia a chiaroscuro: A. Gnann – D. Ekserdjian – M. Foster, *Chiaroscuro. Renaissance Woodcuts from the Collections of Georg Baselitz and the Albertina, Vienna*, catalogo della mostra (London, Royal Academy of Art, 15 marzo – 8 giugno 2014), London, Royal Academy of Arts, 2014 e N. Takahatake *et al.*, *The Chiaroscuro Woodcut in Renaissance Italy*, Los Angeles, County Museum of Art e Munich, Del Monico Books Prestel, 2018.

[9] VBB, I, p. 170.

In poche righe Vasari fornisce già una serie di preziose informazioni, alcune esplicite, altre, in maggioranza, implicite. Innanzitutto, conformemente all'idea vasariana di progresso,[10] c'è la presenza di un primo inventore, Ugo da Carpi.[11] Subito dopo, Vasari afferma che l'invenzione avvenne ad imitazione delle stampe di rame, il che rimanda al capitolo XXXIII delle stesse *Teoriche*: *Del niello e come per quello abiamo le stampe di rame*. Qui troviamo una prima definizione del niello e, di conseguenza, della stampa in rame:

> Il niello, il quale non è altro che un disegno tratteggiato e dipinto su lo argento, come si dipigne e tratteggia sottilmente con la penna [...] Di questo lavorò mirabilissimamente Maso Finiguerra fiorentino, il quale fu raro in questa professione, come ne fanno fede alcune paci di niello in San Giovanni di Fiorenza, che sono tenute mirabili. Da questo intaglio di bulino son derivate le stampe di rame onde tante carte et italiane e tedesche veggiamo oggi per tutta Italia; che sí come negli argenti s'improntava, anzi che fussero ripieni di niello, di terra, e si buttava di zolfo, cosí gli stampatori trovarono il modo del fare le carte su le stampe di rame col torculo, come oggi abbiam veduto da essi imprimersi.[12]

Prima di approfondire il rapporto tra un «disegno tratteggiato» (quale per Vasari sono il niello o le sue prove stampate) e una xilografia a chiaroscuro,[13] è interessante soffermarsi sul modo in cui Vasari si riferisce all'incisione su rame. Subito dopo la definizione del niello come «disegno tratteggiato», infatti, l'aretino descrive gli aspetti tecnici dell'incisione, illustrando tanto la procedura quanto gli strumenti impiegati:

> Questo si disegna con lo stile su lo argento, che sia piano, e si intaglia col bulino, ch'è un ferro quadro tagliato a unghia da l'uno degli angoli a l'altro per isbieco, che cosí calando verso uno de' canti, lo fa piú acuto e tagliente da due lati e la punta di esso scorre e sottilissimamente intaglia. Con questo si fanno tutte le cose, che sono intagliate ne' metalli, per riempierle o per lasciarle vote, secondo la volontà dello artefice.[14]

---

10 Il concetto di progresso nell'ambito delle stampe, che andrà precisandosi nella successiva edizione delle *Vite*, è già chiaro nella Torrentiniana: Stoltz, Disegno *versus* disegno stampato, cit., pp. 6-7.

11 Su Ugo da Carpi si rimanda a *Ugo. Ugo da Carpi, l'opera incisa. Xilografie e chiaroscuri da Tiziano, Raffaello e Parmigianino*, catalogo della mostra (Carpi, Palazzo dei Pio, 12 settembre – 15 novembre 2009) a cura di M. Rossi, Carpi, Comune di Carpi, 2009.

12 VBB, I, pp. 165-166.

13 Come giustamente notato da Stoltz, Disegno *versus* disegno stampato, cit., p. 6, è lo *shadow effect* il punto di contatto tra i risultati delle due tecniche. A riguardo, si veda oltre nel testo.

14 VBB, I, p. 165.

È l'approccio tipico del Vasari del proemio all'opera, nel solco di una tradizione di trattatistica eminentemente pratica che rimonta fino a Cennino Cennini. Ogni capitolo è un piccolo manuale pratico sul funzionamento di una diversa tecnica artistica, con annessa la descrizione della strumentazione e delle materie prime impiegate. Da questo punto di vista, diventa interessante tornare al capitolo XXXV. Qui si specifica come Ugo «intagliasse in legname di pero o di bossolo, che in questo sono eccellenti sopra tutti gli altri legnami», dopodiché descrive il procedimento.

Fecele dunque di tre pezzi, ponendo nella prima tutte le cose proffilate e tratteggiate, nella seconda tutto quello che è tinto a canto al proffilo con lo acquerello per ombra, e nella terza i lumi et il campo, lasciando il bianco della carta invece di lume e tingendo il resto per campo. Questa, dove è il lume et il campo, si fa in questo modo: pigliasi una carta stampata con la prima dove sono tutte le proffilature et i tratti, e cosí fresca fresca si pone in su l'asse del pero, et agravandola sopra con altri fogli che non siano umidi, si strofina, in maniera che quella ch'è fresca lascia su l'asse la tinta di tutti i proffili delle figure. Et allora il pittore piglia la biacca a gomma e dà in su 'l pero i lumi; i quali dati, lo intagliatore gli incava tutti co' ferri secondo che sono segnati. E questa è la stampa, che primieramente si adopera perché ella fa i lumi et il campo, quando ella è imbrattata di colore ad olio; e per mezzo della tinta, lascia per tutto il colore, salvo che dove ella è incavata, che ivi resta la carta bianca. La seconda poi è quella delle ombre, che è tutta piana e tutta tinta di acquerello, eccetto che dove le ombre non hanno ad essere, che quivi è incavato il legno. E la terza, che è la prima a formarsi, è quella dove il proffilato del tutto è incavato per tutto, salvo che dove e' non ha i proffili tocchi dal nero della penna. Queste si stampano al torculo, e vi si rimettono sotto tre volte, ciò è una volta per ciascuna stampa, sí che elle abbino il medesimo riscontro. E certamente che ciò fu bellissima invenzione.[15]

È soltanto nel momento di approcciare il secondo legno che compare un accenno a come, effettivamente, si intagli una matrice xilografica: «Et allora il pittore piglia la biacca a gomma e dà in su 'l pero i lumi; i quali dati, lo intagliatore gli incava tutti co' ferri secondo che sono segnati. [...] quando ella è imbrattata di colore ad olio; e per mezzo della tinta, lascia per tutto il colore, salvo che dove ella è incavata, che ivi resta la carta bianca». Qui Vasari, pur tacendone i principi tecnici, comincia a rivelare non pochi aspetti del suo modo di intendere la xilografia. Innanzitutto, «il pittore piglia la biacca e dà in su 'l pero i lumi, mentre lo intagliatore gli incava tutti co' ferri che sono segnati». Non sembra data la possibilità che le due figure, nella mente di Vasari, possano coincidere, al punto che al pittore è richiesto non solo,

[15] VBB, I, pp. 170-171.

evidentemente, di fornire un disegno da seguire, ma anche di intervenire direttamente sulla matrice lignea («in su 'l pero») a mettere i lumi, ovvero quei rialzi di biacca che tanto rendono simile al disegno la stampa a chiaroscuro. Una doppia responsabilità che riduce l'intagliatore a un mero artigiano, a differenza dell'incisore che «disegna con lo stile su lo argento», e «intaglia col bulino» essendo la stessa persona, a cominciare da quel Maso Finiguerra che, nella Giuntina, avrà l'onore del primato nella stampa. E per la xilografia, nell'ottica vasariana, questo dualismo è già un grosso problema.

Quando Vasari spiega come si incava la matrice lignea, lasciando a rilievo le aree che risulteranno colorate nell'impressione, il procedimento che descrive è quello contrario a come normalmente si intaglia una matrice xilografica: se di norma si punta a lasciare a rilievo il disegno, qui il risultato cercato è opposto: «lascia per tutto il colore, salvo che dove ella è incavata, che ivi resta la carta bianca», ossia si ricerca la parte bianca su fondo colorato, anziché il disegno scuro su fondo bianco. La necessità è spiegare quella che, in sostanza, è un'eccezione alla regola. La regola, invece, si tace. Di nuovo, il silenzio vasariano è a suo modo eloquente: non c'è bisogno di spiegare la tecnica xilografica, se non nelle eccezioni che le conferiscono effetti pittorici. Non si parla degli strumenti del mestiere (a parte le essenze lignee più adatte), non si specifica come funziona, effettivamente, la xilografia: perché? Due sono le possibili letture: primo, il sapere tecnico è pertinenza dell'intagliatore, non del pittore. Ne consegue come, di fatto, quest'ultimo non venga incluso fra i pittori, scultori o architetti delle *Vite*. Non è dunque, di fatto, un artista. Lo è, invece, il pittore che deve intervenire sulla matrice per creare, dalla comune xilografia, un chiaroscuro, nobilitando in questo modo la tecnica fino a portarla nel campo dell'arte, rendendo così il chiaroscuro degno di menzione nelle *Vite*. La seconda possibilità, che comunque non contraddice la prima, è che la tecnica xilografica sia, per Vasari, qualcosa di semplicemente scontato, una tecnica ormai acquisita, che non necessita di spiegazioni. Mentre l'incisione in rame ha una nobile prosapia, discendendo dal niello, e conseguentemente una sua, più o meno vaga, data di nascita, questo non sembra valere per la xilografia. Il silenzio di Vasari potrebbe allora significare che, nella percezione del tempo, la xilografia era come se fosse sempre esistita, e i principi della sua tecnica si trovassero alla portata di tutti. Chiunque maneggiasse un libro illustrato, ad esempio, aveva una certa dimestichezza con la xilografia, e anche gli illetterati si saranno trovati a pregare davanti ad immagini xilografiche, o almeno a giocare con naibi prodotti in serie. Bagatelle da popolino, lontane dalle speculazioni vasariane, ma che dimostrano l'enorme diffusione di questa tecnica di stampa.

Per quanto riguarda la xilografia, la Torrentiniana offre poco altro. Nelle *Vite* se ne torna a parlare nella vita di Raffaello, di nuovo, tuttavia, soltanto per menzionare l'invenzione della stampa a tre legni da parte di Ugo da Carpi.[16] Poche righe prima faceva la sua apparizione anche un altro dei protagonisti della grafica, Dürer «pittore mirabilissimo et intagliatore di rame di bellissime stampe» colto nell'atto di donare un suo ritratto a Raffaello.[17] Sulla sua attività xilografica, completo silenzio. Date queste premesse, il lettore non avrebbe fatto fatica ad intendere come chiaroscuri anche le non meglio specificate «stampe di legno» citate poco oltre nel noto episodio del furto subito dal Parmigianino:

> Aveva Francesco in questo tempo un suo servitore che si chiamava Antonio da Trento, che intagliava; il quale una matina, essendo in letto Francesco, gli tolse la chiave del forziere e lo aperse e gli furò tutte le stampe di rame e di legno e quanti disegni vi avea, et andossene col diavolo.[18]

È interessante notare come si ribadisca qui il duplice ruolo dell'artista e dell'intagliatore, «suo servitore», termine probabilmente scelto non a caso.[19] Nell'esempio del Parmigianino stesso, è allora il «cervello capriccioso» che lo porta a cimentarsi direttamente con le tecniche incisorie, toccando anche la xilografia:[20]

> Prese assunto come cervello capriccioso ch'egli era, di fare carte stampate intagliate sul ferro e sul rame con acqua forte, et ancora di chiaro scuro se ne vede di suo in legno molte, come ancora di bulino intagliate per mano del Caralio, dilettandosi egli non meno de 'l disegno, che si facesse del colorito.[21]

---

[16] VBB, IV, p. 191. La duplice menzione dell'invenzione di Ugo, nelle *Teoriche* e nella *Vita di Raffaello*, può considerarsi un'ulteriore indicazione dell'apprezzamento vasariano verso il chiaroscuro (Getscher, *An Annotated*, cit., pp. 55-56).

[17] VBB, IV, p. 189.

[18] VBB, IV, p. 540. Su questo rapporto vedasi Landau – Parshall, *The Renaissance Print*, cit., pp. 154-159.

[19] Il termine con cui Vasari si riferisce ad Antonio da Trento cambierà nell'edizione giuntina, dove viene definito «Maestro» (VBB, IV, 540), termine assai utilizzato nelle *Vite*, nel duplice significato di colui che insegna, mentore o, come nel caso in questione, persona altamente qualificata in un campo specifico, spesso quello delle arti applicate. Il cambiamento si può leggere come ulteriore testimonianza della maggior considerazione della stampa artistica che l'aretino sviluppa tra le due edizioni delle *Vite*.

[20] In Vasari il termine *capriccio* non ha connotazione negativa che prenderà in seguito alla Controriforma, ma ha un significato oscillante tra l'ingegno e la trovata fuori dalla regola. Si vedano B. Fanini, *Le* Vite *del Vasari e la trattatistica d'arte del Cinquecento: nuovi strumenti, nuovi percorsi d'indagine*, «Studi di Memofonte» 15, 2015, pp. 91-108: 97-101 e A. Siekiera, *Note sul lessico delle* Vite *di Giorgio Vasari fra la Torrentiniana e la Giuntina*, «Studi di Memofonte» 15, 2015, pp. 109-119: 110-111.

[21] VBB, IV, p. 542.

Nel contesto delle *Vite*, un autentico artista quale Parmigianino, in quanto pittore e «dilettandosi de 'l disegno», quando si interessava agli intagli in legno non poteva che cimentarsi nel chiaroscuro.

La xilografia nella Giuntina (1568)

Quanto rilevato sin qui a proposito della xilografia non cambia granché nei diciott'anni che separano l'edizione torrentiniana dalla nuova edizione uscita nel 1568 per i tipi dei Giunti. L'introduzione, con le annesse *teoriche della pittura*, rimane in massima parte invariata, con l'eccezione del potenziamento del ruolo del disegno come padre delle arti, il cui ruolo rispetto alla xilografia verrà discusso più avanti.

La grande innovazione della Giuntina nell'ottica della storia della stampa artistica è invece, senza dubbio, l'introduzione della *Vita di Marcantonio Bolognese, e d'altri intagliatori di stampe*. Progettata almeno dal 1564,[22] amplia e sistematizza una serie di informazioni soltanto accennate nella *Vita di Raffaello* dell'edizione torrentiniana, a proposito delle vite e delle opere degli stampatori dalle origini agli anni in cui scrive Vasari. Ora la storia e lo sviluppo della stampa artistica trovano una loro trattazione coerente con la visione vasariana, diventando parte integrante di quel progresso che investe tutte le arti, in ottica squisitamente fiorentinocentrica, con Maso Finiguerra iniziatore del bulino (e non più Mantegna), fino ai fasti di Marcantonio e della contemporaneità.

Non occorrerà insistere ancora su quanto la storia della stampa raccontata da Vasari sia, sostanzialmente, una storia dell'incisione calcografica, come già era avvenuto nell'edizione torrentiniana. Al di là dell'importanza della *Vita di Marcantonio*, si impone qui un'altra domanda: qual è il ruolo della xilografia nella *Vita di Marcantonio*? Sin dall'inizio, è ben chiaro che l'oggetto del ragionare sarà essenzialmente la stampa in rame. Il discorso si riaggancia in maniera esplicita alle introduttive *Teoriche*:

> Per che nelle teoriche della pittura si ragionò poco delle stampe di rame bastando per allora mostrare il modo dell'intagliar l'argento col Bulino, ch'è un ferro quadro, tagliato a sghembo, et che à il taglio sottile; sene dirà hora, con

---

22 Come è stato più volte evidenziato dalla critica, il dato si ricava da un appunto vasariano sul retro di una lettera a Cosimo Bartoli di quell'anno: *Giorgio Vasari. Principi, letterati e artisti nelle carte di Giorgio Vasari. Pittura vasariana dal 1532 al 1554*, catalogo della mostra (Arezzo, Casa Vasari – sottochiesa di San Francesco, 26 settembre – 29 novembre 1981) a cura di L. Corti, M. Daly Davis, C. Davis, J. Kliemann, Firenze, Edam, 1981, p. 233; G. Vasari, *Der literarische Nachlass Giorgio Vasaris*, a cura di K. Frey, H.W. Frey, München, Georg Müller Verlag, 1923-1930, II, p. 78 (CDXLV, 29 aprile 1564).

l'occasione di questa vita, quanto giudicheremo dovere essere à bastanza. Il principio dunque dell'intagliare le stampe venne da Maso Finiguerra fiorentino, circa gl'anni di nostra salute 1460.[23]

Secondo Vasari da Maso l'invenzione passa a Baccio Baldini, ne viene quindi a conoscenza Mantegna, attraversa le Alpi per giungere a Martin Schongauer e, da lui, ad Albrecht Dürer. Con quest'ultimo artista si introduce il tema della xilografia anche nella *Vita di Marcantonio*, dopo un primo elenco della sua produzione in rame. Al di là del catalogo delle opere in legno, che comprende le tre grandi serie xilografiche e qualche altro foglio singolo, è interessante osservare come l'autore introduca questo sottocatalogo del *corpus* dureriano:

Dopo le quali opere [la prime stampe in rame segnalate da Vasari], vedendo con quanta larghezza di tempo intagliava in rame, e trovandosi âvere gran copia d'invenzioni diversamente disegnate, si mise a intagliare in legno; nel qual modo di fare coloro che hanno maggior disegno hanno più largo campo da poter mostrare la loro perfezzione.[24]

È curioso come Vasari senta la necessità di spiegare perché Dürer, ad un certo punto della sua carriera, avesse deciso di darsi alla xilografia (una giustificazione che non ritiene necessaria per l'incisione in rame): ulteriore segno, tra le righe, dell'imbarazzo che Vasari prova davanti a questa tecnica. Poche righe prima, riguardo alle stampe di Dürer viene specificato che «le intagliava di sua man propria», cosa non esplicitamente specificata nel trattare, appena prima, delle stampe di Schongauer. Riunire disegno e intaglio diventa, in Dürer, un elemento nobilitante per l'artista che si riscatta così dal rischio, insito nella xilografia, di trovarsi ad essere un mero artigiano. Tuttavia, il fatto che un artista, le cui buone qualità nel disegno erano abbondantemente riconosciute da Vasari (pur con tutti i limiti derivanti dal non essere italiano, tantomeno toscano),[25] decida di sporcarsi le mani con la xilografia ha comunque bisogno di una giustificazione. In questo caso, sono la fertilità inventiva e la perizia nel disegno dell'artista: Dürer ha «gran copia d'invenzioni», e non può stare dietro alla sua ispirazione con i tempi

---

23 VBB, V, p. 3.

24 VBB, V, pp. 4-5.

25 «E nel vero, se quest'uomo sì raro, sì diligente e sì universale avesse avuto per patria la Toscana, come egli ebbe la Fiandra, et avesse potuto studiare le cose di Roma, come abbiam fatto noi, sarebbe stato il miglior pittore de' paesi nostri, sì come fu il più raro e più celebrato che abbiano mai avuto i Fiaminghi» (VBB, V, p. 5). Sulla fortuna italiana di Dürer si rimanda al monumentale repertorio di G.M. Fara, *Albrecht Dürer nelle fonti italiane antiche 1508-1686*, Firenze, Olschki, 2014, in particolare pp. 23-32 sulla sua ricezione nelle *Vite* vasariane.

lunghi che l'incisione in rame richiede. Così, la xilografia, «veduto questo modo di fare essere molto più facile che l'intagliare in rame»[26] garantisce all'artista un duplice risultato. Se da un lato allarga il suo pubblico, dall'altro permette di dare libero sfogo al suo disegno, le cui qualità, insieme con il fatto di lavorare in prima persona il legno, garantiscono la tenuta del risultato. Un'operazione, comunque, non priva di rischi, come mostra (secondo Vasari) il caso della *Grande Passione*:

> E se bene sono poi state fatte l'altre otto parti, che furono stampate col segno d'Alberto, a noi non pare verisimile che sieno opera di lui, attesoché sono mala cosa, e non somigliano né le teste, né i panni, né altra cosa la sua maniera; onde si crede che siano state fatte da altri dopo la morte sua per guadagnare, senza curarsi di dar questo carico ad Alberto.[27]

Converrà tornare oltre su questo passo. Basti per ora, al di là del ben noto errore nella considerazione del primo Dürer, apprezzare la capacità di Vasari di saper distinguere, se non lo stesso autore in due momenti diversi, almeno le differenze interne alla serie, indice di uno sguardo non superficiale alla produzione grafica dureriana.[28] Quanto la xilografia fosse, nel caso di Dürer, necessaria per permettere all'artista di tenere il passo della propria *vis* creativa, lo mostra il proseguo del racconto vasariano. Il tedesco mette mano alla serie dell'Apocalisse «seguitando di sfogare i suoi capricci, [...] con quella sua imaginativa stravagante e molto a proposito a cotal suggetto», e la xilografia si dimostra subito il mezzo più adatto, in relazione al duplice obiettivo che essa consente: così, non solo il risultato fu «una maraviglia», ma anche «fu gran lume a molti de' nostri artefici che si son serviti poi dell'abondanza e copia delle belle fantasie et invenzioni di costui».[29] Ciò non modifica però il giudizio di fondo vasariano sulla xilografia. Subito dopo, infatti, «cresciuto Alberto in facultà et in animo, vedendo le sue cose essere in pregio»,[30] all'aretino sembra naturale il ritorno all'incisione in rame: così, questa parentesi dureriana si chiude con la celeberrima *Malinconia* e con la serie xilografica della *Piccola Passione*, necessaria quest'ultima a riportare il discorso su Marcantonio. L'episodio della contraffazione da parte dell'emiliano delle xilografie di Dürer sembra peraltro concludersi

---

26 VBB, V, p. 5.

27 VBB, V, p. 5.

28 Si veda a riguardo *infra*, nota 109.

29 VBB, V, p. 5. Per la fortuna di questa serie, G.M. Fara, *Albrecht Dürer. Originali, copie, derivazioni*, Firenze, Olschki, 2007, pp. 252-281.

30 VBB, V, p. 6.

con un giudizio abbastanza severo sul tedesco, se Marcantonio subito dopo si ritrova quasi ad espiare questa sbandata verso Oltralpe con la pratica del disegno necessaria a renderlo il migliore nel suo campo: e così, «andatosene Marcantonio a Roma, si diede tutto al disegno»,[31] per lasciare di nuovo lo spazio narrativo agli incisori tedeschi.

Per ritrovare l'intaglio su legno protagonista, occorre arrivare a Ugo da Carpi. Qui non si tratta più di semplice xilografia, ma si entra nella tematica del chiaroscuro. Nella *Vita di Marcantonio*, l'introduzione del chiaroscuro avviene subito dopo la descrizione dei creati dell'incisore emiliano all'interno della bottega raffaellesca, e l'invenzione di Ugo diviene il pretesto per aprire una sorta di parentesi sulle tecniche nuove della stampa artistica, il chiaroscuro prima e l'acquaforte poi, con la figura di Parmigianino, che si cimentò in entrambe, a fungere da cerniera narrativa tra le due. Di nuovo, come nelle *Teoriche*, il chiaroscuro ha il suo metro di paragone non già nella xilografia, quanto piuttosto nell'incisione in rame. Infatti l'«acutissimo ingegno» di Ugo gli permise di trovare il metodo «di fare con le stampe di legno carte che paiono fatte col pennello a guisa di chiaroscuro, il che è stato cosa ingegnosa e difficile»:

> fu quegli che primo si provò, e gli riuscì felicemente, a fare con due stampe, una delle quali a uso di rame gli serviva a tratteggiare l'ombre, e con l'altra faceva la tinta del colore, perché, graffiata in dentro con l'intaglio, lasciava i lumi della carta in modo bianchi, che pareva, quando era stampata, lumeggiata di biacca.[32]

Sarebbe stato possibile descrivere il procedimento in altri modi, ma Vasari spiega esplicitamente come la seconda matrice fosse «a uso di rame», come se soltanto quest'ultimo fosse in grado di «tratteggiare l'ombre»: per Vasari la semplice xilografia sembra dunque del tutto inadeguata a questo scopo. Tuttavia, il chiaroscuro è in grado di superare questo limite, e i risultati entusiasmano persino Vasari, che definisce in più occasioni *bellissime* le carte ottenute con questo metodo. Da Ugo si passa agli altri intagliatori in chiaroscuro, non senza qualche confusione tra chi forniva i disegni e chi effettivamente intagliava. «Baldassarre Peruzzi, pittore sanese, fece di chiaroscuro simile una carta d'Ercole che caccia l'Avarizia [...], che fu bellissima»,[33] mentre nella frase seguente Parmigianino sembra intagliare

---

31 VBB, V, p. 7.

32 VBB, V, pp. 14-15.

33 VBB, V, p. 15. È plausibile che Vasari in questo caso sia stato tratto in inganno dal fatto che Peruzzi rimase probabilmente in possesso dei legni: LANDAU – PARSHALL, *The Renaissance Print*, cit., p. 153; J. JOHNSON, *Ugo da Carpi's Chiaroscuro Woodcuts*, «Print Collector» 57-58, 1982, pp. 2-87: 30.

direttamente l'incisione del *Diogene*, surclassando Ugo, fino a poco prima lodatissimo: «e Francesco Parmigiano intagliò in un foglio reale aperto un Diogene, che fu più bella stampa che alcuna che mai facesse Ugo».[34] Seguono poi alcune opere di Antonio da Trento, Niccolò Vicentino, fino ad arrivare a quello che, per Vasari, fu il migliore: «ma le più belle poi sono state fatte da Domenico Beccafumi sanese dopo la morte del detto Parmigiano, come si dirà largamente nella Vita di esso Domenico».[35] E non poteva che essere Beccafumi il preferito di Vasari, se non altro per la *verve* sperimentale che lo portò ad incrociare il chiaroscuro e l'incisione in rame, le due tecniche incisorie più apprezzate dall'aretino.[36] La combinazione delle due tecniche non era del tutto una novità,[37] ma dal passaggio della *Vita di Beccafumi* risultano ancora più chiare le cause dell'apprezzamento vasariano:

> E perché era quest'uomo capricciosissimo e gli riusciva ogni cosa, intagliò da sé stampe di legno per far carte di chiaroscuro, e se ne veggiono fuori due Apostoli fatti eccellentemente, uno de' quali n'avemo nel nostro Libro de' disegni, con alcune carte di sua mano disegnate divinamente.[38]

Il passo è di grande interesse, giacché si tratta di una delle pochissime menzioni esplicite di stampe conservate nel «libro dei disegni» di Vasari,[39] dunque di una delle più forti attestazioni di stima nei confronti dell'incisione e di un incisore: si tratta però di un *executor* che coincide con l'*inventor*, ed è questo un forte motivo di apprezzamento da parte dell'aretino. L'attenzione di Vasari si concentra ancora una volta sulla questione dell'identità di mano tra intagliatore e artista, che si configura sempre più come discrimine nell'ammettere la xilografia tra le tecniche veramente artistiche. Il che, co-

---

34 VBB, V, p. 15; Getscher, *An Annotated*, cit., I, p. 63. Sul rapporto tra le due stampe si veda Landau – Parshall, *The Renaissance Print*, cit., p. 154.

35 VBB, V, p. 16.

36 Per la produzione a chiaroscuro di Beccafumi si veda Takahatake, *The Chiaroscuro Woodcut*, cit., pp. 164-185. Sulla sua sperimentazione tecnica si veda Landau – Parshall, *The Renaissance Print*, cit., pp. 272-283; C. Hartley, *Beccafumi "glum & gloomy"*, «Print Quarterly» 8, num. 4, 1991, pp. 418-425.

37 La combinazione di più tecniche era già stata sperimentata da Parmigianino, in collaborazione con Ugo da Carpi o Antonio da Trento, nel *San Pietro e San Giovanni guariscono il paralitico*: Takahatake, *The Chiaroscuro Woodcut*, cit., pp. 121-123, con bibliografia precedente.

38 VBB, V, p. 176.

39 L'unica altra attestazione certa è relativa alle incisioni di Gherardo copiate da Dürer (VBB, III, p. 473), da riferirsi però forse al Robetta: G. M. Fara, *Albrecht Dürer nelle fonti*, cit., pp. 12-13; S. Partsch, *Gherardo di Giovanni del Fora*, voce in *Allgemeines KünstlerLexikon*, München-Leipzig, Saur-De Gruyter, vol. 52, 2006, p. 520. Altro discorso sarebbero le stampe presenti nella bottega di Vasari con funzione di modelli, per cui si rimanda a Gregory, *Vasari and Renaissance Print*, cit., pp. 229-284 e 327-387.

munque, sembra avere per l'aretino un carattere del tutto fuori dal comune, dal momento che si sottolinea come sia il capriccio a portarlo a intagliare da sé le sue stampe, quasi con le stesse parole che l'edizione torrentiniana dedicava a Parmigianino (in quel caso era il «cervello capriccioso»): momenti eccezionali di uomini eccezionali, ben lontani dalla norma.[40]

Lasciando momentaneamente la *Vita di Marcantonio*, Vasari testimonia un differente approccio alla matrice xilografica nella *Vita* di Tiziano. L'aretino cita la grande xilografia tizianesca in cinque blocchi del *Trionfo di Cristo*:[41]

L'anno appresso 1508 mandò fuori Tiziano in istampa di legno il Trionfo della Fede, con una infinità di figure, i primi Parenti, i Patriarci, i Profeti, le Sibille, gl'Innocenti, i Martiri, gl'Apostoli, e Gesù Cristo in sul trionfo, portato dai quattro Evangelisti e dai quattro Dottori, con i Santi confessori dietro: nella quale opera mostrò Tiziano fierezza, bella maniera e sapere tirare via di pratica. E mi ricordo che fra' Bastiano del Piombo, ragionando di ciò, mi disse che, se Tiziano in quel tempo fusse stato a Roma et avesse veduto le cose di Michelagnolo, quelle di Raffaello e le statue antiche, et avesse studiato il disegno, arebbe fatto cose stupendissime, vedendosi la bella pratica che aveva di colorire, e che meritava il vanto d'essere a' tempi nostri il più bello e maggiore imitatore della natura nelle cose de' colori, che egli arebbe nel fondamento del gran disegno aggiunto all'Urbinate et al Buonarruoto.[42]

L'episodio sembra sfruttato più che altro per biasimare immediatamente dopo la carenza di disegno di Tiziano, secondo il ben noto giudizio attribuito a Sebastiano del Piombo sulla mancata conoscenza delle cose romane. Al di là del curioso fatto di non citare le altre imprese xilografiche del giovane Tiziano, cominciando dall'altrettanto monumentale *Sommersione del Faraone*,[43] è interessante il confronto con la seconda menzione di una xilografia nella vita del cadorino, a proposito, poco oltre, della traduzione in legno della parte inferiore della pala di San Nicolò della Lattuga, raffigurante *Sei Santi*: «L'opera della quale tavola fu dallo stesso Tiziano disegnata in legno e poi da altri intagliata e stampata».[44]

---

40 Si veda *infra*, nota 20.

41 *Tiziano e la silografia veneziana del Cinquecento*, catalogo della mostra (Venezia 1976) a cura di M. Muraro, D. Rosand, Vicenza, Neri Pozza, 1976, pp. 74-78, num. 1-6. La datazione vasariana è tuttora oggetto di dibattito: si veda P. Lüdemann, *Tiziano. Le botteghe e la grafica*, Firenze, Alinari, 2016, pp. 24-53.

42 VBB, VI, p. 157.

43 *Tiziano e la silografia*, cit., pp. 80-83, n. 8-9.

44 VBB, VI, p. 159.

Perché è necessario specificare tale responsabilità? Verrebbe da pensare che, nella precedente citazione, Vasari attribuisse anche l'intaglio della matrice a Tiziano, pur riferendosi al *Trionfo* con un generico «mandò fuori» che fa, con ogni probabilità, riferimento alla semplice decisione da parte del cadorino di veder stampata la propria invenzione. Senza dubbio l'aretino doveva considerarla una traduzione assolutamente fedele delle idee tizianesche, e dunque del suo disegno, se da quella stessa stampa deriva (anche se con ogni probabilità si tratta di un puro artificio retorico) lo scambio di opinioni sul disegno tizianesco con Sebastiano del Piombo. Peraltro, la xilografia dei *Sei Santi*, di ottima qualità, rappresenta il primo approccio tizianesco all'incisione di riproduzione da un'opera pittorica, una pratica che, normalmente, si struttura attorno ad una dialettica pittore / disegnatore – intagliatore.[45]

Ritornando alla presenza dell'incisione in legno nella *Vita di Marcantonio*, dopo un accenno fugace alla scena xilografica veneziana («da Vinezia similmente son venute molte carte in legno et in rame bellissime: da Tiziano in legno molti paesi, una Natività di Cristo, un San Ieronimo e un San Francesco»)[46] di stampe in legno si torna a parlare approfonditamente in relazione ai libri illustrati.[47]

> E chi non vede senza maraviglia l'opere di Francesco Marcolini da Forlì? il qual oltre all'altre cose stampò il libro del Giardino de' Pensieri, in legno, ponendo nel principio una sfera d'astrologi, e la sua testa col disegno di Giuseppo Porta da Castelnuovo della Garfagnana; nel qual libro sono figurate varie fantasie: il Fato, l'Invidia, la Calamità, la Timidità, la Laude, e molte altre cose simili, che furono tenute bellissime. Non furono anco se non lodevoli le figure che Gabriel Giolito, stampatore de' libri, mise negl'Orlandi Furiosi, perciò che furono condotte con bella maniera d'intagli; come furono anco gl'undici pezzi di carte grandi di notomia, che furono fatte da Andrea Vessalio e disegnate da Giovanni di Calcare fiamingo, pittore eccellentissimo, le quali furono poi ritratte in minor foglio et intagliate in rame dal Valverde, che scrisse della notomia dopo il Vessallio.[48]

È questo, forse, il primo, vero, elogio di "semplici" xilografie presente nell'opera vasariana, prescindendo il chiaroscuro. Ma, in questo caso, i nomi oggetto di lode non sono mai gli esecutori materiali delle matrici, quanto piuttosto gli editori, come nel caso di Marcolini o Giolito, o i dise-

---

45 *Tiziano e la silografia*, cit., pp. 111-112, n. 44.

46 VBB, V, p. 20.

47 Sulla presenza dei libri illustrati nelle *Vite*, Getscher, *An Annotated*, cit., pp. 27-39: 30-32 sul passaggio qui citato; Gregory, *Vasari and the Renaissance Print*, cit., pp. 63-68.

48 VBB, V, pp. 21-22.

gnatori, nei casi di Giuseppe Porta o Jan Calcar. L'immagine xilografica, trattandosi di libri, appare quasi scontata. Si citano le *Sorti* del Marcolini come stampate in legno, probabilmente per la loro particolare veste tipografica, per il resto si puntualizza soltanto che le illustrazioni per l'anatomia del Valverde furono intagliate in rame.

L'ultimo passo in cui Vasari, nella *Vita di Marcantonio*, si sofferma sulla xilografia è in chiusura di capitolo. Dopo l'ennesimo elenco di autori e opere, l'autore si avvia alla conclusione, quasi tirando le somme non solo riguardo alla produzione dei più recenti artefici ultramontani, ma in generale sul tema della produzione di stampe:

> [...] con infinite altre carte piene di tante varie fantasie, che è uno stupore et una maraviglia considerare che sia stato fatto nelle stampe di rame e di legno. Per ultimo basti vedere gl'intagli di questo nostro Libro dei ritratti de' pittori, scultori et architetti, disegnati da Giorgio Vasari e dai suoi creati, e state intagliate da maestro Cristofano ..., che ha operato et opera di continuo in Vinezia infinite cose degne di memoria.[49]

Con incredibile coerenza, il cognome dell'intagliatore, probabilmente Coriolano, si perde nel testo.[50] Se qui Vasari sembra mostrarsi decisamente soddisfatto del suo illustratore, inserendo i ritratti delle *Vite* immediatamente dopo altre cose degne di «stupore, maraviglia», e definendo le opere dello stesso autore come «degne di memoria», non altrettanto faceva in altre parti dello stesso libro. Appena aperto il primo volume dell'opera, nel corso della dedicatoria al duca Cosimo della nuova edizione, Vasari illustra le innovazioni dell'edizione giuntina, tra cui i ritratti incisi degli artisti:

> E se le effigie e ritratti che ho posti di tanti valenti uomini in questa opera [...] non sono alcuna volta ben simili al vero e non tutti hanno quella proprietà e simiglianza che suol dare la vivezza de' colori, non è però che il disegno et i lineamenti non sieno stati tolti dal vero e non siano e propii e naturali, senzaché, essendomene una gran parte stati mandati dagli amici che ho in diversi luoghi,

---

49 VBB, V, p. 25.

50 Il Cristoforo viene generalmente identificato con Cristoforo Coriolano o Christopher Chrieger: Gregory, *Vasari and the Renaissance Print*, cit., pp. 86-89. Sui ritratti nelle *Vite* si vedano almeno W. Prinz, *Vasaris Sammlung von Künstlerbildnisses: Mit einem kritischen Verzeichnis der 144 Vitenbildnisse in der zweiten Ausgabe der Lebensbeschreibungen von 1568*, «Mitteilungen des Kunsthistorischen Institutes in Florenz» Beiheft zu Band XVI, 1966, pp. 1-158; L. Collobi Ragghianti, *Il 'Libro de' disegni' ed i ritratti per le 'Vite' del Vasari*, «Critica d'arte», n.s., 18, num. 117, 1971, pp. 37-64; J. Kliemann, *Le xilografie delle 'Vite' del Vasari*, in *Giorgio Vasari: Principi, letterati e artisti*, cit., pp. 237-263; Gregory, *Vasari and the Renaissance Print*, cit., pp. 83-114; L. Moretti – S. Roberts, *From the* Vite *or the* Ritratti*? Previously Unknown Portrait from Vasari's* Libro de' Disegni, «I Tatti Studies in the Italian Renaissance» 21, num. 1, 2018, pp. 105-136.

non sono tutti stati disegnati da buona mano. Non mi è anco stato in ciò di piccolo incommodo la lontananza di chi ha queste teste intagliate, però che, se fussino stati gli intagliatori appresso di me, si sarebbe per avventura intorno a ciò potuto molto più diligenza che non si è fatto, usare.[51]

Di nuovo emerge il problema, così presente in Vasari, della differenza tra l'artista vero e proprio e l'intagliatore, che artista invece non è. La distanza tra i due – fisica, in questo caso – è un rischio costante per la tenuta qualitativa del lavoro e, dunque, del risultato, che oltretutto in questo frangente pativa già il fatto di tradurre disegni non sempre «di buona mano». Se così si apre la parte introduttiva alle *Vite*, anche le *Teoriche* si chiudono ancora sulla questione dei ritratti intagliati, in particolare della loro somiglianza, pregiudicata da diversi fattori:

a questo si aggiugne che i ritratti dissegnati non somigliano mai tanto bene quanto fanno i coloriti, senzaché gl'intagliatori, che non hanno disegno, tolgono sempre alle figure, per non potere né sapere fare appunto quelle minuzie che le fanno esser buone e somigliare quella perfezzione che rade volte o non mai hanno i ritratti intagliati in legno. Insomma, quanta sia stata in ciò la fatica, spesa e diligenza mia, coloro il sapranno che, leggendo, vedranno onde io gli abbia quanto ho potuto il meglio ricavati, etc.[52]

Con buona pace delle «infinite cose degne di memoria» di maestro Cristofano, la condanna è nettissima, contro di lui e contro tutta la sua categoria: «gl'intagliatori, che non hanno disegno». E per quanto il povero Vasari si fosse sforzato nel cercare le migliori e più affidabili fonti per i ritratti, scomodando corrispondenti e amici vicini e lontani per questo,[53] meglio comunque la lettura del testo che fidarsi della xilografia.[54]

A questo punto è evidente quale sia l'opinione vasariana attorno a questa tecnica, nonostante qualche slancio positivo espresso nella *Vita di Marcantonio*. Un testo, pure, che vede un Vasari piuttosto incerto davanti al fenomeno della stampa artistica. Tutto il capitolo è infatti, pur nel generale

---

51 VBB, I, p. 6.

52 VBB, II, p. 32.

53 Le fonti dei ritratti incisi nelle *Vite* sono state indagate da Prinz, *Vasaris Sammlung*, cit.

54 Si veda a riguardo anche la lettera di Vasari a Vincenzo Borghini il 20 settembre 1567: «Et stamani io ho fatto dj mia mano il mio ujso, ritratto dallo specchio, che non è enfiato; et la ritratta nel bossolo. *Et se maestro Cristofano a Venetia non lo giostitia*, areno una testa gratiosa, perche la ritratto bene afatto. Stasera lo manderò a Venetia. [...]» (il corsivo è dello scrivente); Vasari, *Der literarische Nachlass*, cit., II, pp. 350-351 (DCVII, 20 settembre 1567); ripubblicata in C.M. Simonetti, *La vita delle "Vite" vasariane. Profilo storico di due edizioni*, Firenze, Olschki, 2005, pp. 113-114.

elogio degli artefici, dominato da un sentimento contrastante anche verso la stampa in rame. Così, ad esempio, Caraglio può abbandonare la stampa «come cosa bassa», per darsi alla glittica,[55] o ancora alla fine della trattazione, quando Vasari riporta come «nel nostro Libro sono di sua mano [di Marcantonio] alcuni disegni d'Angeli fatti di penna, et altre carte molto belle, ritratte dalle camere che dipinse Raffaello da Urbino»,[56] specifica innanzitutto la natura dei disegni a penna, lasciando il dubbio se dietro le *altre carte* non possano nascondersi delle stampe (e sarebbero tra i pochissimi casi di stampe citate nella collezione di disegni vasariana), mostrando ancora una volta la sua personale scala di gusto.

Se Vasari, dunque, non si mostra convinto nei confronti della xilografia, pure ciò non gli impedisce di servirsene per illustrare le sue *Vite*, ponendole pienamente all'interno del fenomeno del libro illustrato di cui egli stesso, nell'opera, tesseva le lodi. D'altra parte, egli poteva contare su una certa esperienza in fatto di modelli per l'illustrazione libraria, avendo già fornito disegni per più imprese editoriali.[57] Non solo: all'atto pratico Vasari si dimostra assolutamente conscio e partecipe delle potenzialità tecniche del mezzo xilografico. Basti considerare l'uso intenso e raffinato che fa, nelle stesse *Vite*, di elementi combinabili in più soluzioni. Le cornici multiple e le illustrazioni con la *Fama che risveglia gli artisti*, l'*Autoritratto* e la *Vedutina di Firenze*, tutte incise su differenti matrici, possono ad esempio essere disposte in diversi modi, come dimostrano le varianti del frontespizio di alcune copie, basate su un sistema fisso di due cornici e uno o più soggetti centrali, in cui i singoli elementi risultano intercambiabili.[58] Lo stesso meccanismo combinatorio si ritrova nei ritratti degli artisti e nelle loro cornici, ideate per collegare, anche visivamente, ogni artista alla sua arte, che fosse scultura, pittura o architettura.[59] Un sistema aperto, che permetteva contemporaneamente di trasformare i ritratti in galleria iconografica, con un potenziale di fruizione altissimo.[60] Una macchina sofisticata e costruita con consapevolezza, esibita con orgoglio nonostante la sfiducia continuamente ostentata nelle qualità degli intagliatori che la realizzarono.

---

55 VBB, V, p. 17.

56 VBB, V, p. 25.

57 Gregory, *Vasari and the Renaissance Print*, cit., pp. 68-75.

58 *Ivi*, pp. 75-83.

59 Sulle cornici dei ritratti si veda Prinz, *Vasaris Sammlung*, cit., pp. 26-33.

60 Moretti – Roberts, *From the* Vite *or the* Ritratti?, cit.

2. Vasari e il problema della xilografia delle origini

Nel sistema vasariano del progresso delle arti, anche l'incisione necessitava di un proprio punto di inizio, per quanto simbolico. Nelle *Vite* del 1550, l'invenzione spettava a Mantegna, cosa che al toscano Vasari non doveva fare troppo piacere.[61] Nella Giuntina, infatti, il primato passa al fiorentino Maso Finiguerra, ed è soltanto con il tramite del Pollaiolo che l'arte della stampa è conosciuta da Mantegna.[62] In questa edizione, in realtà, il tema dell'origine dell'incisione sembra essere sostanzialmente strumentale ad assegnare il primato a Firenze, dal momento che, idealmente, il "primo" incisore sembra di fatto essere un altro, nonostante la stima manifestata verso i suoi predecessori. Infatti, la «cosa delle stampe» viene «in pregio e riputazione» con Marcantonio,[63] o ancora, qualche pagina dopo, «è di molto l'arte nostra obligata a Marcantonio, per avere egli in Italia dato principio alle stampe»,[64] sottintendendo un giudizio quantomeno non altrettanto entusiasta sui precedenti raggiungimenti dell'arte incisoria. Questo brevissimo *focus* è già sufficiente per notare come la questione delle origini della stampa rivestisse un'importanza marginale per Vasari, e fosse, inoltre, un discorso relativo più che altro all'incisione su rame. D'altra parte, si vedrà, Vasari non avrebbe mai potuto includere la xilografia delle origini nel suo sistema artistico, e men che meno far iniziare da lì il progresso di una tecnica come l'incisione, che aveva ormai raggiunto una diffusione tale da obbligare l'aretino ad assegnarle una propria collocazione nel sistema delle arti e nella loro storia.

L'esclusione della xilografia dalla ricostruzione delle origini della stampa artistica è già stata messa in evidenza dalla critica.[65] Le motivazioni chiamate in causa fanno riferimento alla condizione di anonimato delle stampe, alla funzione d'uso prevalentemente pratica, alla mancanza di valore artistico della maggior parte di quella produzione che, agli occhi di Vasari, doveva dunque apparire «non qualificata in alcun modo».[66] Senza dubbio

---

61 VBB, III, p. 556.

62 VBB, III, pp. 554 e 556; V, pp. 3ss. A riguardo si vedano K. Oberhuber, *Vasari e il mito di Maso Finiguerra*, in *Vasari storiografo e artista. Atti del congresso internazionale nel IV centenario della morte*, Firenze, Istituto Nazionale di Studi sul Rinascimento, 1976, pp. 383-393; S. Roberts, *Inventing Engraving in Vasari's Florence*, «Intellectual History Review» 2014.

63 VBB, V, p. 11.

64 VBB, V, p. 14.

65 Borea, *Appunto sulla fortuna*, cit., pp. 17-19; Borea, *Vasari e le stampe*, cit., p. 18; Marini, *Vasari e il principio*, cit., pp. 91-92.

66 Borea, *Vasari e le stampe*, cit., p. 18.

questi aspetti avranno pesato in maniera significativa sul giudizio vasariano, ma non è detto che queste siano state le uniche ragioni dietro all'esclusione, pressoché totale, della xilografia nella storiografia dell'aretino. Se difficilmente Vasari sarà stato al corrente delle precise origini della xilografia, oscure a tutt'oggi, con ogni probabilità conosceva quantomeno l'antichità della tecnica, precedente di almeno mezzo secolo nei confronti dell'incisione in rame.[67] Toccare l'argomento, però, significava andare incontro ad una serie di problemi non facilmente risolvibili, che rischiavano inoltre di contraddire l'impianto teorico sul quale le *Vite* stesse si reggevano.

Autografia e autorialità

Il concetto di autorialità e anonimato nella xilografia quattrocentesca è una questione complessa, non polarizzabile su un discorso binario. Se oggi siamo in grado di associare ad un artista con relativa certezza almeno il disegno di diverse stampe, come nel caso del miniatore veneziano Cristoforo Cortese,[68] non è detto che le conoscenze storico artistiche del tempo di Vasari, ad un secolo dalla creazione di quelle immagini, consentissero di fare

---

67 Per la bibliografia sulla xilografia delle origini, oltre a quanto sarà citato in seguito: *Origins of European Printmaking: Fifteenth-Century Woodcuts and Their Public*, catalogo della mostra (Washington DC, National Gallery of Art, 4 settembre – 27 novembre 2005; Nuremberg, Germanisches Nationalmuseum, 14 dicembre 2005 – 19 marzo 2006) a cura di P.W. Parshall, R. Schoch, Washington DC, National Gallery of Art, 2005; *The Woodcut in Fifteenth-Century Europe*, a cura di P.W. Parshall, Washington DC, National Gallery of Art, 2009 e S. Lepape, *Les origines de l'estampe en Europe du Nord, 1400-1470*, Paris, Le Passage, 2013. Tanto più complessa è la situazione italiana essendo gli esemplari superstiti esigui. Rimangono validi i contributi di F. Lippmann, *The Art of Wood Engraving in Italy in the Fifteenth Century*, London, Quaritch, 1888 e A.M. Hind, *An Introduction to a History of Woodcut with a Detalied Survey of Work done in the Fifteenth Century*, London, Constable, 1935, soprattutto I, pp. 159-166 e II, pp. 396-558. Dopo la pionieristica catalogazione della xilografia quattrocentesca di W.L. Schreiber, *Handbuch der Holz- und Metallschnitte des XV. Jahrhunderts*, Leipzig, Hiesermann, 1926-1930 (parzialmente illustrata in *The Illustrated Bartsch, Supplement: German Single Leaf Woodcuts before 1500*, a cura di R.S. Field, voll. 161-6 di *The Illustrated Bartsch*. New York, Abaris, 1987-2008, nuovi dati sulla situazione italiana stanno emergendo dal progetto di catalogazione promosso dalla Fondazione Giorgio Cini, *Atlante della xilografia italiana del Rinascimento*, a cura di L. Aldovini, D. Landau e S. Urbini, per cui vedasi L. Aldovini – D. Landau – S. Urbini, *Le matrici lignee della collezione Malaspina e l'Atlante delle xilografie italiane del Rinascimento*, «Studi di Memofonte» 17, 2006, pp. 3-24; L. Aldovini – D. Landau – S. Urbini, *Rinascimento di carta e di legno. Artisti, forme e funzioni della xilografia italiana fra Quattrocento e Cinquecento*, «Saggi e Memorie di Storia dell'Arte» 40, 2016, pp. 7-27. Le xilografie citate in seguito con l'acronimo ALU seguito da un numero fanno riferimento alla classificazione dell'Atlante Cini, cui si rimanda per eventuali approfondimenti.

68 Per il gruppo di xilografie riunite sotto il nome di Cristoforo Cortese si veda R.S. Field, *A Fifteenth-Century Picture Panel from the Dominican Monastery of Saint Catherine in Nuremberg*, in *The Woodcut in Fifteenth Century*, cit., pp. 204-237, con ampia bibliografia.

altrettanto. Oggi è noto il rapporto che lega alcune xilografie quattrocentesche ad opere pittoriche di artisti anche di primissimo livello. Così, accadeva che chiese o confraternite veneziane facessero stampare immagini dei loro santi protettori ispirandosi alle figurazioni sacre presenti sugli altari, da distribuire a confratelli o semplici fedeli in occasione delle feste o dietro compenso di un'elemosina. È il caso, ad esempio, di una xilografia raffigurante *San Trifone* nota in due esemplari, entrambi conservati a Ravenna, biblioteca Classense, provenienti dalla raccolta del giurista Jacopo Rubieri: di recente questa stampa è stata avvicinata a una tavola di un polittico della bottega dei Vivarini già sull'altare della scuola degli Schiavoni di Venezia.[69] Una matrice oggi al Fogg Art Museum di Cambridge (Mass.), raffigurante *San Sebastiano*, deriva invece dall'immagine del santo presente in uno dei polittici dipinti nella bottega dei Bellini per gli altari del tramezzo della chiesa della Carità, sempre nella città lagunare.[70] Questi due casi, risalenti rispettivamente al sesto decennio e alla fine del Quattrocento, difficilmente incrociarono la propria strada con quella di Vasari, che raccogliendo informazioni sulla situazione artistica veneziana per le sue *Vite* doveva avere in mente ben altro. Ma casi analoghi sono noti anche a Firenze, pur essendo rimaste pochissime impressioni provenienti da quella città, tra le quali spicca una raffinata *Madonna con il Bambino e San Giovannino*, oggi conservata ad Amburgo, che riflette da vicino i modelli pittorici di Raffaellino del Garbo.[71]

Si potrà obiettare, rispetto a una pretesa autografia da parte di artisti noti, come in questi casi si tratti per lo più di stampe di traduzione, che in ogni caso avrebbero imposto un artigiano tra l'artista ideatore del disegno e il risultato finale, opera dell'intagliatore. Anche questo paradigma, in realtà, non per forza doveva essere la norma. In almeno un caso italiano, potenzialmente noto a Vasari, le figure dell'artista e dell'intagliatore potevano fondersi se non nella stessa persona, almeno nella stessa bottega. La seconda edizione delle *Vite* dedica infatti qualche riga a Lorenzo Canozi da Lendinara tra i «concorrenti» di Mantegna.[72] Vasari lo cita come «pittore eccellente», attivo a Padova e di livello discontinuo: oggi la sua bottega è

---

69 ALU.0071.1 e ALU.0071.2; ALDOVINI – LANDAU – URBINI, *Rinascimento di carta*, cit., p. 10.

70 ALU.0065-M; S. URBINI, *Fortuna in Laguna. Xilografia, letterati, editori e attori. A proposito dell'Arboro di frutti della Fortuna*, «La Rivista di Engramma» 162, 2019.

71 ALU.0354; LIPPMANN, *The Art Of Wood Engraving*, cit., p. 34; HIND, *An Introduction*, cit., II, pp. 447-450. Nonostante i dubbi di Hind, la derivazione da modelli della cerchia di Raffaellino del Garbo sembra da confermarsi: si veda a confronto il tondo venduto da Sotheby's Milano, 9-10 giugno 2009, *Old Master Paintings, XIX Century Paintings, Furniture, Ceramics and Works of Art and Books*, Lot 9.

72 VBB, III, pp. 554-555.

nota soprattutto per le tarsie lignee, ma Lorenzo si cimentò anche nell'arte dell'editoria e nella xilografia.[73] Non è noto con quanta assiduità la bottega dei Canozi si sia dedicata all'intaglio di matrici lignee, ma è decisamente attendibile l'attribuzione ad essi del *Sant'Antonio da Padova* della Biblioteca Classense di Ravenna, tra i pezzi qualitativamente più alti della raccolta di Rubieri.[74] È difficile stabilire se Vasari potesse avere contezza della produzione xilografica dei Canozi. Anzitutto, non è dato sapere se questo *Sant'Antonio* sia stato una prova estemporanea o facesse parte di una più vasta produzione della bottega. Il problema si lega alla massiccia scomparsa della maggior parte della produzione di xilografie quattrocentesche, che impedisce ad oggi una corretta valutazione del fenomeno, sia in termini quantitativi che qualitativi.[75] Così, ora, il *Sant'Antonio* si staglia come una vetta quasi isolata nella coeva produzione di xilografie sciolte, con la sua piena adesione ai principi prospettici rinascimentali di matrice pierfrancescana. Un altro elemento di fondamentale importanza è il ruolo che questa xilografia riveste nel confermare la continuità tra le botteghe di intarsiatori e la xilografia, due mestieri fondati entrambi sull'intaglio del legno. Vasari dedica una delle *Teoriche* alla tarsia lignea, avvicinando la tecnica al commesso di pietre e al mosaico senza accennare a ogni eventuale rapporto con gli altri mestieri artistici del legno.[76] Anche nei confronti della tarsia l'aretino non ha un atteggiamento positivo, asserendo che:

> invero alcune cose sono vivissime; ma per essere cosa che tosto diventa nera e non contrafà se non la pittura, essendo da meno di quella e poco durabile per i tarli e per il fuoco, è tenuto tempo buttato invano, ancora che e' sia pure e lodevole e maestrevole.[77]

---

[73] F. Mozzetti, *Genesini, Lorenzo*, s.v. *Dizionario Biografico degli Italiani*, Roma, Istituto della Enciclopedia Italiana, LIII, 2000, pp. 83-86.

[74] ALU.0093; G. Schizzerotto, *Le incisioni quattrocentesche della Classense*, Ravenna, Zaccherini, 1971, pp. 114-120, n. 13, tav. XXXVIII; Bellini – Borea, *Xilografie del Quattrocento*, cit., p. 108, n.36; D.S. Areford, *La Nave e lo Scheletro. Le stampe di Jacopo Rubieri alla Biblioteca Classense di Ravenna*, Bologna, Bononia University Press, 2017, pp. 25-26.

[75] Sui numeri delle xilografie quattrocentesche superstiti si veda R.S. Field, *Early Woodcuts: The Known and the Unknown*, in *Origins of European*, cit., pp. 19-35: 19. Per quanto riguarda l'Italia, Borea, *Appunto sulla fortuna*, cit. individua nel disinteresse dei collezionisti fra le maggiori cause della mancata conservazione delle xilografie italiane. Si veda in proposito la differente posizione di Landau (D. Landau, *Fifteenth-Century Italian Woodcuts* (recensione a Bellini – Borea, *Xilografie del Quattrocento*, cit.), «Print Quarterly» 6, num. 1, 1989, pp. 71-3: 71). È plausibile che l'utilizzo 'pratico' cui erano sottoposte molte xilografie abbia avuto un ruolo importante nella loro distruzione (L. Gigante, *Cinque xilografie della Passione da Altomünster alla Biblioteca Classense di Ravenna*, Ravenna, Longo, 2015, p. 10 nota 13).

[76] VBB, I, 155-157.

[77] VBB, I, 157.

Così, è difficile sapere se Vasari potesse essere non soltanto a conoscenza ma, più in generale, anche solo interessato ad approfondire i legami tra due forme artistiche entrambe, ai suoi occhi, di non grande valore.

Funzione

È già stato messo in evidenza come, a motivare il disinteresse vasariano nei confronti della xilografia, possa aver contribuito anche la funzione pratica di alcune tipologie di stampe.[78] Anche qui, tuttavia, vale la pena puntualizzare come i contorni e le partizioni generalmente applicate oggi dagli storici dell'arte tra immagini di soggetto sacro finalizzate a pratiche devozionali e stampe da apprezzarsi per il loro valore d'arte fossero al tempo di Vasari quantomeno più sfumati di quanto oggi non si tenda a considerare. Una xilografia come il *San Rocco* di Tiziano,[79] di cui nessuno oggi nega lo status artistico, e che giustamente viene annoverata tra i fatti più rilevanti della grafica tizianesca, nasce strettamente legata non solo alla raccolta di elemosine per l'erigenda sede dell'omonima confraternita, ma anche a pratiche devozionali da parte dei pellegrini in visita alle sue spoglie.[80] Eppure, Vasari tace questa stampa, pur essendo al corrente della raccolta di fondi della scuola, che poté beneficiare anche dello status miracoloso del dipinto con il *Cristo portacroce* – definito «maggior divozione di Vinezia»[81] – che l'aretino attribuisce a Giorgione nell'edizione del 1550 e a Tiziano nel 1568. Difficilmente, in questo caso, sarà stata la destinazione devozionale a causare la mancata menzione della xilografia, se la stessa devozione non precluse la citazione del *Cristo* (ma quest'ultimo, in quanto dipinto, doveva godere agli occhi di Vasari di uno status più elevato). Sempre a Venezia, confini labili fra stampa devozionale, legata alle esigenze rituali delle confraternite, e stampa d'arte interessano anche un'altra vicenda ben nota a Vasari, quella del plagio delle xilografie dureriane da parte di Marcantonio. Editori delle copie incise da Marcantonio furono infatti i fratelli Niccolò e Domenico Del Gesù, noti, oltre che per l'attività come tipografi, anche per il coinvolgimento nella produzione di immagini

---

78 Borea, *Vasari e le stampe*, cit., p. 18.

79 *Tiziano e la silografia*, cit., p. 88, n. 15.

80 L. Pon, *A Document for Titian's* St Roch, «Print Quarterly» 19, num. 3, 2002, pp. 275-277.

81 VBB, VI, pp. 159-160. La stessa immagine ebbe una sua straordinaria diffusione attraverso la xilografia, comparendo sia nel già citato *San Rocco* di Tiziano che in altre xilografie contemporanee: M.A. Chiari Moretto Wiel, *Il Cristo Portacroce della Scuola di San Rocco e la sua lunetta*, «Atti dell'Istituto Veneto di Scienze, Lettere ed Arti, Classe di Scienze Morali Lettere ed Arti» 156, num. 4, 1998, pp. 687-732: 693-701.

devozionali per le scuole veneziane, oggi testimoniata quasi solo per via documentaria.[82]

Una commistione tra fruizione pratica e artistica interessa anche le primissime forme di collezionismo o protocollezionismo di stampe. Se l'uso delle stampe che fa Rubieri nei suoi manoscritti risponde in pieno a finalità pratiche, con le immagini poste ad introdurre i capitoli dei suoi volumi di *consilia* giuridici secondo precise associazioni di senso, nondimeno quest'ultimo agisce con una sorta di personale gusto estetico, rifacendosi anche a pratiche d'uso comuni anche al di là delle Alpi, modificando le immagini secondo le proprie esigenze.[83] Immagini che definiremmo senza dubbio di interesse per lo più devozionale, ma anche stampe di propaganda politica o sociale sono attestate nell'inventario della collezione di Fernando Colombo, forse il primo vero e proprio collezionista di stampe a noi noto: una raccolta caratterizzata (è purtroppo impossibile sapere se in questo fosse un'eccezione) da un interesse assolutamente onnivoro ed omnicomprensivo nei confronti delle immagini, quale che ne fosse la tecnica, l'autore, le dimensioni, la provenienza.[84]

Il primato dell'invenzione

Forse Vasari avrebbe avuto un atteggiamento differente nei confronti della xilografia se essa gli avesse permesso almeno di dimostrare il primato italiano nell'invenzione della tecnica dell'incisione su legno, come fece

---

[82] L. Pon, *Raphael, Dürer, and Raimondi. Copying and the Italian Renaissance Print*, New Haven and London, Yale University Press, 2004, pp. 53-66; G.M. Fara, *Albrecht Dürer nelle fonti*, cit., pp. 26-28.

[83] Areford, *La Nave e lo Scheletro*, cit. Sulle pratiche di interazione con le stampe si vedano D.S. Areford, *The Viewer and the Printed Image in Late Medieval Europe*, Farnham, Ashgate, 2010; K.M. Rudy, *Image, Knife and Gluepot. Early Assemblage in Manuscript and Print*, Cambridge, Open Book Publishers, 2019.

[84] M.P. McDonald, *The Print Collection of Ferdinand Columbus*, «Print Quarterly» 17, num. 1, 2000, pp. 43-46; D. Landau, *The Print Collection of Ferdinand Columbus (1488-1539)*, in *Collecting Prints and Drawings in Europe, c. 1500-1750*, a cura di C. Baker, C. Elam, G. Warwick, Aldershot, Ashgate, 2003, pp. 29-36; M.P. McDonald, *"Extremely curious and important!" Reconstructing the print collection of Ferdinand Columbus*, in *Collecting Prints*, cit., pp. 37-54; M.P. McDonald, *The Print Collection of Ferdinand Columbus (1488-1539): A Renaissance Collector in Seville*, London, The British Museum Press, 2004; M.P. McDonald, *Ferdinand Columbus: Renaissance Collector (1488-1539)*, London, The British Museum Press, 2005. Non sembra plausibile l'affermazione di McDonald, *Ferdinand Columbus*, p. 27 sul mancato apprezzamento da parte di Colombo delle «coarsely cut devotional images that he would not have wanted in his collection», poiché nella sua collezione vi era invece posto per immagini dall'interesse più devozionale che qualitativo, basti citare qui il foglio raffigurante la *Madonna con il Bambino, l'Annunciazione, santi e l'Ultima Cena* (ALU 0039.1) (McDonald, *The Print Collection*, cit., II, pp. 469-470, n. 2593), o xilografie tedesche altrettanto «coarsely cut».

(non senza forzare la mano) con l'incisione su rame o con il chiaroscuro.[85] Se è difficile oggi definire con certezza dove sia stata stampata la prima xilografia, al tempo di Vasari la situazione non doveva essere meno complessa. A maggior ragione tenendo presente come una situazione che oggi conosciamo per lo più per via documentaria, come l'importazione di – e dunque la promiscuità con – grandi quantità di immagini da Oltralpe, doveva essere qualcosa di ben più tangibile. Le testimonianze sono precoci: l'accordo siglato a Padova nel 1440 tra i due mercanti *Jacobus teotonicus*, tintore di pelli e *magistro Cornelio de Flandria* relativo alla compravendita di oltre un migliaio di immagini, se pure non specifica la provenienza delle stesse, quantomeno ci informa del coinvolgimento di mercanti stranieri nel commercio italiano di immagini a stampa.[86] La ben nota protesta dei fabbricanti veneziani del 1441 contro l'importazione di stampe dall'estero, che a loro dire stava mettendo in ginocchio il mercato locale, fa sospettare che ci si riferisse in prevalenza a materiali importati dalla Germania, anche considerando il documento padovano precedentemente citato.[87] La presenza in quegli stessi anni di xilografie tedesche anche a Firenze è attestata da almeno un caso di prestito iconografico in una miniatura,[88] che mostra quanto la xilografia fosse già allora in grado di svolgere quella funzione di ausilio agli artisti riconosciuta alle stampe un secolo dopo dallo stesso Vasari.[89] Insomma, soprattutto agli albori del medium xilografico le stampe

85 Ad oggi mancano ancora informazioni sicure sull'origine dell'incisione, mentre il chiaroscuro fece la sua comparsa in Germania pochi anni prima che in Italia Ugo chiedesse i privilegi in Italia (si veda P.W. Parshall, *The Origins of Chiaroscuro Woodcuts*, in Takahatake, *The Chiaroscuro Woodcut*, cit., pp. 34-41).

86 Il documento, reso noto da A. Sartori, *Documenti padovani sull'arte della stampa nel secolo XV. Libri e stampatori in Padova*, in *Miscellanea di studi storici in onore di Mons. G. Bellini, tipografo, editore, libraio*, Padova, Tipografia Antoniana, 1953, pp. 111-231: 116-117 è trascritto in Bellini – Borea, *Xilografie del Quattrocento*, cit., p. 144. Si veda anche L. Gigante, *Incontri, Scontri, Confronti. Appunti sulla ricezione della xilografia nordica in Italia tra XV e XX secolo*, in *Taking and Denying. Challenging Canons in Arts and Philosophy*, a cura di G. Argan, M. Redaelli, B. Spampinato, Venezia, Edizioni Ca' Foscari, 2020, pp. 133-161: 142.

87 Reso noto dal Temanza nel 1761 (T. Temanza, in *Nuove memorie per servire all'istoria letteraria in Venezia*, Venezia, Fossati, 1761, V, p. 18) proprio in opposizione al preteso primato fiorentino sulla stampa, anche questo documento è trascritto in Bellini – Borea, *Xilografie del Quattrocento*, cit., p. 144. Si veda anche Gigante, *Incontri, scontri*, cit., pp. 142-143.

88 *Ivi*, pp. 147-158.

89 Vasari ha un atteggiamento ambiguo a riguardo: ammette la pratica della copia, ad esempio attraverso l'asserzione che la serie dei *Dodici Apostoli* e altre stampe di piccole dimensioni con santi fossero state concepite appositamente come modello per i pittori di «non molto disegno» (VBB, V, p. 12), ma allo stesso tempo deplora il ricorso alla «maniera tedesca» da parte di Pontormo negli affreschi della Certosa, pur lodando l'uso dei modelli dureriani (VBB, V, pp. 319-321). Si veda a riguardo Getscher, *An Annotated*, cit., pp. 67-70; Fara, *Albrecht Dürer nelle fonti*, cit., pp. 12-23.

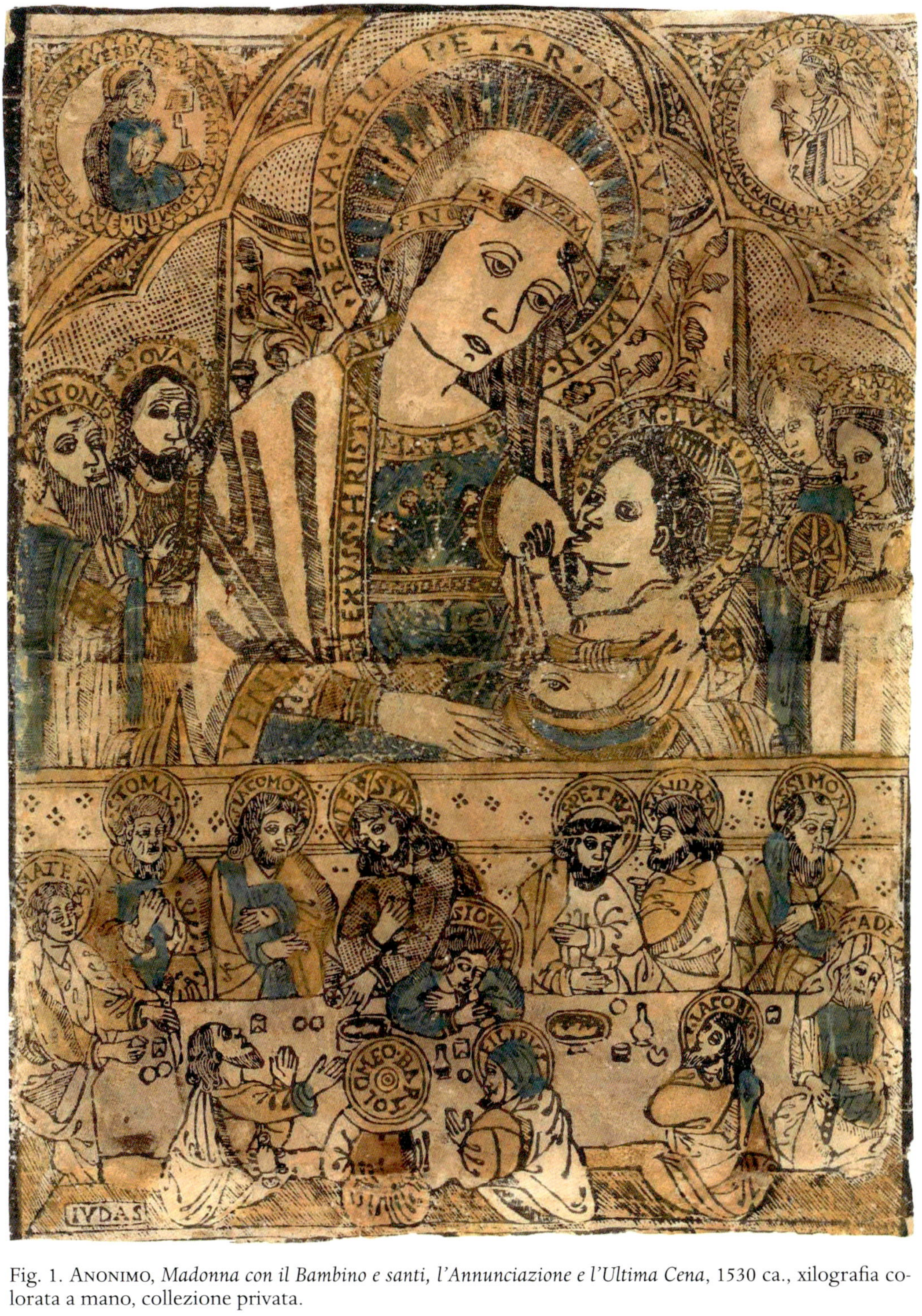

Fig. 1. ANONIMO, *Madonna con il Bambino e santi, l'Annunciazione e l'Ultima Cena*, 1530 ca., xilografia colorata a mano, collezione privata.

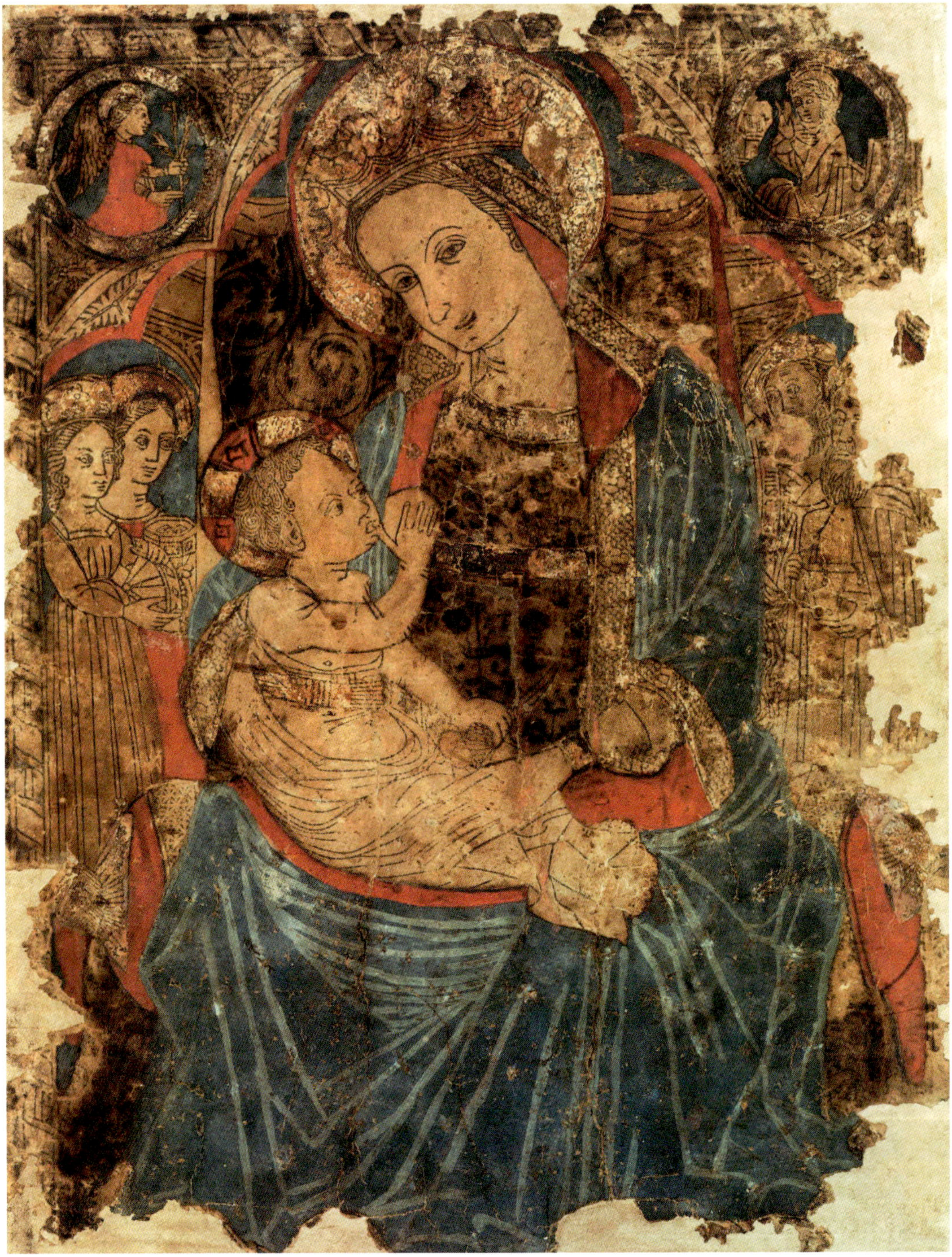

Fig. 2. Anonimo, *Madonna con il Bambino, Annunciazione e Santi*, 1450-1470 ca., xilografia colorata a mano, Londra, British Museum.

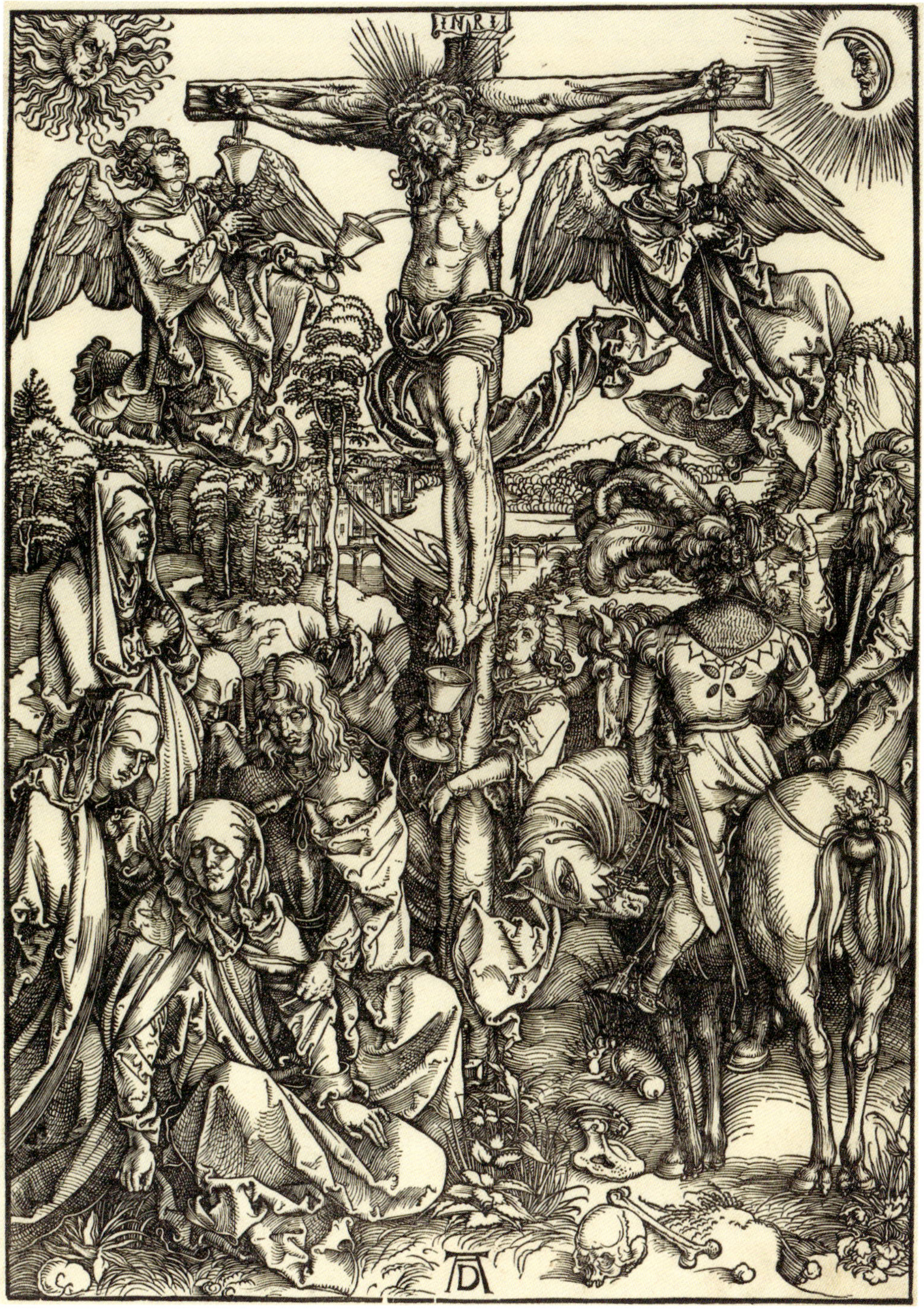

Fig. 3. ALBRECHT DÜRER, *Crocifissione*, 1497-1498 ca., xilografia.

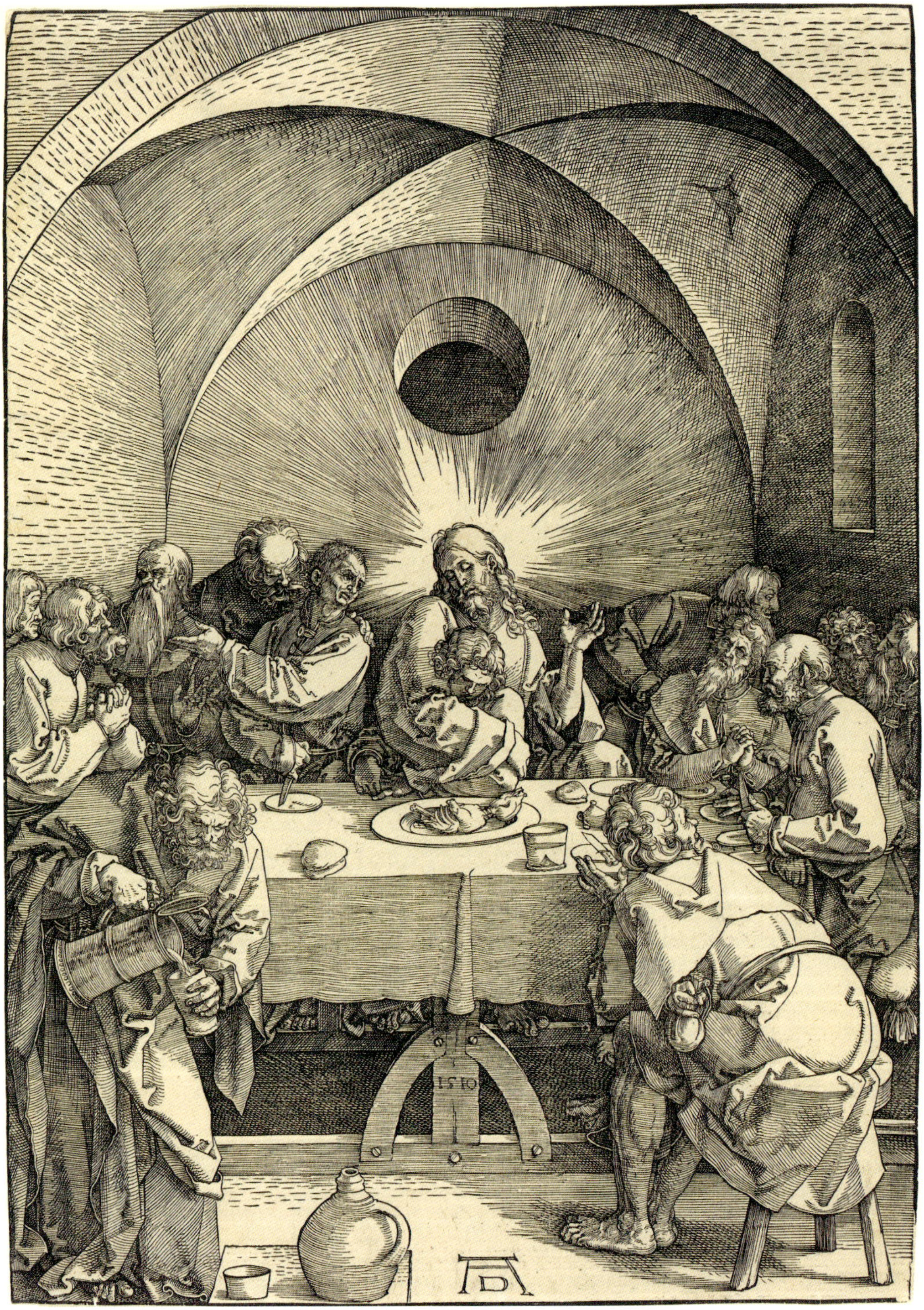

Fig. 4. Albrecht Dürer, *Ultima Cena*, 1510, xilografia.

tedesche si infiltravano sul mercato italiano, creando una certa confusione tra esemplari italiani e tedeschi, tanto più in un medium dove la copia è essa stessa garanzia di successo. Le immagini italiane potevano essere riprese da incisori tedeschi e viceversa, e una singola immagine poteva generare un flusso di copie capace di espandersi al di qua e al di là delle Alpi nel giro di pochissimo tempo.[90] In una situazione così fluida, appare ancora più difficile un'eventuale ricerca o riconoscimento di ciò che sarebbe potuto servire a Vasari per affermare un possibile primato nelle sue *Vite*.

Lunga durata, progresso, memoria.

Così come nel Quattrocento le xilografie viaggiavano nello spazio attraverso le Alpi, allo stesso modo, in un certo senso, potevano essere capaci di viaggiare nel tempo, sollevando un altro enorme problema per il trattatista Vasari. La disciplina di cui l'aretino è considerato iniziatore è oggi nota come *storia* dell'arte, anche grazie all'impostazione che egli stesso diede alla sua opera. Il costrutto fondamentale dietro alle *Vite*, infatti, è quello del costante progresso delle arti, di una storia, dunque, che evolve progressivamente e inesorabilmente. Lo stesso concetto di evoluzione informa, all'interno di entrambe le edizioni delle *Vite*, la trattazione della stampa come fatto d'arte, sia dal punto di vista tecnico (niello – incisione – chiaroscuro) che dal punto di vista degli autori (Dürer – Marcantonio – Ugo, nel 1550; Maso Finiguerra – Pollaiolo – Mantegna – Dürer – Marcantonio – Ugo e altri, nel 1568).[91] Come poteva conciliare Vasari tale impostazione con la xilografia quattrocentesca, che si caratterizza invece come un fenomeno definibile piuttosto attraverso un paradigma di "lunga durata"?

Nella raccolta di stampe di Jacopo Rubieri, assemblata tra gli anni '60 e '80 del Quattrocento, convivono xilografie e incisioni che vanno dal quarto decennio in avanti, rappresentando però iconografie che rimontano indietro fino agli inizi del secolo.[92] Questa situazione ha generato e genera tuttora problemi attributivi.[93] Riunire nei propri volumi materiali di epoche

---

90 È il caso dell'iconografia discussa in L. GIGANTE, *The* Madonna del Sangue*: A Miraculous Print in Bagno di Romagna*, «Print Quarterly» 35, num. 4, 2019, pp. 379-391 e L. ALDOVINI, *The Woodcut-Covered Ceiling of the Monastery of the Romite Ambrosiane in Varese*, «Print Quarterly» 36, num. 3, 2019, pp. 251-263.

91 STOLTZ, *Disegno versus Disegno stampato*, cit., pp. 7-8.

92 Si vedano le datazioni delle opere proposte da Fiora Bellini in BELLINI – BOREA, *Xilografie del Quattrocento*, cit. decisamente anticipate rispetto a quelle più prudenti di SCHIZZEROTTO, *Le incisioni quattrocentesche*, cit.

93 LANDAU, *Fifteenth-Century Italian Woodcuts*, cit., p. 72. Il più recente AREFORD, *La nave e lo scheletro*, cit., di fatto rinuncia a proporre datazioni precise.

diverse non creava alcun impaccio a Rubieri, che sembra interessato più all'aspetto iconografico che a quello artistico. È lecito domandarsi come una tale situazione potesse apparire agli occhi di Vasari, tanto più se si considera che, in pieno Cinquecento, legni del secolo precedente potevano continuare a raccogliere un certo consenso nel pubblico. La conservazione di matrici quattrocentesche nelle botteghe di stampatori dei secoli successivi, che in molti casi ne ha permesso la conservazione fino ad oggi (si pensi ad esempio al caso del fondo Soliani di Modena),[94] si spiega in parte attraverso il fenomeno della lunga durata della xilografia: il soggetto sacro di tante rappresentazioni non perdeva di valore con il passare del tempo, e quindi era lecito continuare a stamparlo.[95] Agli inizi del Seicento, nel monastero bavarese di Altomünster si continuavano ad adoperare matrici degli inizi del Cinquecento nonostante il cattivo stato al quale il prolungato uso aveva ridotto le stesse, che a loro volta si rifacevano a modelli quattrocenteschi.[96] Poteva essere anche la consuetudine di copiare altre immagini, intimamente connessa con la natura della stampa, a mantenere nel tempo iconografie vecchie di decenni. Un caso limite è rappresentato da una xilografia italiana di grande formato raffigurante la *Madonna con il Bambino e santi, l'Annunciazione e l'Ultima Cena* la cui filigrana consente un datazione intorno al 1530 (Fig. 1).[97] Un'immagine analoga ma in controparte era stata acquistata da Fernando Colombo per la sua collezione qualche anno prima, a testimonianza del successo e dell'attualità della composizione.[98] La stampa deriva in realtà, almeno per la parte superiore, da un'altra xilografia, considerata tra i più antichi esemplari italiani superstiti, conservata oggi al British Museum di Londra ma proveniente, secondo le fonti,

---

94 *I legni incisi della Galleria Estense. Quattro secoli di stampa nell'Italia Settentrionale*, catalogo della mostra (Modena, Galleria Estense, 30 maggio – 29 ottobre 1986) a cura della Soprintendenza per i Beni Artistici e Storici per le province di Modena e Reggio Emilia, Modena, Mucchi, 1986; *I legni incisi della Galleria Estense a Milano nel 50° anniversario della morte di Achille Bertarelli (1938-1988)*, catalogo della mostra (Milano, Castello Sforzesco, 1988) a cura del Comune di Milano, Settore Cultura e Spettacolo, Soprintendenza per i Beni Artistici e Storici per le province di Modena e Reggio Emilia, Milano, Comune di Milano, 1988; si vedano anche i contributi nel numero speciale di *Studi di Memofonte* dedicato all'argomento nel 2017.

95 Sembra confermarlo anche il permanere di legni con soggetti sacri, presumibilmente di vecchia data, nelle botteghe di cartolai come quella di Alessandro Rosselli: Landau – Parshall, *The Renaissance Print*, cit., pp. 295-297.

96 Gigante, *Cinque xilografie*, cit., pp. 40-41.

97 ALU.0038; Christie's *Old Master Prints*, New York, 25 January 2017, Lot 16, (North Italian School, Late 15th or Early 16th Century); Aldovini – Landau – Urbini, *Rinascimento di carta*, cit., pp. 9-10.

98 McDonald, *The Print Collection*, cit., II, pp. 469-470, n. 2593.

dal muro di un edificio di Bassano del Grappa (Fig. 2).[99] A rendere la questione ulteriormente complicata, dallo stesso complesso proviene un'altra xilografia frammentaria, oggi a Berlino, Kupferstichkabinett, che riprende la stessa iconografia con uno stile successivo di qualche decennio.[100] A quest'ultima si lega strettamente una matrice del fondo Soliani di Modena, risalente agli inizi del Cinquecento.[101] Questa famiglia di immagini deriva a sua volta da prototipi pittorici diffusi durante la stagione tardogotica, tra Giovanni da Bologna e Niccolò di Pietro.[102] Già il fatto che due immagini analoghe, separate stilisticamente da diversi decenni, potessero trovare posto entrambe sulla stessa parete in una casa di Bassano, ugualmente funzionali ed attuali per il loro possessore, è un episodio problematico per chi fosse potenzialmente interessato a cercare un'evoluzione artistica nella xilografia. Riscontrare poi modelli risalenti a stili e iconografie di fine Trecento ancora stampati e venduti attorno al 1530, doveva essere motivo più che sufficiente a negare ogni traccia di progresso agli occhi di Vasari, per il quale già sarebbe stato inconcepibile accostare queste xilografie ai prodotti di un Marcantonio o di un Ugo da Carpi.

Eppure, almeno nella stampa su rame, tutto trovava un suo ruolo sotto l'egida del progresso, persino le prove di qualità inferiore:

> Si sono adoperati intorno agl'intagli di rame molti altri, i quali, se bene non hanno avuto tanta perfezzione, hanno nondimeno con le loro fatiche giovato al mondo, e mandato in luce molte storie et opere di maestri eccellenti, e dato commodità di vedere le diverse invenzioni e maniere de' pittori a coloro che non possono andare in que' luoghi dove sono l'opere principali, e fatto avere cognizione agl'oltramontani di molte cose che non sapevano: et ancorché molte carte siano state mal condotte dall'ingordigia degli stampatori, tirati più dal guadagno che dall'onore, pur si vede, oltre quelle che si son dette, in qualcun'altra essere del buono[103]

Ancora una volta, la xilografia è esclusa da questo discorso incentrato sul bulino, e non sembra essere in grado, per Vasari, di dare testimonianza

---

99 ALU. 0034; Lippmann, *The Art of Wood Engraving*, cit., p. 158; Hind, *An Introduction*, cit., I, p. 162; Areford, *The Viewer*, cit., p. 4; L. Pon, *A Printed Icon in Early Modern Italy: Forlì's Madonna of the Fire*, Cambridge, Cambridge University Press, 2015, pp. 47-48 e note 143-144 a p. 226; K. Tycz in *Madonnas and Miracles. The Holy Home in Renaissance Italy*, a cura di M. Corry, D. Howard, M. Laven, London-New York, Philip Wilson, 2017, pp. 118-119.

100 ALU.0045; Lippmann, *The Art of Wood Engraving*, cit., p. 162; Hind, *An Introduction*, cit., II, p. 430; *I legni incisi*, cit., pp. 75-76.

101 ALU.0044-M; *I legni incisi*, cit., pp. 75-76 n. 20.

102 E. Rosenthal, *Two Unrecorded Single Woodcuts and the Origin of Wood Engraving in Italy (with an Appendix by Augusto Campana)*, «Italia Medievale e Umanistica» 5, 1963, pp. 353-370: 358.

103 VBB, V, p. 19.

della maniera pittorica moderna, così come invece facevano gli incisori. Esclusa l'attualità, poteva la xilografia delle origini, in virtù della sua genesi più remota, aspirare almeno ad una funzione di memoria del passato, che fosse della produzione pittorica quattrocentesca o di un ipotetico punto di partenza per la storia dell'incisione? Vasari sembra assegnare una funzione simile ad alcuni disegni del suo *Libro dei Disegni*, che potevano rivestire il ruolo di memoria non solo dell'evoluzione dell'arte da una generazione all'altra,[104] ma anche dello sviluppo stilistico all'interno del percorso di uno stesso pittore.[105] Lo stesso Vasari informa che il *Libro dei Disegni* poteva ospitare anche stampe, come nei casi già visti relativi ad un chiaroscuro di Beccafumi, a Gherardo o alla citazione, in verità piuttosto ambigua, dei fogli di Marcantonio a copia delle Stanze raffaellesche.[106] Non è noto se queste presenze nel *Libro dei Disegni* fossero episodiche o effettivamente Vasari sia stato un collezionista di stampe, in aggiunta alle opere grafiche che doveva conservare in bottega come repertori di modelli (pratica che d'altra parte nelle *Vite* documenta largamente per altri pittori).[107]

Il problema della lunga durata, che interessa molta parte della stampa su legno delle origini, ha però in sé il potenziale per escludere anche questa possibilità di dare un senso alla xilografia quattrocentesca, che pure già risultava esplicitamente tagliata fuori, nella menzione esclusiva degli «intagli in rame» (dunque non di quelli in legno), dalla possibilità di essere testimonianza di «diverse invenzioni e maniere de' pittori» o di dare qualsivoglia «cognizione» a chicchessia. Ma soprattutto, un aspetto ben più importante per l'aretino si frapponeva tra arte e xilografia, lasciando quest'ultima inesorabilmente al di fuori della concezione artistica vasariana: il disegno.

Xilografia e disegno

Un passaggio delle *Vite* illustra infatti un ulteriore aspetto del complesso rapporto di Vasari con la xilografia. Alle prese con la *Grande Passione* di Dürer, Vasari mostra l'occhio del conoscitore, distinguendo perfettamente una partizione interna all'opera:

---

104 M. Faietti, *Il disegno padre delle arti, i disegni degli artisti, il disegno delle Vite. Intersecazioni semantiche in Vasari scrittore*, in *Figure, memorie, spazio*, cit., pp. 12-37: 24.

105 *Ivi*, p. 31.

106 VBB, III, p. 473; V, p. 25; V, p. 176.

107 Vedi *infra*, nota 89. Il collezionismo di stampe, al tempo di Vasari, era già una pratica diffusa: M. Bury, *The Taste for Prints in Italy to c. 1600*, «Print Quarterly» 2, num. 1, 1985, pp 12-26. Sull'uso delle stampe come ispirazione per i pittori, incluso Vasari, vedi Gregory, *Vasari and the Renaissance Print*, cit., pp. 161 e ss.; e K. Hermann-Fiore, *Sui rapporti fra l'opera artistica del Vasari e del Dürer*, in *Vasari storiografo e artista*, cit., pp. 701-715.

E cresciutogli l'animo, fece in un foglio reale, l'anno 1510, parte della Passione di Cristo, cioè ne condusse, con animo di fare il rimanente, quattro pezzi: la Cena, l'esser preso di notte nell'orto, quando va al Limbo a trarne i Santi Padri, e la sua gloriosa Ressurezzione [...]. E se bene sono poi state fatte l'altre otto parti, che furono stampate col segno d'Alberto, a noi non pare verisimile che sieno opera di lui, attesoché sono mala cosa, e non somigliano né le teste, né i panni, né altra cosa la sua maniera; onde si crede che siano state fatte da altri dopo la morte sua per guadagnare, senza curarsi di dar questo carico ad Alberto.[108]

È curioso come Vasari, pur riconoscendo una differenza tra quattro xilografie della serie ed il resto, non pensi all'eventualità di un'evoluzione dello stile di Dürer, ma argomenti seccamente che siano imitazioni posteriori, diverse da lui non solo nei dettagli ma innanzitutto perché sono «mala cosa».[109] Non ricordano la sua maniera: ma quale? Nel definire Dürer, Vasari insiste sempre sul suo «maggior disegno». Andando a confrontare le differenze tra i quattro fogli individuati da Vasari come autentici e il resto della serie, appare evidente come la principale differenza sia nell'effetto di profondità che Dürer riesce a conquistare in queste sue prove più tarde (Figg. 3-4).[110] È lì allora che si differenzia la sua «maniera», caratterizzata da un «maggior disegno», rispetto ad una «mala cosa»: nel raggiungimento della resa tridimensionale. Questa concezione del disegno, dunque, dà a Dürer il pieno diritto di cittadinanza nelle *Vite*, che i suoi (presunti) imitatori invece non hanno. Il disegno, quindi, fa l'artista, e d'altra parte Vasari aveva già biasimato «gl'intagliatori, che non hanno disegno». La logica conseguenza, dunque, è che questi ultimi vengano esclusi dalle *Vite*.

Il tema del disegno diviene allora centrale per comprendere l'esclusione della xilografia dalle *Vite*. Nel *Proemio* del 1550 Vasari si limita a definire il disegno come padre comune di pittura e scultura, mentre il XVI capitolo delle *Teoriche* lo specifica in senso strumentale (*De gli schizzi, disegni, cartoni et ordine di prospective; e per quel che si fanno, et a quello che i pittori se ne servono*). Arrivando al già menzionato capitolo XXXIII, titolato *Del niello e come per quello abiamo le stampe di rame*, troviamo la definizione di «niello, il quale non

108 VBB, V, p. 5.

109 Si veda a riguardo Getscher, *An Annotated*, cit., pp. 65-67, anche se le perplessità vasariane nascono con ogni probabilità dall'avere a che fare con l'edizione completa a stampa della Passione: Fara, *Albrecht Dürer. Originali*, cit., pp. 20-21 (soprattutto nota 91) e pp. 172-174.

110 Si tratta del *tono medio grafico* così ben descritto da Panofsky: si veda, in relazione alla xilografia, E. Panofsky, *La vita e l'opera di Albrecht Dürer*, Milano, Abscondita, 2006 (ed. or. *The Life and Art of Albrecht Dürer*, Princeton, Princeton University Press, 1955), pp. 68-69. Sul tema, si veda l'analisi ulteriore di G.M. Fara, *Wittenberg 1517. Intorno a Dürer: incisioni tedesche dell'età della Riforma*, Venezia, Istituto Veneto di Scienze, Lettere ed Arti, 2017, pp. 19-20.

è altro che un disegno tratteggiato e dipinto su lo argento, come si dipigne e tratteggia sottilmente con la penna».[111] Al XXXV capitolo, poi, si tratta «delle stampe di legno di tre pezzi», inventate da Ugo «ad imitazione delle stampe di rame».[112] Il chiaroscuro, dunque, deriva per imitazione dalle stampe in rame, che a loro volta discendono dal niello, il quale a sua volta si rifa' al disegno a penna. Chiaroscuro e stampe in rame sono, pur se costituite «per via di levare», comunque inserite da Vasari nelle varianti ibride della pittura.[113] E la definizione di pittura, nel capitolo XV delle *Teoriche*, comincia così:

> La pittura è un piano coperto di campi di colori, in superficie o di tavola o di muro o di tela, intorno a diversi lineamenti, i quali per virtú di un buon disegno di linee girate circondano la figura. Questo sí fatto piano, dal pittore con retto giudizio mantenuto nel mezzo chiaro e negli estremi e ne' fondi scuro et accompagnato tra questi e quello da colore mezzano tra il chiaro e lo scuro, fa che, unendosi insieme questi tre campi, tutto quello che è tra l'uno lineamento e l'altro si rilieva et apparisce tondo e spiccato.[114]

Il passo prosegue con la definizione dei progressivi mezzi toni e successive sfumature che rilevano l'immagine, ma già il meccanismo tratteggiato da Vasari in queste prime righe è pressoché sovrapponibile a quello del chiaroscuro, con il suo mezzo tono intermedio. Quest'ultimo, essendo fatto ad imitazione della stampa su rame, corrisponde ugualmente al tratteggio del niello, che in effetti è definito «disegno tratteggiato».[115] Il tratteggio, o mezzo tono, accomuna dunque la stampa su rame e il chiaroscuro alla pittura, che del mezzo tono (o, in questo caso, dei mezzi toni) ha bisogno per potersi confrontare con le tre dimensioni. Il tutto sotto l'egida del disegno, il quale ha anch'esso necessità di comprendere in sé il mezzo tono, per poter pienamente essere padre tanto della pittura quanto della scultura.[116] I tratteggi del niello come della grafica in generale, il legno intermedio di un chiaroscuro, le velature successive di un dipinto ad olio sono allora, di

---

111 VBB, I, p. 165.

112 VBB, I, p. 170.

113 VBB, I, pp. 28-29, già anticipato a p. 15.

114 VBB, I, p. 113.

115 La definizione ebbe un suo successo, essendo ripresa identica in Baldinucci (A. Siekiera, *Identità linguistica del Vasari "Artefice". II. La scrittura vasariana nell'"Introduzzione" alle Vite de' più eccellenti Architetti, Pittori et Scultori Italiani (1550)*, in *Architettura e identità locali*, a cura di H. Burns e M. Mussolin, Firenze, Olschki, 2013, II, pp. 497-509: 505-506).

116 Un'impalcatura analoga risulta anche nella definizione vasariana della pittura a chiaroscuro, come evidenziato da M. Latella, *«Che tragga più al disegno che al colorito», la pittura a chiaroscuro nella teoria vasariana*, «Storia della Critica d'Arte Annuario della S.I.S.C.A.», 2018, pp. 159-180.

fatto, tutte sfaccettature di un medesimo concetto, la contraffazione del rilievo, la traduzione in piano di un'idea tridimensionale: in una parola, sono «disegno». L'atto creativo ha dunque sempre bisogno di linea e tratteggio, e questo emerge anche al di fuori delle *Teoriche*, come nella dedica a Cosimo I, dove di nuovo i due termini vanno di pari passo, in un passaggio in cui il disegno diventa, genericamente, metafora dell'atto dello scrivere:

> Ma se la scrittura, per essere incolta e cosí naturale com'io favello, non è degna de lo orecchio di V<ostra> Eccellenzia né de' meriti di tanti chiarissimi ingegni, scusimi, quanto a loro, che la penna d'un disegnatore, come furono essi ancora, non ha piú forza *di linearli e d'ombreggiarli* [...][117]

Quando nel 1568 si va precisando il ruolo del disegno come padre delle arti, il suo aspetto tridimensionale è ancora una volta sottolineato. Nella prima *Teorica* della pittura, stabilendo cosa sia il «disegno», si specifica essere l'espressione del concetto, attraverso la diligenza acquisita con «studio et essercizio»: e per gli scultori, non pratici del disegno su carta, può essere «disegno» anche il bozzetto modellato in tre dimensioni.[118] Il disegno, dunque, già nel 1550 ma ancor più nel 1568, ha – e non può non avere – una necessaria valenza tridimensionale. Ecco perché, per Vasari, le prime xilografie di Dürer, con la loro costruzione impostata principalmente su un unico piano spaziale, o che comunque non esibiscono la stessa profondità dei pezzi più evoluti della serie – quella stessa profondità che Vasari loda poco oltre parlando delle stampe di Luca di Leida[119] – non potevano essere opere di chi era stato appena elogiato per il suo «maggior disegno».

È evidente allora che questo assunto, valido per le prime xilografie dureriane, fosse altrettanto valevole per la xilografia quattrocentesca – ammesso e non concesso che idea e intaglio fossero opera di un'unica mano – tanto nei fogli sciolti quanto nelle imprese librarie. Essa nasce infatti, in Italia come in Germania, con esperimenti squisitamente lineari, del tutto partecipi di una cultura fondata sull'eleganza della linea come quella del gotico tardo.[120] Una linea tesa essenzialmente a tracciare un contorno, tal-

---

117 VBB, I, p. 3. Il corsivo è dello scrivente. Tanto più significativo risulta il passaggio essendo la dedicatoria tra le parti dell'opera di cui si può essere più certi dell'autografia vasariana, all'interno del problema delle *Vite* come opera collettiva (A. NOVA, *'Vasari' versus Vasari. La duplice attualità delle Vite*, «Mitteilungen des Kunsthistorischen Institutes in Florenz», 55, num. 1, 2013, pp. 55-71: 64), problema qui di interesse relativo poiché il testo rimane comunque espressione del pensiero vasariano, specialmente nelle parti relative alla xilografia.

118 VBB, I, p. 111.

119 VBB, V, p. 9.

120 Si veda a riguardo H. KÖRNER, *Der früheste deutsche Einblattholzschnitt*, Mittenwald, Mäander, 1979.

volta rialzato da un tratteggio che però non ha mai la velleità di sbalzare l'immagine oltre le due dimensioni, verso una resa pittorica.

Far partire da qui, da un'arte che non ha disegno, la prosapia di una stampa ormai pienamente consacrata come fatto artistico non poteva essere ammissibile. A maggior ragione se quelle stesse xilografie fossero state già viziate da una condizione di anonimato, troppo simili talvolta agli esemplari d'Oltralpe, ma anche troppo attuali; dunque, assolutamente inutili a segnare un preciso punto d'avvio ad una storia che, in ogni caso, non avrebbe mai potuto svilupparsi se non nata dal disegno. Solo l'artista, dotato di vero disegno, poteva occasionalmente elevare lo status della xilografia ad arte, ma soltanto a patto di interagire direttamente con il legno: o sporcandosi le mani per «capriccio» o stravaganza, o portando la xilografia nella sfera della pittura attraverso il chiaroscuro che, aggiungendo quel mezzotono che dà rilievo, rende il tutto, pienamente, disegno.

Nonostante i suoi esordi tutt'altro che nobili, era tuttavia necessario per Vasari arrivare a rivalutare, almeno parzialmente, lo status della xilografia. L'aretino era conscio del mondo che aveva intorno e della sua richiesta di immagini. Così, le *Vite* del 1568 diventano un libro illustrato, e lo stesso Vasari avrà in qualche modo a che fare con il chiaroscuro.[121] Il tutto, però, coerentemente con la sua visione, quantomeno ambigua, della xilografia. Piace quindi immaginarlo, nel trafelato cantiere editoriale delle *Vite*, biasimare quegli stessi intagliatori di cui pure non poteva fare a meno, colpevoli alla fine di essere non tanto artigiani figli di un dio minore, quanto di non avere per padre il dio maggiore: il disegno.

---

[121] Gregory, *Vasari and the Renaissance Print*, cit., pp. 75-114 per le illustrazioni nelle *Vite*; pp. 295-297 per un chiaroscuro su disegno di Vasari attribuito a Niccolò Vicentino (più plausibilmente attribuito a Gandini da J. Johnson, *Alessandro Gandini: Uncovering the Identity of a Chiaroscuro Woodcutter*, «Print Quarterly» 30, num. 1, 2013, pp. 3-13: 10-12).

Emanuele Castoldi

OLTRE VASARI: PER UNA PROSPETTIVA ANTIQUARIA NELLA GRAFICA VENEZIANA DI MARCANTONIO RAIMONDI

«Consacro anchor Marcantonio Raimondo/ Che imiti de gli antiqui le sante orme»: la lode umanistica del bolognese Giovanni Filoteo Achillini affida all'ispirazione antiquaria il primo tratto qualitativo nella grafica di Marcantonio Raimondi, fin dagli albori della carriera.[1] Culmine della formazione, l'esperienza lagunare, tra 1507 e 1508, segna in Marcantonio una rapida evoluzione tecnica e stilistica, tale da preparare il campo ai successi della maturità a Roma, a fianco di Raffaello: un cambiamento letto da un lato, in continuità con la tradizione storiografica iniziata da Vasari, nel contatto approfondito con l'opera di Albrecht Dürer; dall'altro, secondo una linea interpretativa affermatasi in un secondo momento, nel confronto con gli artisti veneziani, Giorgione *in primis*. Eppure, recuperando la voce dell'Achillini e le acquisizioni degli studi moderni, anche per il soggiorno veneziano si può ravvisare una solida passione antiquaria, con perfetta continuità di metodo e ricerca di modelli rispetto sia alla formazione bolognese, sia all'attività romana.

---

[1] Il presente contributo è tratto dalla mia tesi di laurea magistrale, *«De gli antiqui le sante orme»: per una ricezione della cultura antiquaria nella grafica veneziana di Marcantonio Raimondi*, relatore Prof. G.M. Fara, Università Ca' Foscari di Venezia. Un sincero grazie al prof. Fara e al prof. Sperti per avermi seguito in questo percorso di ricerca. Le incisioni sono indicate di volta in volta con il numero dal catalogo ragionato di Bartsch, salvo nel caso della *Nuda distesa* di Campagnola, con quello di Passavant. La citazione dal *Viridario* dell'Achillini, redatto entro il 1504 ed edito nel 1513, è costante negli studi fin da P.J. Mariette: cfr. ad esempio M. Faietti, *Stampe e disegni di Marcantonio*, in *Bologna e l'Umanesimo. 1490-1510*, catalogo della mostra (Bologna, marzo-aprile 1988) a cura di Ead. e K. Oberhuber, Bologna, Nuova Alfa Editoriale, 1988, scheda n. 17, pp. 123-125.

La Vita di Marcantonio, Venezia e l'antico: tra ricezione ed emancipazione

Venutogli poi disiderio, come a molti aviene, d'andare pel mondo e vedere diverse cose et i modi di fare degl'altri artefici, con buona grazia del Francia se n'andò a Vinezia, dove ebbe buon ricapito fra gl'artefici di quella città.[2]

È un giovane Marcantonio, nel pieno fervore della sua prima maturità, quello che Giorgio Vasari descrive in partenza da Bologna, curioso e pronto a recepire gli stimoli che gli si sarebbero offerti nella città lagunare. Prima fonte sul viaggio a Venezia, le *Vite*, nell'edizione giuntina, ne determinano fino almeno alla fine dell'Ottocento gli estremi critici nel solco esclusivo del rapporto con Albrecht Dürer. Vasari, infatti, dopo aver tracciato sommariamente gli orizzonti della formazione franciana, soprassedendo sull'avvio in ambito orafo e ignorando ogni qualsiasi produzione incisoria, orienta la narrazione delle vicende veneziane intorno al noto aneddoto della contraffazione delle xilografie düreriane.[3] E così, per tramite di «alcuni fiaminghi» presenti in città, Marcantonio si sarebbe imbattuto «in sulla piazza di San Marco» nelle opere del maestro, e in particolare nelle 36 incisioni della *Passione*. Acquistate con «quasi quanti danari aveva portati da Bologna», studiate e interiorizzate «con ogni accuratezza e cura», le xilografie sarebbero state quindi riprodotte a bulino, segnate con il monogramma del tedesco e infine vendute in luogo degli originali. Un racconto dal sapore romanzesco che diviene il pretesto per la discesa di Dürer «in tanta collera», con il fine di fare ricorso contro Marcantonio alla Signoria veneziana, dalla quale avrebbe ottenuto soltanto l'omissione del suo monogramma nelle successive copie redatte dal bolognese; «dopo le quali cose andatosene Marcantonio a Roma, si diede tutto al disegno».[4]

L'episodio si colloca, è noto, in una biografia particolarmente densa nell'economia delle *Vite*, dove Vasari frange le vicende del Raimondi nel regesto sulla storia dell'incisione. Da un punto di vista critico, il fatto che

---

2 G. Vasari, *Vite de' più eccellenti pittori scultori e architettori nelle redazioni del 1550 e 1568*, testo a cura di R. Bettarini, commento secolare a cura di P. Barocchi, 6 voll. di testo e 3 di indici, Firenze, Sansoni e S.P.E.S., 1966-1997, V, pp. 6-7.

3 Per la posizione di Vasari verso l'oreficeria, cfr. M. Collareta, *L'historien et la technique: sur le rôle de l'orfèvrerie dans les* Vite *de Vasari*, in *Histoire de l'histoire de l'art. De l'antiquité au XVIIIe siècle*, a cura di É. Pommier, Paris, Louvre-Klincksieck, 1995, I, pp. 163-176; il giudizio negativo che pesa sulla formazione orafa di Marcantonio viene rilevato da E. Borea, *Vasari e le stampe*, in *Scritti in ricordo di Giovanni Previtali*, «Prospettiva», 57/60, 1990, II, pp. 22-24.

4 Vasari, *Vite*, cit., V, pp. 6-7.

l'aretino negletti l'attività artistica bolognese e veneziana, salvo le citate copie, concentra l'attenzione sulla carriera romana, corredata di un catalogo delle opere ed elevata, nella gerarchia valoriale dell'autore, dalla collaborazione *in primis* con Raffaello. In quest'ottica, il viaggio veneziano e l'incontro con Dürer sarebbero da leggersi come necessario passaggio di consegne rispetto alla tradizione nordica nella tecnica dell'incisione, ma non nel «disegno», fondamento dell'arte e prerogativa italiana.[5] Acquisita l'abilità tecnica dai nielli franciani e dalle xilografie düreriane, ecco possibile l'avvio di una produzione artistica alta a Roma, punto di arrivo e di partenza nella costruzione retorica della biografia dell'incisore. Non è un caso che la storiografia successiva ricusi il colpo della svalutata formazione di Marcantonio, specie in relazione alla sentenza per la quale si sarebbe dedicato interamente al disegno una volta a Roma: se Malvasia, in aperta polemica con Vasari, rivendica la sua prima preparazione grafica – «avea dunque imparato a bastanza di disegnare a Bologna e sotto il Francia maestro» – di fronte al costituirsi del catalogo giovanile, numerose voci successive cercano di mediare le due posizioni, rimproverando la veemenza campanilista del bolognese e stemperando il giudizio *tranchant* dell'aretino.[6]

L'onda lunga dell'aneddoto vasariano inizia a incresparsi relativamente tardi nella storiografia, in relazione alla serie düreriana effettivamente

---

[5] Appaiono calzanti le parole di Benvenuto Cellini, che delinea il tema dell'antico per Marcantonio entro l'ambiente romano: «[Marcantonio] fu il primo che cominciò a intagliare a gara di Alberto Duro; ma questo uomo da bene osservò i disegni del gran Raffaello da Urbino pittore, et intagliò molto bene, e con mirabil disegno fatto al buono e vero modo italiano, osservando la maniera e modi degli antichi Greci, i quali seppono più di ogni altri» (B. Cellini, *I trattati dell'oreficeria e della scultura di Benvenuto Cellini*, a cura di C. Milanesi, Firenze, Le Monnier,1857, p. 14). In ottica filogermanica, Sandrart legge le copie da Dürer come momento di appropriazione tecnica, la così definita «Teutschen Manier», o «Germanorum methodum» nella traduzione latina (rispettivamente J. von Sandrart, *Teutsche Academie der Edlen Bau-, Bild- und Mahlerey-Künste*, Nürnberg, Bey Jacob von Sandrart, 1675, p. 205; Id., *Academia nobilissimae artis pictoriae, sive, De veris & genuinis hujusdem proprietatibus, theorematibus, secretis atque requisitis aliis*, Noribergae, Literis Christiani Sigismundi Frobergii, sumtibus autoris, 1683, p. 193).

[6] C.C. Malvasia, Felsina pittrice. *Lives of the Bolognese Painters*, a cura di L. Pericolo, N. Takahatake, Turnhout, Brepols, 2017, II, 1, p. 140; Malvasia compie un'operazione fondamentale, ovvero la redazione di un primo *corpus*, seppur fallace, di incisioni bolognesi, per lo più definite come derivazioni dal Francia, da aggiungersi alle copie da Dürer per il catalogo giovanile (cfr. pp. 128-140). Echi e tentativi di mediazioni del dibattito sulla formazione al disegno in Marcantonio si ritrovano in F.N.M. Gabburri, *Vite di pittori*, BNCF, ms Palatino E.B.9.5, IV [p. 1789 – IV – C_010R-p. 1791 – IV – C_011R], in http://grandtour.bncf.firenze.sbn.it/Gabburri/files/gabburri_tomo_4.pdf; G. Vasari, *Vite de' più eccellenti pittori, scultori e architetti*, a cura di G.G. Bottari, Roma, Niccolò e Marco Pagliarini, 1759, 2, pp. 412-413; K.H. von Heinecken, *Dictionnaire des artistes, dont nous avons des estampes: avec une notice détaillée de leurs ouvrages gravés*, Leipzig, Jean-Gottlob-Immanuel Breitkipf, 1788, I, pp. 278-281; L. Lanzi, *Storia pittorica dell'Italia*, Bassano, Remondini, 1796, I, pp. 85-86 («[...] e si perfezionò di poi nel disegno sotto Raffael d'Urbino»).

copiata da Marcantonio. Avvisaglie di una lettura più lucida si riscontrano nell'*Abecedario* di Pierre Mariette, secondo il quale Marcantonio dovette eseguire la copia, comunque veneziana, della serie della *Passione* circa nel 1510 solamente dopo il contenzioso con Dürer, il cui marchio infatti non è replicato;[7] ma è con Karl Heinrich von Heinecken che si giunge ad una scansione a grandi linee ancora valida: il bolognese avrebbe anzitutto copiato le 17 *Storie della Vergine* (B.XIV.406.621-B.XIV.407.637), da riferire al soggiorno veneziano, quale reale oggetto della disputa con il maestro tedesco per la presenza del monogramma.[8] La tesi di Heinecken viene a più riprese confermata nella storiografia ottocentesca: Pietro Zani nel 1802 la avvalla in relazione al passaggio per Venezia nel 1506, salvo nel 1823 anticipare la realizzazione delle prime copie al 1504, fino al 1507, con Marcantonio inizialmente a Bologna; Adam von Bartsch constata la copia di sole 17 delle 20 xilografie düreriane; William Young Ottley le riferisce saldamente al periodo veneziano, datato però 1509, cronologia cui torna anche Fillon; Alessandro Zanetti opta per un'attività per lo più bolognese, tra 1506 e 1509, sulla base del viaggio di Dürer nella città felsinea, desunto dalle lettere a Pirckheimer pubblicate da Von Murr e della cronologia degli originali, e colloca al 1508 la partenza per Venezia. Scansione, quest'ultima, che viene sostanzialmente confermata da Johann David Passavant, da Ludovic Vitet, particolarmente sprezzante verso l'«historiette» vasariana, e soprattutto dall'autorevole monografia di Henri Delaborde.[9] Quindi, se da un lato l'aneddoto delle *Vite* è confutato in relazione all'oggetto della contraffazione, ma non sull'intento fraudolento, dall'altro il rapporto con l'incisione nordica viene giustamente anticipato al periodo bolognese, non solo per l'avvio delle *Storie della Vergine*, ma per il ricco *corpus* di copie da Dürer, costante

---

[7] P.J. Mariette, *Abecedario de P.J. Mariette et autres notes inédites de cet amateur sur les arts et les artistes*, a cura di C.-P. de Chennevières-Pointel e A. De Montaiglon, Paris, J.-B. Dumoulin, 1854, IV, pp. 236-265.

[8] Heinecken, *Dictionnaire des artistes*, cit., pp. 294-296; l'autore lamenta poi la tarda introduzione della serie nel catalogo di Marcantonio solo con Florent le Comte.

[9] Cfr. rispettivamente P. Zani, *Materiali per servire alla storia dell'origine e de' progressi dell'incisione in rame e in legno*, Parma, dalla Stamperia Carmignani, 1802, pp. 147-148; id., *Enciclopedia metodica critico-ragionata delle belle arti*, Parma, Tipografia ducale, 1823, 1, XVI, pp. 273-275; A. von Bartsch, *Le peintre graveur XIV*, Vienne, 2 voll., D.J. Degen, 1813, pp. 405-407; W.Y. Ottley, *An inquiry into the origin and early history of engraving*, London, Arch, 1816, 2, pp. 779-781; B. Fillon, *Nouveaux renseignements sur Marc-Antoine Raymondi*, «Gazette des Beaux Arts», 1880, pp. 229-238; A. Zanetti, *Le premier siècle de la calcographie*, Venezia, J. Antonelli, 1837, pp. 195-197; J.D. Passavant, *Le peintre-graveur*, Leipzig, R. Weigel, 1860-1864, 6, pp. 3-5; L. Vitet, *Études sur l'histoire de l'art. Temps modernes : arts divers, musique religieuse, musique dramatique*, Paris, Michel Lévy frères, 1867, IV, pp. 51-53; H. Delaborde, *Marc-Antoine Raimondi; étude historique et critique suivie d'un catalogue raisonné des œuvres du maître*, Paris, Librairie de l'art, 1888, pp. 12-22.

nel catalogo raimondiano a partire da Bartsch, e per i riferimenti stilistici in altre opere giovanili, come la *Venere sul bordo del mare* (B. XIV.234.312).[10]

Il discorso veneziano si apre una timida strada critica solo dalla fine del XVII secolo, quando nel catalogo giovanile iniziano a comparire derivazioni da Giorgione e altri maestri, in un preciso tentativo di contestualizzazione della prima attività. Marcantonio venne percepito retroattivamente quale incisore di riproduzione a seguito della carriera romana, con invenzioni autonome per lo più giovanili.[11] A partire da Malvasia, infatti, i nomi di Mantegna, poi di Jacopo Francia e Timoteo Viti, e, per il soggiorno lagunare, di Giorgione e Giovanni Bellini, si affiancano man mano al riferimento al Francia, maggioritario per la fase bolognese, forte dell'*auctoritas* vasariana. La prima menzione di un ambito veneziano si deve a Florent le Comte, che nel catalogo proposto nel *Cabinet de singularitez* cita un «petit Païsage» tratto da Giorgione, ripreso poi da Heinecken – che aggiunge solo un «berger» da Benedetto Montagna – e identificabile nell'*Uomo dormiente al margine di un bosco* (B.XIV.330.438).[12] Persino Bartsch, pur nell'attenta analisi della produzione raimondiana secondo le diverse fasi stilistiche, non menziona autori veneziani e cita il *Sogno di Raffaello* (B.XIV.274.359) come «d'après un dessein dont il est douteux, que Raphaël en soit l'auteur». È con Ottley che si costituisce un insieme labile, ma costante, di opere legate al contesto veneziano: ecco quindi il *S. Girolamo* (B.XIV.88.102), il *Sogno di Raffaello*, i *Tre cantori* (B.XIV.348.468), il ritratto dell'Achillini (B.XIV.349.496) e la *Donna che innaffia una pianta* (B.XIV.292.383). Passavant amplia la sfera di

---

[10] «On peut dire que son aventure à Venise ne fit que confirmer chez lui les dispositions d'esprit où il était quand il habitait sa ville natale. Au lieu de trouver, comme on l'a prétendu, son chemin de Damas sur la place Saint-Marc, il y rencontra seulement une occasion nouvelle d'instruire son intelligence» (Delaborde, *Marc-Antoine Raimondi*, cit., p.13). Se Delaborde non esclude la possibilità della frode, diversi sono gli studi recenti che si sono concentrati sulle basi legali dell'eventuale processo düreriano da un lato, sulla concezione di autorialità e copia a inizio Cinquecento dall'altro (cfr. ad esempio C.L.C.E. Witcombe, *Copyright in the Renaissance. Prints and the* privilegio *in Sixteenth-century Venice and Rome*, Leiden-Boston, Brill, 2004, pp. 28-86; L. Pon, *Raphael, Dürer, and Marcantonio Raimondi. Copying and the Italian Renaissane Print*, New Haven-Londra, Yale University Press, 2004, pp. 53-66). Infine, per la *Venere sul bordo del mare*, già Mariette vi indicava influssi düreriani nelle proporzioni del corpo (Mariette, *Abecedario*, cit., p. 243). Cfr. inoltre G.M. Fara, *Marcantonio e i nordici*, in *Marcantonio Raimondi: il primo incisore di Raffaello*, atti del convegno (Urbino, ottobre 2019) a cura di M. Faietti e A. Cerboni Baiardi, in corso di stampa.

[11] Cfr. D. Landau, *Vasari, Prints and Prejudice*, «Oxford Art Journal», 6, 1, 1983, pp. 3-10: la *Vita di Marcantonio* in Vasari, con il suo appiattimento a incisore di riproduzione – nonostante la collaborazione paritaria che dovette instaurare, almeno all'inizio, con Raffaello – fin dalle copie veneziane, avrebbe indotto la storiografia a sottovalutare l'attività di autonoma invenzione, in linea invece con le tendenze artistiche di fine Quattro e inizio Cinquecento.

[12] F. Le Comte, *Cabinet de singularitez d'architecture, peinture et sculpture*, Paris, chez Nicolas Le Clerc, 1699, III, p. 466; Heinecken, *Dictionnaire des artistes*, cit., pp. 320, 382-383.

riferimenti, Giorgione per il *Sogno*, la scuola di Giovanni Bellini per il *S. Girolamo*, ma espunta la *Donna che innaffia una pianta* a favore della cerchia di Dürer, e Sebald Beham in particolare. Infine Delaborde, che cala Marcantonio in un contesto più complesso e verisimile: il *S. Girolamo*, memore nel paesaggio di Giulio Campagnola, nel personaggio della scuola di Bellini; la *S. Margherita* (B.XIV.106.118) e i *Tre cantori* come derivazioni da artisti locali; il *Sogno* tratto da Giorgione, sulla falsa riga del più fortunato Poliphilo; la *Donna che innaffia una pianta*, definita come *Rugiada del mattino*, di matrice giorgionesca e testimone della semplicità delle allegorie veneziane; il *Marte, Venere e Amore* (B.XIV.257.345), datato 1508, ancora bolognese, ma liminale stilisticamente al soggiorno lagunare.[13] Riassumendo, l'evidenza di un contatto giovanile con l'arte veneziana emerge chiara solo nel corso dell'Ottocento, a seguito di un metodo sempre più analitico, inaugurando una via critica percorsa e ripercorsa fino ad oggi.

Nella pressocché taciuta attività giovanile di Marcantonio in Vasari, il tema dell'antico emerge, com'è naturale, solo nel corso della produzione romana. I pochi soggetti di matrice antiquaria individuati dall'aretino – quindi, oltre alle medaglie all'antica con i ritratti degli imperatori, la stampa delle *Grazie* – e l'incremento proposto da Malvasia avviano un *topos* critico recuperato in più occasioni dalla storiografia.[14] Ancora sparute in Florent le Comte, citate con un certo approfondimento in Mariette, Heinecken alle incisioni dall'antico – bassorilievi e statue – dedica intere sezioni, mentre costanti sono i riferimenti, diretti o mediati da Raffaello, nei testi di Bartsch, Ottley, Passavant e Delaborde. In generale, si assiste ad una certa reticenza nell'affermazione di opere di ispirazione antiquaria prima dell'andata a Roma, concepita quale polo esclusivo di ogni riflessione in tale direzione. È eloquente il caso del *Marco Aurelio* (B.XIV.375.514), la cui foggia giovanile trova un compromesso già in Mariette, come precoce realizzazione romana, dove «l'on voit, par la manière dont elle est exécutée, qu'il cherchoit pour lors à se perfectionner dans son art»; parimenti in Bartsch e De-

---

13 Bartsch, *Le peintre graveur*, cit., p. 331; Ottley, *An inquiry*, cit., pp. 786, 791, 798, 806-808; Passavant, *Le peintre-graveur*, cit., pp. 35, 17, 36; Delaborde, *Marc-Antoine Raimondi*, cit., rispettivamente pp. 136, 143, 207, 208-209, 226-228, 164. Il *S. Girolamo* è effettivamente derivato dal disegno di Tiziano degli Uffizi (n.14284 F). Delaborde introduce l'argomento veneziano nella sezione biografica della monografia, al termine del capitolo dedicato alla formazione di Marcantonio (pp. 21-22).

14 Malvasia definisce "eruditi" gli esempi tratti dall'antico, come il *Baccanale* dal bassorilievo nella basilica di S. Marco a Roma, la *Fama* dall'Arco di Costantino, il *Marco Aurelio a cavallo* o l'*Arianna* del Belvedere, oltre che il bassorilievo riconosciuto nell'*Invenzione del vino*, attribuita al mantovano Adamo Scultori, e quello raffigurante due fauni che trasportano un bambino nella cesta (cfr. Malvasia, *Felsina pittrice*, cit., pp. 128-140).

laborde, mentre Heinecken, Ottley e Passavant si astengono dall'indicare una fase stilistica oltre al riferimento al celebre bronzo.[15] Ciononostante, è grazie agli studi ottocenteschi se si apre uno spiraglio per l'identificazione di tali opere già nel contesto della formazione. In particolare, Ottley suggerisce una datazione giovanile per tre incisioni di soggetto antiquario, quindi lo *Spinario* (B.XIV.346.465), non descritto in relazione al modello antico; ma soprattutto la *Venere accovacciata* (B.XIV.325.313), «perhaps engraved before Marc'Antonio's arrival at Rome» verso il 1509, e la *Statua di Apollo* (B.XIV.251.333), forse da un disegno «by some Bolognese artist who had previously visited that capital», anticipando quanto gli studi più recenti hanno confermato sul ruolo di mediazione di Amico Aspertini e della cerchia di Jacopo Ripanda in relazione alle antichità romane. Ipotesi, poi, che sono riprese da Delaborde, salvo l'espunzione dello *Spinario* dalle opere certe.[16] Nel 1881 Henri Thode pubblica la tesi dottorale proprio in merito all'antico in Marcantonio e allievi, quindi Agostino Veneziano e Marco Dente, differenziando da un lato le derivazioni dirette, dall'altro le rielaborazioni in invenzioni originali da esemplari classici, a partire dalla situazione antiquaria storica deducibile dalle fonti, Aldovrandi *in primis*. Per quanto riguarda l'attività giovanile, alla prima categoria dovrebbe appartenere l'*Apollo del Belvedere* (B.XIV.249.331), ben inserita nel contesto del rinvenimento della scultura e delle derivazioni coeve. Per la seconda, una matrice iconografica antiquaria sarebbe da scorgersi nel *David* (B.XIV.13.12), nei *Cavalieri romani* (B.XIV.154.188-B.XIV.155.191), nel *Trionfo di Tito* (B.XIV.173.213), nel *Vulcano, Venere e Amore* (B.XIV.247.326), nello *Spinario*, nella *Venere che appare a Enea* (B.XIV.220.288), nella *Venere sul bordo del mare*, nella *Venere accovacciata*, nell'*Ercole* (B.XIV.207.256), nei *Due satiri e una donna* (B.XIV.231.305).[17] Thode con metodo e profondità critica giunge a delineare un atteggiamento proprio di Marcantonio, magistralmente dimostrato, per la prima attività, nell'occasione della mostra *Bologna e l'Umanesimo* e recentemente recuperato nella sede del convegno urbinate: un incisore attento all'antico, ricettivo nel suo studio, diretto o mediato dal contesto artistico a lui prossimo, e pronto a rielaborarlo in immagini nuove.[18]

---

15 Mariette, *Abecedario*, cit., pp. 248-249; Heinecken, *Dictionnaire des artistes*, cit., p. 329; Bartsch, *Le peintre graveur*, cit., p. 375; Ottley, *An inquiry*, cit., pp. 814-815; Passavant, *Le peintre-graveur*, cit., p. 40; Delaborde, *Marc-Antoine Raimondi*, cit., p. 252.

16 Ottley, *An inquiry*, cit., pp. 805, 810, 813-814; Delaborde, *Marc-Antoine Raimondi*, cit., pp. 150, 157-158, 292.

17 H. Thode, *Die Antiken in den Stichen Marcanton's Agostino Veneziano's und Marco Dente's*, Leipzig, E.A. Seemann, 1881, pp. 21-28; per l'introduzione metodologica, cfr. pp. III-VI.

18 Mi riferisco all'intervento di S. De Angeli, *Echi e testimonianze della scultura antica nella produzione grafica di Marcantonio Raimondi*, in *Marcantonio Raimondi: il primo incisore di Raffaello*,

Sulle orme «de gli antiqui»: Marcantonio a Venezia

Andando *oltre* l'aneddoto vasariano, nemmeno l'esperienza düreriana può esimersi del tutto da una vena antiquaria. Già Vitet e Delaborde leggevano le differenze tra i bulini e le xilografie della *Vita della Vergine* nel tentativo di riscattare l'originalità di Marcantonio, che neanche nella copia «démentait sa nationalité», interpretando e correggendo inconsciamente il modello.[19] Vera e propria «"palestra"» nell'apprendimento di «segni e tratteggi, incroci, linee che si allungano sommandosi, trattini che si accorciano fino a divenire punti», la serie raimondiana è da considerarsi come momento di crescita tecnica indispensabile e progressiva, iniziata a Bologna e terminata a Venezia. I 17 bulini differiscono dagli originali, oltre che nel medium e nel conseguente infittirsi dei tratti, nella fisionomia dei volti, generalmente semplificati, liberati da ogni espressione grottesca; nella maggiore marcatura dei contorni, a risolvere la difficoltà nell'imitare la profondità chiaroscurale, secondo «un'attitudine alla visione analitica che frantuma quella più sintetica di Dürer»; infine, in due casi, l'*Incontro alla porta aurea* e la *Natività della Vergine*, nell'assenza delle elaborate decorazioni che ornano la cornice architettonica. Nello studio meticoloso da Dürer, Marcantonio deve quindi rispondere sia alle proprie, certe volte ancora limitate, capacità tecniche, sia al filtro linguistico della formazione.[20]

Appare suggestiva, a questo punto, la lettera di Dürer a Pirckheimer datata 7 febbraio 1506, nel passaggio, qui riportato in traduzione, in cui afferma: «Molti di loro [Italiani] mi sono anche nemici e copiano nelle chiese

---

cit.; per Venezia l'attenzione verte principalmente sullo studio dal *Trono di Saturno* conservato presso l'Ambrosiana di Milano (F 214 inf. n. 34 recto): il disegno viene attribuito agli esordi di Marcantonio da Marzia Faietti e riferito non tanto al rilievo veneziano, quanto alla versione di probabile origine romana, oggi al Louvre (cfr. M. Faietti, *Marcantonio sulle tracce di Amico*, in *Festschrift für Konrad Oberhuber*, a cura di A. Gnann e H. Widauer, Milano, Electa, 2000, pp. 23-31; ead., *Paradigma di regole e sregolatezza. L'antico a Bologna tra Quattrocento e Cinquecento*, «Schede Umanistiche. Rivista semestrale dell'Archivio Umanistico Rinascimentale Bolognese», 1, 2004, pp. 123-157).

19 Vitet, *Études sur l'histoire de l'art*, cit., pp. 58-62: a p. 62 scrive che pur seguendo le orme del tedesco «il ne perd de vue ni Mantegna, ni Bellini, ni Verocchio, ni l'antiquité»; Delaborde, *Marc-Antoine Raimondi*, cit., pp. 13-21, citazione p. 21.

20 Le osservazioni tecniche sullo stile incisorio delle copie di Marcantonio sono tratte da L. Aldovini, *Bologna 1506: l'incontro grafico tra Marcantonio e Dürer*, in *Crocevia e capitale della migrazione artistica: forestieri a Bologna e bolognesi nel mondo (secoli XV-XVI)*, atti del convegno (Bologna, maggio 2019) a cura di S. Frommel, Bologna, Bononia University Press, 2010, pp. 141-146 (citazione p. 144); Faietti, *Stampe e disegni di Marcantonio*, cit, pp. 150-154 (citazione p. 153). Per ulteriori osservazioni, si consulti anche: G.M. Fara, *Albrecht Dürer nelle fonti italiane antiche*, Firenze, Olschki, 2014, pp. 26-28.

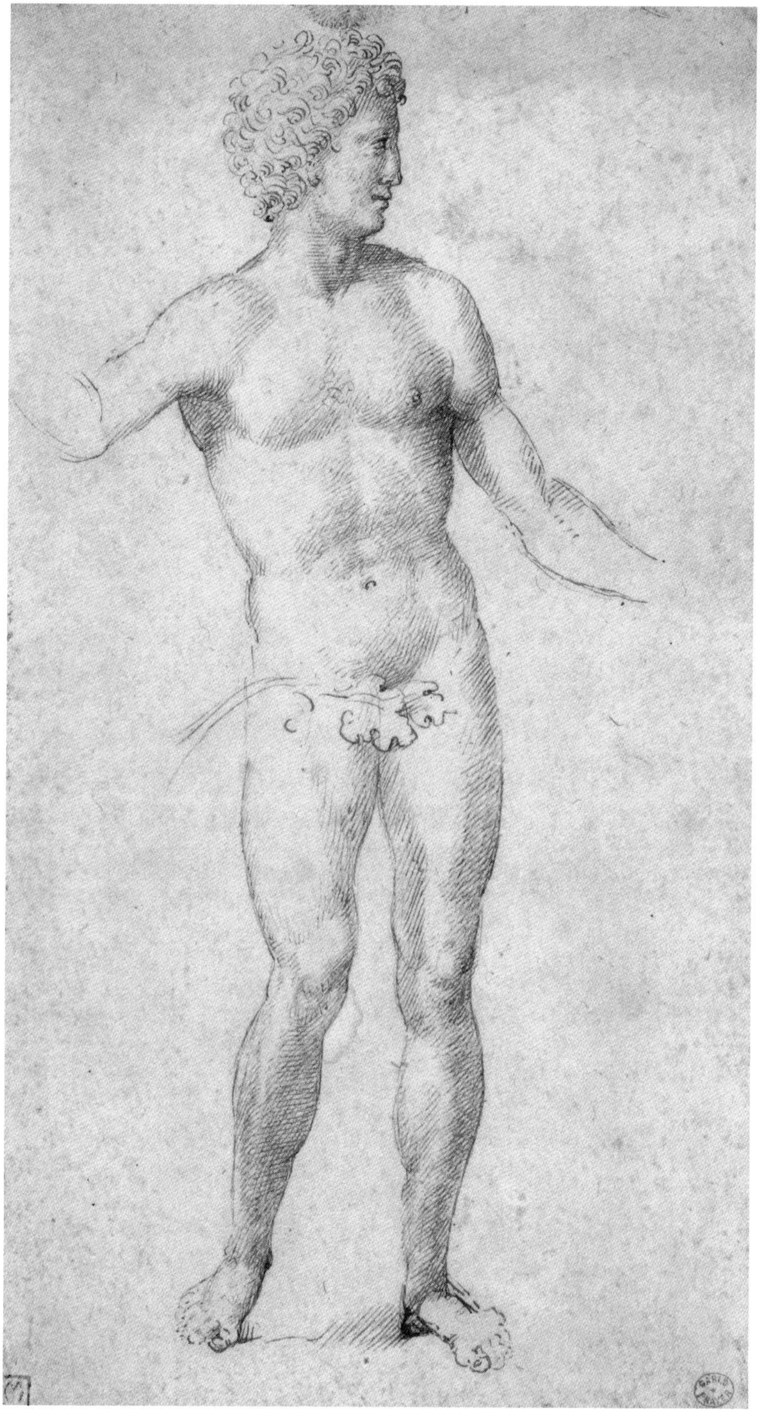

Fig. 1. Marcantonio Raimondi, *Adamo*, 1507-1508. Princeton, Princeton University Art Museum, inv. num. x1945-47. © 2021. Princeton University Art Museum,/Art Resource NY/Scala

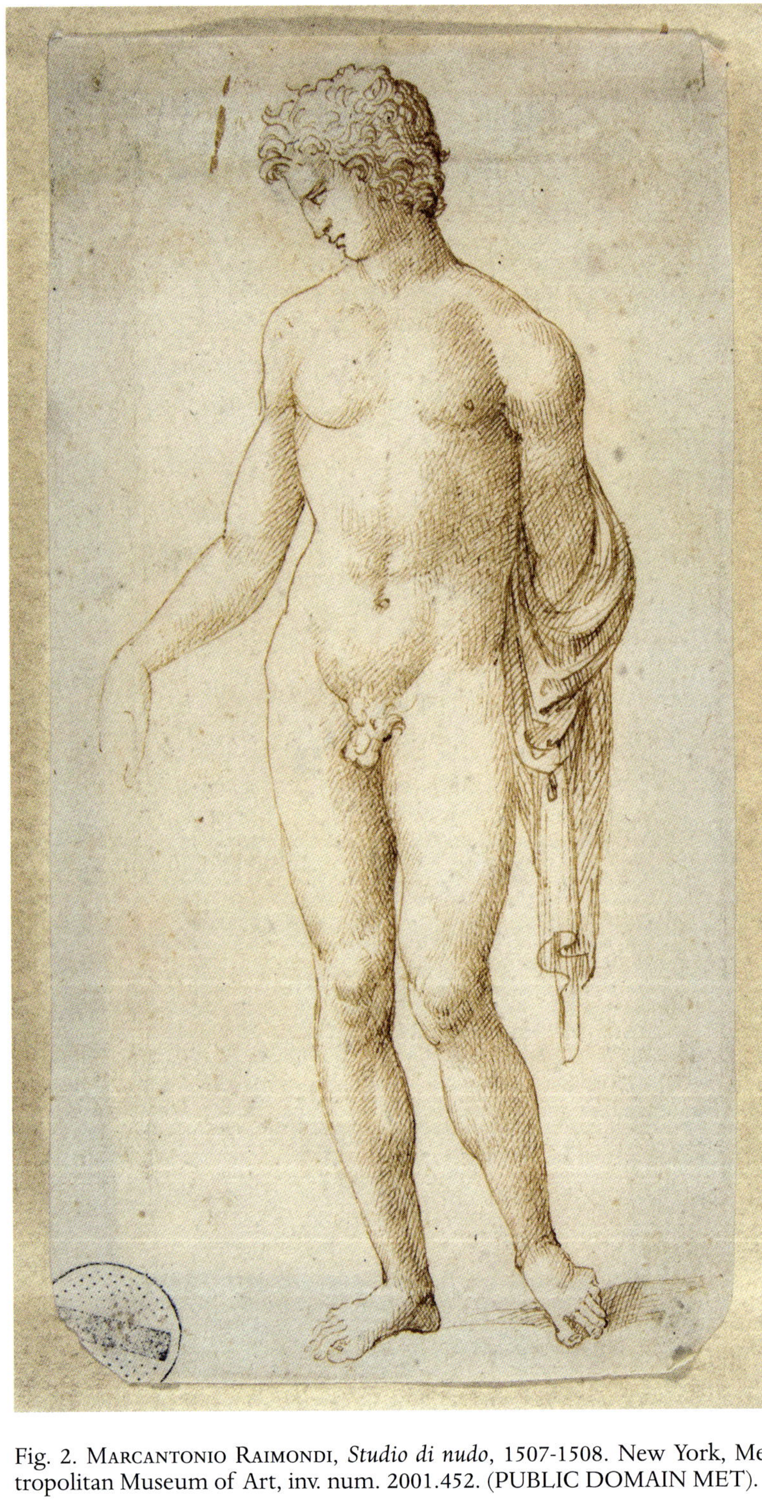

Fig. 2. Marcantonio Raimondi, *Studio di nudo*, 1507-1508. New York, Metropolitan Museum of Art, inv. num. 2001.452. (PUBLIC DOMAIN MET).

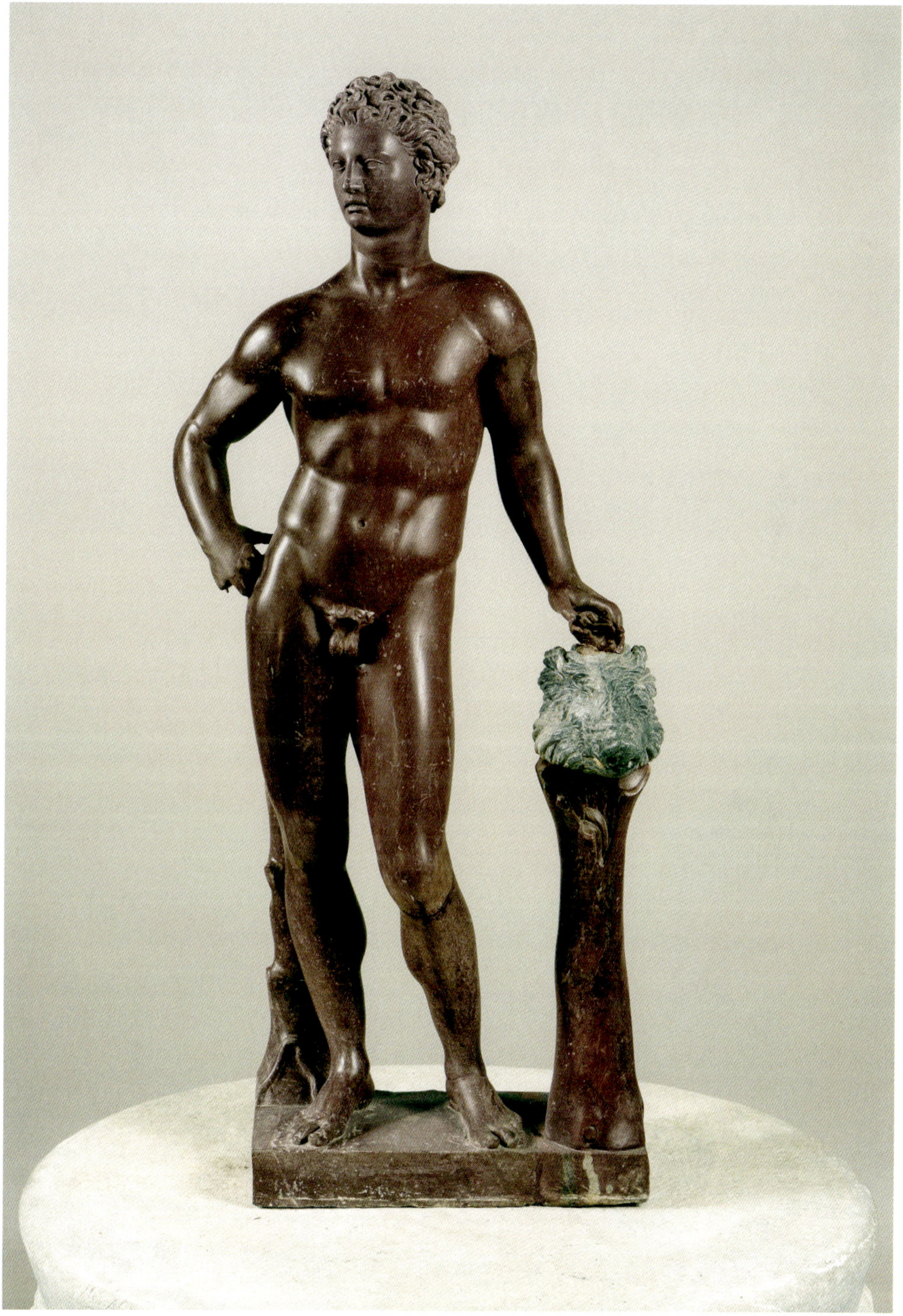

Fig. 3. *Meleagro*. Napoli, Museo Archeologico Nazionale, Collezione Farnese, su concessione del Ministero della Cultura - Museo Archeologico.

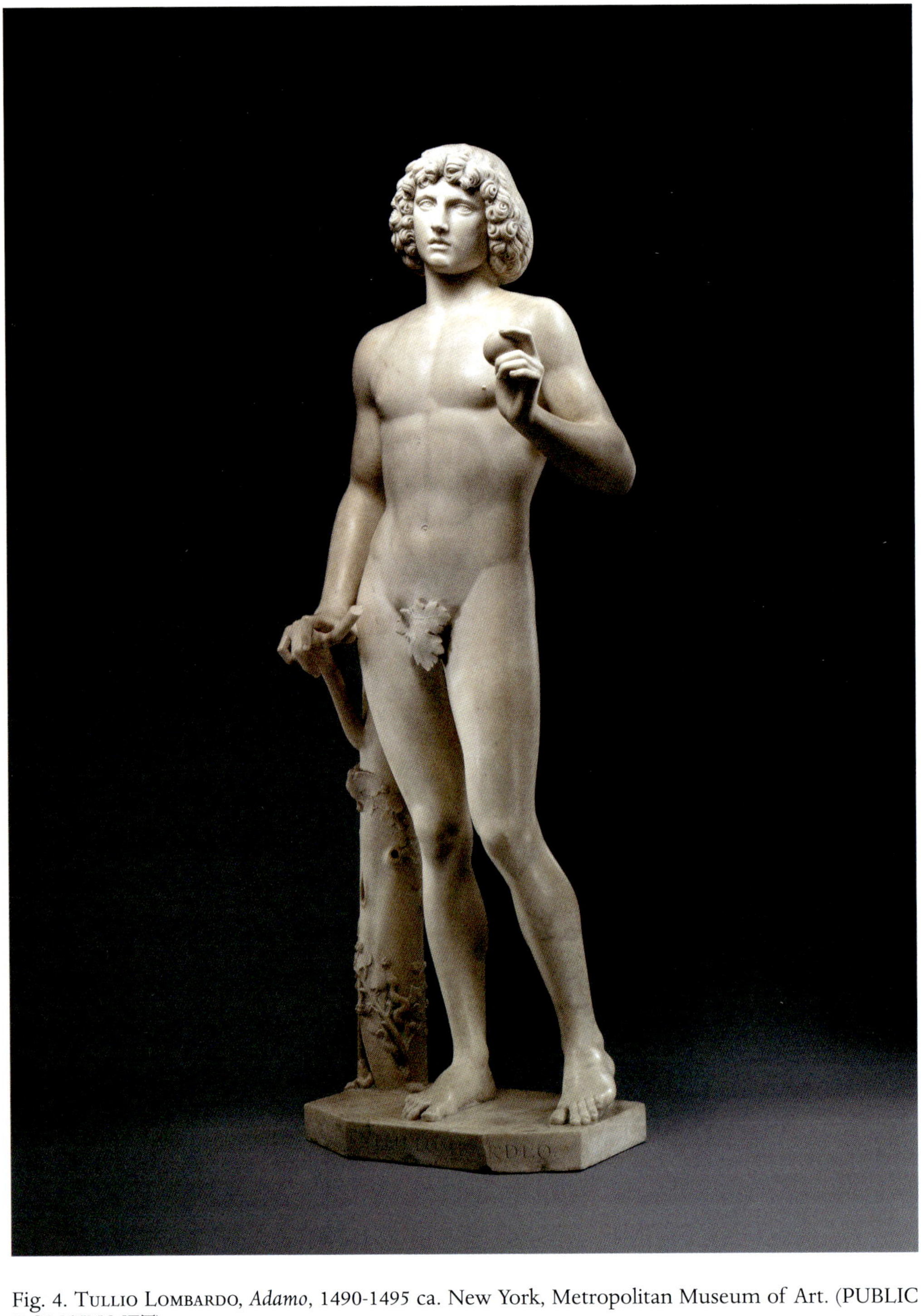

Fig. 4. Tullio Lombardo, *Adamo*, 1490-1495 ca. New York, Metropolitan Museum of Art. (PUBLIC DOMAIN MET).

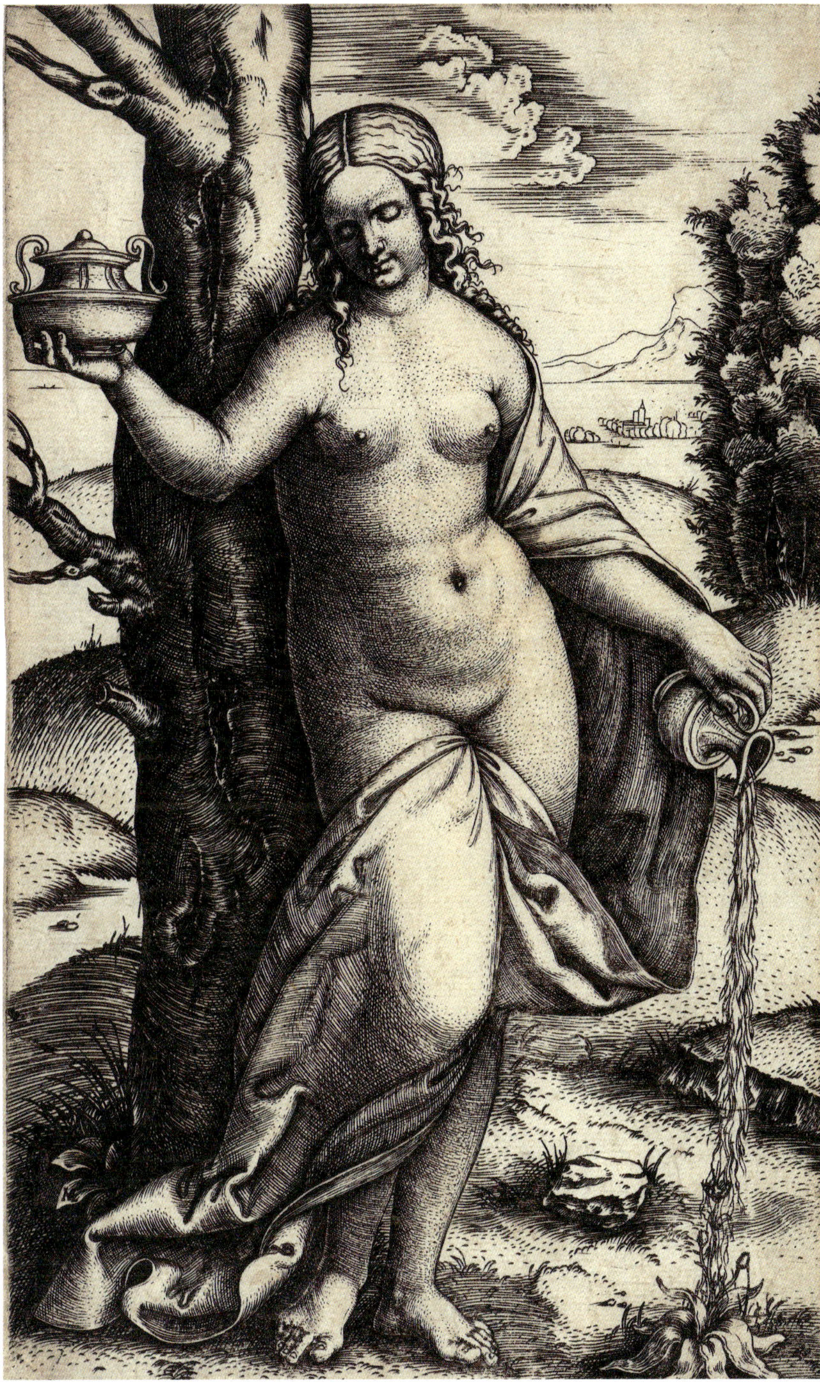

Fig. 5. Marcantonio Raimondi, *Grammatica*, 1507-1508. Parigi, Musée du Louvre, inv. num. 4214 LR/ Recto. © Musée du Louvre, dist. RMN-Grand Palais - Photo L. Chastel.

6 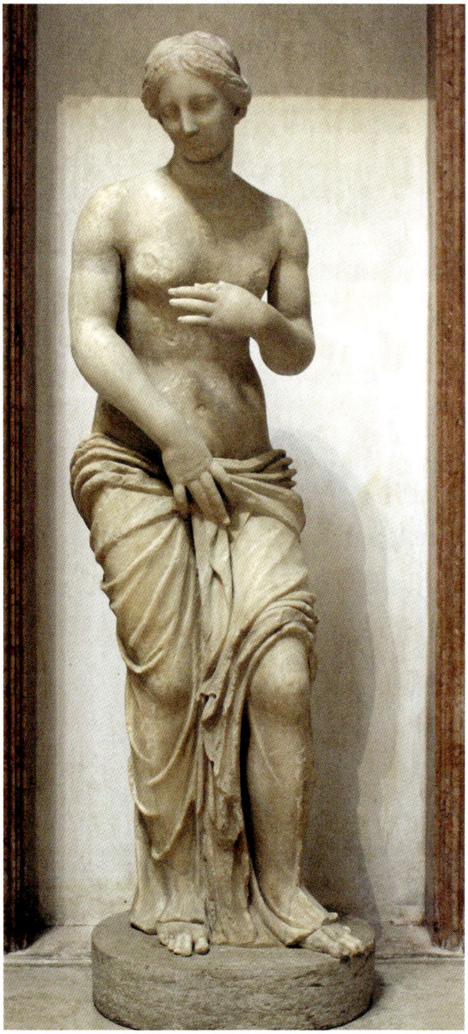

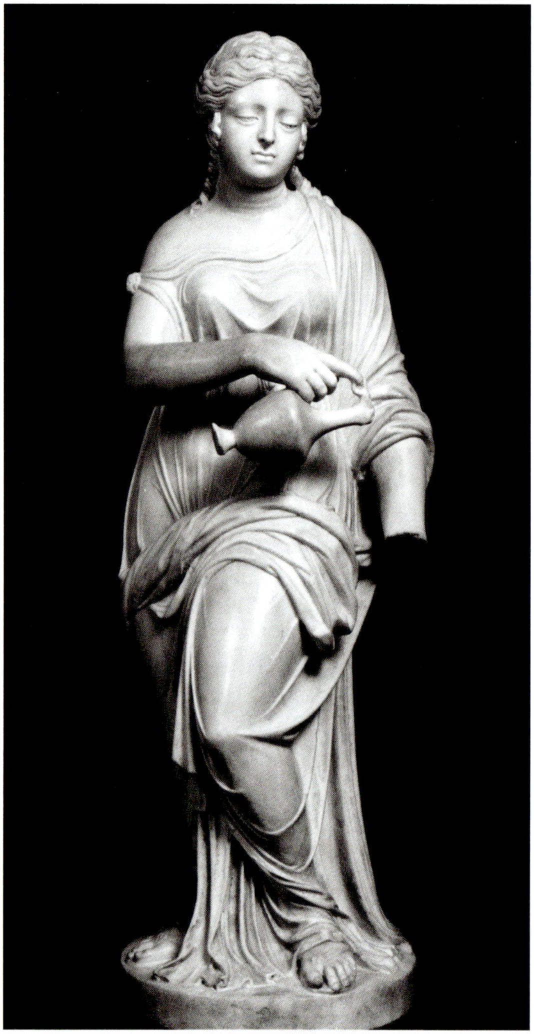 7

Fig. 6. *Afrodite pudica*. Venezia, Museo Archelogico Nazionale, Collezione Contarini. Foto dell'autore. Fig. 7. Cristoforo Solari, *Temperanza*, 1495-1500 ca. Venezia, Galleria Giorgio Franchetti alla Ca' d'Oro (deposito dalle Gallerie dell'Accademia). Crediti fotografici: Venezia, Fondazione Giorgio Cini, Fototeca dell'Istituto di Storia dell'Arte.

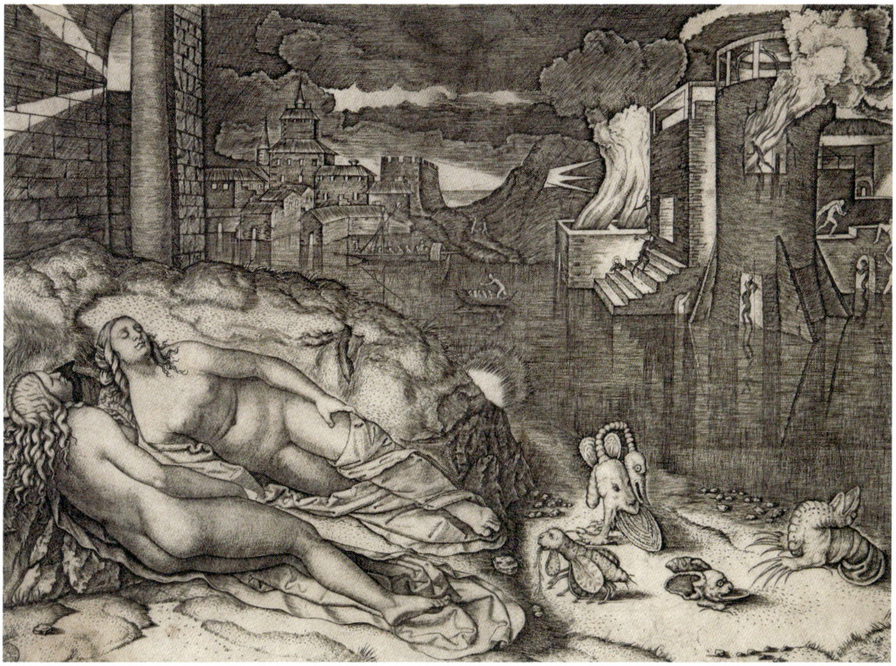

8

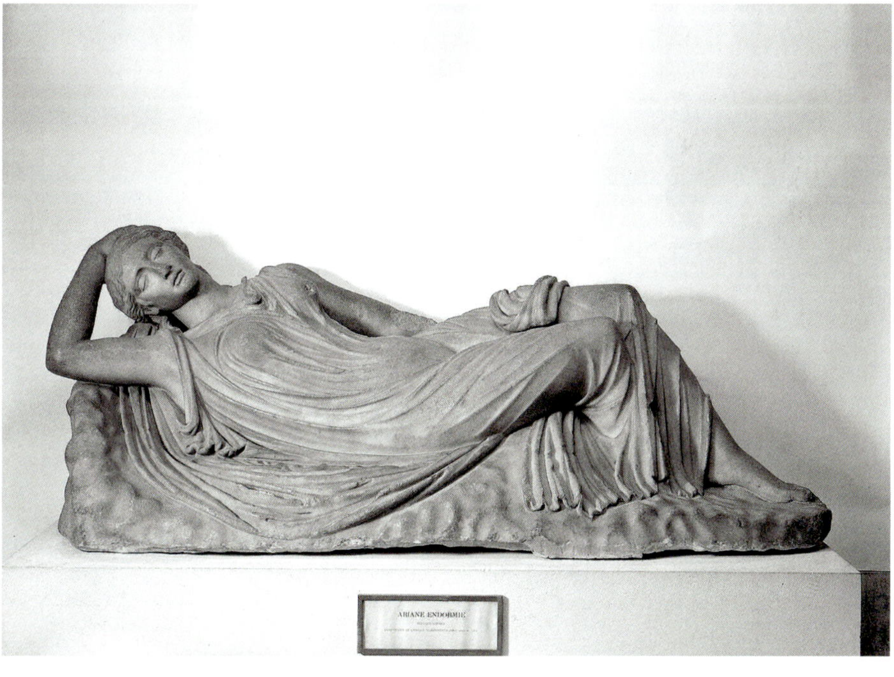

9

Fig. 8. Marcantonio Raimondi, *Sogno di Raffaello*, 1508. New Haven, Yale University Art Gallery, inv. num. 1976.49.1. Photo credit: Yale University Art Gallery (Public Domain). Fig. 9. *Arianna addormentata*. Parigi, Musée du Louvre, Collezione Borghese. © 1970 Musée du Louvre / Maurice et Pierre Chuzeville.

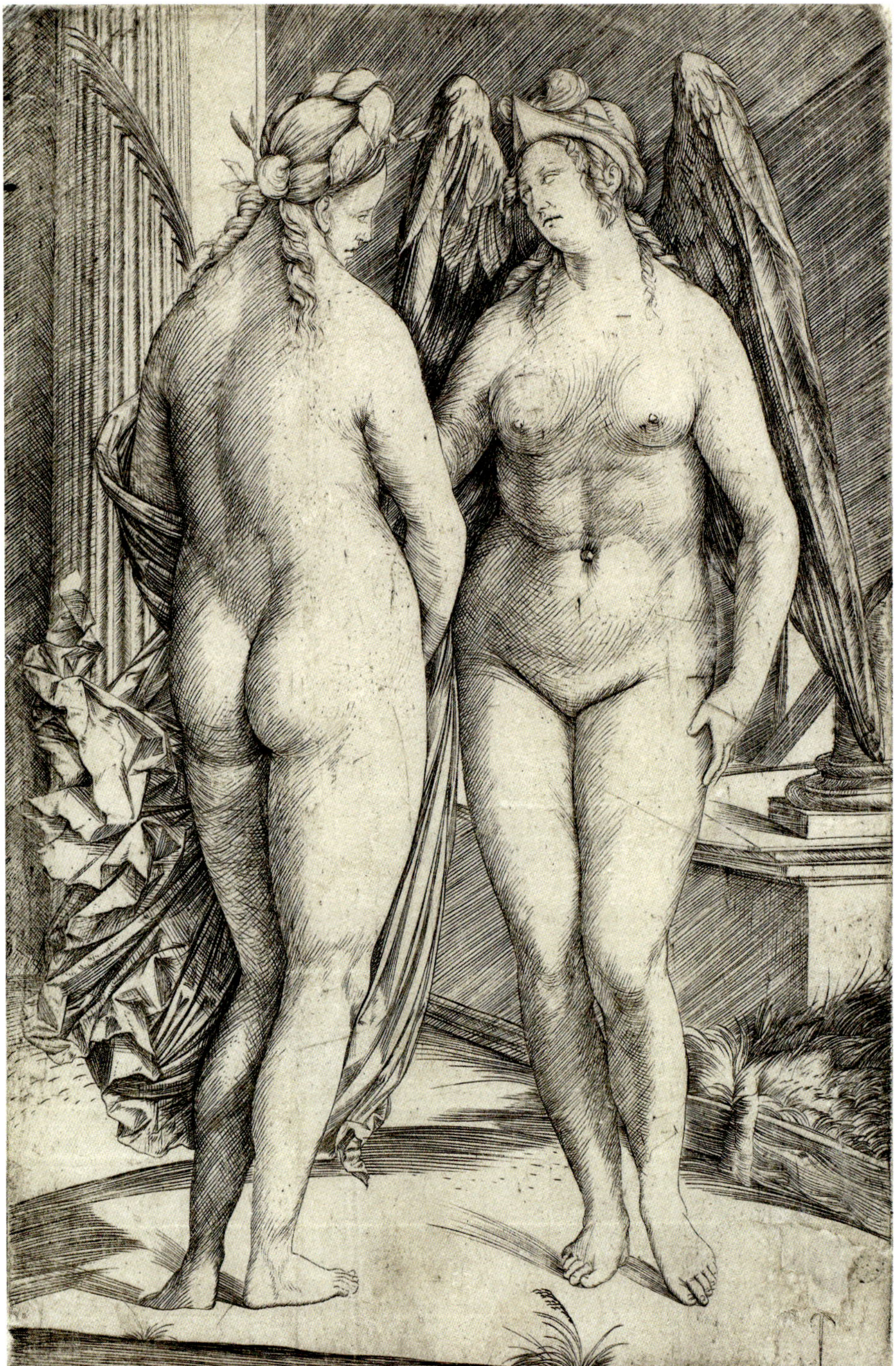

Fig. 10. Jacopo de' Barbari, *La Vittoria e la Fama*, 1498-1500 ca. Parigi, Musée du Louvre, inv. num. 4100 LR/ Recto. © Musée du Louvre, dist. RMN-Grand Palais - Photo L. Chastel.

le mie opere e dovunque possano venirne a conoscenza. E poi le criticano e dicono che non sono di genere antico e perciò non buone».[21] Al di là dei fatti contingenti, per i quali non è possibile cogliere riferimenti diretti a Marcantonio, è di interesse constatare il valore riconosciuto all'antico, *antigisch art*, inteso come principio di qualità artistica e discrimine per giudicare scuole e stili. Un aspetto di ricerca, in Dürer, che Marcantonio prontamente si premurò di studiare. Ne è prova tangibile il disegno dell'*Adamo* (x1945-47) di Princeton (Fig. 1), esercizio grafico basato sull'*Adamo ed Eva* di Dürer del 1504 (B.VII.30.1).[22] Vicino per tecnica ad altri disegni tra 1506 e 1509, lo studio di Princeton è stato da Oberhuber inquadrato nel periodo veneziano.[23] Il prototipo alle spalle dell'incisione di Dürer è tradizionalmente riconosciuto nell'*Apollo del Belvedere*, opera cardine anche nella comprensione dell'antico in Marcantonio a Bologna. Nonostante la diversa tecnica, lo studio aderisce con efficacia al modello, nelle zone di luce e di ombra ad altezza delle spalle e lungo le gambe, nei piedi ancorati al suolo, come in dettagli apparentemente meno significanti, la peluria sul petto o la foglia, di nuovo di fico, a coprire le *pudenda*. Eppure, ne snellisce e accorcia le gambe, ne varia la torsione e la posizione delle spalle, mentre mostra una minor attenzione ai tratti del volto, un profilo all'antica, e non contempla parti di minor interesse, come le braccia. Descrivendo la figura come una scultura antica e adeguandola a delle proporzioni di impronta franciana, Marcantonio vi dichiarerebbe l'intento di formulare un proprio canone di nudo maschile, a partire dalla più classica delle invenzioni düreriane.

In piena continuità, il disegno di nudo del Metropolitan (n. 2001.452) (Fig. 2) mostra una riflessione analoga e contestuale, condotta probabilmente a partire da un esemplare scultoreo. Come nel caso di Princeton, Marcantonio si sofferma con maggior zelo nel tracciare zone di luce e di

---

21 G.M. Fara, *Albrecht Dürer. Lettere da Venezia*, Milano, Electa, 2007, pp. 63-65.

22 F. Gibbons, *Catalogue of Italian Drawings in the Art Museum, Princeton University*, Princeton, Princeton University Press, 1977, pp. 164-165, n. 506; W. Stedman Sheard, *Antiquity in the Renaissance*, catalogo della mostra (Northampton, aprile-giugno 1978) a cura di Ead., Northampton, Smith College Museum of Art, 1978 n. 52; Faietti, *Stampe e disegni di Marcantonio*, cit., pp. 197-199.

23 K. Oberhuber, *Marcantonio Raimondi: gli inizi a Bologna ed il primo periodo romano*, in *Bologna e l'Umanesimo*, cit., pp. 81-82; il riferimento al periodo veneziano non è tuttavia univoco, M. Faietti (*1506: Bologna, crocevia del confronto*, in *Crocevia e capitale della migrazione artistica*, cit., p. 159) colloca il disegno ancora nella fase bolognese. Per inquadrare l'argomento in un contesto più ampio, rimando al recente contributo di F. Mariano e C. Salsi, *Modelli, derivazioni e ricorrenze iconografiche: le arti plastiche e l'incisione tra Quattrocento e Cinquecento*, in *Il corpo e l'anima. Da Donatello a Michelangelo: scultura italiana del Rinascimento*, catalogo della mostra (Milano, luglio-ottobre 2021) a cura di M. Bormand, B. Paolozzi Strozzi e F. Tasso, Roma, Officina Libraria, 2021, pp. 69-74.

ombra, con finezza specie nel torso e nelle gambe, mentre riproduce una tipologia standard per la testa, similissima nel confronto, e non indaga le braccia, l'uno sfumato in un contorno aperto, l'altro celato da un panneggio e non compiuto. Il disegno del Metropolitan conduce l'interesse antiquario di Marcantonio nel cuore del soggiorno veneziano, permettendo un affondo nelle collezioni di antichità precedenti l'arrivo in laguna dei marmi Grimani.[24] Nelle pagine manoscritte della *Notizia* di Marcantonio Michiel, tra le varie opere classiche menzionate, nella raccolta di Gabriele Vendramin, già in formazione ai primi del secolo, spicca per accuratezza di descrizione «el nudetto senza brazza et testa de pietra rossa, venuto da Rodi».[25] Com'è noto, la scultura giunse a Venezia dopo il 1505 – anno in cui è citata, ancora a Rodi, nel carteggio tra Sabba da Castiglione e Isabella d'Este – forse in tempo per essere registrata da Marcantonio. Il «nudetto» è stato infatti riconosciuto, con integrazioni di fine Cinquecento, nel *Meleagro* Farnese, oggi all'Archeologico di Napoli (Fig. 3):[26] il disegno newyorkese ne potrebbe costituire uno studio, coincidente con esso nella posa e nelle proporzioni, persino nel libero accenno alle parti lacunose, testa e braccia. Se tale confronto può suggerire una direzione, una conferma agli interessi antiquari di Marcantonio giunge da un ulteriore accostamento, con l'*Adamo* di Tullio Lombardo (Fig. 4) per il monumento ad Andrea Vendramin, collocato in origine nella chiesa di S. Maria dei Servi e realizzato tra gli anni Novanta del Quattrocento e il 1506 circa. La simile morbidezza nella definizione del corpo maschile, espressione di «euritmia corinzia», di «apollinea calma», potrebbe indurre a vedere nella scultura, plasmata sull'antico, una fonte di riflessione per Marcantonio, pari per dignità ad un esemplare classico e consona alla passione antiquaria dei suoi committenti.[27] Alla fine degli

---

24 Oberhuber, *Marcantonio Raimondi*, cit., pp. 81-82; è interessante notare come dal disegno del Metropolitan Marcantonio avvii una serie di riflessioni contestuali sul corpo femminile – la *Donna in piedi*, sua controparte femminile, battuta da Sotheby's nel 1985, e la *Figura femminile con giovane dormiente* degli Staatliche Museen di Berlino (KdZ 2370) – con esiti che si avvicinano al *Giovane protetto dalla Fortuna* e alla *Grammatica*.

25 Per la citazione del Michiel, cfr. M. Michiel, *Notizia d'opere del disegno*, a cura di C. De Benedictis e T. Frimmel, Firenze, Edifir, 2000. Per la collezione Vendramin, cfr. R. Lauber, *Gabriele Vendramin*, in *Il collezionismo d'arte a Venezia. Dalle origini al Cinquecento*, a cura di Ead., M. Hochmann e S. Mason, Venezia, Marsilio, 2008, pp. 317-319, con bibliografia precedente, e I. Favaretto, *Arte antica e cultura antiquaria nelle collezioni venete al tempo della Serenissima*, Roma, "L'Erma" di Bretschneider, 1990, pp. 79-82.

26 L. Beschi, *Collezioni di antichità ai tempi di Tiziano*, «Aquileia Nostra», 47, 1976, pp. 8-12.

27 Cfr. M. Ceriana, *La scultura veneziana fra culto dell'antico e "maniera moderna"*, in *Aldo Manuzio. Il Rinascimento di Venezia*, catalogo della mostra (Venezia, marzo-giugno 2016) a cura di G. Beltramini e D. Gasparotto, Venezia, Marsilio, 2016, cit. p. 51; Come riferimento per Tullio Lombardo, A. Markham Schulz, *The sculpture of Tullio Lombardo*, London-Turnhout, Harvey Miller Publishers-Brepols Publishers, 2014, pp. 46-66; sui riferimenti classici dell'*Adamo*, V. Cafà,

anni Novanta risale poi anche la pala di Cima per l'altare Dragan alla Carità: un'opera il cui spiccato classicismo si dichiara nel S. Sebastiano, *alter ego* pittorico dell'*Adamo* di Tullio, in una fase di prossimità dello stile di Cima alla scultura coeva.[28] Giunto a Venezia, Marcantonio aggiorna il tema del nudo maschile all'antica ricorrente nei disegni della sua formazione in dialogo con il contesto artistico locale, che negli stessi anni accomuna opere quali l'*Adamo ed Eva* di Palma il Vecchio a Braunschweig – a sua volta ispirato ai progenitori di Dürer, come annotò per primo Heinecken – e il classicheggiante *S. Sebastiano* del giovane Luciani nelle portelle di S. Bartolomeo.[29]

Tuttavia, è la riflessione sul corpo femminile a rendere celebri le opere veneziane di Marcantonio. L'incisione della *Grammatica* (Fig. 5), nota anche come *Donna che innaffia una pianta*, mostra un sostanziale mutamento di rotta rispetto alla tipologia sviluppata negli anni precedenti. Marcantonio, infatti, guarda a Dürer nella redazione della *Venere sul bordo del mare*, datata 11 settembre 1506, dove il tipo antico della *Venere Anadyomene* individuato da Thode è mutuato secondo un canone nordico, in un «temporaneo allontanamento [...] da quell'ideale di bellezza muliebre protoclassica».[30] E

Ancient Sources for Tullio Lombardo's Adam, «Metropolitan Museum Journal», 49, 1, 2014, pp. 32-47. Importante in tale direzione W. Stedman Sheard, *Il torso antico nell'arte veneziana tra Quattro e Cinquecento. Una nuova lettura del torso*, in *Roma e l'antico nell'arte e nella cultura del Cinquecento*, a cura di M. Fagiolo, Roma, Istituto della Enciclopedia Italiana, 1985, pp. 407-436 (Biblioteca internazionale di cultura, 17): la studiosa riconosce all'*Adamo* di Tullio l'introduzione a Venezia di uno stile policleteo nella resa del nudo antiquario, che viene ripreso, tra gli altri, da Palma nell'*Adamo ed Eva* di Braunschweig, a sua volta influenzato da Dürer e Marcantonio. Segnalo infine l'ipotesi di restauro, da parte di Tullio Lombardo, dell'*Antinoo* del Prado, quale altro possibile modello antico di nudo efebico (F. Tasso, *Arte romana e Tullio Lombardo (?)*, in *Il corpo e l'anima*, cit., pp. 360-361).

28 Per la pala Dragan, cfr. G. Manieri Elia, in *Cima da Conegliano. Poeta del paesaggio*, catalogo della mostra (Conegliano, febbraio-giugno 2010) a cura di G.C.F. Villa, Venezia, Marsilio, 2010, pp. 152-154. La stessa concezione di nudo torna anche in altre opere di Cima, come nel *San Sebastiano* della National Gallery di Londra.

29 Cfr. *Palma il Vecchio. Lo sguardo della Bellezza*, catalogo della mostra (Bergamo, marzo-giugno 2015) a cura di G.C.F. Villa, Ginevra-Milano, Skira, 2015 e in particolare, per l'*Adamo ed Eva*, L. Attardi, *Il periodo giorgionesco, l'allegoria e la storia sacra. Le* Due ninfe in un paesaggio *di Francoforte. Il* Cristo e l'adultera *di San Pietroburgo*, p. 102. Per la derivazione da Dürer cfr. M. Heimbürger, *Dürer e Venezia: influssi di Albrecht Dürer sulla pittura veneziana del primo Cinquecento*, Roma, Bozzi, 1999, pp. 186-190 e G.M. Fara, *Albrecht Dürer. Originali, copie, derivazioni*, Firenze, Olschki, 2007, pp. 43-45. Questa era già stata individuata da Heinecken, che attribuiva il dipinto a Giorgione (K.H. von Heinecken, *Nachrichten von Künstlern und Kunstsachen*, Leipzig, Krauss, 1769, II, p. 23). Analoghe riflessioni coinvolgono anche l'incisione, come nel *Nudo con freccia* (B.XIII.350.33) di Benedetto Montagna (*The Illustrated Bartsch. Early Italian Engravers*, a cura di M.J. Zucker, New York, Abaris Books, 1980, 25, I, pp. 385-387).

30 Thode, *Die Antiken in den Stichen Marcanton's*, cit., p. 27; cfr. Faietti, *Stampe e disegni di Marcantonio*, cit., pp. 144-146 (citazione p.144). Per i confronti con i nudi düreriani, si considerino *La tentazione dell'ozioso* (B.VII.91.76) e l'*Ercole al bivio* (B.VII.86.73).

ancora a Dürer pare legata la rappresentazione del *Giovane protetto dalla Fortuna* (B.XIV.386.377), stampa liminale, databile al 1507, vicina alla precedente nella sperimentazione sulle proporzioni del nudo, ma con una maturità tecnica – nella resa meno marcata dei contorni, nella maggiore sfumatura del chiaroscuro, nel plastico e morbido rilievo del corpo – che forse lascia intravedere un primo contatto con l'ambiente lagunare.[31] La *Grammatica* si pone come punto di arrivo e di svolta, simile per attitudine alla figura della *Fortuna*, ma con un linguaggio che pare desunto dall'antico nelle proporzioni del busto e nella morbidezza del rilievo, sfumata dal sapiente puntinato – solo il volto pare pienamente moderno. Mandy Richter individua nella *Venus pudica*, la dea nuda o semipanneggiata nell'atto di coprirsi, l'iconografia classica di pertinenza, almeno relativamente alle figure del *Sogno di Raffaello*.[32] Diverse sono le tipologie antiche note riconducibili a tale soggetto, dalla *Venere Cnidia* alla *Venus felix*, alcune delle quali indagate da Marcantonio a Roma. Rimanendo a Venezia, tra le varie sculture muliebri annotate nel manoscritto di Michiel riveste una particolare attenzione la «Nuda de marmo grande quasi quanto el vivo, che si stringe li panni alle gambe, senza testa e brazze», custodita in casa di Antonio Foscarini. Secondo la proposta di Favaretto, questa sarebbe identificabile nell'*Afrodite pudica* dell'Archeologico di Venezia (Fig. 6), originale ellenistico, forse rodio, confluito nello Statuario Pubblico tramite legato Contarini.[33] Difficile stabilire se la scultura possa essere considerata quale preciso modello impiegato da Raimondi, tutt'al più mediato dall'osservazione di opere coeve. Rimosse mentalmente le integrazioni, l'idea del panneggio a coprire parzialmente le gambe, il busto leggermente piegato in avanti a generare la lieve contrazione del ventre, il petto ampio e i piccoli seni circolari palesano l'intenzione antiquaria della *Grammatica*, quale viva restituzione di un'iconografia classica.[34]

---

31 Cfr. I.H. Shoemaker, *Marcantonio and his Sources. A Survey of His Style and Engraving Technique*, in *The Engravings of Marcantonio Raimondi*, catalogo della mostra (Lawrence, novembre 1981 - gennario 1982) a cura di Ead., Lawrence-Chapel Hill, The Spencer Museum of Art, University of Kansas-The Ackland Art Museum, University of North Carolina, 1981, pp. 72-73; Faietti, *Stampe e disegni di Marcantonio*, cit., pp. 132-134.

32 M. Richter, *Il nudo femminile in Marcantonio: dalla Venere sul bordo del mare al Sogno di Raffaello*, in *Marcantonio Raimondi: il primo incisore di Raffaello*, cit.

33 Michiel, *Notizia d'opere del disegno*, cit., p. 54; cfr. R. Lauber, *Antonio Foscarini*, in *Il collezionismo d'arte a Venezia*, cit., pp. 282-283; Favaretto, *Arte antica e cultura antiquaria*, cit., pp. 78-79; per la scultura, G. Traversari, *Sculture del V-IV secolo a.C. del Museo Archeologico di Venezia* (Collezioni e musei archeologici del Veneto), Venezia, Alfieri Edizioni d'Arte, 1973, pp. 52-56.

34 Cfr. M. Viljoen, *Raphael and the Restorative Power of Prints*, «Print Quarterly», 18, 4, 2001, pp. 379-395: la studiosa, riferendosi all'attività di Marcantonio, Agostino Veneziano e Marco

Se nella tecnica Marcantonio è in debito con Dürer, da cui mutua l'uso del puntinato, il canone antico è modulato nella *Grammatica* entro un contesto schiettamente veneziano. Nel tentativo di indicare una derivazione diretta, Petrucci e Richter facevano i nomi rispettivamente di Giulio Campagnola – la miniatura tratta dal Diana descritta da Michiel in collezione Bembo – e di Giorgione – la *Primavera* affrescata sulla facciata di Ca' Soranzo.[35] Di certo, il confronto con Giorgione trova appigli saldi negli studi, a partire dalla *Giuditta* dell'Ermitage, vicina nella posizione frontale, nella dinamica ponderazione, nel trattamento düreriano del panneggio, finanche nell'albero a quinta della figura, ma più leggera e longilinea. L'incisione non dovette poi prescindere dall'impresa monumentale del Fondaco dei Tedeschi, in realizzazione all'epoca del soggiorno di Marcantonio; ma se dei suoi affreschi nulla ci rimane all'infuori dell'imperscrutabile frammento della *Nuda*, il morbido corpo della *Grammatica* non può non ricordare, come già constatava Oberhuber, la nuda stante del *Concerto campestre* – il velo che scivola tra le gambe, i dolci volumi in torsione, l'iconografia dell'acqua. Giorgione codifica in questi celebri esempi, e soprattutto nel Fondaco, un *topos* della figura femminile stante, osserva Bernstein, costruito nella rotazione delle membra morbide intorno a un asse centrale, e descritto nell'assimilazione di modelli antiquari agli influssi leonardeschi.[36] Echi della soluzione inaugurata dal pittore cospargono capillarmente la pittura veneziana a partire dai suoi creati, dalla buona madre del *Giudizio di Salomone* di Sebastiano del Piombo, fino all'*Adultera* e all'*Amor sacro e Amor profano* di Tiziano.[37]

Dente in seno alla bottega di Raffaello, mette in luce la peculiare attitudine di rappresentare le sculture antiche come se fossero vive e in un contesto paesaggistico; un'attitudine propria del tempo – come dimostra, vicina al nostro caso, la *Venere* di Giovanni Antonio da Brescia (B.XIII.329.21) – e applicabile anche alla formazione di Marcantonio.

35 A. Petrucci, *Disegni e stampe di Marcantonio*, «Bollettino d'arte», 30, 1937, p. 405 e G.M. Richter, *Giorgio da Castelfranco, called Giorgione*, Chicago, University of Chicago Press, 1937, pp. 259-260. Per il testo di Michiel sulla collezione Bembo, Michiel, *Notizia d'opere del disegno*, cit., p. 31 e la trascrizione in R. Lauber, *Note per Marcantonio Michiel e Pietro Bembo*, in *Pietro Bembo e l'invenzione del Rinascimento*, catalogo della mostra (Padova, febbraio-maggio 2013) a cura di D. Gasparotto, G. Beltramini e A. Tura, Venezia, Marsilio, 2013, pp. 344-347.

36 J.G. Bernstein, *The Female Model and the Renaissance Nude: Dürer, Giorgione, Raphael*, «Artibus et Historiae»,13, 26, 1992, pp. 49-63. Cfr. anche I. Favaretto, *Lo studio dell'antichità nella pittura ai tempi di Giorgione*, in *I tempi di Giorgione*, a cura di R. Maschio, Roma, Gangemi, 2004, pp. 1-8.

37 Cfr. K. Oberhuber, *Giorgione and the Graphic Arts of his Time*, in *Giorgione. Convegno internazionale di studi*, atti del convegno (Castelfranco Veneto, 29-31 maggio 1978), Castelfranco Veneto-Venezia, Stamperia di Venezia, 1979, pp. 313-320. Cfr. M. Calvesi, *'La morte di Bacio'. Saggio sull'ermetismo di Giorgione*, «Storia dell'arte», 7/8, 1970, pp. 206-208.

Secondando le intuizioni di Planiscig, la scultura, specie di ambito funerario, dovette anticipare di qualche anno le formulazioni antiquarie delle altre arti.[38] Perduto – o alterato – il nudo muliebre per eccellenza dell'*Eva* per il monumento Vendramin, il modello femminile proposto da Tullio Lombardo potrebbe leggersi, come suggerisce Ceriana, in relazione alla figura della madre nel rilievo del *Battesimo di Aniano* dal più tardo monumento a Giovanni Mocenigo: essa infatti si approssima in posa e proporzioni all'ideale raimondiano, come ulteriore elaborazione del tipo della *Venus pudica*.[39] Ancora più significativa appare allora l'allegoria della *Temperanza* di Cristoforo Solari (Fig. 7), dalla serie delle *Virtù* per il monumento Dragan, già nella chiesa della Carità poste a cornice della già citata pala del Cima e oggi alla Ca' d'Oro. Nel confronto con la *Grammatica*, infatti, si assiste a due variazioni sul tema – l'una nuda e l'altra panneggiata – pressocché speculari nel ponderato contrapposto, nelle solide proporzioni, che, nota Markham Schulz, caratterizzano l'interpretazione dell'antico in Solari; nell'atteggiamento del volto, nell'incedere della gamba e, ancora, nell'elemento della brocca. Una somiglianza tanto più eloquente se si considera il modello classico probabilmente impiegato da Solari, individuato da Markham Schulz nel *Sarcofago delle Muse* già in S. Maria Maggiore a Roma, oggi a Vienna.[40] Infine, l'indagine antiquaria potrebbe aver risentito di quanto veicolato negli stessi anni dai bronzi di piccolo formato in studioli e collezioni. Un esempio è offerto dalla *Venus Caritas* di Baltimora, opera dell'Antico, vicina nel dettaglio iconografico della lucerna con la fiamma al *Giovane protetto dalla Fortuna*; mentre la sua *Venus Felix* di Vienna, se da un lato si basa sull'omonima scultura collocata nel cortile del Belvedere nel 1509, dall'altro segna un aggiornamento intorno ai medesimi canoni estetici osservati da Marcantonio a Venezia. Canoni all'antica cui i bronzetti volutamente aderiscono, come ancora testimoniano la *Venere anadyomene*

---

38 L.C. Planiscig, *Del giorgionismo nella scultura veneziana*, «Bollettino d'arte», 3, 28, 1934-1935, pp. 146-155.

39 Ceriana, *La scultura veneziana fra culto dell'antico e "maniera moderna"*, cit., pp. 48-49; cfr. poi Markham Schulz, *The Sculpture of Tullio Lombardo*, cit., pp. 93-102. Sui destini della *Eva* Vendramin, cfr. F. Caglioti, *Venezia sul Lago di Garda: l'altare di Giovanni Dalmata per la Scuola Grande di San Marco*, «Mitteilungen des Kunsthistorischen Institutes in Florenz», 40, 2, 2013, pp. 183-238.

40 Cfr. A. Markham Schulz, *The History of Venetian Renaissance Scuplture. Ca. 1400-1530*, London-Turnhout, Harvey Miller Publischers-Brepols Publishers, 2017, pp. 257-261. La studiosa riconduce al contatto con lo scultore lombardo la svolta classicista dello stile di Tullio Lombardo a cavallo di secolo. Di interesse per i rapporti con il contesto veneziano del Solari, S. Alcamo, *Riflessioni sulla* Eva *del monumento funebre Vendramin. Curiosi intrecci artistici e una riproposta per Cristoforo Solari*, «Studi Veneziani», 75, 2017 (2018), pp. 35-63.

del Correr, attribuita alla bottega di Tullio Lombardo, o la *Venus pudica* dell'Ashmolean, di scuola veneta.[41]

Capolavoro del soggiorno veneziano, il *Sogno di Raffaello* (Fig. 8) deve la sua complessità iconografica alla crasi di una molteplicità di riferimenti in un'immagine del tutto originale. Per le figure femminili stese e riverse sulla riva, Marcantonio, in piena continuità con il canone sviluppato nella *Grammatica*, ragiona nuovamente sul nudo femminile all'antica, variandone il tipo già impiegato della *Venus pudica* nella posizione sdraiata e raddoppiandolo nella visione di fronte e di tergo. Se quindi il *Sogno* conferma l'impiego di un prototipo antico, sia pure vicino alla *Venere* Foscarini, un ulteriore indizio potrebbe provenire dal canonico confronto con la *Venere* di Dresda di Giorgione: Beschi riteneva il dipinto ispirato a un esemplare classico ancora nel *camerino* Vendramin, descritto da Michiel nella «ninfa vestita che dorme distesa» e riconosciuto dallo studioso nell'*Arianna addormentata* del Louvre, già in collezione Borghese (Fig. 9).[42] Confermando indirettamente l'identificazione, per Meiss Giorgione si sarebbe ispirato a una versione antica raffigurante ninfe – la «ninfa vestita che dorme distesa» – satiri, tutt'al più Ermafrodito, non essendo note tipologie della dea sdraiata nella classicità; e così facendo avrebbe codificato un'immagine iconica, all'origine di un filone iconografico radicato nel repertorio artistico veneziano e non a caso paragonata da Kenneth Clark, per la portata nell'arte occidentale, alla *Venere Cnidia* di Prassitele.[43] Ancora Meiss, a conferma della lettura di modelli proposta da Richter e ripresa in questa sede, leggeva nella *Venere* di Dresda un cambiamento di formula secondo la tipologia della *Venus pudica*, cui anche Marcantonio si sarebbe attenuto; mentre accostava la donna di

---

41 Per l'Antico, *Bonacolsi, l'antico. Uno scultore nella Mantova di Andrea Mantegna e di Isabella d'Este*, catalogo della mostra (Mantova, settembre 2008-gennaio 2009) a cura di F. Trevisani e D. Gasparotto, Milano, Electa, 2008, in particolare C.D. Dickerson, pp. 274-275, n. VIII.1 e C. Kryza-Gersch, pp. 214-215, n. V.9. Cfr. per i bronzetti *Natur und Antike in der Renaissance*, catalogo della mostra (Frankfurt a. M., dicembre 1985-marzo 1986) a cura di H. Beck e P.C. Bol, Frankfurt a. M., Liebieghaus Museum Alter Plastik, 1985, in particolare pp. 413-414, 423-424. Cfr. anche A. Augusti, *Riflessi delle scoperte archeologiche sui bronzetti veneti del Cinquecento*, in *Tullio Lombardo, scultore e architetto nella Venezia del Rinascimento*, atti del convegno (Venezia, aprile 2006) a cura di M. Ceriana, Verona, Cierre grafica, 2007, pp. 377-388 e P. Malgouyres, *La statuetta all'antica come frammento*, in *Il corpo e l'anima*, cit., pp. 311-317.

42 Michiel, *Notizia d'opere del disegno*, cit., p. 58; Beschi, *Collezioni di antichità ai tempi di Tiziano*, cit., pp. 12-14.

43 M. Meiss, *Sleep in Venice: Ancient Myths and Renaissance Proclivities*, in *The Painter's choice: problems in interpretation in Renaissance art*, New York, Harper and Row, 1976, pp. 212-239: lo studio di Meiss colloca l'immagine nel filone iconografico delle Veneri distese, a partire dalla *Fontana di Venere* del Poliphilo; K. Clark, *The Nude: Study of an Ideal Form*, New York, Pantheon Books, 1956, p. 101.

spalle ad una tipologia antica oggi conoscibile attraverso l'affresco pompeiano con *Arianna e Bacco*, all'Archeologico di Napoli.[44] Un simile intento antiquario potrebbe riecheggiare infine nel rilievo rinascimentale, all'epoca considerato antico, con i *Due centauri e una satiressa*, già in collezione Tomeo e oggi al Museo Archeologico di Venezia, dove la figura femminile distesa mostra la schiena all'osservatore.[45]

Le due donne rappresentano la personale risposta di Marcantonio al più ampio dibattito sul paragone tra le arti nella Venezia di primo decennio: la stessa figura ispirata probabilmente a un medesimo modello viene raffigurata da due punti di vista diversi e complementari. Una doppia emulazione, alla scultura più classica nelle donne, alla pittura più tonale e atmosferica nel notturno di sfondo.[46] Rimanendo nell'ambito dell'incisione veneziana, Jacopo de' Barbari potrebbe aver fornito dei precedenti iconografici forti, con qualche anno di anticipo. Il *Sogno* tradisce un'osservazione attenta da parte di Marcantonio de *La Vittoria e la Fama* (B.VII.524.18) (Fig. 10), precedente di una decina d'anni: la posizione reciproca delle due figure, stanti e non sdraiate, la lumeggiatura della donna di spalle, le proporzioni dell'ampio petto e il volto riverso di quella frontale ricorrono con una somiglianza netta; il nudo del de' Barbari, in dialogo con Dürer e l'incisione nordica, viene raddolcito dal Raimondi, che lo adatta al canone antiquario veneziano. Ancora, soluzioni di interesse rispetto al *Sogno* si possono riscontrare nella *Vittoria sui trofei* (B.VII.526.23) e nel *Tritone e Nereide* (B.VII.527.24), dove de' Barbari ragiona sul corpo femminile, rispettivamente disteso e da tergo.[47] Tuttavia, gli studi hanno costantemente sostenuto la maggior prossimità nella donna di spalle del *Sogno* alla *Nuda distesa* di Giulio Campagnola (P.V.165.11), le cui oscillazioni cronologiche, tangenti o successive al soggiorno di Marcantonio, non consentono di individuare un rapporto certo; semmai, le due stampe condividono un comune ambiente di im-

---

44 Meiss, *Sleep in Venice*, cit., pp. 212-217.

45 Indico come riferimento I. Favaretto, *Appunti sulla collezione rinascimentale di Niccolò Leonico Tomeo*, «Bollettino del Museo Civico di Padova», 78, 1979, pp. 15-29. F. Di Gioia (*Nude in riva al fiume*, «Art e Dossier», 319, 2015, pp. 64-69) propone quale possibile modello impiegato il rilievo con *Marte e Rea* dal fronte di sarcofago murato nello scalone di Palazzo Mattei a Roma, noto già nel Quattrocento in area padana.

46 Per il dibattito sul paragone tra le arti, cfr. M. Collareta, *Le "arti sorelle": teoria e pratica del "paragone"*, in *La pittura in Italia. Il Cinquecento*, a cura di G. Briganti, Milano, Electa, 1988, II, pp. 569-580.

47 Per De' Barbari, cfr. come riferimento *The Illustrated Bartsch. Early Italian Engravers*, cit., pp. 1-12, 29, 34-35; un'ottima analisi nei confronti dei riferimenti düreriani e veneziani ne *La Vittoria e la Fama* è data dalla scheda di S. Vitali, in *Dürer e il Rinascimento tra Germania e Italia*, catalogo della mostra (Milano, febbraio-giugno 2018) a cura di B. Aikema, Milano, 24 Ore Cultura, 2018, p. 346.

pronta giorgionesca, cui Marcantonio si apre anche da un punto di vista tecnico nell'assimilare il puntinato di matrice düreriana all'uso elaborato contestualmente da Campagnola.[48]

Quest'ultimo confronto permette di accennare in chiusura alla fitta trama di riferimenti su cui gli studi si sono concentrati seguendo le intuizioni giorgionesche indicate nella storiografia: il *Sogno* è stato a più riprese messo in relazione a opere perdute del maestro, a fronte da un lato della difficoltà di interpretazione, dall'altro della reputazione di Marcantonio quale incisore di riproduzione. La *Nuda* di Campagnola potrebbe infatti leggersi come memoria della sua miniatura descritta da Michiel nella dimora padovana di Pietro Bembo, «una Nuda tratta da Zorzi, stesa et volta».[49] L'invenzione non è lontana dalla donna seduta, anch'essa nuda e di spalle, nel *Concerto campestre* e rende ancor più plausibile la pertinenza del *Sogno* a un soggetto giorgionesco. Echi di questo genere riverberano nella posa, con il capo leggermente riverso, delle due figure nel *Sogno*, topica dell'arte veneziana a cavallo tra Quattro e Cinquecento, dal *Doppio ritratto* di Tullio Lombardo della Ca d'Oro alla *Vergine saggia* di Sebastiano del Piombo della National Gallery di Washington. Infine, l'ipotesi di una derivazione da Giorgione, stabile negli studi novecenteschi a partire da Wickhoff, è stata perseguita in relazione all'intera immagine con particolare efficacia da Calvesi e Nova: l'uno sul solco delle *Notti* e in particolare quella posseduta da Taddeo Contarini e identificabile nell'*Inferno con Enea e Anchise* osservato da Michiel;[50] l'altro, nel dialogo costruttivo tra quest'ultimo e il *Sogno* intorno alle innovazioni della pittura del maestro nella fase finale della sua carriera, prontamente fatte proprie, riformulate e diffuse nell'incisione di Marcantonio.[51]

---

[48] Come contributo recente su Campagnola I. Brooke, Tratta da Zorzi*: Giulio Campagnola's Copies after other Artists and his Use of Models*, in *Making Copies in European Art. 1400-1600*, a cura di M. Bellavitis, Leiden-Boston, Brill, 2018, pp. 212-260. Indico come riferimento per l'incisione di Campagnola la scheda di B.L. Brown, *Giulio Campagnola, Ninfa in un paesaggio*, in *Il Rinascimento a Venezia e la pittura del Nord ai tempi di Bellini, Dürer e Tiziano*, catalogo della mostra (Venezia, settembre 1999-gennaio 2000) a cura di ead. e B. Aikema, Milano, Bompiani, 1999, n. 138, pp. 488-489. Ancora per gli aspetti tecnici del *Sogno*, Faietti, *Stampe e disegni di Marcantonio*, cit., pp. 156-158.

[49] Per la citazione da Michiel, vedi n. 35. Per Michiel e la collezione Bembo, cfr. anche R. Lauber, *«In casa di messer Pietro Bembo». Riflessioni su Pietro Bembo e Marcantonio Michiel*, in *Pietro Bembo e le arti*, atti del convegno (Padova, 2011) a cura di D. Gasparotto, G. Beltramini e H. Burns, Venezia, Marsilio, 2013, pp. 441-464.

[50] F. Wickhoff, *Giorgiones Bilder zu römischen Heldengedichten*, «Jahrbuch der Preußischen Kunstsammlungen», 16, 1895, pp. 34-43; Calvesi, *'La morte di Bacio'*, cit., pp. 179-233.

[51] A. Nova, *Giorgione's* Inferno with Aeneas and Anchises *for Taddeo Contarini*, in *Dosso's Fate: Painting and Court Culture in Renaissance Italy*, a cura di L. Ciammitti, S.F. Ostrow e S. Settis, Los Angeles, The Getty Research Institute for the History of Art and the Humanities, 1998,

Il *Sogno di Raffaello* dichiara al meglio l'attitudine dell'incisore di fronte all'antico: una fonte di studio e ispirazione costante e costantemente rielaborata in invenzioni originali, ottenute nella riflessione sul modello nel dialogo con la scuola veneziana. Da tale stratificazione stilistica, iconografica e contenutistica dipende probabilmente la sfuggevolezza delle immagini di Marcantonio. Egli, invero, si dimostrò duttile osservatore delle antichità, giunte a Venezia dai mari e dalla terraferma, e della fervida cultura antiquaria promossa dall'*élite* umanistica, negli stessi ambienti di Gabriele Vendramin e della cerchia di Giorgione. Eppure, non venne mai meno a quello spirito multiforme che lo portò al costante confronto tanto con Dürer, quanto con le più aggiornate istanze artistiche delle città in cui si trovò a operare, Bologna, Venezia e Roma.

---

pp. 41-62. Per uno stato dell'arte esaustivo sugli studi novecenteschi, cfr. Brown, *Marcantonio Raimondi, Il sogno*, in *Il Rinascimento a Venezia e la pittura del Nord*, cit., n. 114, pp. 440-441; mentre tra varie interpretazioni proposte negli studi, segnalo Ead., *Troubled Waters: Marcantonio Raimondi and Dürer's Nightmares on the Shore*, in *Marcantonio Raimondi, Raphael and the Image Multiplied*, catalogo della mostra (Manchester, settembre 2016-aprile 2017) a cura di E.H. Wouk, Manchester, Manchester University Press, 2016, pp. 33-41.

Selena Spader

LUCA DI LEIDA NELLE PAGINE VASARIANE*

A più di quattro secoli di distanza le implicazioni che scaturiscono dalla rilettura di un'opera capitale come le *Vite de' più eccellenti pittori, scultori e architetti da Cimabue insino a' giorni nostri* non cessano di stupire per la loro grandezza e la loro profondità.[1] Come noto, le pagine di Giorgio Vasari hanno assunto fin dalla loro apparizione nel panorama letterario cinquecentesco la dimensione di canone per l'intera storia dell'arte; eppure, dati proprio il gran numero e le potenzialità delle riflessioni offerte, non si è sempre giunti a comprendere appieno gli aspetti che la lezione vasariana ha significato per molti degli artisti considerati nella monumentale opera. Tra di loro si può annoverare anche il caso di Luca di Leida, al secolo Lucas Hugenszoon (1489/1494-1533),[2] il quale – si avrà modo di vedere – all'interno del capolavoro vasariano è l'incisore che più di ogni altro ha guadagnato il confronto con uno degli autori di stampe tra i più apprezzati nello scenario

---

* Il presente contributo è il frutto di riflessioni maturate nel solco del mio lavoro di tesi compiuto presso l'Università Ca' Foscari di Venezia e conclusosi durante l'anno accademico 2018/2019, a partire dal quale è nata la volontà di approfondire il tema del rapporto tra la cultura italiana e un artista dai risvolti complessi come Luca di Leida, che ha ancora molto da offrire agli studi. Per l'esistenza di questo lavoro il mio più sincero ringraziamento va al mio relatore, il Professor Giovanni Maria Fara, che mi ha sempre fornito vivaci strumenti di riflessione sull'argomento e di metodo: a lui devo l'opportunità per aver potuto elaborare e aver dato una forma coerente ai ragionamenti e alle considerazioni contenuti in questo saggio, che non avrebbe preso vita senza il suo fondamentale supporto.

1 Fin da subito le *Vite* vasariane vengono assunte come l'imprescindibile modello per ogni scritto che tratta la materia artistica, imponendo l'aretino come «il capostipite della nuova storiografia dell'arte europea» – per usare le parole di D. Fratini, *Vasari, Guicciardini, van Mander e la genesi della storiografia artistica nelle Fiandre*, in *Vasari als Paradigma. Rezeption, Kritik, Perspektiven / The Paradigm of Vasari. Reception, Criticism, Perspectives*, atti del convegno di studi (Firenze, Kunsthistorisches Institut, Max Planck Institut, 14-16 febbraio 2014), a cura di F. Jonietz, A. Nova, Venezia, Marsilio Editori, 2016, p. 249. Difatti, sia nel caso di autori che accolgono il metodo, i criteri e le opinioni dello storiografo, sia nel caso di coloro che intendano discostarsi dalle analisi vasariane – come avviene con lo *Schilder-Boeck* di Karel van Mander, pubblicato nel 1604 e su cui si avrà modo di tornare in seguito –, esse divengono il punto di partenza e l'irrinunciabile *turning point* della storiografia e della critica d'arte del mondo occidentale.

2 Trattando della biografia hugenszooniana, una prima difficoltà si incontra nel definire i suoi estremi cronologici: se la data della sua morte può essere ricondotta con certezza al

1533 grazie ai documenti di sepoltura della Pieterskerk di Leida, quella di nascita è ancor oggi oggetto di controversie. La prima fonte a riportare il 1494 come data di nascita del nostro è il celeberrimo *Schilder-Boeck* di Karel van Mander, edito nel 1604; l'informazione viene ripresa da Filippo Baldinucci nel *Cominciamento e progresso dell'arte dell'intagliare in rame colle vite di molti de' più eccellenti maestri della stessa professione* (1686), nel quale il letterato fiorentino scrive che lo Hugenszoon sarebbe nato «circa l'ultimo di maggio, o principio di giugno del 1494», formula che l'autore recupera anche nelle *Notizie de' Professori del disegno da Cimabue in qua* (1681-1728), esattamente come era stata enunciata dal van Mander: cfr. K. van Mander, *Le vite degli illustri pittori fiamminghi, olandesi e tedeschi*, a cura di R. de Mambro Santos, Sant'Oreste, Apeiron, 2000, p. 145 e F. Baldinucci, *Cominciamento e progresso dell'arte dell'intagliare in rame colle vite di molti de' più eccellenti maestri della stessa professione*, a cura di E. Borea, Torino, Einaudi, 2013, p. 47. Oggi la critica tende a ritenere poco plausibile tale data, dal momento che essa collocherebbe l'esordio dell'artista neerlandese a soli quattordici anni, anticipando l'avvenimento a un più verosimile 1489, secondo un'ipotesi che non ha trovato conferma definitiva nella documentazione scoperta finora, ma che non è nemmeno stato possibile escludere categoricamente. I primi a confutare la tesi a supporto del 1494 sono stati Émile Charles Henri Gavelle ed Egbert Pelinck, rispettivamente in E.C.H. Gavelle, *L'ecole de peinture de Leyde et le romanticisme hollandais au début de la Renaissance. Cornelis Engebreschtsz*, Lille, Desclée, 1929 ed E. Pelinck, *Het geboortsjaar van het "Wonerkind" Lucas van Leyden*, «Oud-Holland. Journal for Art of the Low Countries», 64 (1949), pp. 193-196. Benché la questione rimanga aperta, la proposta di un genetliaco intorno al 1489 è sostenuta anche da J.D. Bangs, *Cornelis Engebrechtsz: A Documentary Study of the Man and his Artistic Movement*, tesi di dottorato (Università di Leida, a.a. 1975-1976), Leyden, 1976 e, più recentemente, da I.M. Veldman, *The Formative Years of Lucas van Leyden (1506-1508): Visual Sorces and the Question of Patronage*, «Simiolus. Netherlands Quarterly for the History of Art», 36 (2012), nn. 1/2, in particolare p. 6, nota 8. Tra i lavori che si sono occupati dell'incisore si ricorda qui: N. Beets, *Alberto Dürer, Luca di Leida e Marcantonio Raimondi. Un triumvirato nel regno dell'incisione*, «Maso Finiguerra. Rivista della stampa incisa e del libro illustrato fondata e diretta da Lamberto Donati», 1 (1936), pp. 148-159; W.S. Gibson, *Lucas van Leyden and His Two Teachers*, «Simiolus. Netherlands Quarterly for the History of Art», 4 (1970), n. 2, pp. 90-99; M.J. Friedländer, *Lucas van Leyden and Other Dutch Masters of his Time*, Leyden-Bruxelles, La Connaissance, 1973; E.S. Jacobowitz, S. Loeb Stepanek, *The Prints of Lucas van Leyden and His Contemporaries*, Washington, Princeton University Press, 1983; B. Cornelis, J.P. Filedt Kok, *The Taste for Lucas van Leyden Prints*, «Simiolus. Netherlands Quarterly for the History of Art», 26 (1998), nn. 1/2, pp. 18-86; J.P. Filedt Kok, *Lucas van Leyden as a Model*, in *Voyages of Discovery in the Collections of Huis Bergh*, 2008, pp. 68-75, 166-167; E. van Duijn, J.P. Filedt Kok, A. Vandivere, A. Wallert, M. Wolters, *Developments in the Underdrawing and Painting Technique of the Sixteenth-Century Leiden School, in Particular the Workshops of Cornelis Engebrechtsz and Lucas van Leyden*, in *Studying Old Master Paintings. Technology and Practice*, a cura di M. Spring, H. Howard, Londra, Archetype Books, 2011, pp. 104-110; S. Gregory, *Albrecht Dürer and Lucas van Leyden*, in Ead., *Vasari and the Renaissance Print*, Farnham, Ashgate, 2012, pp. 12-22; e infine, G.M Fara, *Luca di Leida incisore «tedesco»*, in *Intorno a Dürer: 1470-1550. Gli antichi maestri tedeschi nel Gabinetto dei disegni e delle stampe degli Uffizi*, Firenze, Giunti, 2019, pp. 27-37. Riguardo agli studi sull'incisore si segnala l'essenziale contributo apportato da Jan Piet Filedt Kok, il quale si è occupato del neerlandese a partire dal 1978, in occasione della mostra dedicata allo Hugenszoon che si è tenuta al Rijksmuseum di Amsterdam in quell'anno. Lo studioso è ad oggi uno dei massimi esperti competenti in materia, con alle spalle una vasta letteratura che ha molto contribuito all'approfondimento della figura del nostro; tra i numerosi lavori da lui curati, si ricorda anche la mostra monografica "*Lucas van Leyden en de Renaissance*" tenutasi al Museum de Lakenhal di Leida nel 2011, che costituisce ad oggi uno degli studi più aggiornati che sono stati dedicati al leidese, con la proposta di un catalogo redatto nella sola lingua olandese: vd. *Lucas van Leyden en de Renaissance*, catalogo della mostra (Leiden, Museum de Lakenhal, 20

internazionale, e cioè Albrecht Dürer.[3] Paradossalmente, è stato proprio a causa di questo paragone che la fortuna dell'artista di Leida ha risentito nel tempo, finendo per essere ricordato quasi esclusivamente all'interno di una formula cristallizzata. Eppure non si dovrebbe mai perdere di vista il fatto che, se Giorgio Vasari ha scelto di includere il neerlandese nell'opera che, nelle sue intenzioni, doveva costituire il più ricco e completo canone dedicato fino a quel momento alla materia artistica, tale accostamento non intendeva in alcun modo ledere la sua fortuna, ma al contrario celebrarla; e se una forzatura si è avuta in tal senso, questa si è venuta consolidando solamente in un secondo tempo, in seguito alle numerose riprese occorse nella letteratura artistica antica che hanno finito per dare risalto a un'attitudine nata con tutt'altra finalità.

Come noto, nelle *Vite* i riferimenti al leidese esistono solamente all'interno dell'edizione giuntina del 1568 e il nome dello Hugenszoon si rinviene in due luoghi distinti del monumento letterario. Il primo è la *Vita di Marcantonio Bolognese e d'altri intagliatori di stampe*, la quale viene a configurarsi come il contenitore del più ampio e coerente contributo redatto fino a quel momento sull'incisore di Leida e che diverrà l'imprescindibile punto di partenza per ogni successiva lezione a lui dedicata, mentre il secondo si trova nella sezione intitolata *Di diversi artefici italiani e fiamminghi*,[4] posta quasi in chiusura dell'opera. Entrambi questi capitoli sono inseriti nel primo volume della terza parte delle *Vite* e per ognuno di essi è stato possibile avanzare ipotesi convincenti riguardanti il termine *post quem* della loro stesura: sulla genesi di queste due sezioni è stata infatti ricono-

---

marzo-26 giugno 2011), a cura di C. Vogelaar, J.P. Filedt Kok, H. Leeflang, I.M. Veldman, Leiden, Ludion, 2011. Per una recensione alla mostra e un commento al catalogo si rimanda a P.W. Parshall, *Lucas van Leyden and the Renaissance*, «The Burlington Magazine», 153 (2011), n. 1302, pp. 626-627.

[3] Non intende essere questo il luogo preposto all'approfondimento di un tema sterminato come quello delle pagine vasariane dedicate a Dürer, per il trattamento del quale rimando al testo recente di G.M. Fara, *Albrecht Dürer nelle fonti italiane antiche 1508-1686*, Firenze, Leo S. Olschki, 2014; sul Dürer incisore e per una normazione del catalogo dell'artista si veda la fondamentale opera *Albrecht Dürer. Das druckgraphische Werk*, a cura di R. Schoch, M. Mende, A. Scherbaum, 3 voll., München, Prestel, 2001-2004.

[4] Anche questo capitolo, esattamente come la *Vita di Marcantonio*, nasce con il proposito di riunire in un unico luogo, coerente e riordinato, le informazioni sugli incisori e sugli stampatori di nazionalità belga e olandese; si ricordi infatti che nella Torrentiniana le occasioni per trattare questi artisti sono totalmente assenti, destinando agli artisti delle Fiandre solo qualche breve accenno, sempre formulato per ribadire la superiorità degli artisti italiani. Nella Giuntina, invece, proprio all'interno del capitolo *Di diversi artefici italiani e fiamminghi* si assiste a una modifica sostanziale del loro *status*: da esecutori di opere di pittura a olio, pittura su vetro e incisione, giudicate come forme d'arte minori in coerenza con i princìpi vasariani, essi vengono rivalutati e in molti casi riscoperti con parole di rinnovata ammirazione.

sciuta da lungo tempo una relazione piuttosto stretta, dal momento che entrambe si occupano dell'approfondimento di generi e tecniche praticati da artisti stranieri, a cui Vasari riserva degli spazi specifici. Assodato che la volontà di fornire notizie più dettagliate sulla storia dell'incisione è venuta maturando tra le due edizioni del 1550 e il 1568,[5] gli studi hanno oramai ristretto con buona sicurezza a un momento successivo al 29 aprile 1564 la redazione delle pagine di nostro precipuo interesse: questa è infatti la data della lettera che Cosimo Bartoli invia a Vasari da Venezia, sulla quale l'aretino appunta: «Nomi di maestri delle stampe di rame Todeschj, Talianj et Franzesi. / Bisogna rifare la vita di Marca(n)tonio Bolognese per mettercj tuttj questi maestrj».[6] L'idea di aggiungere un capitolo destinato a ripercorrere la storia della calcografia per mezzo degli autori maggiormente degni di menzione, italiani e non,[7] e delle stampe da loro realizzate

---

[5] Non è questo il contesto per trattare o discutere delle differenze esistenti tra la Torrentiniana e la Giuntina, su cui esiste una sterminata bibliografia. In questa sede si ricordano solo alcuni tra i lavori più rappresentativi dedicati alla questione: A.M. Brizio, *La prima e la seconda edizione delle* Vite, in *Studi vasariani*, atti del convegno internazionale di studi (Firenze, Palazzo Strozzi, 16-19 settembre 1950), Firenze, Sansoni, 1952, pp. 83-90; R. Bettarini, *Vasari scrittore: come la Torrentiniana diventò Giuntina*, in *Il Vasari storiografo e artista*, atti del convegno internazionale (Arezzo-Firenze, 2-8 settembre 1974), Firenze, Istituto Nazionale di Studi sul Rinascimento, 1976, pp. 485-500; G. Bonsanti, *Gli artisti stranieri nelle* Vite *del Vasari*, in *Il Vasari storiografo e artista*, cit., pp. 717-734; P. Barocchi, *Storiografia artistica: lessico tecnico e lessico letterario*, «Studi di lessicografia italiana», 3 (1981), pp. 5-27; C.M. Simonetti, *La vita delle «Vite» vasariane. Profilo storico di due edizioni*, Firenze, Leo S. Olschki, 2005, pp. 91-117; B. Agosti, *Giorgio Vasari. Luoghi e tempi delle Vite*, Milano, Officina Libraria, 2013, che alle pp. 106-109 sonda le problematiche inerenti alla gestazione della *Vita di Marcantonio*; S. Ginzburg Carignani, *Dietro la Torrentiniana: alcune radici dell'impianto storiografico e critico delle "Vite" di Giorgio Vasari*, «Figura. Studi sull'immagine nella tradizione classica», I (2013), n. 1, pp. 51-67; M. Pozzi, *Giorgio Vasari de la Torrentiniana à la Giuntina*, in *La réception des* Vite *de Giorgio Vasari dans l'Europe des XVI-XVIII siècles*, a cura di C. Lucas Fiorato, P. Dubus, Gèneve, Droz, 2017, pp. 45-59; A. Caleca, *Il volgare de Le Vite di Giorgio Vasari e la "questione della lingua"*, in *"Modello, regola, ordine". Parcours normatifs dans l'Italie du Cinquecento*, a cura di H. Miesse, G. Valenti, Rennes, Presses Universitaires de Rennes, 2018, pp. 107-123. Qui si rammenta soltanto che, mentre nell'edizione del 1550 i riferimenti alle stampe si risolvono tutt'al più in brevi accenni – rapidamente inseriti nel corso della trattazione di quegli artisti che si sono cimentati in tale campo –, facendole derivare dai nielli degli orafi, nella Giuntina l'invenzione dell'incisione viene attribuita a Maso Finiguerra, riconducendo in terra fiorentina anche questa tecnica, secondo l'ideologia toscanocentrica che contraddistingue l'opera: cfr. K. Oberhuber, *Vasari e il mito di Maso Finiguerra*, in *Il Vasari storiografo e artista*, cit., pp. 383-393.

[6] Sulla lettera del Bartoli: Agosti, *Giorgio Vasari. Luoghi e tempi*, cit., p. 108; Fara, *Albrecht Dürer nelle fonti italiane antiche*, cit., p. 24; Id., *Intorno a Dürer*, cit., p. 17. Per un commento sul carteggio vasariano non può mancare un riferimento al lavoro di K. Frey, *Il carteggio di Giorgio Vasari dal 1563 al 1565*, Arezzo, Tipografia Zelli & Co., 1941, la cui disanima sull'appunto del Vasari è contenuta alle pp. 146-147.

[7] Si tenga presente che nel XVI secolo i termini "tedesco", "fiammingo" e "Fiandre" non sono adoperati e non individuano in maniera univoca i territori nazionali che identificano oggi lo stato tedesco, belga o olandese: nei testi cinquecenteschi, così come nelle *Vite* vasariane, le

è dunque attestata da queste brevi righe, che ci regalano un fotogramma in presa diretta del processo decisionale vasariano. Sempre dalle pagine del monumento letterario emergono anche alcune notizie sulle fonti consultate per ottenere informazioni su artisti di ambito fiammingo e olandese, informazioni che – lo si è accennato – vanno perlopiù a confluire nel capitolo intitolato *Di diversi artefici italiani e fiamminghi*. Qui, il primo interlocutore apertamente citato è l'umanista belga Dominique Lampson, che al Vasari invia due lettere, datate rispettivamente 30 ottobre 1564 e 25 aprile 1565;[8] a queste vengono poi integrati altri dati forniti da Lambert Lombard, il quale scrive allo storiografo il 27 aprile 1565.[9] Mentre tali contatti vengono denunciati dallo stesso aretino, semplificando di molto l'operazione per l'identificazione delle fonti utilizzate, più complesso sembra accertare quale altra documentazione sia stata interrogata per la redazione delle parti che trattano degli artisti stranieri;[10] anche se nelle *Vite* non viene mai nominata, oggi si riconosce nella *Descrittione di tutti i Paesi Bassi* che Lodovico Guicciardini pubblica ad Anversa nel 1567 una di queste fonti. Quest'opera, difatti, ha modo di circolare fin dal dicembre dell'anno precedente e siamo al corrente del fatto che una copia viene donata anche al duca Cosimo I de' Medici, giungendo a Firenze entro il 7 febbraio 1567:[11] sarebbe in tale occasione che, molto verosimilmente, il nostro storiografo avrebbe avuto modo di visionarla. Il motivo per cui Vasari non menziona mai la *Descrittio-*

tre nazionalità sono utilizzate alla stregua di sinonimi, e dunque con significato assolutamente intercambiabile tra loro, come spiegato in B. Aikema – B.L. Brown, *Venezia, crocevia fra Nord e Sud*, in *Il Rinascimento a Venezia e la pittura del Nord ai tempi di Bellini, Dürer, Tiziano*, catalogo della mostra (Venezia, Palazzo Grassi, 5 settembre 1999-9 gennaio 2000), a cura di B. Aikema, B.L. Brown, Milano, Bompiani, 1999, p. 19.

8 Sulla corrispondenza intrattenuta tra Vasari e Lampson nell'ottobre del 1564 si vedano Fratini, *Vasari, Guicciardini, van Mander*, cit., pp. 251-252. Per il testo della seconda epistola rimando alla ricognizione operata in Fara, *Albrecht Dürer nelle fonti italiane*, cit., pp. 110-113.

9 Per la trascrizione della lettera: *ivi*, pp. 115-116.

10 Oltre alle opere nominate, Donatella Fratini rinviene nelle tradizioni orali locali – destinate a rimanere per noi incognite – uno dei veicoli per la diffusione delle notizie utili a Vasari per la conoscenza degli artisti non italiani; non da ultimo, poi, va rintracciata all'interno dell'opera una certa propensione all'impiego spregiudicato da parte dello storiografo – secondo un *modus operandi* assolutamente inconcepibile per i canoni della moderna storiografia – di nozioni e dati creati artificiosamente, quando non addirittura inventati: Fratini, *Vasari, Guicciardini, van Mander*, cit., p. 249.

11 Questa è la data della lettera che Cosimo I invia a Lodovico in risposta all'omaggio letterario del Guicciardini: vd. *ivi*, pp. 251 e 255, n. 18. L'inserimento nelle *Vite* da parte dell'aretino di notizie provenienti dalla *Descrittione* a una data tanto ravvicinata con la pubblicazione del testo non deve stupire troppo se si tiene presente che la stampa della terza età dell'opera è posteriore ai viaggi che Vasari compie nel 1566 e se si considera che anche la *Lettera sull'arte degli antichi* è stata inclusa dopo l'8 settembre 1567: in Agosti, *Giorgio Vasari*, cit., pp. 109-114.

ne né il suo autore, che pure è uno degli unici a occuparsi della materia per conoscenza diretta, si deve con molta probabilità alle controversie insorte per l'attribuzione dei diritti di pubblicazione della *Storia d'Italia* di Francesco Guicciardini, zio di Lodovico, che vede contrapporre quest'ultimo al cugino Agnolo, Luogotenente dell'Accademia di Disegno a Firenze.[12] Nonostante la volontà del Vasari di non alimentare i dissapori con l'illustre accademico, la necessità di servirsi dell'unica opera scritta in italiano che avesse per argomento i Paesi Bassi vince la sua ritrosia nell'adoperare una fonte potenzialmente invisa all'erudito fiorentino. Ad ogni modo, la sicurezza con cui oggi è possibile affermare la consultazione di un testo che trova diffusione in Italia nel 1567 contribuisce a fissare l'aggiornamento e la revisione di alcune parti delle *Vite* a una data veramente ravvicinata rispetto all'anno di pubblicazione della Giuntina.

Se la corrispondenza intrattenuta con Dominique Lampson e Lambert Lombard e la consultazione della *Descrittione di tutti i Paesi Bassi* si presentano come i luoghi certi da cui attingere le informazioni sugli artisti non italiani nel capitolo *Di diversi artefici*, l'altro contenitore che nell'edizione del 1568 raccoglie le notizie riguardanti gli artisti di nazionalità tedesca, fiamminga e olandese è – lo si è detto – la celeberrima *Vita di Marcantonio Bolognese*. Questa è molto più di una semplice biografia dedicata al Raimondi,[13] presentandosi di fatto come la più ampia e, nei propositi del suo autore, la più precisa cronaca della genesi e della diffusione dell'incisione in ambito italiano e straniero. Tale *Vita* è però anche – ed è questo aspetto che qui più interessa e che verrà di seguito indagato – il più precoce me-

---

12 Lo screzio tra Lodovico di Iacopo e Agnolo di Girolamo nasce sul finire degli anni Cinquanta, quando quest'ultimo vince e ottiene la tutela giuridica per la pubblicazione della *Storia d'Italia*. Agnolo, che a Firenze è per l'appunto Luogotenente dell'Accademia del Disegno, dev'essere una personalità che il Vasari non intende contrariare: si pensi all'importanza che assumono l'Accademia e gli accademici all'interno dell'opera, a cui l'aretino riserva un intero capitolo in conclusione della Giuntina. In questo modo si spiegherebbe perché egli non abbia nominato Lodovico in maniera esplicita nella sua opera.

13 È stato più volte sollevato il dubbio in merito all'opportunità di far rientrare il capitolo nella tradizionale definizione di "medaglione biografico" con cui si identificano comunemente le *Vite* del Vasari: la *Vita di Marcantonio Bolognese e d'altri intagliatori di stampe* aderisce infatti perfettamente al celebre concetto espresso attraverso la formula di "antibiografia vasariana" enunciata da Paola Barocchi. Con questa locuzione, la studiosa ha voluto indicare tutte quelle *Vite* che nella seconda edizione del monumento vasariano si costruiscono non tanto e non più intorno a un'unica biografia, ma piuttosto mediante l'elenco di un gran numero di artisti e delle loro opere: esse, pertanto, non seguono la classica e lineare narrazione biografica adoperata nella Torrentiniana – e che caratterizza ancora gran parte delle *Vite* nell'edizione del 1568 –, ma si presentano con lunghe digressioni, interventi eccentrici rispetto al discorso principale e l'inserimento di più biografie all'interno di un'unica *Vita*. In P. Barocchi, *L'antibiografia del secondo Vasari*, in P. Barocchi, *Studi Vasariani*, Torino, Einaudi, 1984, pp. 157-170.

daglione biografico dedicato allo Hugenszoon fino a questo momento, il quale otterrà una vastissima eco in Italia e al di fuori dei confini nazionali.[14] Essa ha in comune con il capitolo *Di diversi artefici* il fatto di essere una delle biografie dall'andamento più «antibiografico» dell'opera – per usare la celebre nozione formulata da Paola Barocchi –, che costituisce una delle caratteristiche tipiche delle parti dell'opera cronologicamente tarde. Il capitolo è cioè costruito attraverso l'elenco di un gran numero di incisori, per ognuno dei quali viene proposta una selezione più o meno completa di loro opere; il ritmo che ne risulta è forse più piatto e impersonale rispetto a quello conferito dalle narrazioni comunemente presenti nelle *Vite*, le quali appaiono internamente più coese e meglio assemblate grazie all'impiego di aneddoti e racconti esistenziali che concorrono a rendere scorrevole il testo, ma le implicazioni sono notevoli. Nel caso della *Vita di Marcantonio*, il capitolo viene ad assomigliare a un lungo catalogo di incisori di diverse nazionalità e alla ricognizione dei loro bulini e, ancora una volta, esso concorre e viene strutturato in modo da supportare la tesi che sottende tutta l'opera: dimostrare la supremazia dell'arte fiorentina sull'operato delle altre scuole – italiane e, ancora di più, straniere.

Per venire finalmente a Luca di Leida, un primo aspetto da sottolineare è che la sezione a lui dedicata viene a inserirsi prima dell'unico taglio tipografico presente nella *Vita di Marcantonio*, incastonata entro la biografia düreriana. Fin da subito appare dunque evidente come Vasari riconosca una stretta connessione tra Dürer e Luca all'interno di questa *Vita*, anche se l'aretino non è stato il solo a instaurare un legame tra i due incisori: il primo in ordine di tempo ad aver affermato l'idea del primato düreriano sulla controparte è stato infatti Sabba da Castiglione, che già nei *Ricordi over ammaestramenti di Monsignor Sabba da Castiglione* del 1549[15] aveva intro-

---

14 Si pensi alla ripresa operata da van Mander, che nel suo *Schilder-Boeck* mira a correggere la lezione su Luca diffusa da Vasari e di conseguenza a riaffermare il ruolo di primo piano dello Hugenszoon nel panorama artistico neerlandese, e alla lezione di Filippo Baldinucci, che muove dalle *Vite* del Vasari e dallo *Schilder-Boeck*: per la biografia hugenszooniana si consulti van Mander, *Le vite degli illustri pittori*, cit., pp. 144-153.

15 Nel *Ricordo CIX*, intitolato *Circa gli ornamenti della casa*, uno dei più corposi dell'opera che, per il resto, si caratterizza per una generale condensazione degli "ammaestramenti": si metta a confronto l'affermazione di Sabba «Luca suo discepolo [con riferimento a Dürer], il quale va avicinandosi asai al suo maestro» – per il cui testo ci si è avvalsi dell'edizione critica curata da Santa Cortesi, in S. da Castiglione, *Ricordi overo Ammaestramenti*, a cura di S. Cortesi, Faenza, Stefano Casanova Editore, 1999, p. 164 – con quella concettualmente sovrapponibile espressa da Giorgio Vasari nella Giuntina «Se bene non haveva tanto disegno quanto Alberto, in molte cose nondimeno lo paragonava col bulino», in G. Vasari, *Le Vite de' più eccellenti pittori, scultori e architettori nelle redazioni del 1550 e 1568*, testo a cura di R. Bettarini, commento secolare a cura di P. Barocchi, 6 voll. di testo e 3 di indici, Firenze, Studio per Edizioni Scelte,

dotto l'incisore olandese come il secondo termine di paragone. Il fatto che nella *Vita di Marcantonio* venga conferito al maestro di Norimberga un peso ragguardevole[16] e che questi sia giudicato in termini estremamente positivi rende evidente che, provvedendo ad avvicinare il tedesco a Luca, l'intento vasariano è quello di dichiarare la propria ammirazione verso l'artista Leida. Non va tralasciato che se il neerlandese viene menzionato insieme a Dürer, uno degli incisori più apprezzati da Vasari in termini di «disegno» e «composizione», questo serve a porre l'accento sull'alta considerazione in cui lo stesso Luca è tenuto; se poi la fortuna di tale accostamento ha finito per ricordare il nome dell'olandese quasi unicamente all'interno di questo binomio, ciò si è verificato a causa di una ripresa esacerbata e dell'abuso che di tale formula sono stati fatti. A meno di vent'anni dalla sua prima apparizione nel testo di Sabba,[17] l'idea di citare insieme Dürer e lo Hugenszoon è dunque già divenuta una consuetudine: è un fatto che, in tutti quei testi editi prima della Giuntina che nominano il nostro Luca, questi venga sempre elencato dopo il nome di Albrecht. Un'abitudine talmente radicata da finire, in conclusione, per fissare e stabilire in via definitiva un rapporto gerarchico non così stringente tra i due artisti.

A fianco del tema della preminenza düreriana, va sottolineato che anche Luca viene ricordato attraverso un corposo nucleo di calcografie; della sua produzione vengono infatti nominate o descritte con certezza ben cinquantasette bulini, su un totale di poco più di centosettanta fogli realizzati

---

1966-1997, V, p. 7. È piuttosto sorprendente constatare come nell'edizione del 1568 non vi sia già più nessuna ripresa del concetto di discepolato che per il Castiglione sarebbe intercorso tra i due artisti, secondo una vulgata che avrà invece una vasta diffusione: è evidente che Vasari è intervenuto emendando tale tradizione, probabilmente perché consapevole della differente provenienza dei due incisori. Dal momento che la *Vita di Marcantonio* deve trovare posto nell'architettura delle *Vite*, è perfettamente naturale che anche il giudizio formulato nei confronti del neerlandese debba essere soggetto all'impostazione e ai criteri che regolano questo insieme, venendo quindi anch'essa a rispondere in termini di "disegno", "invenzione" e "composizione".

16 A proposito della *Vita di Marcantonio Bolognese*, è stato affermato come questa «più propriamente dovrebbe intitolarsi ad "Alberto Duro"» da parte di E. Borea, *Vasari e le stampe*, «Prospettiva», 57/60 (1989-1990), n. 2, p. 20, proprio in virtù dell'ampio spazio concesso al norimberghese: si rammenti che, su un totale di diciannove pagine, ben tre sono riservate al tedesco, nelle quali vengono ricordati quarantacinque dei suoi bulini e novanta xilografie.

17 Alla preferenza espressa da Sabba segue la più neutra elencazione di artisti proposta da Anton Francesco Doni nel *Disegno partito in più ragionamenti*, edito nello stesso anno e che menziona ancora lo Hugenszoon subito dopo il maestro di Norimberga, per il cui brano si veda Fara, *Albrecht Dürer nelle fonti italiane*, cit., pp. 66-68; nel 1561 è poi la volta di Lodovico Dolce, che all'interno della *Vita dell'invittissimo e gloriosissimo Imperador Carlo Quinto* presenta ancora «il divino Alberto Durero, con Luca d'Olanda ed Aldo Grande e Martino Heemkerch»: *ivi*, pp. 87-89.

nell'arco della sua esistenza.[18] Il numero delle stampe hugenszooniane citate nella *Vita di Marcantonio* cresce e si dilata poi anche grazie all'inclusione di alcuni lavori che, però, risultano difficili da identificare con sicurezza a causa della vaghezza con cui vengono presentati – dei quali si avrà modo di parlare più approfonditamente in seguito. Inoltre, un aspetto da evidenziare è che, dell'intera produzione artistica di Luca, viene menzionata solo quella relativa ai bulini; nelle pagine vasariane non viene infatti rivolto alcun accenno né alle xilografie, né alle acqueforti, né ai dipinti, produzioni che con ogni evidenza restano ignote a Vasari per ragioni differenti. Se si osserva il caso delle incisioni su legno, infatti, queste appaiono impossibili da ricondurre al nome dell'olandese per mezzo della sola osservazione, in quanto tutta questa porzione della produzione di Luca non è firmata con il suo celebre monogramma; di conseguenza, esse non sono riconoscibili a prima vista e non circolano come opere chiaramente attribuibili allo Hugenszoon. Ancora diversa è, invece, la circostanza che investe i dipinti: questi, semplicemente, non sono conosciuti da Vasari perché nessuno di loro è mai uscito dal territorio neerlandese nel corso del XVI secolo; di essi non si rinviene alcuna notizia poiché questa parte della sua opera, realizzata quasi esclusivamente per una committenza privata intenzionata a mantenerne il possesso e che Vasari non può aver visionato direttamente, non è nota all'aretino. Più complesso rimane invece definire l'assenza di ogni commento riguardante le acqueforti di Luca, siglate con il monogramma e dunque a lui facilmente riconducibili: per questa produzione hugenszooniana si deve perciò ipotizzare che la diffusione in Italia non sia avvenuta con la stessa fortuna che ha toccato invece i bulini.

Tornando al testo dedicato a Luca di Leida, emerge con evidenza che l'elenco delle incisioni – e lo si vedrà più avanti nel dettaglio – non segue un ordine rigidamente cronologico, né tantomeno è presentato con l'obiettivo di accompagnare le opere ai fatti esistenziali dell'artista, come avviene comunemente nelle biografie della Torrentiniana. La sezione riservata allo Hugenszoon viene a collocarsi, lo si è detto, prima dell'unico taglio tipografico presente all'interno del capitolo, innestandosi direttamente nel più ampio passo dedicato al maestro di Norimberga. Si è accennato al fatto che le biografie dei due artisti si ritrovino ad essere intimamente interconnesse, contribuendo a sostenere lo stereotipo proposto per la prima volta nei *Ricordi* di Sabba da Castiglione; tuttavia, sebbene il Vasari non si esima dal riconoscere un legame tra i due, egli ha ragio-

[18] Dai centosettantacinque bulini raccolti e compilati nel repertorio del *New Hollstein* risulta oggi espunto dalle carte citate da Vasari solo il presunto autoritratto di Luca (B. 173).

ne nell'evitare di adoperare qualsiasi termine che possa fare riferimento a un rapporto di discepolato o di filiazione diretta: nella *Vita di Marcantonio* ogni accenno alla relazione esistente tra i due incisori viene dunque riportato ad una accezione neutra. Allo storiografo di Arezzo va pertanto riconosciuto il merito di aver emendato una *lectio* che avrebbe avuto la potenzialità per diffondersi capillarmente e di radicarsi nella tradizione letteraria successiva. La parola scelta da Vasari per presentare il rapporto di Luca nei confronti di Dürer è «emulo»: l'incisore di Leida viene infatti introdotto all'interno del brano düreriano subito dopo l'episodio che vede Marcantonio Raimondi protagonista della contraffazione della serie xilografica illustrante la Passione di Cristo.[19] È dunque in questo contesto e con queste premesse che Vasari trova il modo di introdurre Luca, definito per l'appunto «un altro emulo» di Dürer. Oggi si riconosce l'inequivocabile filiazione di una parte dell'opera hugenszooniana da quella dell'incisore tedesco, dal momento che appare innegabile che la produzione di Albrecht in diversi casi funga da ispirazione in maniera alquanto esplicita;[20] tuttavia è importante distinguere tra l'esistenza e il riconoscimento di una – certamente vera – ripresa del lavoro düreriano per alcuni dei soggetti del leidese e la pretesa consequenzialità che Vasari intravede tra le opere

---

19 Per quanto esista effettivamente un ciclo raimondiano con la *Passione* che riprende fedelmente la celebre *Piccola Passione* di Dürer, il racconto vasariano non è attendibile in quanto la serie cristologica di Marcantonio è realizzata in seguito, quando egli si trova a Roma: Vasari ha verosimilmente confuso la serie sopraccitata con quella della *Vita della Vergine*. Sul tema si vedano G. Previtali, *Vita di Marcantonio Bolognese e d'altri intagliatori di stampe*, in *Le Vite de' più eccellenti pittori, scultori e architettori*, a cura di P. Della Pergola, L. Grassi, G. Previtali, Milano, Club del Libro, 1966, pp. 186-187; S. Rinaldi, *Marcantonio Raimondi e la firma di Dürer. Alle origini della "stampa di riproduzione"*, «Opera Nomina Historiae. Giornale di cultura artistica», 1 (2009), pp. 263-306; M. Faietti, *1506: Bologna crocevia del confronto*, in *Crocevia e capitale della migrazione artistica: forestieri a Bologna, bolognesi nel mondo (secoli XV-XVI)*, atti del convegno internazionale (Bologna, Casa Saraceni, 11-13 maggio 2009), a cura di S. Frommel, Bologna, Bononia University Press, 2010, pp. 147-148; Fara, *Albrecht Dürer nelle fonti italiane antiche*, cit., pp. 25-28.

20 Si pensi alla vicinanza che intercorre tra i fogli della *Passione incisa* di Dürer, risalenti al quinquennio 1507-1512, e i bulini della *Passione* di Luca, datati al 1521; si confronti in particolar modo il *Cristo dinanzi ad Annania* di Luca (B. 46) con il *Cristo dinanzi a Caifa* di Dürer (B. X 229), oppure l'*Ecce Homo* o la *Flagellazione* di Luca (rispettivamente B. 50 e B. 52) con gli stesse soggetti della serie düreriana appena citata (B. X 10 e B. X 8). Per la classificazione delle incisioni düreriane si è adottata la catalogazione rinvenibile al volume X dell'*Illustrated Bartsch* curato da Walter L. Strauss. Diversamente che per le stampe di Luca di Leida – per le quali nel testo si segnalerà sempre tra parentesi solamente il numero identificativo dell'opera senza fornire ulteriori dettagli circa il volume che contiene la sua opera completa, dando per scontato che essa vada sempre rinvenuta al volume XII del monumentale repertorio –, per l'individuazione dei bulini del norimberghese viene indicata tra parentesi la convenzionale lettera B., seguita dal numero X che identifica il volume contenente l'opera completa di Albrecht Dürer, a sua volta accompagnato dal numero specifico dell'incisione.

dei due incisori. Nei lavori dello Hugenszoon, infatti, l'opera düreriana si arresta sempre a un superficiale e generico livello di suggerimento, dal momento che nella produzione del leidese il risultato finale possiede un carattere di originalità e innovazione, presentandosi come una rielaborazione personale e mai come una copia pedissequa. Pertanto, appare evidente che nella *Vita di Marcantonio* l'autore ricorre al termine "emulo" per riferirsi al rapporto tra Dürer e l'olandese senza soluzione di continuità con il racconto dell'episodio che vede invece il Raimondi destinatario della querela formulata da Dürer;[21] tuttavia, Vasari sembra impiegare questo termine nei confronti di Luca nella sua accezione più neutrale, in modo cioè da indicare quei «molti altri Fiaminghi [che] hanno con sottilissimo studio imitata la maniera d'Alberto Duro [...]»,[22] tra i quali si rinviene appunto anche il nostro neerlandese. Come lo stesso storiografo afferma in chiusura della *Vita di Marcantonio* – ma il concetto è ribadito anche in altri passaggi –, l'imitazione della "maniera" non è affatto una pratica da condannare; essa è, anzi, il metodo più efficace che un artista possa adoperare per migliorare il proprio lavoro e per perfezionarsi nell'attività artistica. Diviene allora chiaro che non esiste una critica severa mossa verso tale prassi, tanto che in chiusura della *Vita di Marcantonio* l'aretino conclude con un bilancio e la riabilitazione definitiva del Raimondi, che pure arriva a riprodurre per intero i lavori düreriani:

> E per ultimo, di tutto il giovamento che hanno gl'oltramontani avuto dal vedere, mediante le stampe, le maniere d'Italia, e gl'Italiani dall'aver veduto quelle degli stranieri et oltramontani, si deve avere, per la maggior parte, obligo a Marcantonio Bolognese; perché oltre all'aver egli aiutato i principii di questa professione quanto si è detto, non è anco stato per ancora chi l'abbia gran fatto superato, sì bene pochi in alcune cose gl'hanno fatto paragone.[23]

---

[21] Nei confronti del Raimondi, Vasari impiega per tre volte il termine "contraffare" – «E così cominciò a contrafare di quegli intagli d'Alberto», «Avendo dunque contrafatto in rame d'intaglio grosso» e «Mandatogli una di dette Passioni contrafatte da Marcantonio»: nell'edizione curata da Paola Barocchi in Vasari, *Le vite*, cit., V, pp. 6, 7 – per la cui disamina si veda M. Ferretti, *Falsi e tradizione artistica*, in *Storia dell'arte italiana*, parte III: *Situazioni momenti indagini*, vol. III: *Conservazione, Falso, Restauro*, a cura di F. Zeri, Torino, Einaudi, 1981, p. 131. Come si può notare nei tre casi riportati, il verbo "contraffare" viene utilizzato all'interno della *Vita* con l'intenzione di indicare tutte quelle opere che il Raimondi realizza copiando fedelmente l'originale düreriano, venendo a includere anche quelle traduzioni della *Passione* e della *Vita di Cristo* che tradiscono un'intenzione ai limiti con un atteggiamento che noi oggi definiremmo fraudolento. È evidente che questo significato viene completamente a mancare nel caso di Luca di Leida, che – come si è visto – non copia mai in maniera puntuale l'opera di Dürer.

[22] In Vasari, *Le Vite*..., cit., V, p. 24.

[23] *Ivi*, p. 25.

Alla fine, dunque, ciò che l'arte può ricavare dall'emulazione di un maestro è, addirittura, giovamento – e Marcantonio esce come il campione assoluto di tale pratica.

La parola «concorrenza» è un altro fondamentale vocabolo del lessico vasariano che nel corso della narrazione dedicata allo Hugenszoon ricorre più volte e a cui è necessario prestare particolare attenzione, direttamente connessa alla nozione di «paragone» parimenti impiegata. Con questi termini l'autore esprime un concetto di estrema importanza ai fini della costruzione dei rapporti tra i due artisti, che arriva a sottendere l'intero passo e che permette di spiegare il senso del legame tra il leidese e Dürer. Come si è accennato sopra, una delle caratteristiche più rilevanti della sezione in esame è il fatto che essa si presenti sotto forma di catalogo delle opere hugenszooniane che in qualche occasione si intervallano con quelle realizzate dall'artista di Norimberga: per fare ciò è necessario per l'aretino trovare un concetto che possa costruire e chiarire un legame tra due artisti che, Vasari ne è ben consapevole, provengono da esperienze diverse e che non possono quindi essere ricordati come maestro e allievo *tout court*. I concetti di «concorrenza» e «paragone» diventano dunque l'espediente che permette di spiegare per quale motivo Luca muove in direzione di Dürer – e, in un caso, anche il contrario –, legando così le biografie dei due artisti. Non va dimenticato che innanzitutto Vasari ha esigenza di strutturare un discorso coerente e organico, in grado di mantenere l'ordine nella quantità di direzioni intraprese nella *Vita di Marcantonio* a causa del gran numero di medaglioni biografici al suo interno: è quindi con l'obiettivo di concatenare le storie dei nostri due incisori e di trovare una giustificazione alla manifesta vicinanza tra alcuni loro lavori che lo storiografo di Arezzo introduce questi termini. D'altronde, quello di spiegarsi per mezzo di concetti che esprimono l'idea della competizione o della rivalità è ovviamente un artificio con una lunghissima tradizione alle spalle[24] e che più volte è stato utilizzato all'interno delle *Vite*. Venendo ai casi specifici in cui si è adope-

---

[24] Si tratta di un *topos* ben noto e ricorrente fin nelle più antiche biografie, a cominciare dalla leggendaria rivalità tra Apelle e Protogene di cui narra Plinio il Vecchio. A chi scrive appare opportuno ricordare a tal proposito la riflessione maturata all'interno dell'autorevole lavoro di Ernst Kris e Otto Kurz, nel quale si afferma: «Naturalmente, noi non neghiamo in nessun modo l'effettivo e frequente scatenarsi di rivalità tra gli artisti, ma vogliamo semplicemente rilevare come questo dato reale nella vita artistica di tutti i tempi si sia trasformato, nelle mani dei biografi, in un ingrediente da inserire a piacimento nelle loro vite degli artisti. La storia di Brunelleschi e Donatello in gara continua nella creazione dei crocifissi, per esempio, può tranquillamente considerarsi un'invenzione del biografo [Vasari], al pari del riferimento alla rivalità tra Dürer e Luca di Leida, che probabilmente ebbe origine dall'osservazione di una ripresa, da parte del primo, di alcuni elementi compositivi del tedesco», in E. Kris – O. Kurz, *La leggenda dell'artista*, Torino, Boringhieri, 1980, p. 117.

rato il termine «concorrenza», esso compare la prima volta al momento dell'introduzione della figura di Luca, dove ci si serve di tale concetto per passare dal racconto ancora incentrato su Dürer a quello sul neerlandese. L'artista tedesco sarebbe venuto a sapere dell'esistenza del nostro una volta ritornato in patria,[25] dopo che, stando alle pagine della *Vita di Marcantonio Bolognese*, Luca si sarebbe cimentato nella produzione di stampe spinto dallo spirito competitivo nei confronti di Dürer. Il leidese è ancora agli inizi della sua attività incisoria quando riconosce nel maestro tedesco il punto di riferimento per il proprio lavoro; poi, con un considerevole salto temporale – nella narrazione si passa infatti dai bulini datati intorno al 1509 al 1525 – Vasari riconosce un deciso miglioramento delle capacità tecniche del nostro.

Nello specifico, il catalogo dei bulini hugenszooniani comincia con due rami appartenenti alla serie della cosiddetta *Passione rotonda*, di cui Vasari menziona le scene con *Cristo che porta la Croce* e con la *Crocifissione* (rispettivamente B. 64 e B. 65);[26] nessun accenno viene fatto dei restanti sette bulini che compongono il ciclo cristologico, della cui esistenza come ciclo lo storiografo toscano non sembra d'altronde essere a conoscenza. È di un certo interesse notare come per le due incisioni l'aretino si premuri di ricordare la data di esecuzione, che è il 1509: si tratta di una indicazione impressa nel cartiglio posto nel margine superiore del fregio e dunque facilmente rinvenibile sia da parte del Vasari, il quale specifica questo dettaglio forse in virtù della visione diretta dei fogli in fase di scrittura della *Vita*, sia da parte

---

25 Vasari impiega qui il termine "Fiandra" con l'ampio significato che nel Cinquecento si attribuisce ai territori di Germania, Belgio e Paesi Bassi: nel Cinquecento è infatti prassi comune impiegare i diversi vocaboli come dei perfetti sinonimi, così come "tedesco" e "fiammingo" possiedono lo stesso significato; per approfondimenti sull'impiego dei vari termini che stanno a qualificare il concetto di "nordico" si rimanda a quanto detto alla nota 7. Si tratta invece di una vera e propria svista da parte del Vasari il fatto di attribuire i natali di Schongauer alla città di Anversa – che infatti in altri punti della *Vita di Marcantonio* è detto, a ragione, originario di Colmar. Allo stesso modo, poche righe al di sotto dell'errore sulla nazionalità si rinviene l'inesattezza di attribuire al maestro tedesco il monogramma MC, quando questo notoriamente – e ne è perfettamente consapevole lo stesso Vasari – è MS.

26 Nel monumentale repertorio organizzato da Adam Bartsch e, conseguentemente, all'interno di tutti i lavori di catalogazione che si sono susseguiti – in particolare il *New Hollstein*, che viene qui adoperato –, le scene della *Passione rotonda* sono catalogate seguendo l'ordine degli eventi che vanno dall'Ultima Cena alla Resurrezione per come essi si sono svolti, dall'incisione individuata convenzionalmente con la nomenclatura segnata come B.57, fino a B. 65. Gli episodi narrati sono: l'*Orazione nell'Orto*, il *Tradimento di Giuda*, *Cristo dinanzi ad Anania*, la *Derisione di Cristo*, la *Flagellazione*, il *Cristo incoronato di spine*, l'*Ecce homo*, la *Salita al Calvario* e la *Crocifissione*. I bulini indicati nel *New Hollstein* con B. 66 e B. 67 riprendono fedelmente le due scene dell'*Orazione dell'Orto* e della *Salita al Calvario*, con la differenza che esse sono riproposte senza la cornice decorativa – formata da un fregio abitato da puttini – che contraddistingue i nove episodi della *Passione* di forma circolare.

dei suoi eventuali informatori, sia da parte del lettore, che in questo modo può agevolmente individuare o risalire all'opera di cui si sta parlando. Vasari preciserà solamente in un'altra occasione la data di realizzazione di una stampa, ma sulle motivazioni di questo fatto si avrà modo di ritornare più avanti.

Più sottile è il ragionamento compiuto dall'aretino a proposito del rapporto tra le due calcografie di formato rotondo e quelle citate di seguito, riconoscibili nei due bulini di soggetto biblico raffiguranti *Sansone e Dalila* (B. 25) e *Abigail di fronte a Davide* (B. 24), nel misterioso foglio descritto come «un San Pietro Martire con i suoi percussori»[27] e nel *Davide che suona l'arpa di fronte a Saul* (B. 27). Tralasciando per qualche istante la terza delle opere citate – la quale necessiterà di un discorso specifico a parte –, è interessante notare come nessuno degli altri tre fogli raffiguranti le scene tratte dall'*Antico Testamento* sia datato: tuttavia Vasari è in grado di ancorare ognuno di essi alla fase giovanile della produzione hugenszooniana. All'aretino va dunque indubbiamente riconosciuta la capacità di saper cogliere la vicinanza tra queste opere; inoltre, un secondo merito va all'aver saputo formulare un'ipotesi cronologica intorno a del materiale incisorio non datato, verso il quale tutt'oggi la critica converge nel ritenere parte dell'attività iniziale del nostro. Difatti, lo storiografo non sbaglia nel raccogliere insieme tre calcografie senza data come il *Sansone e Dalila*, l'*Abigail di fronte a Davide* e il *Davide che suona l'arpa di fronte a Saul* insieme alle stampe della *Passione rotonda* del 1509; ma l'intuizione di Vasari non fallisce nemmeno nell'includere insieme a questi il foglio noto come *Maometto e il monaco Sergio* (B. 126) se si concorda con gli studi che oramai danno per assodato che in esso vada in realtà riconosciuto il «San Pietro Martire con i suoi percussori». Ad oggi nel catalogo hugenszooniano non si rinviene infatti alcuna opera recante questo soggetto, tuttavia esistono alcune illuminanti similitudini tra questo episodio e quello del leggendario assassinio del monaco Sergio commesso da uno dei compagni del profeta Maometto. Quest'ultimo, uno dei rami più rappresentativi di Luca, è il lavoro che più di ogni altro è risultato emblematico della sua stagione giovanile: l'opera, infatti, a partire dalla *vulgata* diffusa da Karel van Mander[28] è stata associata al momento dell'esordio

---

27 Vasari, *Le Vite*, cit., V, p. 7.

28 «A quattordici anni, Lucas incise una storia con Maometto ubriaco che uccide un monaco, risalente al 1508. Un anno più tardi, nel 1509, a quindici anni egli incise diverse opere, tra cui nove scene della Passione di formato rotondo, in seguito dipinte su vetro: il Monte degli ulivi, l'Arresto, la Presentazione ad Annania, la Derisione, la Flagellazione, il Cristo che porta la croce, l'Ecce Homo, il Calvario e la Crocifissione»: in K. van Mander *Le vite degli illustri pittori fiamminghi, olandesi e tedeschi*, a cura di R. de Mambro Santos, Sant'Oreste, Apeiron,

dell'artista neerlandese e intorno a essa si è venuta costruendo una vera e propria mitologia, che dallo *Schilder-Boeck* è giunta fino a Baldinucci. Stando alla versione dello storiografo olandese, infatti, Luca avrebbe eseguito il bulino a soli quattordici anni: si tratta evidentemente di un aneddoto che possiede ampi tratti in comune con l'espediente letterario spesso utilizzato da Vasari nelle biografie di tutti quegli artisti che, ognuno nel proprio campo e in tempi diversi, vengono considerati e presentati come dei capiscuola: su tutti, si pensi al caso emblematico della scoperta di Giotto da parte di Cimabue, avvenuta casualmente mentre il giovane è intento a disegnare una pecora.[29] Tuttavia, è evidente che nel momento e per l'occasione in cui scrive l'aretino non si presenta la necessità di proporre l'incisore di Leida – che è pur sempre uno straniero, un aspetto di non poco conto – come un autore meritevole di un esordio tanto favoloso da sfiorare la leggenda; ed è per questo che nella *Vita di Marcantonio*, in riferimento alla vicenda biografica del nostro, viene rispettato il proposito di redigere un catalogo dei bulini dell'artista che si limiti a mostrare l'attendibilità del suo operato.

Per cercare invece una spiegazione al fatto che Vasari abbia potuto scambiare la scena che ha per protagonisti il profeta Maometto e il monaco Sergio con quella dell'uccisione di San Pietro da Verona, è necessario partire dal dato visivo offertoci dal bulino hugenszooniano. Se infatti si osserva l'incisione conosciuta come *Maometto e il monaco Sergio* (Fig. 1), si nota che in essa Luca mette in scena tre personaggi maschili colti in vari atteggiamenti all'interno di un panorama boschivo, mentre sullo sfondo, oltre gli

---

2000, p. 145. Si confronti il passo con quello nel *Cominciamento e progresso dell'arte dell'intagliare in rame colle vite di molti de' più eccellenti maestri della stessa professione* di Filippo Baldinucci: «Di quattordici anni intagliò una storia dove figurò Maometto, quando essendo ubriaco ammazzò Sergio monaco, ed in essa pose la nota del tempo, che fu il 1508. Un anno dopo, cioè in età di 15 anni, intagliò molte cose, ma particolarmente per gli scrittori, o vogliamo dire pittori in vetro, fece nove pezzi della Passione: cioè l'Orazione dell'Orto, la Prigionia di Cristo, quando lo conducono ad Anna, la Flagellazione, la Coronazione, l'Ecce Homo; il portar della Croce, la Crocifissione, e ancora una carta, dove figurò una Tentazione di San Antonio, al quale apparisce una bella donna [...]» (Baldinucci, *Cominciamento e progresso*, cit., p. 48). Balza subito agli occhi l'evidente derivazione dell'opera baldinucciana da quella del van Mander, che viene chiaramente utilizzata dal fiorentino come fonte primaria per le informazioni ricavate sugli artisti stranieri.

[29] Con la medesima finalità, Luca serve evidentemente a van Mander a convalidare la figura del leidese come la personalità iniziatrice della tecnica incisoria in terra neerlandese. È con questo significato che si può presumere che lo storiografo olandese abbia raccontato in chiave miracolistica la straordinaria precocità del giovane Luca, il quale comincerebbe poco credibilmente – ma molto convenientemente ai fini del discorso e delle implicazioni che questo solleva – a lavorare alle prime incisioni a soli nove anni. La costruzione del mito dell'artista per mezzo di episodi esemplificativi che ne illustrano la straordinaria precocità è ampiamente trattata in Kris – Kurz, *La leggenda dell'artista*, cit., in particolare alle pp. 13-37.

alberi che contribuiscono a rendere il senso della profondità, si scorge un gruppo di personaggi raccolti intorno a un uomo seduto. A una più attenta analisi, ci si rende conto che l'uomo al centro, raffigurato con in mano una spada, si sta avvicinando con fare soppiatto all'uomo addormentato nel margine sinistro della carta; nella parte destra del bulino, il terzo personaggio identificabile come un monaco grazie alla tunica e allo scapolare che indossa è riverso a terra a causa di una ferita alla gola chiaramente visibile.

Per quanto riguarda la narrazione tradizionale del martirio di Pietro da Verona,[30] è innegabile che si riconoscano tratti in comune con la vicenda sopra descritta, eppure la scena rappresentata dall'incisore di Leida esibisce alcune caratteristiche peculiari – o, meglio, delle differenze sostanziali – che escludono categoricamente che si possa trattare dell'episodio agiografico in questione. Innanzitutto, nella stampa l'uomo addormentato è vestito secondo la moda orientale[31] e porta al fianco destro il fodero vuoto della spada: questi è dunque inequivocabilmente un uomo d'armi, risultando come un personaggio in sovrannumero e incoerente rispetto alla storia del santo veronese. A ciò va aggiunto che anche il taglio alla gola riconoscibile nel bulino non trova corrispondenza con quelli alla testa o al petto con cui di norma viene identificato San Pietro Martire. È a questo punto comprensibile intuire i motivi che hanno spinto Giorgio Vasari a intravvedere somiglianze tra le due vicende e quindi a confonderle, anche se le poche ma essenziali incongruenze rendono chiaro come l'episodio raffigurato da Luca insceni inequivocabilmente un'altra vicenda. Una prima spiegazione al malinteso si deve al fatto che la storia di Maometto non fosse altrettanto nota e non costituisse un soggetto diffuso nell'iconografia occidentale e che, di conseguenza, non è facilmente riconoscibile; ad ogni modo, la vicenda conosce una certa circolazione in ambito europeo grazie a un mano-

---

30 Le fonti a disposizione per il racconto della vicenda si rintracciano nella biografia ufficiale del santo, redatta da Tommaso Agni da Lentini, ma anche nella popolarissima *Legenda Aurea* di Iacopo da Varazze – vd. Iacopo da Varazze, *Legenda Aurea con le miniature del codice Ambrosiano C 240 inf.*, a cura di G.P. Maggioni, Firenze-Milano, Sismel, 2007, pp. 474-497 –, nelle duecentesche *Vitae fratrum* di fra' Gerardo di Frachet, oltre che nelle numerosissime agiografie che si diffondono in età medievale e che fioriscono nei secoli successivi. Tutti questi testi rintracciano in un'area del contado tra Como e Milano, più precisamente nella selva del Seveso, il luogo in cui sarebbe avvenuta l'imboscata al santo, dove il predicatore domenicano e il confratello Albertino vengono raggiunti e aggrediti con dei coltelli da Carino Pietro da Balsamo; nel caso del santo veronese, il colpo mortale gli viene inferto alla testa per mezzo di un falcastro – ragion per cui San Pietro Martire viene rappresentato con questa iconografia –, mentre Albertino riesce a scappare.

31 Non si deve infatti ignorare un tratto distintivo come quello del cappello-turbante indossato dal personaggio assopito, che nell'iconografia tradizionale viene adoperato per contrassegnare le diverse provenienze – si pensi al loro utilizzo nei dipinti di Carpaccio, Bellini o Tintoretto, solo per fare tre nomi.

scritto tardomedievale intitolato *The Travels of Sir John Mandeville*,[32] il quale narra del viaggio intrapreso da un cavaliere inglese attraverso i territori della Terra Santa e che diventa un vero e proprio *best seller* a pochi anni dalla sua apparizione. Se si segue la versione raccontata in quest'opera – che, va tenuto presente, è composta in un momento storico in cui i pregiudizi e l'acredine cristiana nei confronti del mondo musulmano si fanno pressanti –, vi si racconta che Maometto avrebbe preso parte, seppur inconsapevolmente, all'assassinio di un anonimo monaco, suo mentore. Secondo la storia narrata al *Capitolo XV* del manoscritto,[33] il giovane Maometto è solito recarsi così spesso a trovare l'eremita per pregare con lui, al punto da rallentare gli affari della carovana, che i mercanti che lo accompagnano nei suoi viaggi si coalizzano per provocarne la morte e mettere così fine ai contrattempi; per compiere l'impresa, essi approfittano di una notte in cui il giovane profeta, inebriato dall'alcol, è sprofondato nel sonno e provvedono a sgozzare il monaco con la spada di Maometto, facendo ricadere la colpa su di lui. Ad ogni modo, ciò che qui interessa maggiormente dell'intera storia è il contesto entro il quale si sarebbe svolto l'efferato episodio. Stando infatti al testo del manoscritto, l'uccisione dell'eremita sarebbe avvenuta nel deserto egiziano a un miglio dal Monte Sinai; se invece si osserva il bulino hugenszooniano, si nota che l'episodio viene ambientato in un bosco. Nello slittamento che si avverte passando da uno scenario all'altro

---

[32] La storia dell'incontro tra Maometto e l'eremita Bashira – che in un secondo tempo nella cultura occidentale prende il nome di Sergio – proviene dalla tradizione mediorientale e viene raccontata nei testi del IX secolo redatti dagli storici islamici Ibn Sa'd al-Baghdadi, Ibn Hishām e Muhammad Ibn Jarir al-Ṭabarī, seppur con qualche oscillazione tra le varie versioni. Eppure, l'episodio che vede il giovane Maometto presente durante l'omicidio del monaco non appartiene e non deriva dalla tradizione musulmana, ma viene divulgata a partire dal Trecento in ambito cristiano con l'intento di spiegare le motivazioni dietro al divieto di assumere alcolici presenti nel *Corano* e ha dunque radici tutte occidentali, rintracciabili proprio nel manoscritto redatto in lingua inglese, per la cui edizione critica si rinvia a *The Travels of Sir John Mandeville. The Version of the Cotton Manuscript in Modern Spelling*, Londra, Macmillan and Co., 1915. Non è possibile accertare quale versione di questo resoconto di viaggio sia stata alla base della calcografia dallo Hugenszoon, che non è da escludere che possa costituire la prima traduzione grafica della vicenda. Per le informazioni riguardanti la storia editoriale di *The Travels of Sir John Mandeville* si veda M. Coneys, *Mandeville in Italy: The Italian Version of the Book of John Mandeville and its Reception (c. 1388-1600)*, tesi di dottorato (University of Warwick, School of Modern Languages and Cultures, a.a. 2015-2016), 2016. Per le implicazioni e i pregiudizi che questa storia ha assunto nel tempo si rimanda al lavoro di D. Fabrizio, *Il profeta della discordia. Maometto e la polemistica islamo-cristiana medioevale*, Milano, Aracne, 2011.

[33] In *The Travels*, cit., p. 95. Nel manoscritto Cotton di *The Travels of Sir John Mandeville* non viene esplicitato il nome del monaco assassinato nella congiura ordita dai mercanti della carovana che accompagna Maometto; tuttavia, sulla base del fatto che questi viene presentato come un monaco eremita cui Maometto è affezionato, in lui si è riconosciuto Bahira, che nella tradizione cristiana diviene noto con il nome di Sergio.

potrebbe sì essere intervenuta una certa difficoltà da parte del nostro Luca a figurarsi e rappresentare il deserto, il quale rimane sempre piuttosto lontano dall'immaginario occidentale, ma – ipotesi più stimolante – potrebbe anche essersi interposta una tradizione orale più fedele alle versioni islamiche che circolerebbero in Occidente. Sebbene infatti in queste non esista traccia dell'episodio dell'assassinio, il luogo che viene associato all'eremo in cui vive il monaco Bashira sono i boschi della Siria; sovrapponendo così le diverse tradizioni, si potrebbe rinvenire una possibile spiegazione che giustifichi il luogo scelto da Luca per l'ambientazione del proprio bulino, che è per l'appunto un paesaggio boschivo.

Numerosi, dunque, i tratti in comune tra la vicenda violenta di Sergio e di San Pietro da Verona, i quali possono aver comprensibilmente confuso il Vasari: nel primo caso si ha un monaco eremita appartenente al mondo islamico, nel secondo un frate domenicano, che vanno immaginati abbigliati di conseguenza; entrambi questi uomini di fede, poi, sono vittime di due agguati in cui perderanno la vita, colpiti da assassini che impugnano delle armi bianche, mentre si trovano in una selva. Alla base dell'equivoco potrebbe però essersi sovrapposta anche una seconda causa, che è la visione di un'opera che potrebbe essersi insinuata nei ricordi e nel giudizio di Vasari. Mi riferisco alla descrizione di una pala d'altare contenuta in un altro passaggio delle *Vite*,[34] anch'essa presente soltanto a partire dall'edizione giuntina, e cioè la celeberrima *Uccisione di San Pietro Martire* che Tiziano esegue per la chiesa di San Giovanni e Paolo e che Vasari ricorda nella *Descrizione dell'opere di Tiziano da Cador pittore* con parole entusiastiche:

Intanto, per tornare all'opere di Tiziano, egli fece la tavola all'altare di San Piero Martire nella chiesa di San Giovanni e Polo, facendovi maggior del vivo il *detto Santo martire dentro a una boscaglia d'alberi grandissimi, cascato in terra et assalito dalla fierezza d'un soldato*, che l'ha in modo *ferito nella testa* che, essendo semivivo, se gli vede nel viso l'orrore della morte: mentre in un altro frate, che va innanzi fuggendo, si scorge lo spavento e timore della morte. In aria sono due Angeli nudi, che vengono da un lampo di cielo, il quale dà lume al paese, che è bellissimo, et a tutta l'opera insieme; la quale è la più compiuta, la più celebrata e la maggiore e meglio intesa e condotta che altra la quale in tutta la sua vita Tiziano abbia fatto ancor mai.[35]

---

[34] È stato in sede di stesura del mio elaborato di tesi che ha preso forma l'ipotesi di una possibile derivazione di questo «San Pietro martire con i suoi percussori» dalla ben nota conoscenza di Vasari dell'opera di Tiziano: devo al Professor Giovanni Maria Fara la spinta a meditare su questa stimolante prospettiva, che mi pare tutt'ora alquanto convincente: si veda in proposito anche Fara, *Intorno a Dürer*, cit., p. 28.

[35] In Vasari, *Le Vite*, cit., VI, pp. 160-161; il corsivo è mio. Per uno stato dell'arte sulla tela tizianesca si veda il lavoro divenuto oramai classico di G. Giomo, *San Pietro martire di Tiziano*,

Come noto, è la Confraternita di San Pietro Martire a indire il concorso per la realizzazione della pala da collocare sul proprio altare nella basilica domenicana, a cui partecipano, oltre al cadorino, Lorenzo Lotto, Palma il Vecchio e il Pordenone; ad aggiudicarsi la commissione è la tela tizianesca, la quale viene messa in opera il 29 aprile 1530 e che nel XIX secolo perisce nell'incendio che colpisce la cappella del Rosario, dove essa si trovava dal 1816.[36] Come noto, il dipinto è oggi interrogabile solo attraverso le copie che di esso ne sono state tratte: del capolavoro esistono infatti una stampa di traduzione realizzata dal dalmata Martino Rota (1520-1583) risalente al 1569-1570 e la copia installata nella chiesa domenicana di San Giovanni e Paolo, eseguita tra il 1692 e il 1697.[37] Se si esamina l'incisione del Rota (Fig. 2), è facilmente avvertibile come gli elementi tizianeschi possano aver portato lo storiografo a equivocare il soggetto inciso da Luca di Leida: la presenza di una figura vestita con una tonaca, l'aggressione perpetrata per mezzo di una lama e l'ambientazione in una boscaglia sono tratti in comune sia alla stampa hugenszooniana che al racconto vasariano. Se poi si considera che anche lo scostamento che si registra nell'incisione con l'inserimento di una spada invece che del tipico falcastro trova una motivazione nel fatto che San Pietro da Verona viene colpito al petto con una spada, allora anche questo aspetto sembra trovare una spiegazione; se infatti si guarda sia all'opera del Vecellio che allo *Studio per l'Uccisione di San Pietro Martire* del Pordenone che si conserva agli Uffizi[38] (Fig. 3) – realizzato in occasione del concorso per la pala della Confraternita di San Pietro Martire –, un oggetto qualificante come il falcastro è stato sostituito da una più

«Nuovo Archivio Veneto», VI (1903), pp. 55-69 e i più recenti contributi in H.E. Wethey, *The Paintings of Titian. Complete Edition*, II, *The Portraits*, London, Phaidon Press, 1969, pp. 20-21; P. Meilman, *Titian and the Altarpiece in Renaissance Venice*, Cambridge, Cambridge University Press, 2000; *Dal Pordenone a Palma il Giovane. Devozione e pietà nel disegno veneziano del Cinquecento*, a cura di C. Furlan, Milano, Electa, 2000, pp. 9-10, 94-95, A. Ballarin, *L'uccisione di san Pietro martire di Tiziano*, in *"Pietro pictore arretino". Una parola complice per l'arte del Rinascimento*, atti del convegno internazionale di studi (Venezia, Fondazione Giorgio Cini, 17-19 ottobre 2018), a cura di A. Bisceglia, M. Ceriana, P. Procaccioli, Venezia, Marsilio, 2019 e G. Coco, *«Il più bel quadro di Tiziano». Un episodio ottocentesco sulla copia del* S. Pietro Martire *dei Santi Giovanni e Paolo a Venezia*, «Studi di Memofonte», XXIII (2019), pp. 274-291.

36 In C. Corsato, *Tiziano Ottocento: il monumento dei Frari e il restauro del "San Pietro martire" ai Santi Giovanni e Paolo (1852-1853)*, «Ateneo Veneto», 200 (2013), 12/I, 3 s., p. 479.

37 Tradizionalmente assegnata a Johann Carl Loth, ma per la quale di recente è stata ipotizzata un'attribuzione a Nicolò Cassana: per una scheda dell'opera *in loco* si veda *La basilica di San Giovanni e Paolo. Pantheon della Serenissima*, a cura di G. Pavanello, Venezia, Marcianum Press, 2013, pp. 230-235; anche in Fara, *Intorno a Dürer*, cit., p. 28 si riprende l'attribuzione a Cassana.

38 Sul disegno del Pordenone si rinvia alla scheda in *Dal Pordenone a Palma il Giovane*, cit., pp. 116-117.

comune spada, rendendo ancor più sottile la vicinanza con l'opera dello Hugenszoon.

Per riprendere le fila del testo vasariano, dopo aver presentato i due rami della *Passione rotonda*, il *Sansone e Dalila*, l'*Abigail di fronte a Davide*, il *Maometto e il monaco Sergio* e il *Davide che suona l'arpa di fronte a Saul* – che, lo si ricorda, sono tutte opere realizzate tra il 1508 e il 1509 – l'aretino prosegue con il catalogo del nostro leidese dal bulino che mette in scena l'episodio leggendario del *Virgilio nella cesta* (B. 136). Si tratta di un'opera sulla quale è chiaramente stampigliata la data 1525 e che dunque si colloca a una discreta distanza temporale rispetto a quelle citate finora; è stato detto che l'ordine in cui Vasari elenca i lavori non è cronologico, eppure l'apparente incoerenza dell'inserimento del *Virgilio* in questa fase della narrazione diviene comprensibile se si considera la funzione assunta da questa calcografia. L'aretino, infatti, a proposito di questo foglio afferma che Luca ha «acquistato assai» in termini di padronanza tecnica; di esso elogia infatti il «sottilissimo intaglio», ma ne apprezza anche lo studio per le figure umane, sottolineando in particolar modo la bellezza delle teste. Con questa stampa ci si trova di fronte al primo giudizio espresso nella *Vita di Marcantonio* sullo Hugenszoon e da qui il Vasari muove per ritornare a Dürer: non va infatti dimenticato che la vita e, di conseguenza, la produzione artistica dello Hugenszoon va intesa all'interno della curatissima impalcatura che Vasari costruisce per tenere insieme i due artisti e per connetterli a loro volta alla più generale architettura del capitolo. Secondo lo storiografo, è la pregevolezza del *Virgilio nella cesta* a stimolare Dürer nella realizzazione di nuove opere, al punto da fargli impiegare per la seconda volta il termine "concorrenza". A riprova del fatto che ogni tassello sia finalizzato a reggere questa struttura vi è la palese incongruenza in cui Vasari incappa citando il foglio del 1525: questo sarebbe il lavoro che funzionerebbe da incentivo per Dürer nel caso della realizzazione de *Il cavaliere, la morte e il diavolo* (B. X 98): quest'ultima è però notoriamente un'opera del 1513, che dunque non può stare in una simile posizione di derivazione. Una seconda inesattezza nei confronti del *Virgilio* risiede poi nell'affermare che esso sarebbe una carta di grande formato, quando invece questo presenta delle dimensioni in linea con tutte le opere citate fino a questo momento. Entrambi questi lampanti errori provano ancora una volta che lo scopo dell'aretino è costruire un racconto che unisca e metta in relazione gli artisti e le loro opere – e poco peso bisogna dare alle contraddizioni che, incidentalmente, possano venire generate.

Tornando a occuparsi di Dürer, Vasari compie un breve balzo temporale e giunge al 1512, anno di esecuzione di dieci dei sedici rami che compongono la cosiddetta *Piccola Passione* incisa (B. X 3-18) e ne approfitta per riprendere il discorso interrotto sullo Hugenszoon; e, per la terza volta, la produzione düreriana si presta a introdurre il tema della "concorrenza" e del confronto proficuo tra i due artisti. In questo caso, Luca avrebbe preso spunto per la serie di dodici calcografie che compone la *Passione* del 1521, con un salto temporale questa volta credibile – e una filiazione che in questo caso non lascia dubbi. È in questa occasione che viene fornito il secondo giudizio sull'operato del nostro leidese: seppur definiti «molto begli», nel confronto con la *Passione* di Dürer i fogli di Luca non reggono né per tecnica esecutiva, né per padronanza del «disegno»: il maestro tedesco continua a rimanere dunque il termine di paragone inaccessibile, colui che detiene il primato artistico più importante e su cui è fondato l'intero giudizio critico vasariano. Come si diceva, l'accostamento tra i due incisori diviene il pretesto per tornare a parlare di Luca dal punto in cui si era interrotto il discorso e Vasari riprende l'elenco dei bulini dell'olandese mediante una rapida carrellata dei loro titoli, che, nonostante la concisione, non lascia spazio a equivoci sull'opera menzionata. Anche in questo caso il criterio con cui essi vengono presentati non rispetta l'ordine cronologico di esecuzione, ma giunge a includere lavori variamente realizzati tra il 1508 e il 1518: per primo viene citato il *San Giorgio e la principessa* (B. 121) del 1508 circa, poi l'*Idolatria di Salomone* (B. 30) del 1514, il *Battesimo di Cristo* (B. 40) del 1510 circa, il *Piramo e Tisbe* (B. 135) del 1514 e infine l'*Ester e Assuero* (B. 31) del 1518. È interessante notare come in mezzo a queste opere – variamente appartenenti a soggetti veterotestamentari, tratti dal Vangelo e mitologici –, solamente il *San Giorgio* e il *Battesimo di Cristo* sembrano collocarsi con un certo anticipo rispetto ai bulini che oramai hanno spostato il racconto vasariano al secondo decennio del secolo. Ciò potrebbe spiegarsi con la mancanza di riferimenti cronologici che accomuna questi due fogli; cosa che, sulla base della sola osservazione, potrebbe aver portato Vasari a ipotizzare per la loro realizzazione una data al secondo decennio.

Esiste infine una quarta occasione in cui il Vasari riprende a trattare di Dürer all'interno del brano dedicato a Luca di Leida: si ritorna al tedesco sempre grazie al concetto di «concorrenza», a cui questa volta sembra però essere fatto riferimento in maniera sottintesa: sono infatti adesso la cosiddetta *Nemesi*, o *Grande Fortuna* (B. X 77) ascrivibile al 1501 circa, il contemporaneo *Sant'Eustachio* (B. X 57), il *San Girolamo nello studio* (B. X 60) del 1514, la stampa descritta come «Cristo con i dodici apostoli, piccoli, l'anno 1523», con cui Vasari indica la xilografia dell'*Ultima Cena*, il *Ritratto del cardinale Alberto di Brandeburgo* (nei confronti del quale non è del tutto chiaro se Vasari si riferisca al bulino identificabile con la sigla B. X 102 o B. X 103), il *Ritratto di Erasmo da Rotterdam* (B. X 107) e, infine, un *Autoritratto* (identificato con la segnatura B. X 156, che oggi è stato espunto dal catalogo delle opere autografe di Dürer e ricondotto a Erhard Schön) a essere presi come spunto da Luca. Per mezzo di tali opere Vasari insiste nel ribadire la preminenza dureriana sul nostro, nei confronti del quale l'aretino afferma che «seguitò quanto poté le vestigia d'Alberto», facendo suonare quel «quanto poté» come un altro di quei momenti inseriti dallo storiografo per accordare la propria preferenza nei confronti di Dürer: ancora una volta, nella costruzione vasariana sono i lavori del norimberghese a spingere il nostro verso nuovi progetti e a offrire quindi al leidese occasioni per uno slancio creativo. Luca viene a questo punto reintrodotto attraverso la presentazione di quattro delle cinque incisioni dedicate alla storia di Giuseppe del 1512, delle quali non è però dato sapere quale scena tra *Giuseppe racconta i suoi sogni a Giacobbe* (B. 19), *Giuseppe con la moglie di Potifarre* (B. 20), *La moglie di Potifarre accusa Giuseppe* (B. 21), *Giuseppe racconta i suoi sogni* (B. 22) e *Giuseppe interpreta i sogni del Faraone* (B. 23) sia quella mancante. Seguono poi le stampe dei quattro evangelisti (B. 100-103) risalenti al 1518, che lo Hugenszoon progetta ed esegue come una serie omogenea dal punto di vista iconografico: ognuno degli evangelisti, facilmente riconoscibile dall'animale che lo accompagna – *San Marco* (B. 100) dal leone, *San Matteo* (B. 101) dall'angelo, *San Luca* (B. 102) dalle corna del toro che si intravvede solo parzialmente e, infine, *San Giovanni* (B. 103) con l'aquila –, è infatti rappresentato seduto a uno scrittoio, mentre si trova intento a scrivere le pagine del proprio Vangelo. Anche se il catalogo delle opere prosegue con un'elencazione molto rapida dei bulini, i quali vengono presentati per mezzo di una descrizione così breve da qualificarsi quasi come un titolo, questa essenzialità non lascia mai spazio a dubbi riguardo l'identificazione della stampa in oggetto. Ecco allora che, senza alcun tipo di commento, viene introdotto un altro blocco di opere appartenenti a fasi piuttosto varie della produzione hugenszooniana, che hanno in comune tra di loro il solo fatto di raffigurare soggetti biblici. Queste sono: *Abramo e i tre angeli* (B. 15) del 1513 circa, *Susanna e i Vecchioni* (B. 33) ambientabile al 1508 circa, *Davide orante* (B. 29) datato 1520, il *Trionfo di Mardocheo* (B. 32) del 1515, *Lot e le figlie* (B. 16) del 1530 e i tre rami del 1529 tratti dal ciclo della Genesi, rispettivamente la *Creazione di Eva* (B. 1), *Dio ammonisce Adamo ed Eva* (B. 2) e *Caino uccide Abele* (B. 5). Di quest'ultima terzina viene specificato anche l'anno di esecuzione, con una precisione che si verifica per la terza volta se si considera il passo vasariano in tutta la sua interezza, la seconda se si prendono a riferimento solo le occasioni in cui la scansione temporale è riferita al nostro Luca – in un caso, infatti, l'aretino cita espressamente l'anno 1512, ma all'interno di un intermezzo riferito a Dürer. Questa puntualizzazione può trovare una spiegazione nella necessità di fornire ancora una volta un ancoraggio temporale all'intero discorso, che in tal modo viene

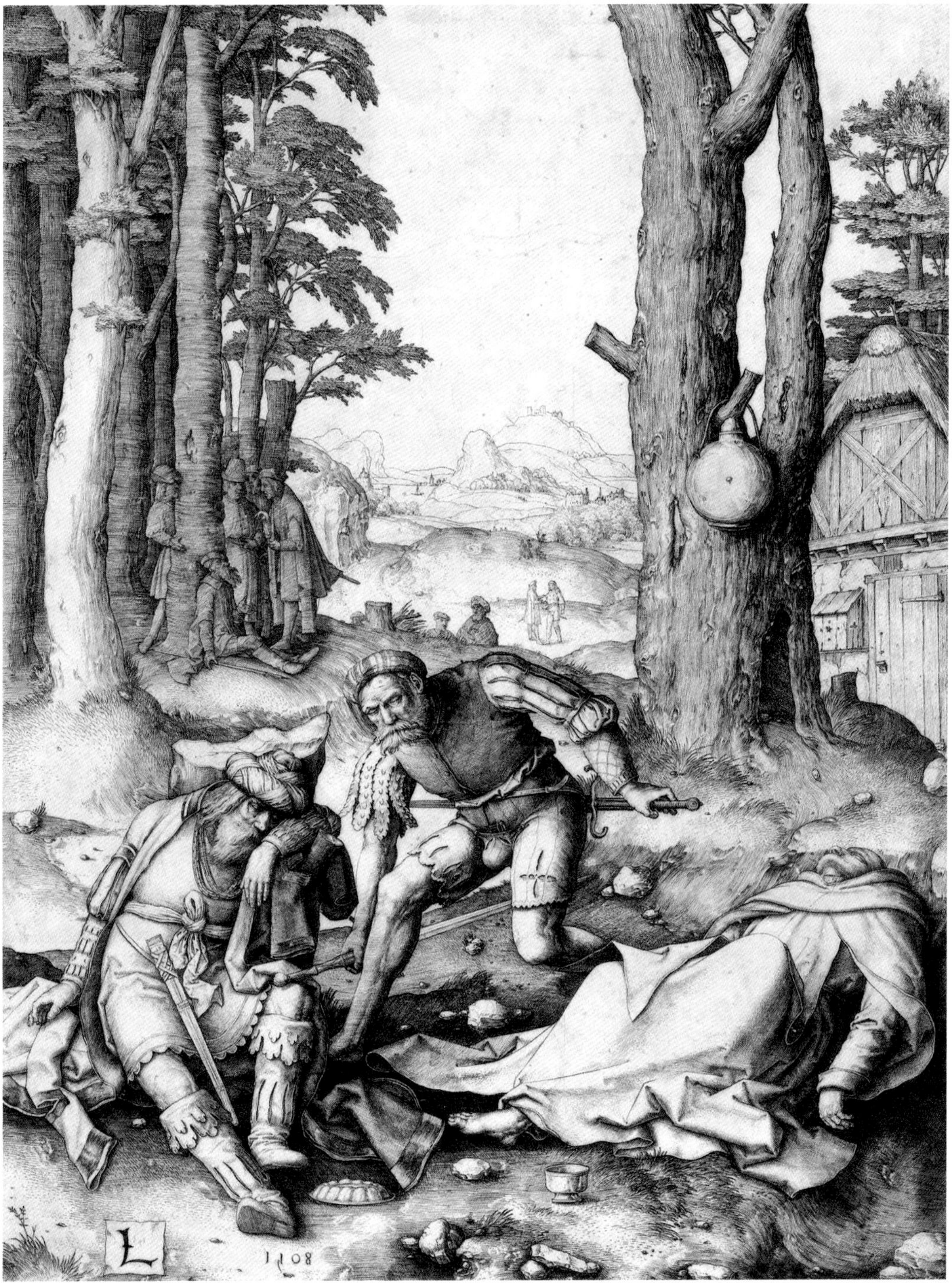

Fig. 1. Luca di Leida, *Maometto e il monaco Sergio*, 1508, Londra, British Museum, Department of Prints and Drawings, inv. Kk, 6.126.

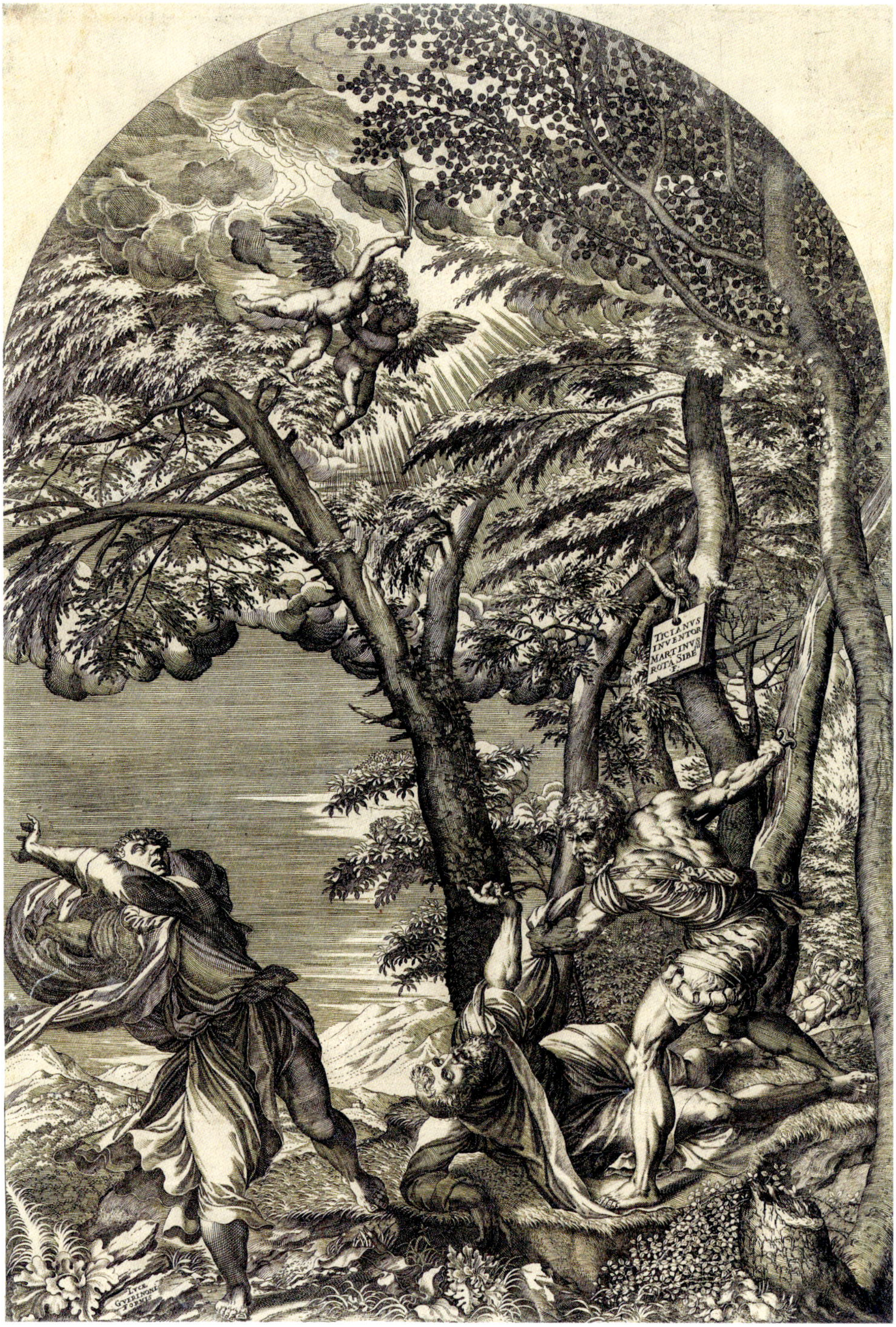

Fig. 2. MARTINO ROTA, *Uccisione di San Pietro Martire*, 1560 ca., New York, Metropolitan Museum, inv. 17.50.16-155.

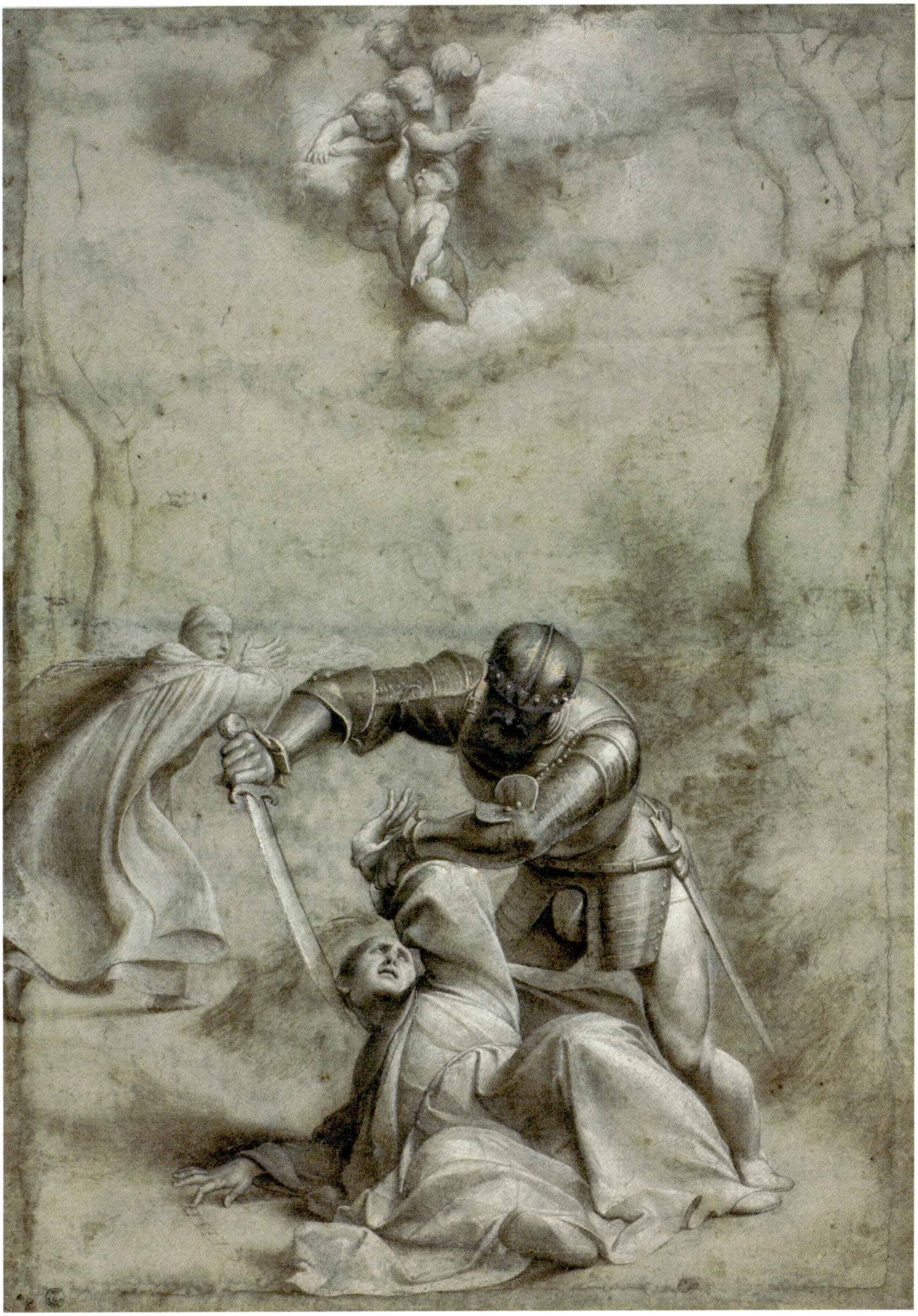

Fig. 3. Pordenone, *Studio per l'uccisione di San Pietro Martire*, 1527 ca., Firenze, Galleria degli Uffizi, Gabinetto dei disegni e delle stampe, inv. 725 E.

ricondotto a una data certa, permettendo di far progredire il discorso agli anni successivi.

Vasari pone poi l'attenzione sulla stampa hugenszooniana comunemente nota come *Golgota* (B. 74), un'opera datata 1517, che viene ricordata come la «carta grande» che più di ogni altra avrebbe contribuito alla notorietà dell'incisore in Italia; e di seguito, procedendo quasi – o, forse, proprio – per mezzo di una logica per associazione, vengono riunite insieme e presentate altre due incisioni di grande formato, ovverosia l'*Ecce Homo* (B. 71) del 1510 e la *Conversione di San Paolo* (B. 107) del 1509: tutte e tre queste opere, diversamente da quanto era stato in precedenza affermato per il *Virgilio nella cesta*, superano effettivamente le dimensioni delle stampe citate finora. Ciò che lo storiografo di Arezzo a questo punto si ripropone di chiarire è il motivo per il quale esse vengono da lui particolarmente apprezzate: si ricava, dunque, che ciò che Vasari ammira del leidese è la sua capacità di disporre sulla scena un gran numero di figure. È con questi bulini che si apre il commento più articolato che fino a questo momento è stato espresso sull'attività incisoria del nostro, e cioè che è con le «carte grandi» che Luca ha più possibilità di inserire e disporre un maggior numero di personaggi all'interno della scena. Trovandosi a lavorare su una superficie che permette di introdurre un maggior numero di figure, egli dimostra di saper dominare lo spazio e di concertare la disposizione delle figure umane. Vasari fa, ovviamente, riferimento al fondamentale concetto che nelle *Vite* viene definito mediante la categoria «composizione» e diviene allora chiaro qual è la ragione che ha spinto lo storiografo a concedere tanto spazio e un tale rilievo alla figura dello Hugenszoon: dell'incisore olandese egli chiarisce di apprezzare allora la «convenienza», che è allo stesso tempo capacità di rappresentare le scene in maniera appropriata e per mezzo di elementi convenevoli al gusto e alla morale del tempo, rimanendo allo stesso tempo fedeli al testo da cui l'episodio è tratto. La facilità con cui i soggetti vengono riconosciuti da chi guarda si deve allora alla chiarezza e alla mancanza di confusione possedute dalle scene, tutte proprietà che hanno concorso a decretare Luca come colui che, nel campo della "composizione", è capace di superare lo stesso Dürer. Si tratta di uno dei massimi riconoscimenti attribuiti a un artista all'interno di questa *Vita* dedicata alla storia dell'incisione, *Vita* formalmente intitolata a Marcantonio Raimondi e che riserva un posto d'onore al norimberghese, ma che elabora e mette a punto un complesso sistema teorico. In questa direzione acquista allora centrale importanza il concetto espresso mediante la formula dell'«ordine dell'arte», che reintroduce il tema della comparazione con Dürer: rispetto al tedesco, lo Hugenszoon compone scene che sono più attente e meglio riuscite in termini di articolazione dello spazio e di disposizione delle figure – che sono migliori, in una parola, nella "composizione".

Un'altra valutazione riguarda poi l'aspetto tecnico dell'intaglio del nostro incisore: Vasari confessa cioè il proprio apprezzamento anche per la sottigliezza del tratto che il leidese riesce a riprodurre incidendo le matrici, qualità cui aveva già accennato trattando del *Virgilio nella cesta*. L'aretino ribadisce quindi la sua particolare predilezione per le opere hugenszooniane di grande formato, le quali – si è visto – consentono l'inserimento di un ampio numero di personaggi e di elementi, che trovano una felice e naturale collocazione nei diversi livelli di profondità: tali possibilità, in unione con il virtuosismo espresso mediante la finezza del tratto incisorio, concorrono per lo storiografo a rendere la profondità spaziale in maniera naturale. Mentre discute della produzione di Luca, Vasari introduce infatti il criterio a lui caro della verosimiglianza, sottolineando come una delle abilità del nostro risieda proprio nel riprodurre gli elementi figurativi similmente a «come si perdono dall'occhio le [cose] naturali»: per lo storiografo, dunque, i bulini dello Hugenszoon riescono nell'intento di riprodurre quella che è la reale condizione visiva che normalmente offre la profondità di campo, secondo la quale più ci si allontana, meno la definizione appare nitida. Il ragionamento è particolarmente interessante perché il neerlandese viene apprezzato per la dote – secondo il Vasari molto italiana – di «imitar il vivo»: è per questo motivo che, verso la chiusura del passo dedicato al nostro leidese, il Vasari afferma che le soluzioni compositive «sono più osservate, secondo l'ordine dell'arte, che quelle d'Alberto». «Osservate», ossia più attente e vicine a una rappresentazione della realtà di quanto sia riuscito a fare il grande Dürer, a cui – di conseguenza – il Vasari sembra ascrivere una minore chiarezza nell'identificazione dei soggetti.

Il pensiero vasariano su Luca si conclude con un'ultima, stimolante osservazione sulla sua «qualità da pittore»:[39] l'aretino ne loda le opere «sfumate e tanto dolci che col colore non si farebbe altrimenti: le quali avertenze hanno aperto gli occhi a molti pittori [40]», una riflessione che appare

---

[39] Per usare la definizione di Evelina Borea, in Borea, *Vasari e le stampe*, cit., p. 22.

[40] Vasari, *Le vite*, cit., V, p. 9. Sono note le riprese dell'opera hugenszooniana negli affreschi dedicati alla vita di San Filippo Benizzi nel chiostro dei Voti alla Santissima Annunziata che Andrea del Sarto esegue intorno al 1511 (per i quali si consultino J. Shearman, *Andrea del Sarto*, II, Oxford, Clarendon Press, 1965, pp. 200 e 207 e C. Strinati, *Andrea del Sarto. Un San Sebastiano ritrovato*, Roma, Gangemi Editore, 2013, pp. 11-12), nell'opera del Bachiacca, al secolo Francesco Ubertino Verdi, che costituisce il caso più emblematico delle citazioni effettuate da Luca di Leida in ambito italiano, su cui ha indagato R.G. La France, *Bacchiacca: Artist of the Medici Court*, Firenze, Leo S. Olschki, 2008, soprattutto alle pp. 131-278 e nella spalliera del Pontormo con *Giuseppe in Egitto* del 1518 circa, oggi conservata alla National Gallery di Lon-

tanto più interessante se si tiene conto che l'apprezzamento del Vasari si rivolge alla capacità dei bulini hugenszooniani – per loro natura senza colore – di restituire i rapporti chiaroscurali e le gradazioni luminose tipiche della pittura. Per quanto la *Vita di Marcantonio Bolognese* abbia concorso al riconoscimento di una piena dignità della tecnica incisoria, all'interno del monumento vasariano è sempre la pittura – una delle tre «figlie del disegno» – a detenere la preminenza nel campo delle arti; emerge dunque come l'aretino giunga a elevare la produzione del nostro leidese, al punto che «col colore non si farebbe altrimenti». Non solo si tratta di uno dei massimi riconoscimenti formulati nei confronti della produzione di un incisore, ma dimostra anche come lo storiografo toscano avverta le vivaci possibilità offerte da questo *medium*, che nel corso del XVI secolo vedrà moltiplicare le stampe di traduzione e le stampe d'*après*[41] proprio per le loro potenzialità in fatto di resa pittorica. Senza dimenticare che proprio questa attitudine incoraggerà l'emancipazione e lo sviluppo di stampe d'invenzione che acquisteranno proprietà tonali sempre più convincenti e progressivamente perfezionate.

Il brano sul nostro leidese termina infine radunando una parte della produzione hugenszooniana che viene rapidamente riassunta con «molte

---

dra, per la quale si rimanda ad A. Braham, *The Bed of Pierfrancesco Borgherini*, «The Burlington Magazine», 121 (1979), n. 921, pp. 754-763, 765 e a S.S. Nigro, *L'orologio di Pontormo. Invenzione di un pittore manierista*, Milano, Bompiani, 2013. Ma si rinvengono citazioni hugenszooniane anche nella figura del Cristo effettuata da Raffaello nello *Spasimo di Sicilia* oggi al Prado (in K. Oberhuber, *Raffaello. L'opera pittorica*, Milano, Electa, 1999, p. 216, dove si riconduce il modello a Luca e non a Dürer) e nei personaggi della tavoletta anonima in collezione privata con il *Cristo incoronato di spine*, eseguita da un pittore fiorentino entro il 1530, già riconosciuti in G.M. Fara, *La fortuna di Albrecht Dürer nell'arte fiorentina del XVI secolo*, in *Metodo della ricerca e ricerca del metodo: storia, arte, musica e* confronto, atti del convegno di studi (Lecce, Università degli Studi di Lecce, 21-23 maggio 2007), a cura di B. Vetere, Lecce, Congedo Editore, 2009, pp. 185-201. Nel corso delle mie ricerche di tesi ho inoltre avuto modo di constatare come l'influenza del nostro sia giunta e abbia condizionato anche l'opera di artisti veneti, tra cui Francesco di Santacroce – nella fattispecie nella sua *Annunciazione* al Museum of Art of Columbia e nel *Paesaggio con pastore e mucche* all'Accademia di Carrara, in S. Reboldi, *Nell'officina dei Santacroce. Derivazioni e combinazioni*, «Studi di storia dell'arte», 27 (2017), pp. 93-120 – e Girolamo Tessari negli affreschi commissionati dalla Confraternita del Redentore di Padova ed eseguiti tra il 1511 e il 1516, in F. Veronese, *L'Oratorio della Confraternita del Redentore presso la Chiesa di Santa Croce*, «Padova e il suo territorio», 53 (1996), pp. 32-36.

41 Si pensi ad esempio alle stampe realizzate da Cornelis Cort che traducono opere di Frans Floris e Tiziano, delle quali si è ampiamente occupato il contributo di E.H. Wouk, *"Con la perfettione et le bellezze che si vede nelle figure...": Cornelis Cort and the Transformation of Engraving in Europe, c. 1565*, in *Myth, Allegory, and Faith. The Kirk Edward Long Collection of Mannerist Prints*, a cura di B. Barryte, Cinisello Balsamo (Mi), Silvana Editoriale, 2015, pp. 229-257 e Id., *"Divine, August and Immortal": The Potentials and Limitations of Colour Printing in the Low Countries, c. 1555*, in *Printing Colour 1400-1700. History, Techniques, Functions and Receptions*, a cura di A. Stijnman, E. Savage, Leiden, Brill, 2015, pp. 151-160.

stampe piccole, diverse Nostre Donne, i dodici Apostoli con Cristo, e molti Santi e Sante, et arme e cimieri et altre cose simili». Il ritmo con cui prosegue il catalogo subisce una brusca accelerata, venendo a elencare un insieme eterogeneo di opere, nell'identificazione delle quali è spesso difficile districarsi: non è dato sapere a quali o quante delle svariate versioni delle Madonne con Bambino si stia riferendo Vasari – se la *Madonna con Bambino e Sant'Anna* (B. 79), la *Madonna sulla luna* (B. 80), la *Madonna sulla luna entro una nicchia* (B. 81), la *Madonna sulla luna con scettro* (B. 82), la *Madonna con Bambino sotto un albero* (B. 83) o la *Madonna con Bambino nel paesaggio* (B. 84) –, né quali «Santi e Sante» potrebbe aver visto – tra questi devono essere compresi alcuni tra il *San Cristoforo* (B. 108, B. 109), il *San Giovanni Battista nel deserto* (B. 110), il *San Girolamo* (B. 113, B. 114), il *San Sebastiano* (B. 115), il *Sant'Antonio eremita* (B. 116), la *Tentazione di Sant'Antonio* (B. 117), il *San Domenico* (B. 118), il *San Gerardo Sagredo* (B. 119), il *San Francesco d'Assisi* (B. 120), la *Maria Maddalena nel deserto* (B. 123), la *Maria Maddalena sulle nubi* (B. 124) e la *Santa Caterina* (B. 125). Rimane destinato alla vaghezza anche il riferimento alle «arme, e cimieri, et altre cose simili» con cui si riconoscono il bulino con la *Testa di guerriero* (B. 160) e le composizioni ornamentali comprese tra le collocazioni B. 161 e B. 171 dell'*Illustrated Bartsch*. Solamente i riferimenti a Gesù e i dodici apostoli (B. 86-99) e alla stampa che ha per protagonista un «villano» appaiono meno sfocati; è infatti con la piccola incisione raffigurante una scenetta di genere, conosciuta come *Il cavadenti* (B. 157), che Vasari decide di terminare la sezione dedicata al nostro leidese. Questo *divertissement*, insieme al *Virgilio sospeso nel cesto* e al *Piramo e Tisbe*, è l'unica stampa di soggetto profano citato nel testo ed è interessante notare come l'opera con cui Vasari decide di concludere la sezione su Luca sia un simile lavoro: si tratta di un foglio che ha catturato l'attenzione dello storiografo per essere «molto bello» e per il suo grado di realismo, ma anche per una curiosità suscitata dal soggetto insolito. Luca è, in definitiva, apprezzato da Vasari per essere un valente incisore di stampe d'invenzione, che si è personalmente dedicato a tutte le fasi della produzione incisoria – un aspetto assolutamente rilevante ai fini di un positivo giudizio critico vasariano – e che ha dimostrato un continuo miglioramento nel corso della sua attività artistica. È infatti anche con l'intento di delineare una ideale progressione interna alla sua produzione che l'aretino propone il catalogo dei bulini hugenszooniani, che, pertanto, non sono elencati secondo un rigido ordine cronologico, ma riuniscono lavori degli anni 1508-1509 insieme a quelli dei tardi anni Venti, vicini a quell'«ordine dell'arte» tanto importante per Vasari.

Giovanni Maria Fara

La *Vita di Marcantonio Bolognese, e d'altri intagliatori di stampe* nell'edizione di Carlo Manolessi

Già le *Vite*, ossia la Giuntina, godevano di un prestigio internazionale – basti pensare alle biografie del Van Mander – quando Carlo Manolessi ne curò nel 1647 una nuova edizione, stampata a Bologna presso gli eredi di Evangelista Dozza. L'editore giustifica l'iniziativa con la «molta dimanda» e il «prezzo eccessivo a cui eran salite le prime stampe», e, concentrando la propria attenzione sui ritratti, che cerca di completare, non prende in alcuna considerazione un'alternativa torrentiniana. «La frase et ortografia è in tutto la stessa del Vasari» – egli assicura i lettori –. «Sonosi bene corretti errori poco men che infiniti, in quella … edizione [*cioè nella Giuntina*] scorsi e particolarmente quello delle pagine, che rendeva l'opera difettosa oltre modo». In realtà gli errori si moltiplicarono e pagine intere furono saltate. Non si apposero note, ma postille marginali («perché possa ciascheduno rinvenire più facilmente le cose notabili»), e gl'indici di tutta l'opera furono riuniti sotto tre rubriche: Ritratti, Luoghi e Cose Notabili.

L'intento meramente commerciale del Manolessi, confermato dall'ambizioso progetto di una continuazione delle stesse *Vite* vasariane e del supposto spaccio della sua unica edizione con frontespizi di data diversa, può comunque testimoniare la larga divulgazione del testo giuntino nella seconda metà del Seicento.[1]

Il giudizio critico recente sull'edizione seicentesca delle *Vite* vasariane, pubblicata a Bologna in tre volumi nel 1647 e curata da Carlo Manolessi (Figg. 1a-b),[2] è certamente ancora legato a quanto sostenuto da Paola Ba-

---

1 P. Barocchi, *Premessa*, in G. Vasari, *Le Vite de' più eccellenti pittori scultori e architettori nelle redazioni del 1550 e 1568*, testo a cura di R. Bettarini, commento secolare a cura di P. Barocchi, Commento, I, Firenze, Sansoni, 1966, pp. xi-xiii.

2 Manca uno studio dedicato all'importante figura di Carlo Manolessi, nato presumibilmente ad Ancona e capostipite di una famiglia di editori e tipografi attivi a Bologna fra XVII e XVIII secolo. Per informazioni più dettagliate sulla sua biografia, rimando alla voce a lui dedicata, compilata da D. Ruggerini, nel *Dizionario Biografico degli Italiani*, vol. 69, Roma, Istituto

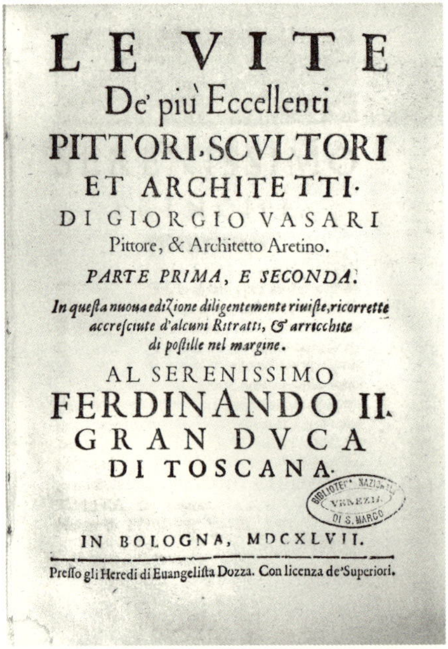
LE VITE
De' più Eccellenti
PITTORI, SCVLTORI
ET ARCHITETTI.
DI GIORGIO VASARI
Pittore, & Architetto Aretino.
PARTE PRIMA, E SECONDA.
In questa nuoua edizione diligentemente riuiste, ricorrette
accresciute d'alcuni Ritratti, & arricchite
di postille nel margine.
AL SERENISSIMO
FERDINANDO II.
GRAN DVCA
DI TOSCANA.
IN BOLOGNA, MDCXLVII.
Presso gli Heredi di Euangelista Dozza. Con licenza de' Superiori.

1a

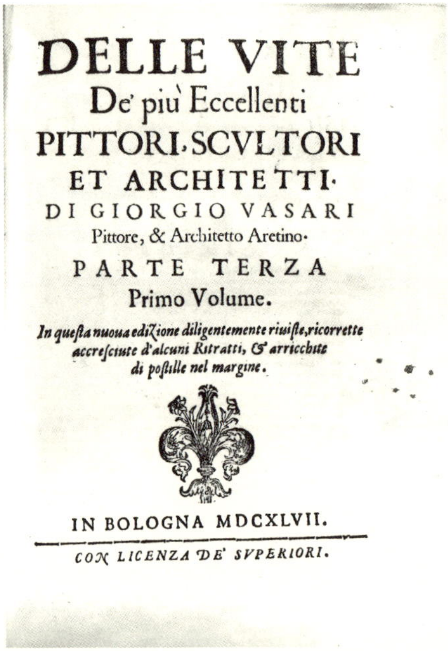
DELLE VITE
De' più Eccellenti
PITTORI, SCVLTORI
ET ARCHITETTI.
DI GIORGIO VASARI
Pittore, & Architetto Aretino.
PARTE TERZA
Primo Volume.
In questa nuoua edizione diligentemente riuiste, ricorrette
accresciute d'alcuni Ritratti, & arricchite
di postille nel margine.
IN BOLOGNA MDCXLVII.
CON LICENZA DE' SVPERIORI.

1b

Fig. 1a. Giorgio Vasari, *Le Vite De' più Eccellenti Pittori, Scultori et Architetti [...]. Parte Prima, e Seconda. In questa nuova edizione diligentemente riviste, ricorrette, accresciute d'alcuni Ritratti, et arricchite di postille nel margine. Al Serenissimo Ferdinando II, Gran Duca di Toscana*, Bologna, eredi di Evangelista Dozza, 1647, frontespizio. Fig. 1b. Giorgio Vasari, *Delle Vite De' più Eccellenti Pittori, Scultori et Architetti [...]. Parte Terza. Primo Volume. In questa nuova edizione diligentemente riviste, ricorrette, accresciute d'alcuni Ritratti, et arricchite di postille nel margine*, Bologna, eredi di Evangelista Dozza, 1647, frontespizio.

rocchi nel brano appena riportato, tratto dalla sua magistrale premessa all'edizione moderna del testo, nelle due redazioni affrontate del 1550 e 1568. In precedenza, l'edizione curata da Manolessi era stata troppo sbrigativamente ricordata da Julius von Schlosser nell'altrettanto magistrale capitolo vasariano della sua monumentale *Letteratura artistica*, come «una ristampa dell'edizione del 1568, del resto piena d'errori»[3]. Un giudizio certamente severo (e incompleto), probabilmente motivato dal desiderio di enfatizzare il grande valore della successiva edizione curata nel 1759-1760 da Giovanni

della Enciclopedia Italiana, 2007, pp. 138-140. Ulteriore bibliografia sarà indicata nel corso del mio contributo.

[3] J. Schlosser Magnino, *La letteratura artistica. Manuale delle fonti della storia dell'arte moderna*. Traduzione di F. Rossi. Terza edizione italiana aggiornata da O. Kurz, Firenze – Wien, La Nuova Italia – Anton Schroll & Co., 1964, p. 334.

Gaetano Bottari – la quale però risulta strettamente legata a quella del Manolessi, da cui riprende precisamente idea e testo delle postille marginali (ma non tutte, vedi *infra*) e la presenza di nuovi e dettagliati indici esplicativi, un fatto importante sebbene fino ad ora non debitamente sottolineato dalla critica.[4] L'edizione bolognese non era comunque passata sotto silenzio nei più importanti studi bibliografici fra XVIII e XIX secolo. Basti qui citare la menzione che ne fa l'abate Angelo Comolli nella sua fondamentale *Bibliografia storico-critica dell'architettura civile ed arti subalterne*, riconoscendo prontamente nelle nuove tavole degli indici «più utili, e più comode, [...] il miglior pregio di questa edizione»,[5] e la puntuale descrizione dell'edizione del 1647, e delle successive ristampe (1648, 1663 limitatamente ai soli voll. II e III, e 1681) che, al di là delle Alpi, ne fa Johann Dominicus Fiorillo nel primo volume dei suoi scritti sulle fonti e le edizioni del Vasari.[6] Va inoltre sottolineato come, nel periodo che intercorre fra la sua prima pubblicazione e quella dell'edizione preparata da Bottari più di un secolo dopo, il testo vasariano curato da Manolessi fu largamente letto e diffuso, non solo nella città di Bologna – mi limito a citare due testi fondamentali come la *Felsina pittrice* di Carlo Cesare Malvasia (1678)[7] e l'*Abcedario pittorico* del padre car-

---

[4] G. VASARI, *Vite de' più eccellenti pittori scultori e architetti scritte [...] corrette da molti errori e illustrate con note*, a cura di G.G. Bottari, 3 voll., Roma, Niccolò e Marco Pagliarini, 1759-1760 (sulla specifica *Vita di Marcantonio Bolognese, e d'altri intagliatori di stampe*, rimando al contributo di Francesca Toso in questo volume, anche per una bibliografia esaustiva su Bottari e la sua edizione vasariana). Da sottolineare il fatto che Bottari ha integralmente assorbito l'architettura e il testo delle postille introdotte da Manolessi, delle quali evidentemente comprendeva l'utilità, nonostante nella prefazione alla sua edizione avesse osservato che si trattava di un «gran numero di postille [in margine], che solamente accennavano quello, che quivi a dirimpetto trattava il *Vasari*». Per rendere immediatamente evidente il debito, nelle note di commento all'edizione delle postille di Manolessi relative alle stampe, in questa sede per la prima volta integralmente pubblicate, ho indicato in dettaglio le puntuali riprese di Bottari, e le sue limitatissime (ma in alcuni casi significative) variazioni.

[5] A. COMOLLI, *Bibliografia storico-critica dell'architettura civile ed arti subalterne. Vol. II*, Roma, Stamperia Vaticana, 1788, p. 15.

[6] J.D. FIORILLO, *Kleine Schriften artistichen Inhalts. Erster Band*, Göttingen, Heinrich Dieterich, 1803, pp. 118-122 (siamo nel capitolo III, dal titolo *Literarische-kritische Untersuchungen über die verschiedenen Ausgaben der Vasari*). In genere, su Fiorillo studioso di Vasari, si consulti: C.A. ISERMEYER, *Le traduzioni tedesche delle* Vite, in *Il Vasari storiografo e artista. Atti del Congresso Internazionale nel IV centenario della morte* (Arezzo-Firenze, 2-8 settembre 1974), Firenze, Istituto Nazionale di Studi sul Rinascimento, 1976, pp. 805-813: 807; C. GINZBURG, *Battling over Vasari: A Tale of Three Countries*, in *The Art Historian. National Traditions and Institutional Practices*, edited by M.F. Zimmermann, Williamstown, Sterling and Francis Clark Art Institute, 2003, pp. 41-56: 41-43; L. CARLETTI, *Vasari in prospettiva: le* Vite *come modello della* Geschichte der zeichnenden Künste *di Johann Dominicus Fiorillo*, in *La réception des "Vite" de Giorgio Vasari dans l'Europe des XVIe-XVIIIe siècles*, études réunies et présentées par C. Lucas Fiorato et P. Dubus, Gèneve, Droz, 2017, pp. 389-407.

[7] Come ha finemente osservato Elizabeth Cropper: «In Bologna, Carlo Manolessi's republication in 1647 of the 1568 edition of Vasari's *Lives*, with a dedication to Cardinal Leopoldo

melitano Pellegrino Antonio Orlandi (1702)[8] – ma anche nel resto d'Italia e d'Europa, in una prospettiva geograficamente e culturalmente assai ampia, che ne sancisce la grande fortuna (da cui discende, evidentemente, la richiesta delle ristampe pubblicate durante tutto il Seicento).[9]

---

de' Medici, brought special urgency to the need for a response to the Vasarian paradigm. It is Manolessi's edition that Malvasia always cites when referring to Vasari in the *Felsina pittrice*, and from which he borrowed the woodcut portraits. He also followed Manolessi's example of organizing the text into volumes of more or less equal length, with indices at the end, though specifically rejecting Manolessi's use of marginal citations» (E. Cropper, *A Plea for the* Felsina Pittrice, in C.C. Malvasia, Felsina pittrice. *Lives of the Bolognese Painters. A Critical Edition and Annotated Translation. Volume One: Early Bolognese Painting*. Introduction and Translation by E. Cropper. Critical Edition by L. Pericolo, with a bibliographical Essay by C.A. Girotto. Historical Notes by E. Cropper, L. Pericolo, G. Periti, and J.N. Richardson, assisted by A. Hoare, Washington – Turnhout, Center for Advanced Study in the Visual Arts, National Gallery of Art, Washington – Harvey Miller Brepols Publishers, 2012, p. 4; vedi anche, della stessa studiosa: E. Cropper, *Storia e tradizione nella* Felsina pittrice *di Carlo Cesare Malvasia*, in *Crocevia e capitale della migrazione artistica: forestieri a Bologna e bolognesi nel mondo (secolo XVII)*, a cura di S. Frommel, Bologna, Bononia University Press, 2012, pp. 65-72; Ead., *Malvasia's Anti-Vasarian History of Art: A Tradition, not a Rebirth*, in *Gifts in Return: Essays in Honour of Charles Dempsey*, edited by M. Schlitt, Toronto, Center for Reformation and Renaissance Studies, 2012, pp. 415-443 (molto importanti le pp. 421-422, dove si sottolinea come «Malvasia simply reprints large sections of text by his Tuscan adversary from the Manolessi edition»). Sullo specifico riuso, da parte di Malvasia, della *Vita di Marcantonio bolognese, e d'altri intagliatori di stampe* nella riproposizione tipografica di Manolessi, mi permetto di rimandare a un mio recente intervento: G.M. Fara, *Albrecht Dürer (e Marcantonio Raimondi) nella* Felsina pittrice *di Carlo Cesare Malvasia: biografia, autografia e collezionismo*, «Storia della critica d'arte. Annuario della S.I.S.C.A.», 2020, pp. 25-37. Nei suoi caratteri generali, il debito di Malvasia nei confronti dell'edizione Manolessi, è stato studiato anche da: S. Prosperi Valenti Rodinò, *Resta e Malvasia: un dimenticato episodio della polemica antivasariana nel Seicento*, in *Dilettanti del disegno nell'Italia del Seicento. Padre Resta tra Malvasia e Magnavacca*, a cura di S. Prosperi Valenti Rodinò, Roma, Campisano, 2013, pp. 11-43: 11-12; B. Agosti, *I Vasari di padre Resta*, in *Le postille di padre Sebastiano Resta ai due esemplari delle* Vite *di Giorgio Vasari nella Biblioteca Apostolica Vaticana*, a cura di B. Agosti e S. Prosperi Valenti Rodinò, trascrizione e commento di M.R. Pizzoni, Città del Vaticano, Biblioteca Apostolica Vaticana, pp. 35-51: 35.

[8] All'interno dell'*Abcedario pittorico*, i rimandi al Vasari, sui quali si consulti anche quanto in questa sede sostenuto alla nota 23, sono tutti tratti dall'edizione Manolessi, che viene anche esplicitamente ricordata nella *Tavola II: in cui sono descritti i Libri, che trattano de' Pittori, de' Scultori, e della Pittura, con l'anno, e paese, dove stampati*: «Vasari. Le Vite dei Pittori, e de' Scultori co' ritratti, descritte in tre tomi da Giorgio Vasari Pittore Aretino. *Firenze* 1568. *Bologna* 1647. 4.» (P.A. Orlandi, *Abcedario pittorico*, Bologna, Costantino Pisarri, 1704, p. 399). In generale, sul padre Orlandi si consulti la recente ed eccellente voce di G. Perini Folesani nel *Dizionario Biografico degli Italiani*, vol. 79, Roma, Istituto dell'Enciclopedia Italiana, 2013, pp. 518-521.

[9] Sulla fortuna al di fuori d'Italia ed entro il 1760 dell'edizione vasariana curata da Manolessi, mi limito a ricapitolare alcuni momenti significativi, senza però nessuna intenzione di completezza. Per quanto concerne i paesi di lingua inglese, in questo volume si veda il contributo di P. Croset, che dimostra l'uso puntuale dell'edizione vasariana curata da Manolessi da parte di John Evelyn. In Francia, come è stato di recente evidenziato, tra il diciassettesimo e il diciottesimo secolo si assisté a «un'attenta rilettura delle *Vite de' più eccellenti pittori, scultori e architettori italiani*, probabilmente spinta dalla riedizione bolognese a cura di Carlo Manolessi»

Pubblicato nella Bologna di metà Seicento, il Vasari curato dal Manolessi viene da questi dedicato al Granduca Ferdinando II di Toscana, al quale dedica esattamente dieci anni più tardi anche i due volumi delle *Opere di Galileo Galilei*, pubblicati sempre a Bologna dagli eredi di Evangelista Dozza nel 1656 – nella seconda dedica gli viene quindi naturale fare esplicito riferimento ai favori a suo tempo ricevuti dal Granduca mediceo allorché gli portò «reverentissimo al piede le Vite de' Pittori del Vasari per me resuscitate».[10] Ma è nella dedica ai lettori che Manolessi precisa il senso della sua operazione, sottolineando gli elementi di continuità col Vasari giuntino – l'ortografia e i caratteri tipografici, la presenza dei ritratti degli artisti in principio delle biografie (con l'aggiunta di quelli mancanti), infine la divisione del testo in tre volumi in quarto – ma soprattutto evidenziando le differenze maggiori – ovvero la presenza delle postille marginali «perché possa ciascheduno rinvenire più facilmente le cose notabili», e la grande cura riservata agli indici, in particolare attraverso una nuova *Tavola delle cose più notabili*, per la cui compilazione è stato necessario una quantità di «studio e diligenza» che «non è imaginabile, se non da chi l'ha eseguita, poscia che oltre all'averci posto tutto ciò che si è stimato utile, e profittevo-

(G. Lo Nostro, *Da Vasari a Roger de Piles. Il paradigma vasariano nella storiografia artistica francese tra il XVII e il XVIII secolo*, in *Vasari als Paradigma*, cit., p. 270). In tal senso, specificamente per i temi di grafica rimando al contributo di É. Passignat in questo volume; inoltre, vale la pena di ricordare come Florent Le Comte, nel *Cabinet des singularitez d'architecture, peinture, sculpture et gravure*, pubblicato per la prima volta a Parigi tra il 1699 e il 1700, in una digressione dedicata ai «livres de figures» contenuta nel terzo volume, menzioni esplicitamente: «George Vasari, pour l'histoire des Peintres, langue Etrangère, en 3 Volumes, imprimé a Bologne en 1647. Contenant plus de cent portrait en bois» (ringrazio per la segnalazione la mia laureanda Lisa Battagliotti, che sta preparando la sua tesi magistrale sul testo). Per quanto riguarda gli scrittori di lingua tedesca, è stato dimostrato come Joachim von Sandrart leggesse Vasari dall'edizione giuntina del 1568 (L. Simonato, *Dalle* Vite *di Vasari all'*Academie *di Sandrart: fonti e modelli per i ritratti della* Teutsche Academie, in *Le Vite del Vasari. Genesi, topoi, ricezione. Die Vite Vasaris. Entstehung, Topoi, Rezeption*, a cura di K. Burzer, C. Davis, S. Feser, A. Nova, Venezia, Marsilio, 2010, pp. 271-292: 271); mi domando però se la presenza di postille marginali stampate nelle pagine di Sandrart non possa rappresentare una spia della sua conoscenza anche dell'edizione bolognese curata da Manolessi, dato che in entrambi i testi la loro funzione primaria è quella di ricapitolare il contenuto, facilitando il lettore nel rinvenimento di utili informazioni.

10 *Opere di Galilei Galilei Linceo Nobile Fiorentino. Già Lettore delle Matematiche nelle Università di Pisa, e di Padova, di poi Sopraordinario nello Studio di Pisa. Primario Filosofo, e Matematico del Serenissimo Gran Duca di Toscana. In questa nuova editione insieme raccolte, e di varii Trattati dell'istesso Autore non più Stampati accresciute. Al Serenissimo Ferdinando II Gran Duca di Toscana*, 2 voll., Bologna per gli Heredi del Dozza, 1656, 1, c.n.n. e segnata, ma $[\pi]_2$*r*. Nell'edizione del Vasari, la dedica di Manolessi al Granduca Ferdinando II, datata 21 marzo 1647, è nelle carte introduttive del Volume I della I-II parte, c. n.n. e segnata, ma $[\pi]_3$*r-v*. Riproposta nella ristampa del 1648, la dedica viene sostituita, nell'ultima stampa del 1681, da quella indirizzata da Emilio Maria Manolessi, figlio di Carlo, al patrizio veneto Cristiano Martinelli, datata 7 gennaio 1681 (Vol. 1, I-II parte, c. n.n. e segnata, ma $[\pi]_2$*r-v*).

le all'insegnamento della Scultura, Pittura e Architettura, si è epilogata al proprio luogo la vita di ciascuno Artefice, fattavi nota dell'opere loro più riguardevoli, con lo stesso ordine d'Alfabetto, né mi è stato grave replicar le stesse cose sotto diverse lettere per riuscire più ispedito, e più commodo al disiderio di chi ricerca».[11] Inoltre, nella parte conclusiva della medesima dedica Manolessi rende noto che:

a mia istanza un Virtuosissimo, e qualificatissimo Suggetto m'onora di continuare queste Vite dall'anno 1567 in cui termina il Vasari fino a i tempi presenti, per istamparle a suo tempo con lo stesso adornamento de' Ritratti di tutti que' Maestri, che per l'eccellenza de' lor pennelli si son resi degni d'affaticar la penna di questo letterato: i quali Ritratti vado radunando dovunque io posso, e facendo in tanto di quando in quando intagliarli con la diligenza d'un accuratissimo Artefice gli serbo per la edizione di questo nuovo Volume, per cui non mi riuscirà se non gratissima ogni spesa, fatica, e disturbo, che mi possa apportare la difficoltà dell'Intrapresa. Ed ho per necessario il fare nel libro esattissima menzione di tutte l'opere, che da quel tempo fin'hora hanno adornato i Musei, e Gallerie de' Principi, e Signori, ma spezialmente, seguendo l'ordine del Vasari, quella del Serenissimo Gran Duca di Toscana, la magnanimità de' cui Antenati, e propria non ha già mai perdonato a spese eccessive per rendersi adorna di sì rare fatiche, e per pubblicare al Secolo, che la Serenissima Casa de Medici giustamente gode il famoso titolo di Vero Mecenate di queste nobilissime professioni. Resta solo, cortesi lettori, per conclusione di questi miei avvertimenti, ch'io prieghi ciascuno, che di gentilezza si professa arredato, e che professi affetto, od inclinazione a quest'Arti, a restar servito di tramandarmi quelle notizie che possono aversi delle Vite, Ritratti et Opere de' Pittori, Scultori et Architetti dal sudetto anno fin'ora, sì per rendersi col commun beneficio benemeriti della Virtuosa Republica, come per onorar me stesso, che di ciò con ogni istanza, e caldezza ne supplico qual si voglia suggetto, assicurandosi, che oltre alla obligatione, che resterò tenuto a conservargline eterna, non mancherò di fare onorata menzione ovunque occorra di chiunque di tali notizie m'averà favorito.[12]

Una continuazione imponente, e diversificata, del testo vasariano, che non venne portata a termine, ma della quale conserviamo una precisa eco nell'edizione postuma delle *Vite de' pittori, scoltori et architetti genovesi* di Raffaele Soprani, in cui il senatore della Repubblica genovese Giovanni Niccolò Cavanna ricorda come lo stesso Soprani, attraverso il tramite di Antonio Casella, fosse stato richiesto proprio dal Manolessi d'informazioni sui

---

[11] *Le Vite De' più Eccellenti Pittori, Scultori et Architetti di Giorgio Vasari Pittore, et Architetto Aretino. Parte Prima, e Seconda. In questa nuova edizione diligentemente riviste, ricorrette, accresciute d'alcuni Ritratti, et arricchite di postille nel margine. Al Serenissimo Ferdinando II, Gran Duca di Toscana*, 3 voll., Bologna, eredi di Evangelista Dozza, 1647, 1, c. s.n. segnata ††*v*.

[12] *Ivi*, cc. s.n. segnate ††*v*-†††*r*.

pittori genovesi fioriti dopo il Vasari «delli quali come d'altri Italiani Pittori intendeva il Manolezzi comporne le vite».[13]

Non sappiamo con certezza chi fosse il letterato coinvolto dal Manolessi in questo imponente progetto: a suo tempo Adriana Arfelli ha avanzato l'ipotesi che potesse trattarsi di Giovan Pietro Bellori, autore dell'ode *Sopra l'ara dell'Eternità* in lode di Ferdinando II posta dal Manolessi immediatamente dopo la sua dedica al Granduca mediceo, un'ipotesi che ha conosciuto un largo seguito, ed è stata recentemente con forza riproposta.[14] Giovanna Perini ha invece avanzato il nome del fiorentino Leonardo Dati, che proprio nel 1646, a Firenze, aveva in cantiere un aggiornamento delle *Vite* vasariane;[15] un'ipotesi seguita da Donatella Livia Sparti con argomen-

---

[13] R. Soprani, *Le vite de' pittori scoltori et architetti genovesi. E de' forastieri, che in Genova operarono con alcuni ritratti de gli stessi*, Genova, Giuseppe Bottaro e Giovanni Battista Tiboldi compagni, 1674, pp. 338-339. Negli studi moderni, si vedano le puntuali analisi condotte al riguardo da: A. Arfelli, *Introduzione*, in C.C. Malvasia, *Vite di Pittori Bolognesi (Appunti inediti)*, a cura di A. Arfelli, Bologna, Commissione per i testi di lingua, 1961, p. xviii; L. Tosin, *Rivalità, spionaggio e competizione tra due bibliografi secenteschi*, «La Bibliofilía», 114, 2012, n. 3, pp. 353-370: 354-355.

[14] A. Arfelli, *Introduzione*, in Malvasia, *Vite di Pittori Bolognesi*, cit., p. xvi; G. Previtali, *Introduzione*, in G.P. Bellori, *Le vite de' pittori scultori e architetti moderni*, a cura di E. Borea, Torino, Einaudi, 1976, p. xli; E.L. Goldberg, *After Vasari. History, Art, and Patronage in Late Medici Florence*, Princeton, Princeton University Press, 1988, p. 10; E. Borea, *Bellori 1645. Una lettera a Francesco Albani e la biografia di Caravaggio*, «Prospettiva», 2000, n. 100, pp. 57-69: 61; E. Cropper, *"La più bella antichità che sappiate desiderare": History and Style in Giovan Pietro Bellori's "Lives"*, in *Kunst und Kunsttheorie 1400-1900*, hrsg. von P. Ganz, M. Gosebruch, N. Meier, M. Warnke, Wiesbaden, Harrosowitz, 1991, pp. 145-173: 159; C. Pace – J. Bell, *The Allegorical Engravings in Bellori's* Lives, in *Art History in the Age of Bellori. Scholarship and Cultural Politics in Seventeenth-Century Rom*, edited by J. Bell, T. Willette, Cambridge, Cambridge University Press, 2002, pp. 193-194; T. Montanari, *Introduction*, in G.P. Bellori, *The Lives of the Modern Painters, Sculptors and Architects*. A New Translation and Critical Edition, Translated by A. Sedgwick Wohl, Notes by H. Wohl, Cambridge, Cambridge University Press, 2005, p. 15; Id., *Bellori, trent'anni dopo*, in G.P. Bellori, *Le vite de' pittori scultori e architetti moderni*, a cura di E. Borea, Introduzione di G. Previtali. Postfazione di T. Montanari, 2 voll., Torino, Einaudi, 2009, 2, pp. 687-688; I. Cotensin, *Les* Vite *de Giovanni Pietro Bellori (1672) entre valorisation et dispersion du patrimoine vasarien*, in *La réception des "Vite" de Giorgio Vasari*, cit., p. 144; I. Franconi, *Die* Notizie de' Professori del disegno *von Filippo Baldinucci. Verwissenschaftlichung kunsthistorischen Wissens im 17. Jahrhundert*, Berlin/Boston, De Gruyter, 2020, p. 31.

[15] G. Perini, *Carlo Cesare Malvasia's Florentine Letters: Insight into Conflicting Trends in Seventeenth-Century Italian Art Historiography*, «The Art Bulletin», 70, 1988, n. 2, pp. 273-299: 278; Ead., *"L'uom più grande in pittura che abbia avuto Bologna": l'alterna fortuna critica e figurativa di Ludovico Carracci*, in *Ludovico Carracci*, catalogo della mostra a cura di A. Emiliani, Bologna, Nuova Alfa Editoriale, 1993, pp. 269-334: 274. Molti studiosi hanno discusso l'intenzione di Dati. Da ultimo si veda, anche per i riferimenti alla letteratura precedente: E. Struhal, *Filippo Baldinucci's* Novità*: the* Notizie de' Professori del Disegno *and Giorgio Vasari's* Vite, in *Vasari als Paradigma. Rezeption, Kritik, Perspektiven / The Paradigm of Vasari. Reception, Criticism, Perspectives*, hrsg. von / ed. by F. Jonietz, A. Nova, atti del Convegno Internazionale di Studi (Firenze, Kunsthistorisches Institut, 14-16 febbraio 2014), Venezia, Marsilio, 2016, pp. 193-203: 193; C. Paltrinieri, *Filippo Baldinucci Scultore? A New Light on His Fifty Years in the Accademia del*

tazioni che escludono, a mio giudizio in maniera assai convincente, la possibilità che si possa identificare in Bellori il misterioso letterato coinvolto dal Manolessi nel progetto di continuazione delle *Vite*.[16]

La *Vita di Marcantonio Bolognese, e d'altri intagliatori di stampe*: le sue postille, il suo indice

Come ci fa intendere, neppure troppo velatamente, lo stesso Manolessi nei brani della dedica ai lettori che abbiamo appena riportato, occorre leggere le postille marginali non soltanto in rapporto al testo vasariano che le affianca, ma in relazione anche al nuovo indice delle cose notevoli, dove, si può dire, si deposita il commento stesso al compendio del testo vasariano contenuto nelle postille. Un'ulteriore distillazione di senso che ci dà una sezione sottile della ricezione delle notizie vasariane nell'Italia di metà Seicento.

Disegno, in *Per Filippo Baldinucci. Storiografia e collezionismo a Firenze nel secondo Seicento*, a cura di E. Fumagalli, M. Rossi, E. Struhal, Firenze, Mandragora, 2020, pp. 21-34: 28-30.

16 D.L. Sparti, *La formazione di Giovan Pietro Bellori. La nascita delle* Vite *e il loro scopo*, «Studi di Storia dell'Arte», 13, 2002, pp. 177-248: 181-187; trovo quindi del tutto ragionevole la recente osservazione di Valeska von Rosen: «Welche Aufgabe Bellori bei der Druckvorbereitung hatte, ist unbekannt, definitiv stellte er aber Vasaris Lebensbeschreibungen sein Gedicht mit dem Titel *Sopra l'Ara dell'Eternità* voran» (V. von Rosen, *Zwischen Normativität und Deskriptivität, oder: Wie sich 'Geschichte' nach Vasari Schreiben lässt. Bellori in den 1640erJahren*, in *Vasari als Paradigma*, cit., nota 49 a p. 178, nello stesso saggio, vedi anche le pp. 165-166; cfr. inoltre E. Oy-Marra, *Zur Einführung: Die Viten des Giovan Pietro Bellori*, in G. P. Bellori, *L'Idea del pittore, dello scultore e dell'architetto. Die Idee des Malers, des Bildhauers und des Architekten*. Neu übersetzt von A. Brug und I. Schmiedel unter Mitarbeit von U. Tarnow. Herausgegeben, eingeleitet, kommentiert und mit einem Essay versehen von E. Oy-Marra. Kommentar unter Mitarbeit von S. Leps, Göttingen, Wallstein Verlag, 2018, pp. 16-17). A mio giudizio, molte delle pertinenti argomentazioni usate dalla Sparti per negare che Bellori possa essere il «Virtuosissimo, e qualificatissimo Suggetto» coinvolto da Manolessi nella prosecuzione del Vasari, ad esempio quelle relative alla mancanza di qualsiasi ulteriore notizia chiarificatrice su un rapporto fra i due, possono essere ugualmente richiamate per escludere il coinvolgimento di Dati, a quel che sappiamo mai menzionato da Manolessi, neppure in maniera indiretta. Da quel poco che possiamo desumere dal brano di Manolessi, è lui che ha commissionato il lavoro (lo dice chiaramente: «a mia istanza»), per il quale, come ricorda Cavanna nelle *Vite* del Soprani pubblicate postume, continuò a intessere rapporti e chiedere informazioni in giro per l'Italia, riservandosi quindi, come era solito fare nella sua veste di curatore colto e informato, un incarico di costante supervisione che farebbe pensare alla collaborazione di un letterato a lui immediatamente vicino, che sarebbe forse meglio cercare d'identificare, in prima ipotesi, con un bolognese. Una ricerca che getterebbe una nuova e decisiva luce sulla genesi dell'edizione vasariana, dato che ancora oggi possiamo convenire con quanto osservato più di vent'anni fa da Anne Summerscale: «Little is known about the background of Manolessi's edition of Vasari and what led to its being published in Bologna» (A. Summerscale, *Malvasia's Life of the Carracci. Commentary and Translation*, University Park (Pennsylvania), The Pennsylvania State University Press, 2000, p. 14, nota 41).

Cerchiamo di rendere evidente con alcuni esempi il senso dell'operazione compiuta da Manolessi. Se proviamo a riunire, una di seguito all'altra in un testo continuo, tutte le postille marginali della *Vita di Marcantonio Bolognese, e d'altri intagliatori di stampe* (Fig. 2), otterremo un testo così composto:

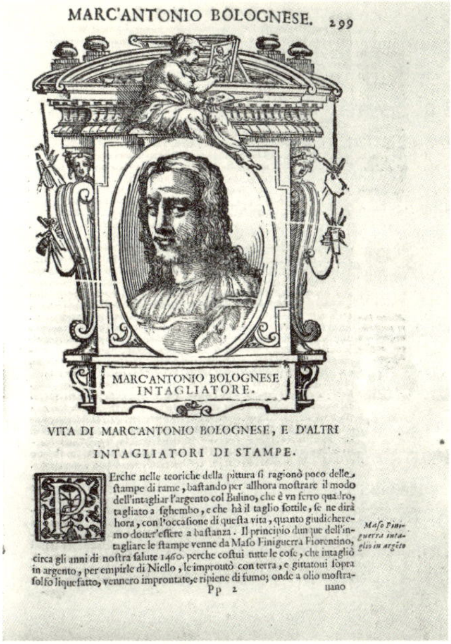
MARC'ANTONIO BOLOGNESE. 299

MARC'ANTONIO BOLOGNESE INTAGLIATORE.

VITA DI MARC'ANTONIO BOLOGNESE, E D'ALTRI INTAGLIATORI DI STAMPE.

PErche nelle teoriche della pittura si ragionò poco delle stampe di rame, bastando per allhora mostrare il modo dell'intagliar l'argento col Bulino, che è vn ferro quadro, tagliato a sghembo, e che hà il taglio sottile, se ne dirà hora, con l'occasione di questa vita, quanto giudicheremo douer'essere a bastanza. Il principio dunque dell'intagliare le stampe venne da Maso Finiguerra Fiorentino, circa gli anni di nostra salute 1460. perche costui tutte le cose, che intagliò in argento, per empirle di Niello, le improntò con terra, e gittatoui sopra solfo liquefatto, vennero improntate, e ripiene di fumo; onde a olio mostrauano

Maso Finiguerra intagliò in argẽto

Pp 2

Fig. 2. Giorgio Vasari, *Delle Vite De' più Eccellenti Pittori, Scultori et Architetti [...]. Parte Terza. Primo Volume. In questa nuova edizione diligentemente riviste, ricorrette, accresciute d'alcuni Ritratti, et arricchite di postille nel margine*, Bologna, eredi di Evangelista Dozza, 1647, p. 299.

Maso Finiguerra intagliò in argento. Baldini Orefice seguì con disegni di Botticello. Andrea Mantegna in Roma cominciò ad intagliare molte sue opere. Martino d'Anversa stampò successivamente. Alberto Duro perfettionò quest'arte con miglior disegno. Descrittione di molte eccellenti opere d'Alberto. Quattro pezzi della Passione fatti da Alberto. Vita della B.V. in 20 pezzi bellissima. Apocalisse figurata dal Duro in fantasia vaga, e terribile. Cominciò a tagliare in rame con maraviglia di tutti i Virtuosi. Marc'Antonio discepolo del Francia e de' migliori, detto anch'esso de' Franci. Andò a Venezia, e si pose a contrafare del Duro, che si venderono per originali. Alberto segnato da ciò venne a Venezia per vietare il fatto del suo contrasegno. Luca d'Olanda hebbe meno disegno, ma fu più diligente del Duro. Opere di Luca d'Olanda lodate. Concorrenza tra Luca et Alberto, causa che operavano divinamente, superando però Alberto. Diligenza usata nella figura d'un S. Girolamo. Alberto attese all'architettura, prospettiva, e pittura. Crocifissione, Ecce Homo, e Conversione di S. Paolo di Luca a bulino maravigliose. Alberto con giudicio men curava cose distanti, perché per natura si perdono. M[arco]. Antonio in Roma lavorò in rame la Lucretia di Rafaelle. Giudicio di Paride intagliato, causa stupore in tutta Roma. Acquistò gran fama, et utile. Opere, che stampò col Baviera, e suoi disegni. Stampe secondo i cartoni de gli arazzi di Rafaelle, che riuscirono bellissime. Ritratti di Prencipi, e Letterati. Altri artefici eccellenti, che attesero ad intagliare stampe. Marco, et Agostino condussero in stampa quasi tutte l'opere di Rafaelle, et alcune di Giulio Romano. Agostino tagliò una notomia per lo Bandinelli. Giulio Romano, vivendo Rafaelle non volle mai, che s'intagliasse cosa di suo per rispetto, che gli portava. Bandinello, che tassava ingiustamente Marc'Antonio, è convinto d'errore col suo disegno. Nel sacco di Roma Marco Antonio divenne quasi mendico. Agostino lavorò per Andrea del Sarto in Fiorenza. Carte così impresse, che paiono dipinte a chiaro scuro, inventate da Ugo da Carpi. Altre carte con tre segni impresse. Pittura fatta da Ugo con le dita, tassata dal Buonaroti. Il medesimo lavoro di chiaro scuro, praticato da Baldassarre da Siena. Parmigiano imparò, e fece così condurre i suoi disegni. Stampe più facili ad acqua forte, e modo di farle. Altri, che hanno stampato bellissime cose ad acqua forte. Opere date alla stampa col disegno del Rosso, incise dal Caraglio Veronese. Opere del Parmigiano di e [*sic*] Tiziano in rame. Caraglio si diede a intagliare gemme appresso il Re di Polonia. Gio. Battista Mantovano intagliò assai bene. Enea Vico intagliatore in rame di figure, ritratti, e medaglie. Huomini, e Prencipi fatti incidere ad uso di medaglie dal Doni. Enea intagliatore tassato nelle medaglie per la varietà dell'opinioni. Cinquanta habiti di diverse nationi intagliati da Enea. Altri stampatori se ben non tanto eccellenti, molto sotili però. Opere di Giorgio Mantovano molto utili. Serlio stampò bell'opere d'Architettura, e lo stesso fece Antonio Labbaco. Vignola autore d'un'opera utile d'Architettura. Varie stampe uscite in diversi luoghi di disegni d'eccellenti Pittori. Renato intagliatore condusse in Parigi l'opre del Rosso. Opere del Primaticci condotte da Luca Penni in stampe. Marcolino da Forlì fece il giardino de' pensieri bellissimo. Giolito pose bellissime stampe ne' suoi libri. Vessallio fece incidere la notomia da Calcare. Coch Fiamingo delineò, et incise molte cose di Martino. Serie dell'opere tagliate dal Coch. Trionfi della pacienza bellissimi. Eccellenza della mano del Coch. Carte d'intaglio di bizzarissime inventioni. Altri Fiaminghi c'hanno imitato Alberto Duro. Opere bizzarre, e vaghe d'inventione. Disegni del Flori condotti in stampe dal Coch. Christofaro Coriolano ha intagliato in legno i ritratti del presente libro, et altre cose degne di memoria.

Dei sessantasei fra incisori, artisti, autori e stampatori esplicitamente menzionati nell'esteso «contenitore biografico»[17] costituito dalla composita *Vita di Marcantonio Bolognese, e d'altri intagliatori di stampe*, ben quarantadue li troviamo ricordati nelle postille marginali apposte da Manolessi: né più, né meno un assai dettagliato compendio della vita vasariana.[18] Fra questi, è da sottolineare come il cognome di Coriolano viene aggiunto da Manolessi, che identifica in tal modo per la prima volta colui che ha in-

---

17 P. Barocchi, *L'antibiografia del secondo Vasari*, in *Giorgio Vasari tra decorazione ambientale e storiografia artistica*, atti del Convegno di Studi (Arezzo, 8-10 ottobre 1981) a cura di G. C. Garfagnini, Firenze, Olschki, 1985, p. 7.

18 In questo senso, il valore delle postille marginali del Manolessi è stato giustamente di recente sottolineato: «L'édition Manolessi de la Giuntina, publiée à Bologne en 1647, joua un rôle important dans la relance de la diffusion des *Vite* en Italie et hors de la Péninsule [...]. Cette première réédition [...] est enrichie de portraits et surtout de notices en marge des pages, ayant sans doute contribué à orienter certaines lectures durant toute la seconde moitié du XVIIe siècle» (C. Lucas Fiorato – P. Dubus, *Introduction. L'héritage de Giorgio Vasari*, in *La réception des "Vite" de Giorgio Vasari*, cit., p. 18). In precedenza, chi scrive aveva pubblicato le postille marginali (e la voce nell'indice) relative a Dürer nel suo G.M. Fara, *Albrecht Dürer nelle fonti italiane antiche: 1508-1686*, Firenze, Olschki, 2014, pp. 362-364.

tagliato i ritratti degli artisti nell'edizione giuntina – Vasari aveva infatti semplicemente indicato il nome «Maestro Christofano», lasciando accanto uno spazio vuoto; un fatto esplicitamente sottolineato nel commento di Ernst Förster all'edizione tedesca delle *Vite* di metà Ottocento, ripreso pochi anni dopo da Gaetano Milanesi.[19] Un'operazione ponderata, assai diversa da quella più diffusa rappresentata dall'apposizione di postille manoscritte, apposte velocemente al margine del proprio volume delle *Vite*,[20] ma certamente non nuova fra i lettori seicenteschi del Vasari, come possiamo vedere, ad esempio, negli estesi compendi che delle *Vite* del Vasari compie Gaspare Celio a partire dal 1614, integrandoli ed emendandoli fino alla morte nel 1640.[21] Molto utile il confronto con lo specifico compendio della *Vita di Marcantonio*, che qui di seguito riporto:

Delli intagliatori di stampe, in stagno in argento, in acciaro, in rame. Il primo fu Andrea Mantegna mantovano, poi Martino di Anversa, che fece nelle sue stampe il segno M.C., dopo fu Alberto Durero d'Anversa, che fece il segno A.D., fu grande inventore et ecc.mo intagliatore, et anco in legno. Vistosi le opere di Alberto in Venezia si pose a tale facultà Marcoantonio Trani bolognese, et ne divenne

---

19 *Leben des ausgezeichnetsten Maler, Bildhauer und Baumeister von Cimabue bis zum Jahre 1567, beschreiben von Giorgio Vasari, Maler und Baumeister. Aus dem Italienischen. Mit einer Bearbeitung sämmtlicher Anmerkungen der frühren Herausgeber, so wie mit eigen Berichtigungen und Nachweisungen begleitet von Ernst Förster*, vol. III, Stuttgart und Thübingen, J. G. Cotta Buchhandlung, 1845, p. 353, nota 106; *Le Vite de' più eccellenti pittori, scultori e architetti di Giorgio Vasari pubblicate per cura di una Società di Amatori delle Arti belle. Vol. IX*, Firenze, Le Monnier, 1853, p. 298, nota 1. Per il dibattito critico moderno sull'autore dei ritratti incisi da Vasari, che ha coinvolto anche Christopher Chrieger e Cristofano dell'Altissimo, si consulti: W. Prinz, *Vasaris Sammlung von Künstlerbildnissen*, «Mitteilungen des kunsthistorischen Institutes in Florenz», Beiheft zu Band XVI, 1966, pp. 9-10; S. Gregory, *Vasari and the Renaissance Print*, Farnham, Ashgate, 2012, pp. 86-88. Su Cristoforo Coriolano, secondo la tradizione uno xilografo originario di Norimberga che si chiamava Lederer, e avrebbe cambiato il nome una volta trasferitosi in Italia nella seconda metà del secolo XVI, si consulti la voce dedicata, compilata da C. Garzya Romano nel *Dizionario Biografico degli Italiani*, vol. 29, Roma, Istituto dell'Enciclopedia Italiana, 1983. La possibilità, generalmente accettata in letteratura, che Cristoforo sia il padre di Bartolomeo e Giovanni Battista Coriolano, incisori nati a Bologna alla fine del secolo XVI, aggiunge un elemento di concretezza all'operazione compiuta da Manolessi, che avrebbe potuto evidentemente attingere a informazioni dirette, derivate dalle sue conoscenze fra gli incisori, un ambiente a lui ben familiare, come si dimostrerà più avanti nel corso del contributo.

20 Si consulti, al riguardo, l'intelligente analisi sui lettori-postillatori cinque-seicenteschi compiuta da M. Spagnolo, *Considerazioni in margine: le postille alle* Vite *di Vasari*, in *Arezzo e Vasari. Vite e Postille*, atti del convegno (Arezzo, 16-17 giugno 2005) a cura di A. Caleca, Foligno-Campi Bisenzio, Cartei & Bianchi, 2007, pp. 251-271.

21 Sui compendi del Celio, importantissima fonte che si credeva irrimediabilmente perduta, si consulti ora il volume di R. Gandolfi, *Le Vite degli artisti di Gaspare Celio. «Compendio delle Vite di Vasari con alcune altre aggiunte»*, Prefazione di A. Zuccari, Firenze, Olschki, 2021, che ne pubblica per la prima volta l'edizione integrale, corredata da un corposo e utilissimo apparato critico. Un'altra figura interessante di compendiatore seicentesco delle *Vite* del Vasari, che si può in questa sede richiamare, è quella dell'erudito Durante Dorio, originario di Leonessa,

raro. Tanto che contrafece le carte di Alberto in rame, che erano intagliate in legno di modo che Alberto andò fino a Venezia per dolersene per via di giustizia, et ottenne che non vi si facesse il segno di A.D., Dopo fu Luca de Olanda ancora esso raro, et ecc.mo, e le sue prime opere furno nel 1509, sempre concorrendo Alberto, e Luca nelle opere. Ma Marcoantonio intagliò molti disegni di Sanzio, et seco intagliò Agostino veneziano, e Marco da Ravenna, discepolo di Marcoantonio. Il quale intagliò molti disegni di Giulio Romano, dopo la morte di Sanzio, et intagliò per Baccio Bandinelli molte cose. Ma succedendo il Sacco di Roma 1527, perse quanto haveva Marcoantonio, si di stampe come d'altro, e per riscattarsi dalli soldati vi volsero molti scudi. Fu Marcoantonio il primo che in Italia desse principio al bene intagliare, e lo fece eccell.te et immitò con il suo taglio la maniera di Sanzio. Fu poi Ugo da Carpi, il primo che trovò di fare in legno le stampe con tre pezzi. Che rapresentano il disegno di chiaroscuro ecc.te, et immitò con esse li disegni di molti ecc.ti pittori. Et esso fu ancora mediocre pittore. Fu immitato nelle stampe da Baldassarre da Siena, da Domenico Beccafumi, da Francesco Mazoli, che intagliò in aqua forte, et da altri. Non si sa chi fu il primo che intagliò in acqua forte. Fu in Inghilterra Iacomo del Carraglio veronese, che intagliò per il Rosso, per Pierino del Vago, per Francesco Mazoli, per Tiziano. Questo Carraglio intagliò in christallo eccell.te. Fu intagliatore Lamberto Suave, e Giovambattista discepolo di Giulio Romano. Fu Enea Vico da Parma, Giorgio Mantovano, Giovanbattista de Cavalieri, et Niccolò Beaticcio lottoringio, e Giulio Bennasone bolognese, e Renate franzese, e Francesco Marcolini da Forlì, e Gerolamo Cacca fiamengo, che intagliò molti disegni di Martino Emerscherch, e Christofaro che intagliò li ritratti, con li ornamenti che sono nelli libri di Giorgio Vasari, delle persone del disegno. Ma Marcoantonio dopo il Sacco tornato a Bologna visse poco tempo.[22]

Confrontando le postille del Manolessi, in questa sede riunite in un discorso continuo, con il compendio del Celio, possiamo osservare come desiderio primario di entrambi sia quello di riassumere precisamente il contenuto della composita *Vita di Marcantonio*, mantenendo riconoscibili le macro cesure cronologiche che la compongono e il modo in cui sia

la cui opera manoscritta, composta prima del 1642, è conservata presso la Biblioteca Jacobilli del Seminario Vescovile di Foligno: cfr. G. Chiaretti, *La cultura archeologico-numismatica in Umbria nel secolo XVII attraverso l'opera di Durante Dorio*, «Bollettino della Deputazione di Storia Patria per l'Umbria», LXVI, 1969, pp. 5-171; V. Picchiarelli, *Un tentativo di integrazione delle* Vite*: le postille all'edizione giuntina di Durante Dorio da Leonessa*, in *Arezzo e Vasari*, cit., pp. 273-323. Dorio comunque, a differenza di Celio (e di Manolessi), pur non ampliando in niente quanto già contenuto nel Vasari giuntino, dal quale si limita a estrarre e compendiare brani, crea dei veri e propri medaglioni biografici. Esemplare in questo senso il caso di Dürer, in cui egli riunisce (e riassume) parti diverse e distanti delle *Vite*, con il fine di fornire una nuova e compiuta biografia di quello che, ai suoi occhi secenteschi, doveva sicuramente apparire come il più importante incisore del secolo passato: cfr. Fara, *Albrecht Dürer nelle fonti*, cit., pp. 344-350, con trascrizione e commento dei brani compendiati da Dorio.

22 Gandolfi, *Le Vite*, cit., pp. 216-217.

strutturata geograficamente, dato che si spazia da Firenze a Roma, ad Anversa e alle Fiandre (luogo con cui Vasari genericamente intende l'Oltralpe nordico), con rapidi *détours* a Venezia, Mantova, Bologna. E quindi, s'inizia con la parte dedicata alla generazione dei primi maestri, nati fra 1430 e 1450 circa e attivi ancora entro il XV secolo (Maso Finiguerra, Mantegna, Schongauer), cui segue quella degli incisori nati fra 1470 e 1490 e attivi fino al 1530 circa (dominanti le personalità di Dürer, Luca di Leida, Raimondi e degli incisori della sua scuola romana), per chiudere infine con la generazione successiva, composta da artisti nati nel Cinquecento, la cui attività occupa gli anni mediani del secolo, dalla morte di Raffaello in avanti, in un continuo alternarsi fra Nord e Sud delle Alpi.

Un primo ineludibile livello di informazioni, che bisogna riunire a quanto contenuto nella ricchissima *Tavola delle cose più notabili*, il cui grado di complessità risulta evidente già al semplice confronto con la pagina iniziale dell'analoga *Tavola* posta nell'edizione giuntina (Figg. 3-4). È in questo in-

3 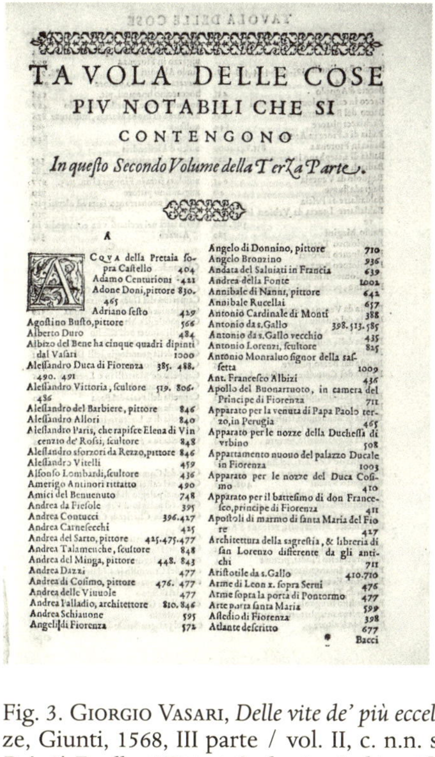

TAVOLA DELLE COSE
PIV NOTABILI CHE SI
CONTENGONO
In queſto Secondo Volume della Terza Parte.

A

Acqua della Pretaia ſopra Caſtello 404
Adamo Centurioni 421
Adone Doni, pittore 830. 465
Adriano ſeſto 429
Agoſtino Buſto, pittore 566
Alberto Duro 484
Albizo del Bene ha cinque quadri dipinti dal Vaſari 1000
Aleſſandro Duca di Fiorenza 385. 488. 490. 491
Aleſſandro Vittoria, ſcultore 519. 806. 486
Aleſſandro del Barbiere, pittore 846
Aleſſandro Allori 840
Aleſſandro Paris, che rapiſce Elena di Vincenzio de' Roſsi, ſcultore 848
Aleſſandro ſforzori da Rezzo, pittore 846
Aleſſandro Vitelli 459
Alfonſo Lombardi, ſcultore 436
Amerigo Antinori ritratto 490
Amici del Benuenuto 748
Andrea da Fieſole 395
Andrea Contucci 396.427
Andrea Carneſecchi 425
Andrea del Sarto, pittore 425.475.477
Andrea Talamenche, ſcultore 848
Andrea del Minga, pittore 448. 843
Andrea Dazzi 477
Andrea di Coſimo, pittore 476. 477
Andrea delle Viuuole 477
Andrea Palladio, architettore 810. 846
Andrea Schiauone 595
Angeli di Fiorenza 572
Angelo di Donnino, pittore 710
Angelo Bronzino 936
Andata del Saluiati in Francia 639
Andrea della Fonte 1002
Annibale di Nanni, pittore 642
Annibale Rucellai 657
Antonio Cardinale di Monti 388
Antonio da s.Gallo 398. 513. 585
Antonio da s.Gallo vecchio 435
Antonio Lorenzi, ſcultore 825
Antonio Monraluo ſignor della ſaſſetta 1009
Ant. Franceſco Albizi 436
Apollo del Buonarruoto, in camera del Principe di Fiorenza 711
Apparato per la venuta di Papa Paolo terzo, in Perugia 465
Apparato per le nozze della Ducheſſa di vrbino 508
Appartamento nuouo del palazzo Ducale in Fiorenza 1003
Apparato per le nozze del Duca Coſimo 410
Apparato per il batteſimo di don Franceſco, principe di Fiorenza 411
Apoſtoli di marmo di ſanta Maria del Fiore 427
Architettura della ſagreſtia, & libreria di ſan Lorenzo differente da gli antichi 711
Ariſtotile da s.Gallo 410.710
Arme di Leon x. ſopra Serui 476
Arme ſopra la porta di Pontormo 477
Arte porta ſanta Maria 599
Aſſedio di Fiorenza 398
Atlante deſcritto 677
Bacci

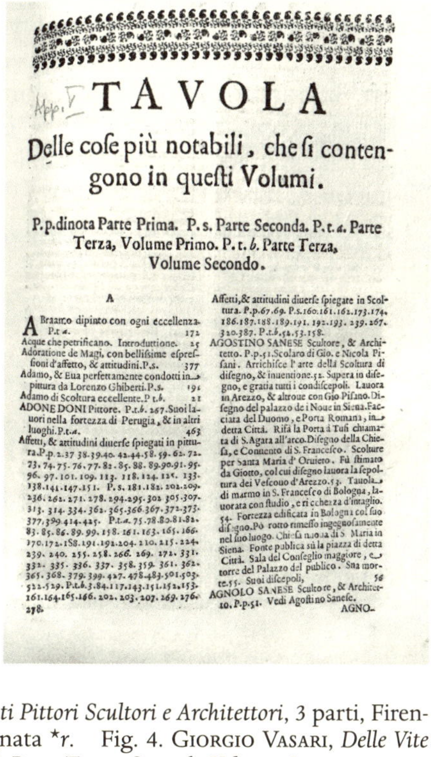 4

TAVOLA
Delle coſe più notabili, che ſi contengono in queſti Volumi.

P.p. dinota Parte Prima. P.s. Parte Seconda. P.t.*a*. Parte Terza, Volume Primo. P.t.*b*. Parte Terza, Volume Secondo.

A

Abraamo dipinto con ogni eccellenza. P.t.*a*. 172
Acque che petrificano. Introduttione. 25
Adoratione de Magi, con belliſsime eſpreſſioni d'affetto, & attitudini. P.s. 377
Adamo, & Eua perfettamente condotti in pittura da Lorenzo Ghiberti. P.s. 191
Adamo di Scoltura eccellente. P.t.*b*. 21
ADONE DONI Pittore. P.t.*b*. 267. Suoi lauori nella fortezza di Perugia, & in altri luoghi. P.t.*a*. 463
Affetti, & attitudini diuerſe ſpiegati in pittura. P.p. 2.37 38.39.40. 42.44.58. 59. 62. 72. 73. 74. 75. 76. 77. 82. 85. 88. 89.90.91. 95. 96. 97. 101. 109. 113. 118. 124. 125. 133. 138. 141. 147. 151. P.s. 181. 182. 202. 209. 236. 262. 271. 278. 294. 295. 302 305. 307. 313. 314. 334. 362. 365. 366. 367. 372. 373. 377. 399. 414. 425. P.t.*a*. 75. 78. 80. 81. 82. 83. 85. 86. 89. 99. 158. 161. 163. 165. 166. 170. 172. 188. 191. 192. 204. 210. 215. 224. 239. 240. 255. 258. 266. 269. 272. 331. 332. 335. 336. 337. 358. 359. 361. 362. 365. 368. 379. 399. 427. 478. 483. 501. 503. 522. 529. P.t.*b*. 3. 84. 117. 143. 151. 152. 153. 161. 164. 165. 166. 202. 203. 207. 269. 276. 278.
Affetti, & attitudini diuerſe ſpiegate in Scoltura. P.p. 67. 69. P.s. 160. 161. 162. 173. 174. 186. 187. 188. 189. 191. 192. 193. 239. 267. 320. 387. P.t.*b*. 52. 53. 158.
AGOSTINO SANESE Scultore, & Architetto. P.p. 51. Scolaro di Gio. e Nicola Piſani. Arrichiſce l'arte della Scoltura di diſegno, & inuentione. 52. Supera in diſegno, e gratia tutti i condiſcepoli. Lauora in Arezzo, & altroue con Gio Piſano. Diſegno del palazzo de i Noue in Siena. Facciata del Duomo, e Porta Romana, in detta Città. Rifà la Porta à Tufi chiamata di S. Agata all'arco. Diſegno della Chieſa, e Conuento di S. Franceſco. Scolture per Santa Maria d'Oruieto. Fù ſtimato da Giotto, col cui diſegno lauora la ſepoltura dei Veſcouo d'Arezzo. 53. Tauola di marmo in S. Franceſco di Bologna, lauorata con ſtudio, e ricchezza d'intaglio. 54. Fortezza edificata in Bologna col ſuo diſegno. Pò rotto rimeſſo ingegnoſamente nel ſuo luogo. Chieſa nuoua di S. Maria in Siena. Fonte publica sù la piazza di detta Città. Sala del Conſeglio maggiore, e torre del Palazzo del publico. Sua morte. 55. Suoi diſcepoli, 56
AGNOLO SANESE Scultore, & Architetto. P.p. 51. Vedi Agoſtino Saneſe.
AGNO-

Fig. 3. GIORGIO VASARI, *Delle vite de' più eccellenti Pittori Scultori e Architettori*, 3 parti, Firenze, Giunti, 1568, III parte / vol. II, c. n.n. segnata *r. Fig. 4. GIORGIO VASARI, *Delle Vite De' più Eccellenti Pittori, Scultori et Architetti [...]. Parte Terza. Secondo Volume. In questa nuova edizione diligentemente riviste, ricorrette, accresciute d'alcuni Ritratti, et arricchite di postille nel margine*, Bologna, eredi di Evangelista Dozza, 1647, c. n.n. segnata Mmm$_4$r.

dice che, in corrispondenza del nome dei singoli incisori citati nella *Vita di Marcantonio*, Manolessi inserisce una vera e propria voce, costruita ovviamente *sub specie vasariana* giuntina (e quindi privilegiando le opere, al posto delle notizie biografiche), che, in alcuni casi, conoscerà una sua particolare fortuna – ad esempio non mi sembra sia stato finora osservato che le voci dedicate ad Antonio Labacco, Baccio Baldini, Enea Vico, e Giovan Giacomo Caraglio presenti all'interno dell'*Abcedario pittorico* del padre Orlandi sono integralmente, o in grandissima parte, calcate su quelle contenute nell'indice del Manolessi;[23] mi pare inoltre importante sottolineare come padre Resta, uno dei più intelligenti lettori e postillatori sia delle *Vite* del Vasari (da lui lette tanto nelle prime due edizioni cinquecentesche, quanto nella terza edizione seicentesca), che dell'*Abcedario* dell'Orlandi, in uno degli esemplari della Torrentiniana da lui postillati oggi conservati nella Biblioteca Vaticana si riferisse proprio alla copiosa *Tavola delle cose più notabili* contenuta nell'edizione Manolessi, identificandola con il significativo termine di «gionta del Vasario stampata in Bologna»,[24] che le riconosce una sua precisa autonomia.

Esemplare in questo senso la voce dedicata ad Albrecht Dürer,[25] uno dei principali protagonisti del racconto vasariano – Evelina Borea molto opportunamente ha osservato come nella *Vita di Marcantonio* la «prima parte più propriamente dovrebbe intitolarsi ad "Alberto Duro"».[26] Manolessi, nella sua aderenza al modello vasariano, costruisce un breve medaglione biografico che ne denuncia l'origine fiamminga; distingue l'incisore su rame dall'intagliatore su legno, descrivendo celebri bulini e xilografie – di queste sono menzionate le serie: la *Vita della Vergine*, l'*Apocalisse*, la *Piccola Passione* – soffermandosi soprattutto su «sottigliezza» dei primi, ed «eccellenza» e «fantasia» delle seconde, in una scelta che, sia pure desunta

---

23 P.A. Orlandi, *Abcedario pittorico*, Bologna, Costantino Pisarri, 1704, rispettivamente pp. 83, 90, 141, 220. Il riuso di queste voci da parte di Orlandi è evidentemente favorito dal fatto che egli riconosce, nelle singole e sintetiche voci biografiche proposte da Manolessi, dei veri e propri antesignani di quanto intende proporre nel suo *Abcedario*, un testo formato da «una serie di voci che forniscono al dilettante e allo storico poche informazioni obiettive ed essenziali in un'agile scheda che compendia [...] la genealogia artistica [...] e qualche opera particolarmente prestigiosa, importante o comunque significativa realizzata, nonché il luogo o i luoghi della sua attività» (Perini, voce *Orlandi*, cit., p. 520).

24 Interpreto in tal modo questo riferimento del padre Resta, trascritto da M.R. Pizzoni, *Trascrizione e commento delle postille di padre Resta alle* Vite *di Vasari (Riserva IV.5; Cicognara IV.2390)*, in *Le postille di padre Sebastiano Resta*, cit., pp. 201-202, che ha correttamente identificato il riferimento all'edizione curata da Manolessi. È proprio nella *Tavola*, infatti, che Manolessi appunta la specifica voce: «bernardino soiaro Pittor Cremonese. P[arte]. t[erza]. *b*. 12. Sue opere 14,15».

25 Cfr. *infra*, p. 102.

26 E. Borea, *Vasari e le stampe*, «Prospettiva», 1989-1990, nn. 57-60 (*Scritti in ricordo di Giovanni Previtali*. Vol. II), p. 20.

fra i termini proposti da Vasari, mi pare assai significativa, propria di un occhio educato a cogliere le differenze di segno incisorio; ricorda l'attività di teorico e di pittore di Dürer – tale lo dichiara fin dal principio, precisando anche che «Dipinse a oglio», un fatto ricordato da Vasari in relazione a una traduzione dipinta (presente nelle collezioni medicee, e da lui creduta autografa) della *Cattura di Cristo* dalla serie della *Grande Passione*, al quale però Manolessi fa assumere un valore universale, relativo a tutta la pittura di Dürer, il cui catalogo andava prendendo forma in quegli anni nell'Italia del Seicento; infine, ricorda *topoi* fondamentali come quello della concorrenza con Luca di Leida e dello scambio di doni con Raffaello, sottolineando in tal modo due momenti chiave per la storiografia e il collezionismo di Dürer, durante la prima età moderna. Una voce ricca di sfumature, un maturo portato delle notizie vasariane che anticipa la grande ricapitolazione biografica compiuta da Filippo Baldinucci nel *Cominciamento e progresso dell'arte dell'intagliare in rame*, vero e proprio spartiacque storiografico nella fortuna italiana di Dürer.[27]

Il ricchissimo indice, costato a Manolessi una inimmaginabile «quantità di studio e fatica», non contiene però soltanto le singole voci sugli artisti. Limitandosi alla grafica oggetto della nostra indagine, segnala in maniera isolata anche i soggetti di alcune stampe: a volte si tratta di citazioni generiche, ad esempio all'interno dell'estesa voce dedicata ai «Ritratti», ricorda quelli «Di Prencipi e letterati intagliati per eccellenza. In rame. P[arte]. t[erza]. *a*. 305», con specifico rimando alla pagina in cui Vasari rammenta lo splendido *Ritratto di Pietro Aretino*, «il più bello che mai Marcantonio facesse». In altri casi menziona esplicitamente una singola incisione: opere celebri come il *Sant'Antonio battuto dai diavoli* o il *Transito di Nostra Donna* di Schongauer o il *Martirio di San Lorenzo* della coppia Bandinelli/Raimondi, ricordate anche nell'apposita voce dedicata a «Martino d'Anversa» e «Marco Antonio Bolognese», oppure meno famose come il «Villano, che si fa cavare un dente intagliato in rame con eccellenza», con cui Vasari chiude il catalogo delle incisioni di Luca di Leida, facendo ancora riferimento alla reciproca concorrenza con Dürer, in un passo per Manolessi di difficile comprensione, dato che nella corrispondente postilla equivoca sullo stile incisorio dei due artisti.[28]

Infine, Manolessi affronta nel suo indice questioni relative all'invenzione, alla tecnica incisoria, al suo progresso e sviluppo, con specifiche voci

---

[27] Su Baldinucci biografo di Dürer, un tema che ho più volte affrontato, mi permetto da ultimo di rimandare a: Fara, *Albrecht Dürer nelle fonti*, cit., pp. 457-485.

[28] Cfr. *infra* la nota 47.

dedicate che rappresentano una novità e un modello per altri indici posteriori. La voce sulle «Stampe», nelle sue differenti accezioni e tecniche ha sicuramente rappresentato un modello per tentativi successivi, molto più strutturati, come ad esempio quello compiuto da Malvasia nel corposo indice delle cose notevoli della *Felsina pittrice*, nella lunghissima voce (ben cinque pagine) dedicata proprio alle «Stampe».[29]

Una tale confidenza dimostrata da Manolessi verso il mondo dell'incisione non deve sorprendere. Come è noto, per le antiporte figurate delle due principali imprese editoriali da lui curate, ovvero l'edizione di Vasari che stiamo indagando e la raccolta degli scritti editi e inediti di Galileo pubblicata un decennio più tardi, si rivolse ad affermati maestri come Cornelis Bloemart e Stefano della Bella (Figg. 5-6), con il primo che tradusse in rame il disegno fornitogli da Giovanni Angelo Canini.[30] Particolarmente significativo ai fini della nostra indagine è il carteggio intrattenuto da Manolessi, fra la fine del 1654 e i primi mesi del 1656, con Vincenzo Viviani (e, anche, da questi col cardinale Leopoldo de' Medici), segretario e discepolo di Galileo, relativo alla stampa delle *Opere* del suo maestro, sulla cui importanza per gli storici dell'arte, in particolare quelli della grafica, ha giustamente richiamato di recente l'attenzione Jaco Rutgers.[31] Le lettere per noi interessanti sono quelle che vanno dal 16 marzo 1655 all'8 febbraio 1656 (ricordo che la dedica al Granduca Ferdinando II compresa nel volume stampato è datata al 17 febbraio del medesimo anno), in cui assistiamo alla vera e propria genesi dell'antiporta calcografica incisa da della Bella, per la cui esecuzione Manolessi aveva inizialmente pensato, dietro suggerimento del

---

29 Sui debiti di Malvasia nei confronti di questa edizione di Manolessi, vedi quanto sostenuto *supra* nella nota 7.

30 Sull'antiporta vasariana, si consulti: *Dutch and Flemish Etchings, Engravings and Woodcuts, ca. 1450-1700, volume II, Berckheyde-Bodding*, edited by F.W.H. Hollstein, Amsterdam, Hertzberger, n. d., n. 281 a p. 79; N. Turner, *Drawings by Giovanni Angelo Canini*, «Master Drawings, 16, 1978, n. 4, pp. 387-397: 391; F. Viatte, *Un dessin de Giovanni Angelo Canini pour* Le Vite *de Vasari*, «Revue du Louvre», XIX, 1979, pp. 277-279; E. Dwyer, *Bellori as Iconographer. The* Veterum illustrium ... imagines, in *Art History in the Age*, cit., pp. 145-169: 151-152; E. Lingo, *Putting a Finger on It: Bellori and Sculpture Criticism*, in *Begrifflichkeit, Konzepte, Definitionen. Schreiben über Kunst und ihre Medien in Giovan Pietro Belloris Viten und der Kunstliteratur der Frühen Neuzeit*, hrsg. von E. Oy-Marra, M. von Bernstorff und H. Keazor unter Mitarbeit von X. Schramek, Wiesbaden, Harrasowitz, 2014, pp. 173-186: 177-179. Sull'antiporta galileiana: A. De Vesme – P. Dearborn Massar, *Stefano della Bella: Catalogue Raisonné*, 2 voll., New York, Collector's Edition, 1971, I, pp. 7-8, n. 965 a p. 151; J. Rutgers, *A Frontispiece for Galileo's Opere: Pietro Anichini and Stefano della Bella*, «Print Quarterly» XXIX, 2012, n. 1, pp. 3-12.

31 Rutgers, *A Frontispiece*, cit., studio fondamentale cui volentieri rimando per l'analisi minuta delle lettere, che si possono integralmente leggere in: *Le opere dei discepoli di Galileo Galilei. Carteggio. Vol. 2: 1649-1656*, a cura di P. Galluzzi e M. Torrini, Firenze, Giunti Barbèra, 1984.

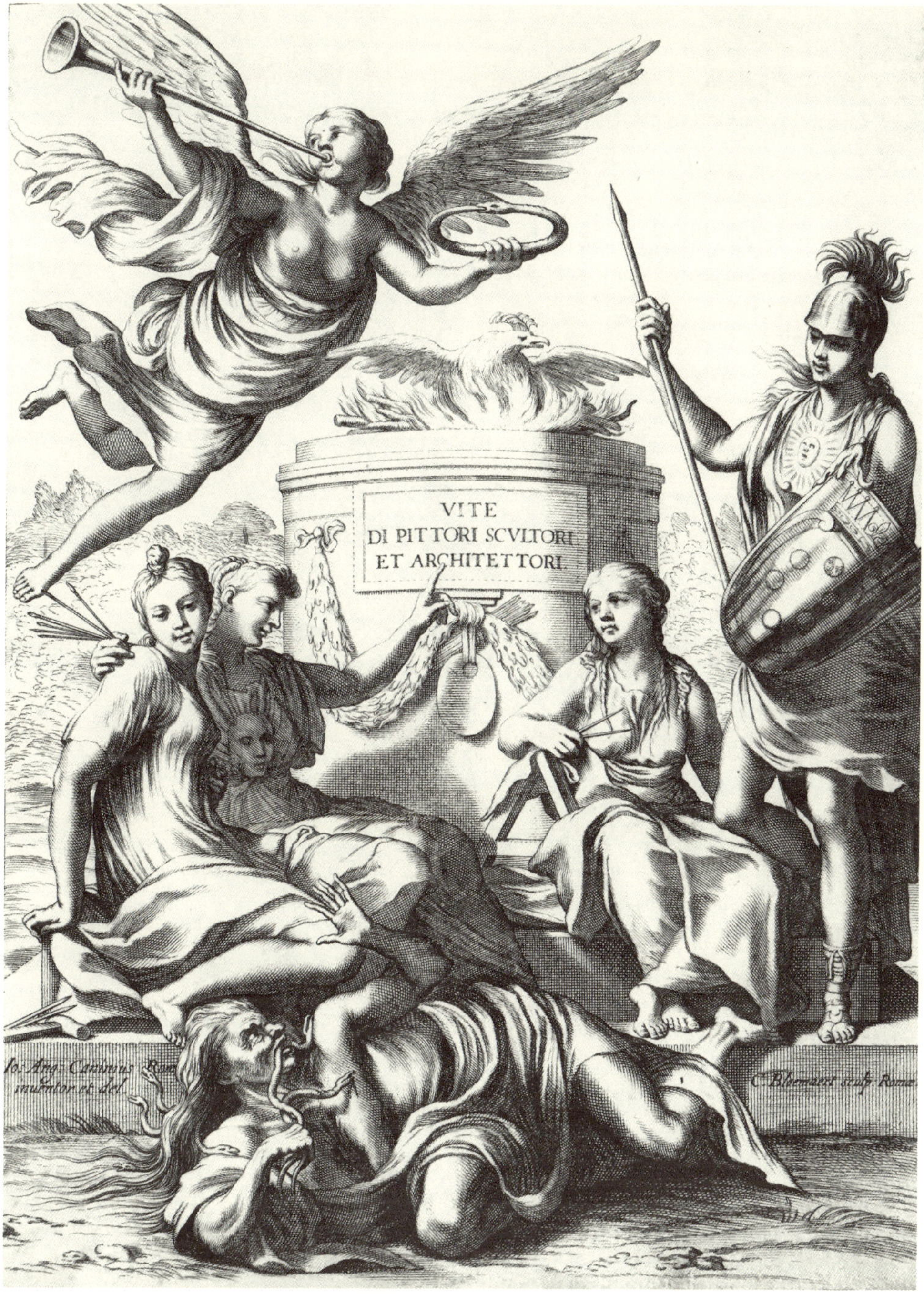

Fig. 5. Cornelis Bloemart, antiporta di Giorgio Vasari, *Le Vite De' più Eccellenti Pittori, Scultori et Architetti* [...]. *Parte Prima, e Seconda. In questa nuova edizione diligentemente riviste, ricorrette, accresciute d'alcuni Ritratti, et arricchite di postille nel margine. Al Serenissimo Ferdinando II, Gran Duca di Toscana*, Bologna, eredi di Evangelista Dozza, 1647.

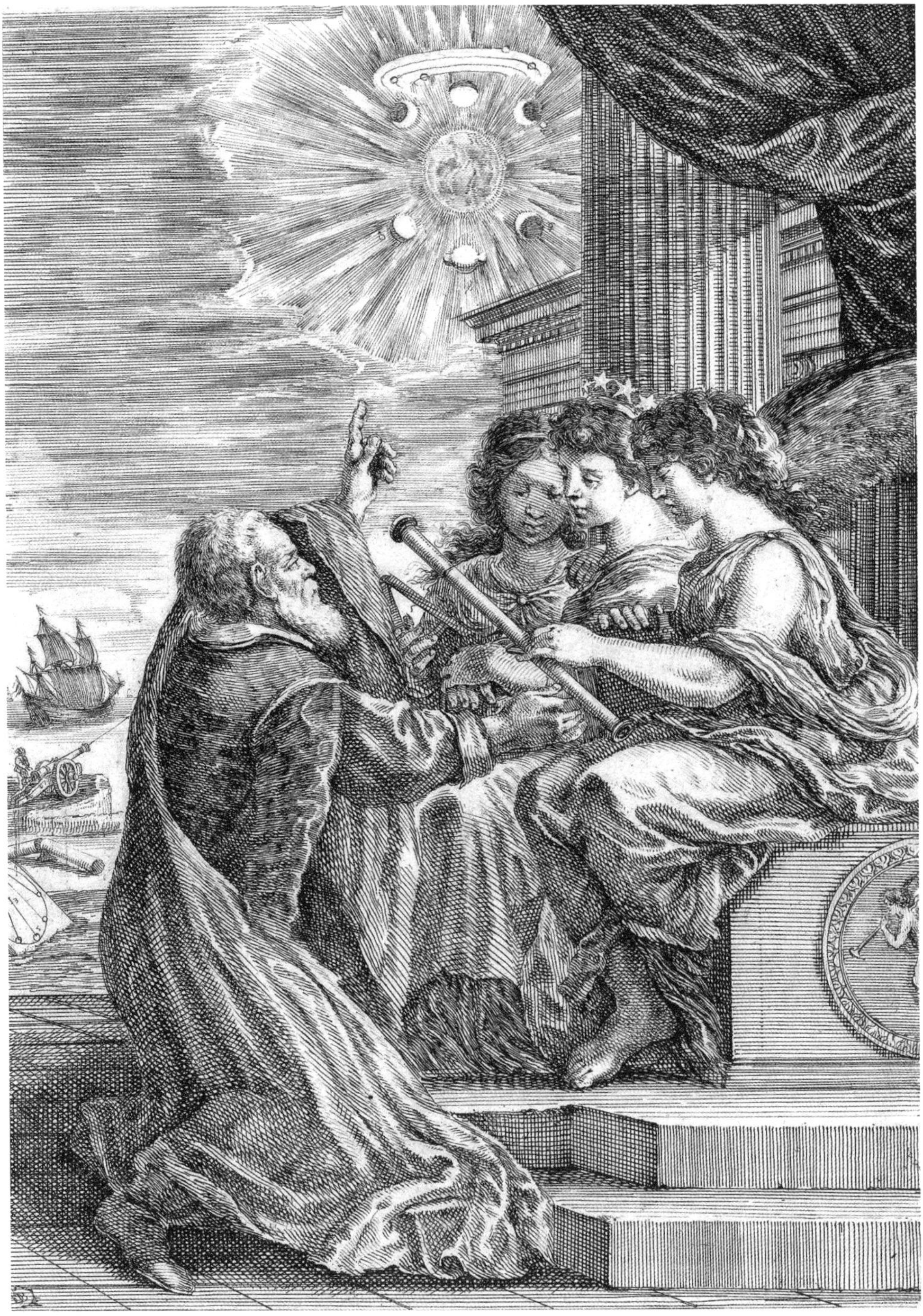

Fig. 6. STEFANO DELLA BELLA, antiporta di GALILEI GALILEI, *Opere [...]. In questa nuova editione insieme raccolte, e di varii Trattati dell'istesso Autore non più Stampati accresciute. Al Serenissimo Ferdinando II Gran Duca di Toscana*, Bologna per gli Heredi del Dozza, 1656.

marchese Ferdinando Cospi, di inviare il disegno preparatorio a un giovane incisore fiorentino (lettera del 4 settembre 1655), che viene in seguito svelato essere Pietro Anichini, oppure, di propria iniziativa, di rivolgersi a Cornelis Bloemart a Roma o a Giacomo Piccini a Venezia (lettera del 5 ottobre 1655), segno evidente di una familiarità stretta di Manolessi con il mondo degli incisori. Nel caso di Bloemart si tratterebbe poi di una familiarità facilmente dimostrabile, dato che questi aveva inciso dieci anni prima l'antiporta dell'edizione delle *Vite* vasariane (Fig. 5), come sottolinea lo stesso Manolessi quando, nella lettera del 18 gennaio 1656 (Fig. 7), ricorda come «del rame per le *Vite de' Pittori* del Vassari, intagliato in Roma da Bloemart a bollino, 25 scudi spesi e non più»,[32] fornendoci un'informazione puntuale sul costo d'incisione di una così elaborata antiporta, e una precisazione sulla sua tecnica d'esecuzione, il bulino, che mostra una volta di più la sua capacità di discernere e di usare un lessico appropriato.

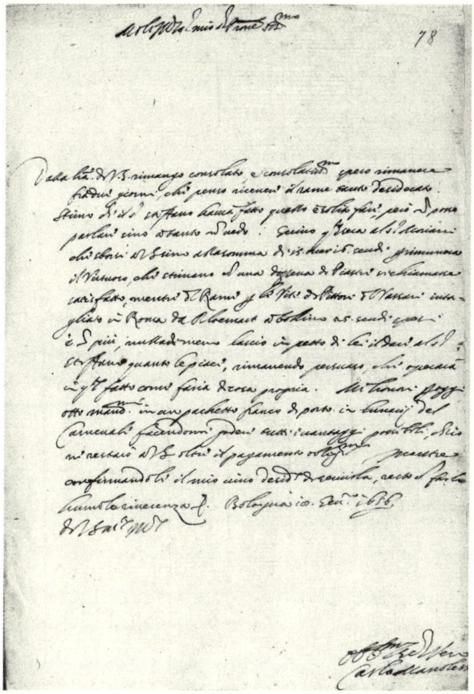

Fig. 7. Carlo Manolessi, *Lettera a Vincenzo Viviani*, 18 gennaio 1656, in *Opere di Galileo Galilei. Parte 6ª. Tomo 17. Documenti all'Opere. Carteggio Manolessi Viviani*, Firenze, Biblioteca Nazionale Centrale.

[32] *Le opere dei discepoli di Galileo*, cit., n. 663 a pp. 284-285.

APPENDICE[33]

Le [Delle] Vite De' più Eccellenti Pittori, Scultori et Architetti di Giorgio Vasari Pittore, et Architetto Aretino. Parte Prima, e Seconda [Parte Terza. Primo [- Secondo] Volume]. In questa nuova edizione diligentemente riviste, ricorrette, accresciute d'alcuni Ritratti, et arricchite di postille nel margine. Al Serenissimo Ferdinando II, Gran Duca di Toscana, Bologna, eredi di Evangelista Dozza, 1647, 3 parti in 3 volumi.

I-II Parte, *Della Pittura*, p. 61 (*Del Niello, e come per quello habbiamo le Stampe di rame, e come s'intaglino gli argenti, per fare gli smalti di basso rilievo, e similmente si cesellino le grosserie*)

[*Postille sul margine destro*] Come si lavori di Niello | Mistura da riempire gli intagli de' lavori | Artefice eccellente | Stampe derivate dall'intaglio di bulino.[34]

I-II Parte, *Della Pittura*, p. 63 (*De le Stampe di legno, e del modo di farle, e del primo Inventor loro, e come con tre Stampe si fanno le carte, che paiono disegnate, e mostrano il lume, il mezo, e l'ombre*)

[*Postille sul margine destro*] Inventione delle Stampe di legno | Prattica di lavorare con tre Stampe | Come si adoperino per imprimerle | Le dette arti, tutte derivate dal disegno.[35]

II parte, p. 359 (*Vita di Gherardo miniatore fiorentino*)

[*Postilla sul margine destro*] Tratto dalla bellezza d'alcune stampe in rame, comincia a lavorar di bulino.[36]

---

33 In questa appendice sono trascritte tutte le postille marginali riguardanti incisori e stampe presenti nei tre volumi dell'edizione Manolessi, non solo quindi quelle relative alla *Vita di Marcantonio Bolognese, e d'altri intagliatori di stampe*. Sono trascritte inoltre tutte le voci riguardanti incisori e stampe contenute nella *Tavola delle cose più notabili*. Nelle trascrizioni sono stati ammodernati gli accenti e uniformato all'uso moderno l'uso di *u* e *v*; rare integrazioni sono sempre state indicate con parentesi quadre. L'apparato delle note, oltre a rendere conto delle varianti presenti nelle successive edizioni secentesche, è pensato per agevolare la comprensione di tali postille, attraverso specifici commenti.

34 Le quattro postille sono tutte riprese nell'edizione di Bottari – solo la quarta presenta un minimo cambiamento: «Stampe onde derivate» (VASARI, *Vite*, cit., I, p. LXII).

35 Le prime tre postille sono identiche nell'edizione di Bottari (VASARI, *Vite*, cit., I, pp. LXIII-LXIV).

36 Postilla identica nell'edizione di Bottari (VASARI, *Vite*, cit., I, p. 423).

II parte, p. 395 (*Vita di Andrea Mantegna*)
[*Postilla sul margine sinistro*] Fece stampe di rame.[37]

III parte / vol. I, p. 85 (*Vita di Raffaele da Urbino Pittore, et Archit.*)
[*Postille sul margine destro*] Alberto Duro tributario di Rafaelle, et esso manda un ritratto bizzaramente dipinto in bisso ad aquarelle. | Indirizza Marco Antonio Bolognese a far stampe, e riesce felicemente, e dà fuori molte sue opere. | Altri attendono alle stampe, hanno poi causato quella dovitia, che godiamo. | Ugo da Carpi inventor delle stampe a tre legni, per fingere il chiaro oscuro.[38]

III parte / vol. I, p. 162 (*Vita di Andrea del Sarto*)
[*Postille sul margine sinistro*] Seguitò ad abbellire le figure, che di Alberto Duro uscirno in stampa, cosa che lo fè credere scarso d'inventioni. | [...] Fece intagliare un Christo morto, ma non essendogli riuscito non diede più alle stampe le sue Pitture.[39]

III parte / vol. I, p. 178 (*Vita di M. Propertia de' Rossi scultrice bolognese*)
[*Postille sul margine sinistro*] Si diede a far stampe di Rame, e riuscì benissimo.[40]

III parte / vol. I, p. 240 (*Vita di Francesco Mazzuoli pittore parmigiano*)
[*Postilla sul margine sinistro*] Furongli rubati disegni, e stampe da un'intagliatore Tedesco.[41]

III parte / vol. I, pp. 299-316 (*Vita di Marc'Antonio Bolognese, e d'altri intagliatori di stampe*)
[*Postilla sul margine destro, p. 299*] Maso Finiguerra intagliò in argento.[42]
[*Postille sul margine sinistro, p. 300*] Baldini Orefice seguì con disegni di Botticello. | Andrea Mantegna in Roma cominciò ad intagliare molte sue opere. | Martino d'Anversa stampò successivamente. | Alberto Duro perfettionò quest'arte con miglior disegno.[43]
[*Postille sul margine destro, p. 301*] Descrittione di molte eccellenti opere d'Al-

---

37 Postilla identica nell'edizione di Bottari (Vasari, *Vite*, cit., I, p. 468).

38 Tre delle quattro postille sono così riprese nell'edizione di Bottari: «Alberto Duro a Raffaello manda un ritratto dipinto in bisso ad acquerello | Marc'Antonio si mette a fare stampe e riesce felicemente. | Ugo da Carpi inventor delle stampe a tre legni per fingere il chiaroscuro» (Vasari, *Vite*, cit., II, pp. 113-114).

39 Postille identiche nell'edizione di Bottari (Vasari, *Vite*, cit., II, p. pp. 223-224).

40 Postilla identica nell'edizione di Bottari (Vasari, *Vite*, cit., II, p. 253).

41 Postilla identica nell'edizione di Bottari (Vasari, *Vite*, cit., II, p. 332).

42 Postilla ripresa e così integrata nell'edizione di Bottari: «Maso Finiguerra intagliò in argento prima d'ogni altro» (Vasari, *Vite*, cit., II, p. 409).

43 Le quattro postille sono riprese nell'edizione di Bottari, con una lieve, ma significativa, modifica nell'ultima, in cui viene soppressa la conclusione «con miglior disegno» (Vasari, *Vite*, cit., II, pp. 409-410).

berto. | Quattro pezzi della Passione fatti da Alberto. | Vita della B.V. in 20 pezzi bellissima. | Apocalisse figurata dal Duro in fantasia vaga, e terribile.[44]
[*Postille sul margine sinistro, p. 302*] Cominciò a tagliare in rame con maraviglia di tutti i Virtuosi. | Marc'Antonio discepolo del Francia e de' migliori, detto anch'esso de' Franci. | Andò a Venetia, e si pose a contrafare l'opere del Duro, che si venderono per originali. | Alberto sdegnato da ciò venne a Venetia per vietare il fatto del suo contrasegno.[45]
[*Postille sul margine destro, p. 303*] Luca d'Olanda hebbe meno disegno, ma fu più diligente del Duro. | Opere di Luca d'Olanda lodate | Concorrenza tra Luca et Alberto causa, che operavano divinamente, superando però Alberto. | Diligenze usate nella figura d'un S. Girolamo | Alberto attese all'architettura, prospettiva, e pittura.[46]
[*Postille sul margine sinistro, p. 304*] Crocifissione, Ecce Homo, e Conversione di S. Paolo di Luca a bulino maravigliose. | Alberto con giudicio men curava cose distanti, perché per natura si perdono.[47] | M[arco]. Antonio in Roma lavorò in rame la Lucretia di Rafaelle. | Giudicio di Paride intagliato, causa stupore in tutta Roma. | Acquistò gran fama, et utile.[48]
[*Postille sul margine destro, p. 305*] Opere, che stampò col Baviera, e suoi disegni. | Stampe secondo i cartoni de gli arazzi di Rafaelle, che riuscirono bellissime. | Ritratti di Prencipi, e Letterati.[49]
[*Postille sul margine sinistro, p. 306*] Altri artefici eccellenti, che attesero ad intagliare stampe. | Marco, et Agostino condussero in stampa quasi tutte l'opere

44 Le quattro postille sono riprese nell'edizione di Bottari, con una lieve, ma significativa, modifica nell'ultima, in cui viene soppressa la conclusione «in fantasia vaga, e terribile» (Vasari, *Vite*, cit., II, pp. 410-412).

45 Questo blocco di quattro postille è solo in parte ripreso nell'edizione di Bottari: «Marcantonio discepolo del Francia. | Andato a Venezia, contraffà l'opere del Duro. | Alberto sedegnato venne a Venezia per vietarglielo» (Vasari, *Vite*, cit., II, pp. 412-413).

46 Questo blocco di cinque postille è solo in parte ripreso nell'edizione di Bottari, che sopprime la terza sulla concorrenza fra Luca di Leida e Dürer e il riferimento alla diligenza per il bulino del *San Girolamo nello studio* (Vasari, *Vite*, cit., II, pp. 413-415).

47 In questa postilla Manolessi dimostra di aver equivocato il senso del testo vasariano, dato che sono i bulini di Luca di Leida ad essere più sfumati e meno precisi negli sfondi, per assecondare la veduta naturale dell'occhio – un grande elogio da parte di Vasari, che quindi riconosceva ai bulini di Luca un elemento in tal senso di maggiore modernità, che doveva però risultare incomprensibile a Manolessi, il quale, scrivendo intorno alla metà del Seicento, aveva in mente un canone certamente condiviso fra gli esperti e collezionisti di grafica della sua epoca, che collocava Dürer in una posizione sostanzialmente inarrivabile fra gl'incisori della sua epoca.

48 Questo blocco di quattro postille è solo in parte ripreso nell'edizione di Bottari, che sopprime la conclusione della prima «di Luca a bulino maravigliosa», e la seconda e la quinta per intero (Vasari, *Vite*, cit., II, pp. 415-416).

49 Delle tre postille, la seconda e la terza sono identiche nell'edizione di Bottari; la prima viene invece significativamente mutata, sopprimendo il riferimento al Baviera: «Altre opere, che stampò Marcantonio» (*Vite*, cit., II, pp. 416-418).

di Rafaelle, et alcune di Giulio Romano. | Agostino tagliò una notomia per lo Bandinelli.[50]
[*Postille sul margine destro, p. 307*] Giulio Romano, vivendo Rafaelle, non volle mai, che s'intagliasse cosa di suo per rispetto, che gli portava. | Bandinello, che tassava ingiustamente Marc'Antonio, è convinto d'errore col suo disegno.[51]
[*Postille sul margine sinistro, p. 308*] Nel sacco di Roma Marco Antonio divenne quasi mendico. | Agostino lavorò per Andrea del Sarto in Fiorenza. | Carte così impresse, che paiono dipinte a chiaro scuro, inventate da Ugo da Carpi. | Altre carte con tre legni impresse | Pittura fatta da Ugo co' le dita, tassata dal Buonaroti.[52]
[*Postille sul margine destro, p. 309*] Il medesimo lavorò di chiaro scuro, praticato da Baldassarre da Siena. | Parmigiano imparò, e fece così condurre i suoi disegni. | Stampe più facili ad acqua forte, e modo di farle. | Altri, che hanno stampato bellissime cose ad acqua forte. | Opere date alla stampa col disegno del Rosso, incise[53] dal Caraglio Veronese.[54]
[*Postille sul margine sinistro, p. 310*] Opere del Parmigiano, di e [*sic*][55] Tiziano in rame. | Caraglio si diede a intagliare gemme appresso il Re di Polonia. | Gio. Battista Mantovano intagliò assai bene. | Enea Vico intagliatore in rame di figure, ritratti, e medaglie.[56]
[*Postille sul margine destro, p. 311*] Huomini, e Prencipi fatti incidere[57] ad uso di medaglie dal Doni. | Enea intagliatore tassato nelle medaglie per la varietà dell'opinioni. | Cinquanta habiti di diverse nationi intagliati da Enea. | Altri stampatori se ben non tanto eccellenti, molto utili però.[58]
[*Postille sul margine sinistro, p. 312*] Opere di Giorgio Mantovano molto utili. |

---

50 Le tre postille sono identiche nell'edizione di Bottari; ne viene poi aggiunta una quarta: «E la strage degli Innocenti», che fa riferimento al bulino intagliato da Marcantonio su disegno del Bandinelli (Vasari, *Vite*, cit., II, pp. 418-419).

51 Le due postille sono riprese nell'edizione di Bottari, ma sopprimendo le due conclusioni: «per rispetto, che gli portava» nella prima, ed «è convinto d'errore col suo disegno» nella seconda (Vasari, *Vite*, cit., II, pp. 419-420).

52 Questo blocco di cinque postille è ripreso nell'edizione di Bottari, modificando solo la terza che diventa più semplicemente: «Carte a chiaroscuro, inventate da Ugo da Carpi» (Vasari, *Vite*, cit., II, pp. 421-422).

53 A partire dalla ristampa del 1648, si legge «intagliati» al posto di «incise».

54 Questo blocco di cinque postille è ripreso nell'edizione di Bottari, semplificando le ultime tre, che così diventano: «Stampe ad acquaforte | Altri, che hanno stampato ad acquaforte | Opere del Rosso, incise dal Caraglio Veronese» (Vasari, *Vite*, cit., II, pp. 422-423).

55 A partire dalla ristampa del 1648, è soppresso il «di» prima di «e».

56 Questo blocco di quattro postille è ripreso nell'edizione di Bottari, con lievi modifiche nella seconda e nella quarta, in cui si sopprimono, rispettivamente: «appresso il Re di Polonia» e «di figure, ritratti e medaglie» (Vasari, *Vite*, cit., II, pp. 424-425).

57 A partire dalla ristampa del 1648, si legge «intagliare» al posto di «incidere».

58 Questo blocco di quattro postille è ripreso nell'edizione di Bottari, con lievi modifiche: «Ritratti di Principi etc., ad uso di medaglie. | Tassato nelle medaglie, e difeso. | Cinquanta abiti di diverse nazioni intagliati da Enea. | Altri stampatori.» (Vasari, *Vite*, cit., II, pp. 425-426).

Serlio stampò bell'opere d'Architettura,[59] e lo stesso fece Antonio Labbaco. | Vignola autore d'un'opera utile d'Architettura.[60] | Varie stampe uscite in diversi luoghi di disegni d'eccellenti Pittori.[61]
[*Postille sul margine destro, p. 313*] Renato intagliatore condusse in Parigi l'opre del Rosso. | Opere del Primaticci condotte da Luca Penni in stampe. | Marcolino da Forlì fece il Giardino de' pensieri bellissimo. | Giolito pose bellissime stampe ne' suoi libri. | Vessallio fece incidere la notomia da Calcare. | Coch Fiamingo delineò, et incise molte cose di Martino.[62]
[*Postille sul margine sinistro, p. 314*] Serie dell'opere tagliate dal Coch | Trionfi della pacienza bellissimi. | Eccellenza della mano del Coch.[63]
[*Postille sul margine destro, p. 315*] Carte d'intaglio di bizzarissime inventioni. | Altri Fiaminghi c'hanno imitato Alberto Duro. | Opere bizzarre, e vaghe d'inventione. | Disegni del Flori condotti in stampe dal Coch. | Christofaro Coriolano ha intagliato in legno i ritratti del presente libro, et altre cose degne di memoria.[64]
[*Postilla sul margine sinistro, p. 316*] Marc'Antonio ha fatto gran beneficio a' professori. Partito di Roma morì.[65]

III parte / vol. I, p. 339 (*Vita di Giulio Romano pittore*)
[*Postille sul margine destro*] Varie carte intagliate sopra l'opere di Giulio.[66]

III parte / vol. I, p. 363 (*Vita di Perino del Vaga, pittore fiorentino*)
[*Postille sul margine destro*] Fece disegni al Baviera per le stampe delle trasformatione [*sic*] de gli Dei.[67]

III parte / vol. I, p. 382 (*Vita di Domenico Beccafumi pittore, e maestro di getti, sanese*)
[*Postille sul margine sinistro*] Taglia stampe di legno per far carte a chiaro scuro. | Et anche stampe di rame col bullino, e con acqua forte.[68]

---

59 A partire dalla ristampa del 1648, si legge «di Architettura».

60 A partire dalla ristampa del 1648, si legge «di Architettura».

61 Questo blocco di quattro postille è ripreso nell'edizione di Bottari, con lievissime e ininfluenti modifiche (Vasari, *Vite*, cit., II, pp. 426-427).

62 Questo blocco di sei postille è ripreso nell'edizione di Bottari, con lievi e ininfluenti modifiche (Vasari, *Vite*, cit., II, pp. 428-429).

63 Questo blocco di tre postille è ripreso nell'edizione di Bottari, modificando solo la prima che diventa: «Serie dell'opere intagliate da Liè Frync.» (Vasari, *Vite*, cit., II, pp. 430-431).

64 Questo blocco di cinque postille subisce modifiche nell'edizione di Bottari, che sopprime la prima e la terza e così modifica la quinta: «Coriolano ha intagliato in legno i ritratti del presente libro della edizione de' Giunti.» (Vasari, *Vite*, cit., II, pp. 431-432).

65 Le due postille sono identiche nell'edizione di Bottari (Vasari, *Vite*, cit., II, pp. 432-433).

66 Postilla identica nell'edizione di Bottari (Vasari, *Vite*, cit., II, p. 464).

67 La postilla è modificata nell'edizione di Bottari, con la soppressione del riferimento al Baviera: «Fece il disegno delle trasformazioni degli Dei» (Vasari, *Vite*, cit., II, p. 495).

68 Le due postille sono riprese, con modifiche, nell'edizione di Bottari: «Intaglia stampe di legno | E anche stampe in rame.» (Vasari, *Vite*, cit., II, p. 520).

III parte / vol. I, pp. 481-484 (*Vita di Giacomo da Puntormo Pittore Fiorentino*)

[*Postilla sul margine destro, p. 481*] Paese fatto in gran parte con imitatione a[69] Alberto Duro.

[*Postille sul margine sinistro, p. 482*] Per la peste di Firenze si ritirò alla Certosa. | Fece nel chiostro alcune Pitture su la maniera Tedesca a[70] Alberto Duro. | Perdè in esse molto della gratia solita dell'altre sue opere. | Discrittione delle storie.[71]

[*Postilla sul margine destro, p. 483*] Altre sue Pitture in quel Monastero.[72]

[*Postilla sul margine sinistro, p. 484*] Giudicio del Vasari per l'imitatione del Duca [*i.e.* Duro] nell'opere di Giacomo.[73]

III parte / vol. II, p. 13 (*Vita di Girolamo da Carpi pittore ferrarese*)

[*Postilla sul margine destro*] Diana Mantuana intagliatrice rara.[74]

III parte / vol. II, p. 137 (*Vita di Michelagnolo Buonaroti fiorentino pittore, scultore, et architetto*)

[*Postilla sul margine destro*] Contrafaceva a maraviglia le stampe.[75]

III parte / vol. II, p. 221 (*Descrittione dell'opere di Tiziano pittore*)

[*Postilla sul margine destro*] Disegno de[l] Trionfo della Fede, suo.[76]

III parte / vol. II, pp. 268-269, 271 ([*Di diversi artefici italiani e fiamminghi*])

[*Postille sul margine sinistro, p. 268*] Alberto Durero più celebre de gli altri. | Altri che lavorarono[77] in Roma.[78]

[*Postilla sul margine destro, p. 269*] Le carte stampate dimostrano con mancamento l'eccellenza del disegno.[79]

[*Postilla sul margine destro, p. 271*] Auttori Dogmatici dell'arte.[80]

---

69 A partire dalla ristampa del 1648, si legge «di» al posto di «a».

70 A partire dalla ristampa del 1648, si legge «d[']» al posto di «a».

71 Questo blocco di cinque postille ricorre identico nell'edizione di Bottari (Vasari, *Vite*, cit., II, pp. 655-656).

72 Postilla identica nell'edizione di Bottari (Vasari, *Vite*, cit., p. 657).

73 Postilla ripresa nell'edizione di Bottari, con il nome corretto in «Duro» (Vasari, *Vite*, cit., II, p. 658).

74 Postilla identica nell'edizione di Bottari (Vasari, *Vite*, cit., III, p. 19).

75 La postilla non è ripresa nell'edizione di Bottari, che invece si dilunga in una nota lunga ed erudita, che riassume la questione storiografica (Vasari, *Vite*, cit., III, nota 1 a pp. 191-192).

76 Postilla ripresa nell'edizione di Bottari, con una lieve modifica che sopprime la conclusione «suo», lasciando in sospeso la questione della paternità del disegno (Vasari, *Vite*, cit., III, p. 377).

77 A partire dalla ristampa del 1648, si legge «operorono» al posto di «lavorarono».

78 Le due postille sono identiche nell'edizione di Bottari (Vasari, *Vite*, cit., III, p. 458).

79 Postilla ripresa, con lieve modifica, nell'edizione di Bottari (Vasari, *Vite*, cit., III, p. 462).

80 Postilla identica nell'edizione di Bottari (Vasari, *Vite*, cit., III, p. 467).

III parte / vol. II, c. n.n. segnata Mmm$_4$*r*-Xxx6*r* (*Tavola delle cose più notabili, che si contengono in questi Volumi. P.p. dinota Parte Prima. P. s. Parte Seconda. P. t.* a. *Parte Terza, Volume Primo. P. t.* b. *Parte Terza, Volume Secondo.*).

[c. n.n. segnata Mmm$_4$*v*] AGOSTINO VENETIANO intagliator di Rame P. t. *a*. 306. Impara da Marc'Antonio Bolognese. Varie opere intagliate in compagnia di Marco da Ravenna, e copiate da pitture, e disegni di Rafaelle d'Urbino. Intagli fatti da lui col disegno di Baccio Bandinelli. Christo morto intagliato col disegno d'Andrea del Sarto. 308. Manda un ritratto di sua mano in dono a Raffaelle d'Urbino.[81]

[c. n.n. segnata Nnn$_1$*r*] ALBERTO DURO Fiamingo Pittore et Intagliatore di Rame, P. t. *a*. 300. Immita il vivo. S'accorta [*i.e.* accosta] alle maniere Italiane. Sue opere diverse, 300, 301, 302. Diana che bastona una Ninfa intagliata con sottilissimo magistero. Due San Christofari bellissimi, e con capelli mirabilmente sfilati. Intaglia in legno. Vita della B.V. intagliata eccellentemente. S. Gio. Evangelista con le apparitioni dell'Apocalisse con fantasie varie, e terribili. Malinconia figurata con inventione, e sottilmente, 302. Passione di Christo intagliata in trentasei pezzi con eccellenza. Cavallo, Cane, et altre cose con sottigliezze maravigliose, 303. Lavora a concorrenza di Luca d'Olanda. Temperanza intagliata mirabilmente. S. Eustachio d'intaglio bellissimo, particolarmente per vari cani, in diverse attitudini. Piume d'un gallo sfilate nell'intaglio con finezza inimmitabile. S. Girolamo in modo ingegnoso. Diversi ritratti del naturale. Dipinse a oglio. Lasciò scritti attenenti all'intaglio, pittura prospettiva, et architettura

[c. n.n. segnata Nnn$_1$*r*] Albero degl'Imperatori fatto da Enea Vico. P. t. *a*. 311.

[c. n.n. segnata Nnn$_2$*r*] ANTONIO POLLAIVOLO Pittore, e Scultore Fiorentino. P. s. 370. [...] 373. [...] Suo studio nel dipinger ignudi. Intagliò in rame. [...]

[c. n.n. segnata Nnn$_2$*r*] ANDREA MANTEGNA Pittor Mantovano. P. s. 391. [...] 394. [...] Disegno bellissimo di chiaro scuro. Intagliò in rame. 395 [...]

[c. n.n. segnata Nnn$_2$*v*] ANDREA DEL SARTO Pittor Fiorentino. P. t. *a*. 155. [...] Immita Alberto Duro. 162 [...]

[c. n.n. segnata Nnn$_3$*r*] ANTONIO DA TRENTO Intagliator di stampe in rame, P. t. *a*. 309. Stampe varie cose con due, e tre forme.

[c. n.n. segnata Nnn$_3$*r*] ANTONIO LABACCO Intagliator di rame. P. t. *a*. 312. Intaglia le antichità, e cose notabili di Roma.

[c. n.n. segnata Nnn$_3$*v*] Antichità, e cose notabili di Roma intagliate in rame d'Antonio Labacco. P. t. *a*. 312.

[c. n.n. segnata Nnn$_4$*r*] Arte liberale intagliate in rame da Girolamo Cocca. P. t. *a*. 309.

[c. n.n. segnata Nnn$_4$*v*] BACCIO BANDINELLI Scultor Fiorentino. P. t. *a*. 422. [...] Suo studio d'Anotomia, et ardenza nell'arte. Disegna varie carte, e ne fa intagliare in rame.

---

81 Il rimando al ritratto inviato a Raffaello non è ovviamente pertinente con Agostino Veneziano, ma si riferisce ad Albrecht Dürer, che viene indicizzato nella carta seguente.

[c. n.n. segnata Ooo$_1$*r*] BATTISTA FRANCO Pittor Venetiano. P. t. *b*. 38. [...] Suoi disegni in istampa. Intagliò in rame. P. t. *a*. 31.[82]

[c. n.n. segnata Ooo$_1$*r*] BACCIO BALDINI Intagliator di rame. P. t. *a*. 300. Intagliò co' i disegni di Sandro Botticelli.

[c. n.n. segnata Ooo$_1$*r*] BATTISTA VICENTINO Pittore. P. t. *a*. 309. Intagliò di bolino, e con acqua forte.

[c. n.n. segnata Ooo$_1$*r*] BATTISTA DEL MORO Pittor Veronese. P. t. *a*. 520. [...] Intagliò di bolino, et con acqua forte. 309.

[c. n.n. segnata Ooo$_1$*v*] BASTIANO VENETIANO P. t. *a*. 309. Intagliò in rame a bollino, et in acqua forte.

[c. n.n. segnata Ooo$_4$*r*] CHRISTOFARO CORIOLANO Intagliatore. P. t. *a*. 315. Ha intagliato in legno i ritratti del presente libro co' i disegni di Giorgio Vasari.

[c. n.n. segnata Ooo$_4$*v*] Crocefissione di Christo intagliata raramente in rame. P. t. *a*. 304.

[c. n.n. segnata Ppp$_1$*r*] DIANA MANTOVANA Intagliatrice eccellente in rame. P. t. *b*. 13.

[c. n.n. segnata Ppp$_2$*r*] DOMENICO BECCAFUMI Pittor Sanese. P. t. *a*. 373. [...] 382. [...] Intaglia in legno, et in rame.

[c. n.n. segnata Ppp$_2$*v*] ENEO VICO da Parma intagliator di rame P. t. *a*. 310. Intaglia diverse cose con disegni di varij maestri famosi. Altri suoi lavori bellissimi. 311. Si dilettò d'Antichità, e diede alla Stampa libri di medaglie degli Imperatori. Disegnò cinquanta sorte d'habiti di diverse Nationi. Fece un'albero degl'Imperatori.

[c. n.n. segnata Ppp$_4$*r*] [Figure] Di bell'intaglio di rame, e di legno in diversi libri. P. t. *a*. 313.

[c. n.n. segnata Ppp$_4$*v*] FRANCESCO MAZZUOLI Parmigiano Pittore. P. t. *a*. 236. [...] Fa disegni per stampe, et intaglia in rame 240. Diogene bellissimo, et intagliato in rame 309.

[c. n.n. segnata Ppp$_4$*v*-Qqq$_1$r] FRANCESCO SALVIATI Pittor Fiorentino. P. t. *b*. 77 [...] 83. Disegni da intagliarsi in rame. [...] 88. [...] Disegno della Conversione di San Paolo intagliata in rame.

[c. n.n. segnata Qqq$_3$*r*] GHERARDO Miniator Fiorentino P. s. 358. [...] 359. [...] Intagliò in rame, et imitò Martino d'Anversa. P. t. *a*. 300. [...]

[c. n.n. segnata Qqq$_3$*r*] GIACOMO DA PUNTORMO Pittor Fiorentino, P. t. *a*. 472. [...] 481, 486. Pitture a imitatione della maniera di Alberto Duro. 482. Historie della passione di Christo dipinte con maniera Todesca. 483. Teste bellissime di soldati sonnolenti in varie attitudini.

[c. n.n. segnata Qqq$_3$*v*] GIACOMO BAROZZI da Vignola Pittore, et Architetto Bolognese. P. t. *b*. 120. [...] Intaglia, e stampa in rame un libro d'architettura. P. t. *a*. 312. [...]

---

82 A partire dalla ristampa del 1648, al posto di «31» si legge il numero corretto «312».

[c. n.n. segnata Qqq$_4$v] GIOVANNI CVGINI da Parigi Architetto, et intagliator di rame p. t. *a*. 312. Suoi intagli, e scritti d'architettura.
[c. n.n. segnata Rrr$_1$r] GIOVANNI DA CALCKER Fiammingo Pittore. P. t. *b*. 268. Dipinse alla maniera d'Italia. Disegno l'Anotomia del Vessalio.
[c. n.n. segnata Rrr$_1$r] GIO. BATTISTA Mantoano Pittore. P. t. *a*. 342. Fu scolaro di Giulio Romano [...] Intaglia in rame. 310. Sue opere diverse.
[c. n.n. segnata Rrr$_1$r] GIO. BATTISTA de Cavaglieri intagliator di rame. P. t. *a*. 312. Sue opere.
[c. n.n. segnata Rrr$_1$v] GIO. GIACOMO del Caraglio Veronese Intagliator di rame. P. t. *a*. 309. Immita Marc'Antonio Bolognese. Intaglia assai bene co' i disegni del Rosso, e di Perino del Vaga. 309. 363. Altre sue opere. 310. Si da a intagliar camei, e cristalli, et all'architettura.
[c. n.n. segnata Rrr$_2$v] GIROLAMO Fagioli Bolognese Intagliator di cesello, e di rame. P. t. *a*. 298.
[c. n.n. segnata Rrr$_2$v] GIROLAMO Coch Fiammingo Intagliator di rame. P. t. *a*. 309. Intaglia l'Arti liberali. Altri intagli fatti da lui col disegno di Martino Ems Kyer, e Francesco Flori. 313, 314, 315.
[c. n.n. segnata Rrr$_2$v] GIORGIO Mantoano Intagliator di rame. P. t. *a*. 311. Sue opere.
[c. n.n. segnata Rrr$_3$r] GIULIO Bonasoni Bolognese Intagliator di rame. P. t. *a*. 312. Suoi intagli diversi col disegno di maestri famosi.
[c. n.n. segnata Rrr$_3$v] GIULIO Romano Pittore. P. t. *a*. 328. [...]. 339. [...] Suoi diversi disegni intagliati in rame.
[c. n.n. segnata Sss$_1$v] Inventione [...]. Delle stampe in rame. P. t. *a*. 299.
[c. n.n. segnata Sss$_2$r] Intagli in rame, et in legno fatti col disegno di Tiziano. P. t. *a*. 312.

Di stampe in rame venuti di Francia, lavorati col disegno del Rosso. P. t. *a*. 313.

Diversi in rame fatti da Fiamminghi a immitatione d'Alberto Duro. P. t. *a*. 315.

Di rame bellissimi di diversi. P. t. *a*. 300, 301, 302, 303, 304, 305, 306, 307.

[c. n.n. segnata Sss$_2$r] LAMBERTO SUAVE Intagliator di rame. P. t. *a*. 310. Suoi lavori.
[c. n.n. segnata Sss$_2$v] LIE TRYNCG intagliò in rame a concorrenza di Girolamo Coch dieci carte della vita, e morte di s. Gio. Battista. P. t. *a*. 314.
[c. n.n. segnata Sss$_4$r] LUCA PENNI Pittore. P. t. a. 216. Fu scolare di Raffaelle d'Urbino [...] Intagliò in rame 313.
[c. n.n. segnata Sss$_4$r] LUCA D'OLANDA Intagliator in rame. P. t. *a*. 303. Lavorò a concorrenza d'Alberto Duro. Suoi lavori. 303, 304. Crocefissione di Christo, e Christo mostrato al popolo da Pilato, intaglio raro. S. Paolo intaglio bellissimo. Sua maniera. Altre carte piccole di sua mano. Villano, che si fa cavare un dente, intagliato con somma eccellenza.
[c. n.n. segnata Sss$_4$r] MARCO ANTONIO BOLOGNESE Intagliatore di Rame P. t. *a*. 85, 302. Imparò il disegno da Francesco Francia. Superò il mae-

stro. Lavorò ottimamente di niello. Suo studio, e profitto nell'intaglio in rame. Contrafa l'opere di Alberto Duro. Va a Roma, e si dà al disegno. Intaglia diversi disegni di Raffaelle d'Urbino. 304. Ritratti di Prencipi, e letterati. Altre sue opere. 306, 307. Intaglia co' disegni di Giulio Romano. Sua morte, e disegni. 316. Intagliò il Martirio di s. Lorenzo disegnato dal Bandinelli. P. t. *a* 428.
[c. n.n. segnata Sss$_4$*r*] MARCO DA RAVENNA Intagliator in rame. P. t. *a*. 306. Impara da Marc'Antonio Bolognese. Sue opere intagliate in compagni d'Agostino Venetiano copiate da disegni, e pitture di Raffaelle d'Urbino. Lavorò da per sé. 308.
[c. n.n. segnata Sss$_4$*v*] MARTINO D'ANVERSA Pittore, et Intagliator di rame. P. t. *a*. 300. Manda in Italia gran numero di disegni stampati. Suoi diversi lavori d'intaglio. Transito di N. Donna intagliato da lui mirabilmente. S. Antonio battuto da i Diavoli con varie, e bizzarre forze.
[c. n.n. segnata Sss$_4$*v*] MARTINO EMS KYCR[83] Pittore Fiammingo. P. t. *a*. 313. Suoi varij disegni intagliati in rame da Girolamo Coch Fiammingo. Sua maniera simile all'Italiana. Sue opere in Fiandra. P. t. *b*. 268.
[c. n.n. segnata Sss$_4$*v*] MASO FINIGVERRA Orefice ingegnosissimo. P. s. 371. Intagliò in argento [P. t. *a*.] 299.
[c. n.n. segnata Ttt$_1$*r*] Martirio di S. Lorenzo, disegnato dal Bandinelli. P. t. a. 428. Intagliato in rame da Marc'Antonio Bolognese.
[c. n.n. segnata Ttt$_1$*v*] MICHELANGELO BUONAROTI Fiorentino Pittore, Scultore, et Architetto. P. t. *b*. 134. [...] 137. Contrafaceva di penna a maraviglia le stampe. [...]
[c. n.n. segnata Nnn$_3$*v*] NICOLO BEATRICIO Loteringo Intagliator di rame. P. t. *a*. 312. Sue varie opere. Historia da lui intagliata col disegno di Mosciano. Anuntiata intagliata col disegno di Michelangelo. Ridusse in istampa la nave nel portico di s. Pietro fatta da Giotto.
[c. n.n. segnata Nnn$_3$*v*] Niello, che cosa sia, e come si lavori. Introduttione. 61.
[c. n.n. segnata Nnn$_3$*v*] Nielli bellissimi lavorati da Marc'Antonio Bolognese. P. t. *a*. 302.
[c. n.n. segnata Vvv$_1$*r-v*] PERINO DEL VAGA Pittore Fiorentino. P. t. *a*. 352. [...] 363. [...] Fa disegni da intagliarsi in rame.
[c. n.n. segnata Vvv$_3$*r*] PROPERTIA DE ROSSI Scultrice Bolognese. P. t. *a*. 176. [...] 178. [...] Intaglia stampe di rame, con molta lode.
[c. n.n. segnata Vvv$_3$*r*] Progresso dell'arte d'intagliar in rame. P. t. *a*. 85.[84]
[c. n.n. segnata Vvv$_4$*v*] Ritratti [...] Di Prencipi, e letterati intagliati per eccellenza. In rame. P. t. *a*. 305.
[c. n.n. segnata Vvv$_4$*v*] Ritratti [...] Del presente libro disegnati da Giorgio Vasari, e suoi scolari, et Intagliati da Christofaro Coriolano. P. t. *a*. 305.

---

83 A partire dalla ristampa del 1648, si legge «Emskyar».

84 Manolessi si riferisce al passo nella *Vita* di Raffaello. Comunque, nell'indice sotto il nome di Raffaello non compare alcun riferimento alle stampe.

[c. n.n. segnata Xxx$_1$*v*] S. Paolo intagliato ottimamente in rame da Luca d'Olanda. P. t. *a*. 304.
[c. n.n. segnata Xxx$_1$*v*] S. Antonio battuto da i Diavoli intagliato in rame bizzarramente. P. t. *a*. 300.
[c. n.n. segnata Xxx$_2$*r*] SEBASTIANO SERLIO Bolognese Architetto. P. t. *a*. 149, 312. Ha scritto, et intagliato in legno, et in rame libri d'architettura, et antichità di Roma da lui misurate.
[c. n.n. segnata Xxx$_3$*r*] Stampe di Rame da che derivate. Introduttione. 64.[85]
Di legno da chi inventate. Introduttione. 65.[86]
Di legno triplicate, come si facciano. Introduttione. 66.[87] Inventate da Ugo da Carpi. P. t. *a*. 85.
Di rame, che imprimono le figure, che paiono dipinti a chiaro scuro. P. t. *a*. 308.
ˆContrafatte a maraviglia da Michelangelo Buonaroti. P. t. *b*. 137.
[c. n.n. segnata Xxx$_4$*v*] TIZIANO DA CADOR Pittore. P. t. *b*. 219. [...] 221. Disegna il trionfo della Fede publicato in istampa.
[c. n.n. segnata Xxx$_5$*r*] Transito di N. Donna intagliato mirabilmente in rame. P. t. *a*. 300.
[c. n.n. segnata Xxx$_5$*v*] UGO DA CARPI Pittore. P. t. *a*. 308. Fu d'acutissimo ingegno. Inventa stampe di rame, che fingono pitture a chiaro scuro. Inventa stampe di tre legni 85. Sue opere diverse. Dipinse a oglio senza pennello con le dita.
[c. n.n. segnata Xxx$_6$*r*] Villano, che si fa cavare un dente intagliato in rame con eccellenza. P. t. *a*. 304.

85 Errore di numerazione, in realtà p. 61.
86 Errore di numerazione, in realtà p. 63.
87 Errore di numerazione, in realtà p. 63.

Paola Croset

JOHN EVELYN LETTORE DI VASARI*

Sculptura: or the History, and Art of Chalcography and Engraving in Copper [...][1] è il titolo di uno dei principali trattati scritti da John Evelyn, pubblicato a Londra nel 1662.

Chi conosce l'autore – nato nel 1620 a Wotton e morto nel 1706 a Londra, all'età di ottantasei anni, e per questo testimone diretto di quasi un secolo di storia europea – avrà principalmente in mente i suoi viaggi, tra i primi *Grand Tours* in Europa,[2] la vita scrupolosamente annotata nel famoso diario,[3] più volte stampato e largamente diffuso, o i suoi molte-

---

* Questo studio ha visto il suo inizio nell'ambito della ricerca per la tesi magistrale discussa nel luglio del 2020 presso l'Università Ca' Foscari, con correlatrice la Professoressa Maria Chiara Piva e relatore il Professor Giovanni Maria Fara, a cui va il mio più sentito ringraziamento.

[1] J. Evelyn, *Sculptura: or the History, and Art of Chalcography and Engraving in Copper. With an ample enumeration of the most renowned Masters, and their Works. To which is annexed a new manner of Engraving, or Mezzo Tinto, communicated by his Highness Prince Rupert to the Author of this Treatise*, London, Printed by J.C. for G. Beedle, and T. Collins, at the Middle-Temple-Gate, and J. Crook in St. Paul's Church-yard, 1662.

[2] Evelyn viaggiò tra il 1643 e il 1647: salpato da Surrey (Inghilterra), la prima tappa fu Parigi, dove conobbe l'ambasciatore Richard Browne, del quale sposerà la figlia ereditandone la tenuta di Sayes Court. Raggiunse poi Genova e Livorno via mare, passando dalle città della Loira e del Reno fino a Marsiglia. Attraversò in seguito l'Italia passando da Pisa, Livorno, Firenze, Siena, Roma, Napoli e risalendo poi nuovamente da Roma, Siena, Lucca, Firenze, Bologna, Ferrara, Venezia, Padova, Verona e Milano. Tra il 1646 e il 1647 trascorse un ultimo inverno a Parigi, per poi tornare in Inghilterra (cfr. R. Strong, *Introduction*, in *The Diary of John Evelyn*, edited by E.S. de Beer, selected and introduced by R. Strong, London, Everyman's Library, 2006, pp. viii-ix). Su Evelyn e i suoi viaggi si vedano almeno G.B. Parks, *John Evelyn and the Art of Travel*, «Huntington Library Quarterly», Vol. 10, No. 3, May, 1947 e G. Darley, *Wonderful Things: The Experience of the Grand Tour*, «Perspecta», 41, 2008, pp. 17-25, 28-29.

[3] Il diario di John Evelyn – pubblicato per la prima volta nel 1818 in modo incompleto e rivisto solo nell'edizione definitiva in sei volumi del 1955 a cura di E.S. de Beer – è un documento ibrido (costituito da tante annotazioni e appunti presi su almanacchi o fogli sparsi) e retrospettivo (cfr. R. Strong, *The Nature of the Diary*, in *The Diary of John Evelyn*, cit., pp. xxi-xxiii), testimonianza di più di mezzo secolo di storia inglese (cfr. E.S. de Beer, *John Evelyn, F.R.S. (1620-1706)*, «Notes and Records of the Royal Society of London», Vol. 15, July 1960, p. 238).

plici importanti incarichi politici.[4] Lo ricorderà altrimenti per il ruolo di *virtuoso* ed intellettuale,[5] o di poligrafo (scrisse una trentina di trattati su svariate discipline e tradusse libri dal francese).[6] Affatto estraneo, quindi, ai più raffinati salotti londinesi, Evelyn stesso racconta di aver perfino retto la candela mentre re Carlo II si faceva ritrarre da Samuel Cooper, miniaturista responsabile dell'effigie che sarebbe apparsa sulle nuove monete, discutendo con «his Majestie... about severall things relating to Painting & Gravings &c».[7] Evelyn appare anche tra i nomi degli uomini pronti a diventare membri della nascente *Royal Society*, nella lista stilata dall'assemblea costituente il 28 novembre 1660, poi eletto il 2 gennaio 1661, e molte fonti gli attribuiscono la scelta del nome, certamente per la prima volta utilizzato per iscritto da lui.[8] L'ambito culturale di questa importante società, nata per diffondere il sapere scientifico, fa da sfondo anche alla genesi del curioso trattato sull'incisione del 1662, che secondo alcuni documenti rinvenuti negli archivi della *Society* stessa, doveva far parte di un ben più

---

4 Sugli incarichi politici si veda G. Darley, *"Action to the Purpose": Evelyn, Greenwich, and the Sick and Wounded Seamen*, in *John Evelyn and his Milieu*, edited by F. Harris, M. Hunter, London, The British Library, 2003, pp. 165-184.

5 Evelyn ebbe anche importanti meriti in campo artistico, come quello di aver ottenuto nel 1667 da Lord Henry Howard che gli *Arundelian Marble* (collezionati da varie parti del mondo dal nonno Thomas, Earl of Arundel), venissero donati all'Università di Oxford, o ancora, di aver consigliato Christopher Wren sullo schema per ricostruire St. Paul e in generale di aver proposto un piano per la ricostruzione di Londra a seguito del *Great Fire* (Cfr. D. Rodgers, s.v. *Evelyn, John*, in *The Dictionary of Art*, edited by J. Turner, X, London-New York, Macmillan Publishers-Grove, 1996, p. 657; sul rapporto di Evelyn con l'architettura si veda M. Walker, *Writing about Romano-British Architecture in the Late Seventeenth Century*, in *The Quest for an Appropriate Past in Literature, Art and Architecture Book*, edited by K.A.E. Enenkel, K.A. Ottenheym, Leiden, Brill, 2019, pp. 685-706).

6 Esempi di argomenti dei suoi trattati sono la progettazione della città, la politica, il giardinaggio. Tra le traduzioni del francese si possono ricordare *A parallel of the antient architecture with the modern* (1664), di Roland Fréart, Sieur de Chambray, dedicata a re Carlo II (alla quale aggiunse l'*Account of Architects and Architecture* dedicato a Christopher Wren, e una traduzione dal *De Statua* di Leon Battista Alberti); sempre da Fréart il trattato sulla pittura *An Idea of the Perfection of Painting* (1668). Per una bibliografia completa sui trattati scritti da Evelyn si veda G. Keynes, *John Evelyn: a Study in Bibliophily with a Bibliography of his Writings*, London, Oxford University Press, 1968 (prima ed. 1937).

7 Sull'aneddoto raccontato da Evelyn si veda C.A. Hanson, *The English Virtuoso. Art, Medicine, and Antiquarianism in the Age of Empiricism*, Chicago and London, The University of Chicago Press, 2009, p. 81.

8 Cfr. De Beer, *John Evelyn, F.R.S. (1620-1706)*, cit., pp. 233-236: ciò avvenne nella dedica de' *Instructions concerning erecting of a Library*, 1661. Evelyn ricoprì anche diverse cariche all'interno della società: fu membro del consiglio quindici volte, fu uno dei segretari tra 1672-1673 e in tre occasioni venne suggerito tra i candidati per la presidenza. Su Evelyn e la *Royal Society* si veda anche M. Denny, *The Early Program of the Royal Society and John Evelyn*, «Modern Language Quarterly», I, 1940, pp. 481-497.

ampio progetto di un'«*History of Mechanical Trades*»,[9] una storia delle arti meccaniche nella mente di Evelyn già dagli anni Cinquanta del Seicento.[10] Di questo ambizioso programma, tuttavia, solo lo *Sculptura* venne realizzato, seppur pubblicato in maniera parziale unicamente nella sua prima parte più focalizzata sulla storia della calcografia, poiché la seconda, dai contenuti più tecnici, doveva essere costituita dalla traduzione dell'appendice al *Traicté des Manières de Graver en Taille Douce sur l'airin* (1645) di Abraham Bosse, intitolata *La manière d'Imprimer les Planches en Taille Douce: Ensemble du Moyen d'en Construire la Presse*, commissionata dalla *Royal Society*, ma già realizzata, poco prima, da William Faithorne.[11] La complementarietà dei

---

9 Da un'annotazione nel diario si apprende che il 16 gennaio 1660: «I went to the *Philosophic Club*: where was examin'd the *Torricellian* experiment: I presented my Circle of *Mechanical Trades*, & had recommended to me the publishing what I had written of *Chalcography*» (Evelyn, *The diary of John Evelyn*, cit., p. 379). L'accenno a questo *Circle of Mechanical Trades* indica l'esistenza di un progetto ben più ampio rispetto alla sola storia della Calcografia (a questa data evidentemente già potenzialmente pronta alla pubblicazione): una più generale storia della Tecnica, i cui contenuti sono noti grazie ad un manoscritto dello stesso Evelyn rinvenuto da A.H. Church negli archivi della *Royal Society* (cfr. J. Payne, *Introduction*, in *Sculptura; or, the History and Art of Chalcography, and Engraving in Copper [...]; The Second Edition*, London, J. Payne, 1755; C.F. Bell, *Introduction*, in *Evelyn's Sculptura, with the unpublished Second Part*, edited by C.F. Bell, Oxford, Clarendon Press, 1909, pp. vi-ix; Keynes, *John Evelyn: a study in bibliophily*, cit., p. 116). Si tratta di quattro pagine firmate e datate J. Evelyn / 1660 / Jan: 16, che celano la proposta di un'«*History of Arts Illiberal and Mechanical*», con la specificazione delle otto categorie di arti da cui doveva essere costituita, tra cui "curious" al settimo posto, che include arti come la pittura, la scultura e l'incisione con varie altre suddivisioni interne. Il documento secondo B. Thomas (*Noble or Commercial? The Early History of Mezzotint in Britain*, in *Printed Images in Early Modern Britain, Essays in Interpretation*, edited by M. Hunter, New York, Routledge, 2016, nota 3, pp. 333-353) si trova negli archivi della *Royal Society*, Cl.P 3(i)1. Questi documenti sono stati pubblicati da A.F. Sieveking, *Evelyn's "Circle of Mechanic Trades*, «Transactions of the Newcomen Society, 4, 1923-1924, pp. 40-47. Si veda anche A. Griffiths, *John Evelyn and the Print*, in *John Evelyn and his Milieu*, edited by F. Harris, M. Hunter, London, The British Library, 2003, p. 106.

10 L'idea di tale progetto doveva esistere almeno dal 1657, quando in una lettera indirizzata a Robert Boyle, Evelyn parla di un «Treatise [*Scultura*] together with five others (viz. Paynting in oyle, Miniature, Anealing in Glasse, Enamiling, and Marble paper) I was one minded to publish for the benefit of the ingenious» (D.D.C. Chambers – D. Galbraith, *The Letterbooks of John Evelyn*, edited by D.D.C. Chambers and D. Galbraith, Toronto Buffalo London, University of Toronto Press, 2014, p. 204: Letter to Mr. Boyle, 9 May 1657). Come fatto notare da Thomas (*Noble or Commercial?*, cit., p. 335), da questa lettera appare chiaro che fu Boyle a sollecitare Evelyn ad eseguire il progetto dell'*History of Trades*. Egli evidenzia, inoltre, che Evelyn già nel giugno del 1653 è descritto da Hartlib nel suo *Ephemerides* come coinvolto in un «great Worke of all Trades».

11 Evelyn spiega nell'*Advertisement* che chiude il testo del *Sculptura*, che la ragione che lo trattenne dal pubblicare quest'ultimo capitolo fu la notizia che anche l'incisore Faithorne aveva da poco tradotto parte del testo di Bosse (Cfr. Hanson, *The English Virtuoso*, cit., p. 80; Thomas, *Noble or Commercial?*, cit., p. 334) nell'opera *The Art of Graving and Etching [...]* (1662), sebbene anch'egli alla fine si astenne dal pubblicarla. Questa parte del trattato di Bosse venne aggiunta all'edizione del 1702 (Londra) del *Sculptura*.

due testi è testimoniata anche della modalità in cui sono stati trovati conservati: legati fisicamente insieme[12] o citati vicini.[13]

L'opera venne effettivamente stampata e presentata alla neonata *Royal Society* il 10 giugno del 1662,[14] in linea con il programma della società inglese di catalogare il sapere pratico legato ai mestieri (*trades*), come se fosse un contributo alla più generale indagine scientifica.[15] Nella dedica a Robert Boyle,[16] infatti, Evelyn esplicita sia l'aspetto scientifico del suo trattato, dichiarando di condividere con il dedicatario la volontà di contribuire «to that great and august designe of cultivating the Sciences, and advancing of useful knowledge, emancipated from the strong contentions, and little fruit of the former; Envy, and imposture of the latter Ages»,[17] sia l'aspetto umanistico e storico artistico, spiegando l'obiettivo di tale scritto, ovvero quello di aiutare i *Gentlemen* inglesi a scegliere le opere per la propria collezione[18] e spingerli a praticare l'arte incisoria loro stessi.[19] D'altra parte, per realizzare una simile pubblicazione, l'autore doveva essersi affidato alla propria conoscenza della materia acquisita nei viaggi per l'Europa, durante i quali visitò numerose collezioni di stampe sia pubbliche che private, momento in cui

---

12 Per esempio, in tutte e tre le copie della biblioteca del British Museum: Cfr. Keynes, *John Evelyn: a Study in Bibliophily*, cit., p. 116.

13 Come nell'inventario del 1687 della biblioteca di Evelyn (cfr. Griffiths, *John Evelyn and the print*, cit., p. 111): alle lettere W e X appaiono rispettivamente le diciture «Sculptura, or the Historie of Chalcography &c by J. Evelyn. Lond. 1662» e «The art of graving & etching by Ab. Bosse traslated by W. Faithorne. Lond. 1662». Come annotato da Keynes (*ibid.*) la copia personale di Evelyn di *The Art of Graving and Etching* con la sua firma sul frontespizio venne venduta il 19 gennaio 1933 (lotto 481) e poi offerta in vendita una seconda volta nel marzo 1933.

14 Come annotato dall'autore nel diario: «I returned to Lond: &: presented my *Historie of Chalcographie* (dedicated to Mr. *Boyle*) to our *Society*» (Evelyn, *The diary of John Evelyn*, cit., p. 400 (10 giugno 1662, Londra).

15 Si veda a questo proposito W.E. Houghton, *The History of Trades: its Relation to Seventeeth- Century Thought*, «Journal of the History of Ideas», 2, 1941, pp. 33-60 e P.W. Parshall, *Art and the Theater of Knowledge: The Origins of Print Collecting in Northern Europe*, «Harvard University Art Museums Bulletin», Vol. 2, No. 3, Spring 1994, p. 29.

16 Robert Boyle (1627-1691), fisico, chimico e filosofo irlandese di grande fama, autore di vari trattati. Egli fu membro della *Royal Society* insieme ad Evelyn, e dei due si conserva ancora la corrispondenza.

17 Si veda Evelyn, *Sculptura*, cit., all'interno della dedica a Boyle: «To the Honourable and Learned Gentleman, Robert Boyle Esq».

18 Cfr. *ibid.*: «useful for the encouragement of the Gentlemen of our Nation, who sometimes please themselves with these innocent diversions (Collections worthy of them for divers respects)».Sul collezionismo di stampe a Londra a metà Seicento si veda C. Baker – C. Elam – G. Warwick, *Collecting Prints &Drawings in Europe 1500-1750*, Aldershot, Ashgate 2003.

19 Cfr. *ibid.*: «that such as are addicted to the more Noble Mathematical Sciences, may draw, and engrave their Schemes with de light and assurance, I have been induc'd to think it more worthy your Patronage».

prese il via la sua stessa raccolta.[20] Una volta tornato in Inghilterra, infatti, Evelyn costituì il suo *cabinet* privato, grazie al quale viene annoverato tra i primi collezionisti inglesi di stampe dei quali si ha notizia,[21] continuando a visitare collezioni e a mantenere rapporti con gli altri collezionisti.[22] Ma è già in un periodo di abbandono di tale pratica che egli scrisse il trattato in questione, come dimostrato da una lettera scritta il 5 febbraio 1695 indirizzata a Dr. William Lloyd, vescovo di Coventry e Lichfield, dove egli afferma di non conoscere più nessun rivenditore di stampe, e usa il tempo passato per ricordare quando era uno zelante collezionista d'incisioni d'antichità,[23] soprattutto a Roma e all'estero. Aggiunge che per mancanza di tempo e di denaro erano ormai trascorsi quarant'anni dall'ultima considerevole aggiunta alla sua raccolta. Come notato da Griffiths, questa lettera è fondamentale per ricostruire in che epoca egli smise di ricercare nuove opere destinate al suo *cabinet*, ovvero già poco dopo il 1655.[24] Eppure, i consigli dispensati ai collezionisti suoi contemporanei sulle opere da possedere, contenuti nello *Sculptura*, vennero talmente apprezzati che egli rimase punto di

---

20 In Italia, per esempio, egli vide le semi pubbliche collezioni di Firenze, quella di Venezia, della Biblioteca Ambrosiana di Milano e le collezioni private delle macchine di Padre Athanasius Kircher, delle medaglie di Angeloni (qui Evelyn incontra anche Bellori: cfr. E. Borea, *Bellori 1645. Una lettera a Francesco Albani e la biografia di Caravaggio*, «Prospettiva», 100, ottobre 2000, p. 58), Cassiano dal Pozzo (come descritto nel suo diario alla data 21 novembre 1644: si veda Evelyn, *The Diary of John Evelyn*, cit., pp. 134-135; A. Cook, *Rome and the Royal Society*, «Notes and Records of the Royal Society of London», 58, 1, January 2004, pp. 3-19.), a Napoli le rarità scientifiche di Ferdinando Imperati e a Venezia le pietre preziose di Ruzzini (Cfr. Parks, *John Evelyn and the Art of Travel*, cit., pp. 268-269). Ma l'interesse per questa materia fiorì soprattutto durante il suo secondo soggiorno in Francia, negli anni d'esilio a seguito dell'esecuzione di re Carlo I, a cui era devoto (Cfr. A. Griffiths, *The Print in Stuart Britain, 1603-1689*, Exhibition catalogue (London, British Museum, 8 June – 20 September 1998), London, British Museum Press, 1998, cat. 81).

21 Cfr. Griffiths, *John Evelyn and the Print*, cit., p. 99: tramite Evelyn si conoscono alcuni dettagli del collezionismo inglese di quel periodo, poiché la sua vita s'incrocia con quella di molti artisti suoi contemporanei (per esempio sul suo rapporto con Hollar si veda R. Harding, *John Evelyn, Hendrick van der Borcht the Younger, and Wenceslaus Hollar*, «Apollo», 144, Agosto 1996, pp. 39-44).

22 Egli visitò le collezioni di John Tradescant, Elias Ashmole e Hans Sloane. Inoltre, conosceva Lord Arundel, il quale possedeva un'importante collezione di disegni e incisioni (cfr. D. Sutton, *Thomas Howard, Earl of Arundel and Surrey, as a Collector of Drawings-III*, «The Burlington Magazine», Vol. 89, 528, March 1947, pp. 75-77).

23 Vengono elencati in seguito anche altri soggetti incisi di suo interesse, cfr. Griffiths, *John Evelyn and the Print*, cit., pp. 105-106 (nota 20 p. 113: British Library *Add.* MS 78299: to William Lloyd, 5 feb 1695): «Nor was I onely curious of antiquities, but of all modern edifices, gardens, fountaines, prospcts of cities, countries, sieges, battels, triumphs, publique and famous solemnities, sports, executions, cavalcades; the effigies and portraits of greate persons; habits, machines, inventions emblems, devises, animals, pictures, charts and maps innumerable».

24 Cfr. *ivi*, p. 105.

riferimento per molti anni a seguire, continuando ad indicare, con lunghe e talvolta tediose liste, le incisioni fondamentali da includere nelle raccolte,[25] continuamente sollecitato dai lettori a produrre una nuova seconda edizione aggiornata, consona all'allargamento del mercato.[26]

Sebbene lo stato dell'arte su quest'opera sia piuttosto limitato,[27] e tra Settecento[28] e Ottocento[29] sia stato solo nominato in dizionari sull'incisione e manuali per *amateurs* e collezionisti, o bersagliato da dure critiche nel corso di tutto il Novecento,[30] in tempi più recenti è stato riconosciu-

---

25 Di queste liste restano delle testimonianze nelle lettere a Lloyd o Samuel Pepys, come indicato in *ivi*, p. 108, riunite da H.C. Levis, *Extracts from the Diaries and Correspondence of John Evelyn and Samuel Pepys Relating to Engraving with Notes by Howard C. Levis*, London, Ellis, 1915.

26 Si veda la lettera del febbraio 1686 indirizzata al rettore di Eton Dr. Godolphin, dove Evelyn annuncia di star lavorando al suo libro sulle medaglie (*Numismata*, 1697), e aggiunge riferendosi ai collezionisti: «I thought yet of gratifying them in some manner with an ex-chapter in my discourse of medals, where I speak of the effigies of famous persons and the use which may be derived of such a collection» (Cfr. Griffiths, *John Evelyn and the Print*, cit., pp. 107-108 da J. Evelyn, *Diary of John Evelyn*, ed. H.B. Wheatley, 4 vols, Bicker, London, 1906, IV, p. 16). Tale capitolo (l'ottavo) venne effettivamente inserito nel più tardo trattato sulla storia delle medaglie, come integrazione al capitolo quarto del *Sculptura*.

27 Si veda a questo proposito la ricostruzione completa dello stato dell'arte in P. Croset, *John Evelyn e il Quarto Capitolo del* Sculptura. *Un esercizio di traduzione, analisi e commento*, tesi di laurea magistrale, Università Ca' Foscari di Venezia, a.a. 2019-2020, relatore G.M. Fara, pp. i-xii.

28 K.H. von Heinecken (Heineken), *Idée Générale d'une collection complette d'estampes. Avec une dissertation sur l'origine de la gravure & sur les premiers livres d'image*, Leipsic et Vienne, chez Jean Paul Kraus, 1771, p. 208 e p. 214; J. Strutt, *A Biographical Dictionary; Containing an Historical Account of All the Engravers, from the earliest period of the Art of Engraving to the present time; and a short list of their most esteemed works [...]*, 2 voll., London, Faulder, 1785, I, pp. 8, 17, 18, 189, 205, 212, 253, 248, 249, 257, 262 e II pp. 94, 152, 179, 210, 283, 327, 380, 430. 456.

29 M. Huber – C.G. Martini, *Manuel des curieux et des amateurs de l'art; contenant une notice abrégée des principaux Graveurs et un Catalogue raisonné de leurs meilleurs ouvrages [...]*, vol. IX (Ecole Angloise), Zurigo, Orell, Fussli et Compagnie, 1808, p. 49; G. Gori Gandellini, *Notizie degli Intagliatori raccolte da varj scrittori ed aggiunte a Giovanni Gori Gandellini dal padre maestro Luigi De Angelis minor conventuale socio dell'accademia delle scienze, e professore pubblico nella imperiale università di Siena*, 15 voll., Siena, Onorato Porri, 1808-1816, IX, 1811, p. 264 e IV, 1808, p. 16; L. Cicognara, *Catalogo ragionato dei libri d'arte d'antichità posseduti dal conte Cicognara*, Tomo Primo, Pisa, Niccolò Capurro, 1821, p. 43; P. Zani, *Catalogo dei più celebri intagliatori in legno ed in rame e capiscuola di diverse età e nazioni*, Milano, Pietro e Giuseppe Vallardi, 1821, p. 22; L. Bossi, *Introduzione allo studio delle arti del disegno e vocabolario compendioso delle arti medesime nuovamente compilato per uso degli studiosi amatori delle opere di Architettura, Scultura, Pittura, Intaglio, ec. con tavole intagliate in rame*, 2 voll., Vallardi, Milano, 1821, I, p. 242; G. Ferrario, *Le classiche stampe dal cominciamento della calcografia fino al presente [...] scelte e proposte a dilettevole ed instruttivo ornamento di una galleria da Giulio Ferrario*, Milano, Santo Bravetta, 1836, nota 1 p. 14; C. Le Blanc, *Manuel de l'amateur d'estampes*, 4 voll., Paris, F. Vieweg, 1854-1889, II, p. 204 e III, p. 83.

30 Evelyn, *Evelyn's Sculptura*, cit., pp. xiii-xiv; A.M. Hind, *A History of Engraving and Etching, from the 15th century to the year 1914*, New York, Houghton Mifflin Company, 1923 (ed. italiana: *Storia dell'Incisione dal XV secolo al 1914*, a cura di G. Milanesi, Torino, Allemandi, 1998), p. 144.

to, all'interno di studi dedicati, di fondamentale importanza per la storia dell'incisione e del collezionismo di stampe. Per esempio, in un saggio del 1994 pubblicato sull'*Harvard University Art Museums Bulletin*[31] Peter Parshall dedica un intero paragrafo a Evelyn intitolato *John Evelyn: Technology and Print Connoisseurship*, finalmente riconoscendo l'effettiva rilevanza del *Sculptura* come documento che necessita di una più ravvicinata attenzione rispetto a quella ricevuta da parte degli storici dell'incisione, non da ultimo perché è il primo resoconto coordinato e completo della storia di un unico medium nell'arte occidentale.[32] Inoltre, si inizia qui a porre l'accento sull'importanza di Evelyn come collezionista di stampe,[33] campo poi indagato anche dal più recente e aggiornato studio specifico sul rapporto dell'inglese con l'incisione, sia come trattatista, che come incisore e, per l'appunto, collezionista. Si tratta dello scritto del 2003 di Antony Griffiths,[34] a cui si deve la ricostruzione del triste episodio della dispersione della raccolta incisoria di Evelyn, avvenuta con la vendita dell'estate del 1977 presso Christie's.[35] Lo studioso ha anche pubblicato per la prima volta il catalogo librario redatto dall'inglese nel 1687, e in particolare le tre pagine che riguardano le incisioni.[36] Questa sezione, contrassegnata dal segno tipografico di un Mercurio, permette di risalire alla modalità di catalogazione delle opere raccolte, incollate in volumi suddivisi per argomento.[37] Sempre negli

---

31 Parshall, *Art and the Theater of Knowledge*, cit., pp. 27-31.

32 *Ivi*, p. 27.

33 Cfr. *ivi*, p. 29: «Evelyn's account of the "Art of Chalcography" gave birth to print studies at a point that also saw the beginnings of a revolution in science and antiquarianism in addition to collecting practices, and this is surely not coincidental. The context that united these events was the avocational passion of the amateur, the democratic engagement of the gentleman in the furtherance of utilitarian as well as higher learning. Broadley speaking, both as amateur and collector, Evelyn's perspective – like that of certain of his predecessors – was one level practical».

34 Cfr. Griffiths, *John Evelyn and the Print*, cit. Griffiths si era già interessato ad Evelyn nel 1995, quando scrisse un saggio sul rapporto tra l'autore dello *Sculptura* e Prince Rupert (Id., *Prince Rupert and John Evelyn*, «Print Quarterly», 12, 1995, pp. 289-290) e nel 1998 nell'ambito della mostra sull'incisione nell'Inghilterra di epoca Stuart (Id., *The Print in Stuart Britain, 1603-1689*, cit.).

35 Cfr. Griffiths, *John Evelyn and the Print*, cit., p. 95: «Christie's made a mess of the disposal, and scattered the prints and drawings through at least five different sales with minimal catalogue descriptions». Come spiegato da Griffiths (nota 1 p. 112) le maggiori vendite nel 1977 avvennero il 14 giugno (lotti 152-168); 29 giugno (lotti 1-126); 6 luglio (lotti 1-20); 12 luglio (lotti 48-51); e 26 luglio (lotti 156-199). Insieme alle incisioni venne venduto anche il nucleo della sua biblioteca (il 22 e 23 giugno) che è trascritto in quattro volumi pubblicati da Christie's.

36 Cfr. *ivi*, pp. 109-112.

37 Tra i principali soggetti delle incisioni vi sono topografia, ritratti, costume, architettura e antichità. Oltre ai volumi classificati dalle lettere vi è anche un volume di disegni e un singolo

anni Duemila sono stati pubblicati il volume curato da Gillian Darley del 2006,[38] dedicato interamente ad Evelyn e ai suoi svariati interessi in campi molto differenti, spesso sottostimati, e nel 2016 il saggio di Ben Thomas[39] che si occupa della storia del Mezzo Tinto in Inghilterra, e dello *Sculptura* come punto d'inizio per indagarla.[40]

Il trattato è costituito da sei capitoli,[41] di cui il quarto occupa il maggior numero di pagine, sessantasette per l'esattezza, delle centoquarantotto totali. La ragione della sproporzione fra la lunghezza di questo capitolo e gli altri, è strettamente legata allo scopo insito nella composizione del trattato in generale, ovvero quello di fornire una guida al collezionista per scegliere le incisioni *di buon gusto*, i «*must have*» da possedere nella propria collezione, come Evelyn stesso spiega:

> For the rest, if we have somewhat exceded the limits of a Chapter (comparing it with those which did preceed) it has not been without Prospect had to the benefit of such as will be glad of instruction how to direct their *choice* in collecting

---

d'incisione di Callot, della Bella, Silvestre, Perelle, Hollar e una sezione intitolata "Icones" in cui sono elencate diciotto incisioni che erano troppo grandi per essere inserite in album (conservate arrotolate, accompagnate da una descrizione che ne rende riconoscibile la maggior parte). Lo stesso Evelyn, inoltre, sperimentò l'acquaforte nel 1649 (con la rappresentazione di vedute di Roma e Napoli) e nel 1653 (una veduta della sua tenuta a Wotton): cfr. *ivi*, pp. 95-97 e 104.

38 G. Darley, *John Evelyn. Living for Ingenuity*, New Haven (Conn.) and London, Yale University Press, 2006.

39 Thomas, *Noble or Commercial? The Early History of Mezzotint in Britain*, cit.

40 Il rendere pubblica la scoperta del mezzotinto appariva come uno degli scopi del *Sculptura*: nel quinto capitolo viene anticipato da Evelyn che si parlerà ampiamente di questa novità in campo incisorio (cfr. Evelyn, *Sculptura*, cit., pp. 130-131), che gli era stata svelata da Prince Rupert nel febbraio del 1661 a Londra (cfr. Evelyn, *The Diary of John Evelyn*, cit., p. 380 e pp. 381-382). In realtà le pagine contenenti il capitolo ad esso dedicato (Chap VI. *Of the new way of Engraving, or* Mezzo Tinto, *Invented, and communicated by his Highnesse Prince Rupert, Count Palatine of Rhyne*, etc.) sono solo quattro, poiché l'inglese preferisce mantenere il mezzotinto "*Aenigmatical*", per salvaguardarlo da una diffusione troppo ampia, rischiosa per una tecnica così elitaria, e dichiarando di essere in procinto di realizzare una più dettagliata descrizione da destinarsi agli archivi della *Royal Society* (cfr. Evelyn, *Sculptura*, cit., pp. 147-148), memorandum mai ritrovato (cfr. C.F. Bell, *Introduction*, in *Evelyn's Sculptura*, cit., p. x; Thomas, *Noble or Commercial?*, cit., p. 343), nonostante il riferimento ad un manoscritto simile in P. Bayle, *A General Dictionary, Historical and Critical: in which a New and Accurate Translation of that of the Celebrated Mr. Bayle, with the Corrections and Observations Printed in the Late Edition at Paris, is Included [...]*, London, J. Bettenham, 1734-1741, traduzione inglese di Bernard, Birch e Lockman, vol. V, p. 131. Si veda Croset, *John Evelyn e il Quarto Capitolo del* Sculptura, cit., pp. xviii-xxii.

41 Tali capitoli trattano rispettivamente dei termini tecnici utilizzati per la scultura in antichità, della loro storia a quei tempi, dell'invenzione dell'incisione e i suoi più grandi maestri, del disegno e l'ultimo, costituito da sole quattro pagine, è dedicato alla recente scoperta della tecnica del Mezzo Tinto (Cfr. Griffiths, *John Evelyn and the Print*, cit., pp. 107-108).

of what is curious, worthy their procuring, and as the *Italian* calls them, *di buon gusto.*[42]

La composizione di una quanto più esaustiva, sebbene breve storia dell'incisione è racchiusa in questo capitolo, intitolato «*Of the invention and progresse of Chalcography in particular; toghether with an ample enumeration of the most renowned Masters and their workes*». Per le informazioni che riguardano gli artisti più vetusti, alle origini della tecnica incisoria, l'autore non poteva che utilizzare la preziosa fonte della *Vita di Marcantonio bolognese, e d'altri intagliatori di stampe* di Giorgio Vasari, presente solo nell'edizione Giuntina (1568), sebbene anche in tempi recenti ne sia stata negata una qualsivoglia derivazione a sostegno della completa originalità del testo,[43] con l'eccezione dell'acuta osservazione di Luigi Salerno nel suo saggio dedicato a Vasari in Inghilterra.[44] I due scritti, infatti, si contendono il primato di fonti fondamentali inerenti all'incisione, uno considerato, come già detto, primo trattato inglese o persino europeo esclusivamente dedicato a tale medium[45] e l'altro primo tentativo di racconto dell'«origine delle stampe e le stampe delle origini»,[46] agli albori della diffusione di «una oculata committenza intesa a sfruttare le potenzialità di quel formidabile mezzo di comunicazione».[47]

Ciò non stupisce, d'altra parte, se si pensa che già all'inizio del XVII secolo il testo di Vasari in Inghilterra era conosciuto ed apprezzato,[48] come

---

42 Cfr. EVELYN, *Sculptura*, cit., p. 102. Di seguito una traduzione di servizio: «Per il resto, se abbiamo in qualche modo superato i limiti di un capitolo (confrontandolo con quelli precedenti) non è stato senza prospettive a beneficio di coloro che saranno lieti di ricevere istruzioni su come dirigere la loro scelta nel collezionare ciò che è curioso, degno di essere procurato, e come li chiama l'italiano, *di buon gusto*».

43 Cfr. GRIFFITHS, *John Evelyn and the Print*, cit., p. 107: «Evelyn's is the first monograph on the history of printmaking in any language. Previous writers had put chapters on individual printmakers and schools into more general books, such as Vasari's "Lives", but Evelyn does not seem to have made much use of them». L'unico che accenna a Vasari come fonte per il trattato di Evelyn è THOMAS, *Noble or Commercial?*, cit., p. 349: «and which draws from its sources, such as Vasari, a view of art as liberal rather than mechanical».

44 Cfr. L. SALERNO, *Il Vasari in Inghilterra*, in *Studi Vasariani*, atti del convegno internazionale per il IV centenario della prima edizione delle "Vite" del Vasari (Firenze, Palazzo Strozzi, 16-19 settembre 1950), Sansoni, Firenze, 1952, p. 170: «Il primo saggio inglese di storiografia, che consiste in una storia dell'incisione fino ai contemporanei, *Sculptura* 1662 di John Evelyn, è basato in gran parte sull'aretino».

45 Cfr. Cfr. GRIFFITHS, *John Evelyn and the Print*, cit., p. 95; PARSHALL, *Art and the Theater of Knowledge*, cit., p. 27.

46 E. BOREA, *Vasari e le stampe*, «Prospettiva», 57-60, 1989-90, p. 18.

47 *Ibid.*

48 Per esempio, da personaggi quali Richard Haydocke (1569-1642) traduttore del trattato di Lomazzo (*A Tracte containing the Artes of Curious Paintinge, Carvinge, Buildinge, Written First*

dimostrato dal *Compleat Gentleman* (1622) di Henry Peacham, prima opera a rendere accessibili alcune delle *Vite* al pubblico inglese.[49] L'analogia con l'opera di Vasari è soprattutto riscontrabile nella prima sezione del capitolo, composta da circa trenta pagine e relativa agli esordi dell'incisione e ai nomi dei suoi più grandi maestri di ambito nordico e italiano. L'organizzazione del testo in due blocchi visivamente distinti (uno all'inizio del capitolo, l'altro alla fine della parte riguardante gli incisori italiani),[50] privi di particolare originalità rispetto ai numerosi testi consultati,[51] appare come un tentativo di camuffamento della fonte principale utilizzata. La dipendenza dalle *Vite* di Giovanni Baglione (Roma 1642)[52] delle pagine presenti tra queste due parti[53] è stata riconosciuta da Giovanni Maria Fara nella sua edizione critica del 2016:[54] non solo Evelyn recupera informazioni

---

in Italian by Jo: Paul Lomatius Painter of Milan [...], 1598), miniaturista e incisore; Henry Wotton (1568-1639), scrittore, poeta e diplomatico; o Edward Norgate (1581-1650), miniaturista, musicista e scrittore, autore di *Miniatura or the Art of Limning* (scritto nel 1628-28). Cfr. L. Salerno, Seventeenth-Century English Literature on Painting, «Journal of the Warburg and Courtauld Institutes», Vol. 14, No. 3/4, 1951, nota 1 p. 237.

49 Cfr. K. Junod, *Vasari's Vite and the Lives of British Artists*, in *"Writing the Lives of Painters" Biography and Artistic Identity in Britain 1760-1810*, Oxford Univerity Press, New York, 2011, p. 33. Anche a fine secolo il testo vasariano continuò ad avere successo, come dimostra la parziale traduzione realizzata da William Aglionby (*Painting Illustrated in Three Diallogues*, 1685), cfr. *ibid.*

50 Cfr. Evelyn, *Sculptura*, cit., pp. 36-53 e 60-62.

51 Le altre fonti consultate da Evelyn, individuate da chi scrive nella prima parte del capitolo quarto, sono Abraham Bosse, con i suoi due trattati *Traicté des Manières de Graver en Taille Douce sur l'airin [...], Par A. Bosse, graveur en taille-douce* Paris, chez ledit Bosse, 1645 e *Sentimens sur la distinction des diverses manieres de peinture, dessein & graveure, & des originaux d'avec leurs copies [...] Par A. Bosse, graveur en taille-douce*, Paris, chez l'autheur, 1649 (in particolare il capitolo VII. *Sur la distinction des diverses manieres des Stampes ou Tailles-Douces, tant des Originales que des Copies*); H. Wotton, *The Elements of Architecture, Collected by Henry Wotton Knight, from the best authors and examples*, London, printed by Iohn Bill, 1624; C. Ridolfi, *Le Maraviglie dell'arte, overo Le Vite de gl'Illustri Pittori Veneti e dello Stato [...]*, In Venetia, Presso Gio. Battista Sgava, 1648; M. Boschini, *La carta del navegar pittoresco, dialogo fra un senator venetian deletante e un professor de pitura [...] Opera de Marco Boschini. Con i argumenti del Volonteroso Academico Delfico. Consagrà all'altezza imperial de Leopoldo Guglielmo, Arciduca d'Austria*, Venezia, Per li Baba, 1660; E. Vico, *Discorsi di M. Enea Vico Parmigiano, sopra le medaglie de gli antichi divisi in due libri. Ove si dimostrano notabili errori di Scrittori Antichi, e Moderni, intorno alle Historie Romane. Con due Tavole, l'una de' Capitoli, e l'altra delle cose più notabili [...]*, Venezia, Gabriel Giolito de Ferrari, 1558; G.J. Voss, *Aristarchus, Sive De arte grammatica libri septem*, Amsterdami, Apud Gulielmum Blaev, 1635; P. Gaurico, *De Sculptura [...]*, Florentiae, P. de Giunta, 1504. Per i riferimenti specifici a questi testi si veda Croset, *John Evelyn e il Quarto Capitolo del* Sculptura, cit., pp. xxvii-li.

52 *Le vite de' pittori scultori et architetti. Dal Pontificato di Gregorio XIII del 1572 in fino a' tempi di Papa Urbano Ottavo nel 1642. Scritte da Gio. Baglione Romano e dedicate all'Eminentissimo, e Reverendissimo Principe Girolamo Card. Colonna*, In Roma, Nella Stamperia d'Andrea Fei, 1642.

53 Cfr. Evelyn, *Sculptura*, cit., pp. 53-58.

54 G.M. Fara in G. Baglione, *Intagliatori*, edizione, introduzione e note di G.M. Fara, Pisa, Edizioni della Normale, 2016.

dall'appendice costituita da ventuno biografie d'incisori,[55] arricchendole con quelle lette da altre fonti[56] o di sua conoscenza diretta, ma anche dalle vite dedicate agli artisti della prima parte del testo, ordinate dall'autore romano secondo un criterio anti-evolutivo e biografico.[57] Nell'impossessarsi di tali notizie, quindi, Evelyn mantiene intatta la struttura dei profili biografici stabiliti da Baglione, pur scambiando l'ordine dei nominati e riassumendo le informazioni a suo piacimento, senza mai citare la fonte. Il nome di Giorgio Vasari, invece, appare già all'inizio del secondo paragrafo, dopo una breve e inedita introduzione volta a contestualizzare la nascita dell'incisione su rame in ambito tedesco (e non più campanilisticamente in quello tosco-romano), dove l'inglese sembra aver compreso la precedenza delle incisioni nordiche rispetto a quelle italiane,[58] e l'esistenza di più antichi testi sacri decorati a stampa.[59] L'autore delle *Vite* è citato a proposito della versione da lui fornita sull'invenzione dell'arte della calcografia, ricondotta ad un ambito fiorentino, ovvero a Maso Finiguerra e poi a Baccio Baldini; eppure, la nascita dell'incisione dal niello è descritta dall'inglese in termini alquanto supponenti, come un "mediocre inizio" (*mean commencement*), quasi fosse un aneddoto. Da questo punto della narrazione in poi, quindi, Evelyn si appropria delle informazioni lette da tale fonte, mantenendola sottintesa lungo tutto il resto del testo e cercando di nascondere il plagio scambiando l'ordine della narrazione e saltando frequentemente da una pagina all'altra delle *Vite*. Sia quest'opera che quella di Baglione, sono da lui utilizzate quasi fossero testi contemporanei, dei quali servirsi liberamente per editare una quanto più completa storia dell'incisione: se i ritratti biografici degli autori trattati dal romano sono mantenuti quasi intatti, servendosi delle *Vite* vasariane l'inglese procede con una meno puntuale descrizione. D'altra parte, il suo intento è quello di creare un

---

[55] Come sottolineato da Fara, il numero delle biografie degli incisori poste alla fine del volume normalmente indicato dagli studi è quattordici. Tuttavia, esso può essere aumentato a ventuno, se vengono sciolte le dinastie dei Sadeler, Parasole e Carracci (cfr. *ivi*, nota 3 p. 15). Degli altri dodici incisori e stampatori minori, citati nelle biografie principali Evelyn riprende Johann Georg Nuvolstella, Jacques Callot, Cherubino Alberti, Johann Friedrich Greuter, Federico Barocci.

[56] Soprattutto dal trattato di Abraham Bosse (si veda nota 51 precedente).

[57] Cfr. G.M. Fara in Baglione, *Intagliatori*, cit., p. 6. Evelyn trae informazioni dalla *Vita di Cherubino Alberti, Pittore, Vita di Gio. Battista della Marca, Pittore, Vita del Cavalier Ventura Salinbene, Pittore, Vita di Agostino Carracci, Pittore.*

[58] Più avanti nel testo, seguendo l'ordine della narrazione proposta da Vasari, Evelyn sembra dimenticarsi dell'attribuzione agli artisti nordici dell'invenzione dell'incisione e riporta come Mantegna a Roma venga a conoscenza delle opere del Baldini e l'invenzione passi poi nelle Fiandre a Schongauer e in seguito a Dürer (cfr. Evelyn, *Sculptura*, cit., p. 37).

[59] Cfr. *ivi*, p. 36.

resoconto delle opere di vari incisori in diverse parti d'Europa, quindi il ritmo narrativo è necessariamente differente da quello adottato da Baglione, il quale, pur dichiarandosi un continuatore di Vasari,[60] presenta evidenti divergenze con tale testo. Come sottolineato da Fara, infatti, componendo il racconto in un tempo (1572-1642)[61] e in uno spazio (Roma) determinati, o attribuendo pari importanza all'incisione su rame così come su legno,[62] si allontana evidentemente dal suo predecessore. Similmente si comporta Evelyn, che spende qualche parola in più sulla xilografia rispetto a Vasari e assimila caratteristiche da entrambe le fonti esposte alternate, comprendendo l'importanza di questi testi, significativamente ambedue italiani e riconducibili al genere letterario delle vite. Il criterio narrativo adottato nel capitolo quarto del *Sculptura*, dunque, segue quello geografico e catalografico della *Vita di Marcantonio Raimondi*, trattando dapprima gli incisori italiani e poi quelli tedeschi, fiamminghi, francesi e da ultimo gli inglesi suoi contemporanei, seguendo una successione progressiva a *climax*, e ragionando ormai per scuole. Anche il ritmo martellante e sbrigativo dell'esposizione di così gran numero di stampe, si rifà alla caratteristica di anti-biografia[63] della *Vita* dell'aretino, dove egli «rinuncia definitivamente a trattare di una sequenza, ancorché rapida, di artisti, di persone in chiave biografica, e si butta a considerarne direttamente i prodotti, ossia le stampe»,[64] al fine di «sodisfare non solo agli studiosi delle nostre arti, ma tutti coloro ancora che di così fatte opere si dilettano»,[65] che tanto assomiglia all'obbiettivo esposto da Evelyn alla fine del capitolo: «to the benefit of such as will be glad of instruction how to direct their *choice* in collecting of what is curious».[66]

Insieme a quella di Marcantonio Raimondi, l'altra vita a cui l'inglese attinge largamente è quella di *Valerio Vicentino di Giovanni da Castel Bolognese*

---

60 Cfr. G.M. Fara in Baglione, *Intagliatori*, cit., p. 12.

61 Tra il pontificato di Gregorio XIII e quello di Urbano VIII.

62 Cfr. G.M. Fara in Baglione, *Intagliatori*, cit., p. 13.

63 Cfr. P. Barocchi, *L'antibiografia del secondo Vasari*, in *Giorgio Vasari tra decorazione ambientale e storiografia artistica*, atti del convegno di studi (Arezzo, 8-10 ottobre 1981), a cura di G. C. Garfagnini, Firenze, L. S. Olschki, 1985, pp. 1-15 (stampato anche in *Studi vasariani*, Torino, Einaudi, 1984, pp. 157-170).

64 Cfr. Borea, *Vasari e le stampe*, cit., p. 29.

65 Cfr. G. Vasari, *Le vite de' più eccellenti pittori scultori e architettori nelle redazioni del 1550 e 1568*, 6 voll. di testo e 3 di indici, testo a cura di R. Bettarini, commento secolare a cura di P. Barocchi, Firenze, Sansoni e S.P.E.S., 1966-1997, V, p. 25.

66 Cfr. Evelyn, *Sculptura*, cit., p. 102. Segue una mia traduzione: «a vantaggio di coloro che saranno lieti di [ricevere] istruzioni su come orientare la loro *scelta* nella raccolta di ciò che è curioso».

di Matteo dal Nasaro Veronese e d'altri eccellenti intagliatori di camei e gioie, per la parte relativa agli incisori di pietre preziose[67] nel secondo blocco testuale a cui si è prima accennato. Nonostante si tratti di artisti che non incidono per creare stampe, l'interesse di Evelyn è comunque rivolto all'eccezionale ricchezza di questo contenitore biografico, in grado di procurargli una nutrita lista di nomi spendibili nel suo trattato.

Appaiono anche informazioni minori tratte da molteplici altre *Vite*, dalle parti in cui vengono esposte informazioni inerenti all'incisione, come dalla *Vita di Giulio Romano pittore* per le opere di Giovan Battista Scultori, allievo di Giulio Romano; dalla *Vita di Domenico Beccafumi pittore e maestro di getti sanese* per quelle dell'omonimo pittore; dalla *Vita del Rosso pittor Fiorentino* per le incisioni di Caraglio dal Rosso; dalla *Descrizione dell'opere di Tiziano da Cador pittore* per quelle del cadorino e alcuni accenni ad altri artisti, come Antonio Salamanca (nominato da Vasari nella *Vita di Niccolò Soggi pittore*), Mantegna (*Vita di Andrea Mantegna Pittore Mantovano*) e Properzia de' Rossi (*Vita di Madonna Properzia de'Rossi, Scultrice Bolognese*), quest'ultima probabilmente citata per il suo valore di *curiosity* all'interno di una potenziale collezione, in quanto considerata prima donna ad incidere.

Seppur caratterizzato da chiarezza narrativa, lo *Sculptura* tende ad esemplificare l'operato artistico degli incisori citati con lunghe liste di soggetti privi di esplicazione, senza essere esaustivo: delle numerose incisioni elencate da Vasari per ogni artista, Evelyn ne riporta solo alcune.[68] Inoltre, quando l'aretino si dilunga in descrizioni dettagliate delle opere, l'inglese ne cita solo il soggetto principale, con intento esclusivamente catalografico.[69] Le rare critiche che azzarda ad esprimere sono solitamente volte a sottolineare da un punto di vista morale l'inadeguatezza di un'opera[70]

---

[67] Nell'accennare a qualche nome d'intagliatore su altri materiali preziosi Evelyn interpreta qui il termine *Sculptura* nel più ampio significato d'incisione, senza avere necessariamente il fine della stampa. Egli arricchisce il testo di Vasari con nozioni di sua conoscenza, come l'accenno alla sardonica presumibilmente intagliata da Valerio Vicentino con il ritratto della regina Elisabetta o il riferimento a Elias Ashmole e Rotie (cfr. *ivi*, p. 62).

[68] Come nel caso dei ritratti di Dürer, che vengono citati solo in parte, lasciando la descrizione sospesa con l'indicazione di «with divers other» (cfr. *ivi*, p. 40): si veda VASARI, *Le vite*, cit., V, p. 8.

[69] Per esempio, nel caso del *San Gerolamo nello studio* di Dürer (B.VII, p. 76, n. 60, bulino, siglato e datato 1514), a cui è attribuita ben poca enfasi rispetto al testo vasariano: cfr. *ibid.*

[70] Come dimostrato dal duro commento ai "Modi" di Giulio Romano (cfr. EVELYN, *Sculptura*, cit., pp. 45-46 e VASARI, *Le vite*, cit., V, pp. 13-14), probabilmente dettato dagli ideali puritani della chiesa anglicana a cui Evelyn era profondamente devoto (cfr. R. STRONG, *Introduction*, in *The Diary of John Evelyn*, cit., p. XVI e J. SPURR, *"A Sublime and Noble Service": Evelyn and the Church of England*, in *John Evelyn and his Milieu*, edited by F. Harris, M. Hunter, London, The British Library, 2003, pp. 145-164).

o per disapprovarne lo stile[71] rimanendo il più possibile imparziale: per esempio, astenendosi dal riportare i giudizi vasariani tendenti ad esaltare l'arte centro italiana.[72] Inoltre, lo scarso numero di episodi aneddotici riportati nel testo, comunque ridotti a poche righe, non aiuta ad equilibrare la narrazione fin troppo informativa.[73]

Per diversi motivi è possibile affermare con sicurezza che l'edizione delle *Vite* consultata da Evelyn non fu quella Giuntina del 1568, ma bensì la terza a cura di Carlo Manolessi, stampata a Bologna nel 1647.[74] In primo luogo, la presenza completa del nome e cognome di Cristoforo Coriolano,[75] che si legge alla fine del blocco testuale del *Sculptura* tratto dalla *Vita di Marcantonio Raimondi*,[76] non può derivare dall'edizione del 1568 del testo vasariano poiché qui vi appariva con il solo nome accompagnato da uno spazio vuoto.[77] È, invece, solo dalla terza edizione in poi,[78] quella bologne-

---

71 Quando giudica le opere di Marcantonio degne di lode più per l'imitazione di Raffaello che per la perfezione del suo bulino, non osservando con precisione le regole della prospettiva o la morbidezza dei tratteggi (cfr. EVELYN, *Sculptura*, cit., p. 41: «the Pieces which he hath published seem to be more estimable yet for the choice and imitation, then [than] for any other perfection of the Burine»).

72 Un esempio tra tutti il giudizio vasariano su Dürer, a proposito del libro xilografico della *Vita della Vergine* (B.VII, p. 131, n. 76-95): «se havesse havuto per patria la Toscana [...] & havesse potuto studiare le cose di Roma [...] sarebbe stato il miglior pittore de' paesi nostri» (VASARI, *Le vite*, cit., VI, p. 213), cfr. EVELYN, *Sculptura*, cit., p. 39.

73 Gli unici brevi aneddoti riguardano Marcantonio che è denunciato per plagio da Dürer (cfr. *ibid.*), la sperimentazione delle acque corrosive a partire dalle armi provenienti dall'oriente (*ivi*, p. 47), l'accenno all'incontro dell'autore stesso con la vedova di Villamena a Roma (*ivi*, p. 56), la particolarità dell'operato di Treccia da Milano capace di lavorare il diamante (*ivi*, p. 62).

74 G. VASARI, *Le Vite De' più Eccellenti Pittori, Scultori et Architetti di Giorgio Vasari Pittore, & Architetto Aretino in questa nuova edizione diligentemente riviste, ricorrette accresciute d'alcuni Ritratti, et arricchite di postille nel margine*, ed. a cura di C. Manolessi, 3 voll., Bologna, presso gli Heredi di Evangelista Dozza, 1647.

75 Anche secondo molti degli studi moderni Coriolano fu l'incisore delle centoquarantaquattro silografie con ritratti ovali di artisti, racchiusi in un'elaborata cornice architettonica, a cui sono aggiunte otto cornici vuote (di questi artisti, Vasari spiega nella Prefazione, non ne vennero reperiti i ritratti), poste all'inizio della rispettiva biografia nella seconda edizione delle *Vite* vasariane (1568) (cfr. BOREA, *Vasari e le stampe*, cit., p. 19; R.H. GETSCHER, *An Annotated and Illustrated Version of Giorgio Vasari's History of Italian and Northern Prints from his Lives of the Artists (1550 & 1568)*, 2 voll, 1, Lewison, The Edwin Mellen Press, 2003, nota 333 p. 222; S. GREGORY, *Vasari and the Renaissance Print*, Ashgate, Farnham, 2012, pp. 75-114). La specificazione, da parte di Evelyn, della natura di tali incisioni (in legno), unita ad una nota di apprezzamento per esse, indica l'evidente conoscenza diretta dei ritratti vasariani, presenti anche nell'edizione da lui consultata.

76 Cfr. EVELYN, *Sculptura*, cit., p. 52.

77 Cfr. VASARI, *Le Vite*, cit., V, p. 25.

78 Cfr. VASARI, *Le Vite*, ed. C. Manolessi, cit., II, p. 315. Anche Gaetano Milanesi nota la presenza di questo nome nella sua edizione: G. VASARI, *Le vite de' più eccellenti pittori, scultori, ed*

se curata da Manolessi e pubblicata dagli eredi di Evangelista Dozza, appunto, che appare il nome completo dell'incisore delle silografie che ornano la prima pagina di quasi ogni vita dell'aretino. Quest'edizione, l'ultima pubblicata al tempo della redazione del *Sculptura*, era probabilmente considerata la più aggiornata,[79] o semplicemente era di più facile reperimento. Sembra infatti, come testimoniato da Henry Peacham, che in Inghilterra l'edizione cinquecentesca fosse già difficile da trovare nei primi decenni del Seicento e che più spesso veniva usata la parafrasi di Karel van Mander,[80] forse talvolta consultata dallo stesso Evelyn.[81] È possibile immaginare che l'inglese si fosse procurato l'appena pubblicata edizione del Manolessi tramite qualche raffinato libraio francese,[82] oppure che l'avesse ricevuta in dono o ricercata lui stesso una volta tornato in Inghilterra (dall'ottobre del 1647), magari tramite qualche personaggio di quel contesto culturale bolognese a lui noto. Si può supporre, infatti, che l'inglese conoscesse, magari indirettamente, intellettuali di questa città da lui visitata nel maggio del 1645,[83] come dimostrerebbe l'«*Account of Signior Giacomo Favi by Monsieur*

---

architettori scritte da Giorgio Vasari pittore aretino con nuove annotazioni e commenti, ed. G. Milanesi, 9 voll., Firenze, Sansoni, 1878-1885, V, p. 441.

79 Sull'edizione di Manolessi si veda P. Barocchi, in Vasari, cit., vol. I di commento, pp. xi-xii: questa nuova edizione venne giustificata dall'editore con la «molta dimanda» e il «prezzo eccessivo a cui eran salite le prime stampe», e assicurando che «frase e ortografia è in tutto la stessa del Vasari», mentre molto maggiore è il numero degli errori e le pagine omesse da lui stesso («Sonosi bene corretti errori poco men che infiniti, in quella prima edizione scorsi, e particolarmente quello delle pagine, che rendeva l'opera difettosa oltre modo»): su tali errori si vedano le prefazioni di G. Bottari, in *Vite [...]*, ed. a cura di G.G. Bottari, I, p. x e G. Della Valle, in *Vite [...]*, 11 voll., 1791-1795, Siena, Pazzini Carli e Compagno, I, 1791, p. VIII. In questo volume, inoltre, si consulti lo specifico contributo di G.M. Fara.

80 Cfr. H. Peacham, *The Compleat Gentleman*, London, John Legat, 1622, p. 137: «If you would reade the lives at large of the most excellent Painters, as well Antient as Moderne, I referre you unto the two volumes of *Vasari*, well written in Italian (which I have not seene, as being hard to come by): yet in the Libraries of two my especial and worthy friends, M. Doctor *Mountford*, late Prebend of *Pauls*, and M. *Inigo Iones*, Surveyer of his Majestis workes for buinding) and *Calvin Mander* in high *Dutch*, unto whom I am beholden, for the greater part what I have here written, of some of their lives». Cfr. Salerno, *Seventeenth-Century English Literature on Painting*, cit., nota 1 p. 237; A.R. Young, *Henry Peacham, Ripa's "Iconologia", and Vasari's Lives*, «Renaissance and Reformation / Renaissance et Réforme», 9, 3, 1985, pp. 182-183.

81 L'opera teorico-storica di Karel van Mander (*Het Schilder-Boek*, Alkmaar, 1604), fortemente debitrice delle *Vite* del Vasari, fu probabilmente utilizzata da Evelyn in almeno due brani nella prima parte del quarto capitolo (cfr. Croset, *John Evelyn e il Quarto Capitolo del* Sculptura, cit., p. xliii).

82 Secondo il suo diario, Evelyn rimase in Italia solo dall'ottobre del 1644 al maggio del 1646. Alla pubblicazione dell'edizione del 1647 delle *Vite*, quindi, si doveva già trovare in Francia (cfr. Evelyn, *The Diary of John Evelyn*, cit., pp. 240-241).

83 Cfr. *ivi*, pp. 191-193.

Sorbiere»[84] posto appena dopo la dedica a Boyle. Di tale Giacomo Favi bolognese,[85] descritto come un gentiluomo che trascorre la vita in viaggio per l'Europa come collezionista di qualsiasi «*curiosity*», non si hanno, però, informazioni precise,[86] sebbene venga nominato in una lettera di Samuel Sorbière a Thomas Hobbes (Parigi, 1663)[87] e il nome della sua famiglia sia ripetuto più volte nella *Felsina Pittrice* (Bologna, 1678) di Carlo Cesare Malvasia.[88]

Ancora, a sostegno dell'ipotesi sull'utilizzo della terza edizione dell'aretino vi è anche l'indicazione, da parte di Evelyn, del monogramma di Raffaello utilizzato da Marcantonio Raimondi, come R.S. anziché .SR., come appare nell'edizione Giuntina delle *Vite*: variazione motivata se confrontata con il testo di Manolessi (Figg. 1-2).[89]

Inoltre, una caratteristica tipografica osservabile solo nella terza edizione, si ritrova nel testo del *Sculptura* in forma di errore a prima vista inspiegabile: il monogramma di Agostino Veneziano AV, che più avanti nella stessa pagina Evelyn riporterà correttamente,[90] appare come A.VI., dove quest'ultima «i» corrisponde all'articolo determinativo maschile plurale che inizia la frase seguente nel testo di Vasari, così visivamente evidente

---

[84] Questo "Account" è tratto da S. de Sorbière, *Lettres et Discours sur diverses matières curieuses*, Paris, François Clovsier, 1660, p. 644. Sorbière (1615-1670) fu uno scrittore conosciuto soprattutto come corrispondente e traduttore di Hobbes (cfr. Bell, *Introduction*, in *Evelyn's Sculptura Sculptura*, cit., p. vii).

[85] L'"Account" viene inserito perché secondo le stesse parole di Evelyn, anche questo "New Democritus", descritto come *virtuoso*, aveva in progetto di «compile, and publish a Compleat Cycle and Hystory of Trades, with whatsoever else he should judge of Use and Benefit to mankind». In ogni caso tale Giacomo Maria Favi morì nel 1645, prima della pubblicazione del Manolessi.

[86] Cfr. Hanson, *The English Virtuoso*, cit., p. 8. Bell, nella sua introduzione al *Sculptura*, scrive: «No member of the Fava or Marescotti families, whose name and career correspond with Evelyn's account, is mentioned in biographical dictionaries or even by Fantuzzi, *Notizie degli scrittori Bolognesi*, 1781-94» (C.F. Bell, *Introduction*, in *Evelyn's Sculptura Sculptura*, cit., nota 1 p. vii).

[87] Cfr. T. Hobbes, *The Correspondence of Thomas Hobbes*, edited by Noel Malcolm, vol. II: 1660-1679, Oxford, Clarendon Press, 1994, p. 552: «This is what happened by chance to me, when I asked him who that Favi Marescotti of Bologna was, whose history I said was well worth knowing in my letter to Vitré – Petit having known him at Paris, when I was staying in Holland» (in nota a questo volume viene indicato il testo di Evelyn come versione inglese dell'"Account" di Sorbière (cfr. nota 6 p. 554). Un Giacomo Maria Fava (Favi) viene anche ricordato come collezionista in R. Morselli, *Collezioni e quadrerie nella Bologna del Seicento: inventari 1640-1707*, Los Angeles, Getty Information Institute, 1998, p. 646.

[88] Si veda C.C. Malvasia, *Felsina Pittrice. Vite de pittori bolognesi [...]*, a cura di G. Zanotti, Bologna, Guidi all'Ancora, 1841, tomo II, p. xv per le ricorrenze.

[89] Cfr. Vasari, *Le Vite*, ed. C. Manolessi, cit., II, pp. 304-305 (Vasari, *Le vite*, cit., V, p. 10).

[90] Cfr. Evelyn, *Sculptura*, cit., p. 44.

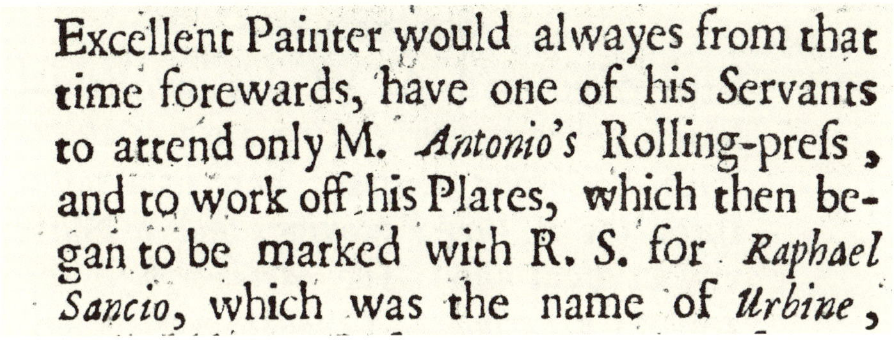
Excellent Painter would alwayes from that time forewards, have one of his Servants to attend only M. *Antonio's* Rolling-preſs, and to work off his Plates, which then began to be marked with R. S. for *Raphael Sancio*, which was the name of *Urbine*,

1

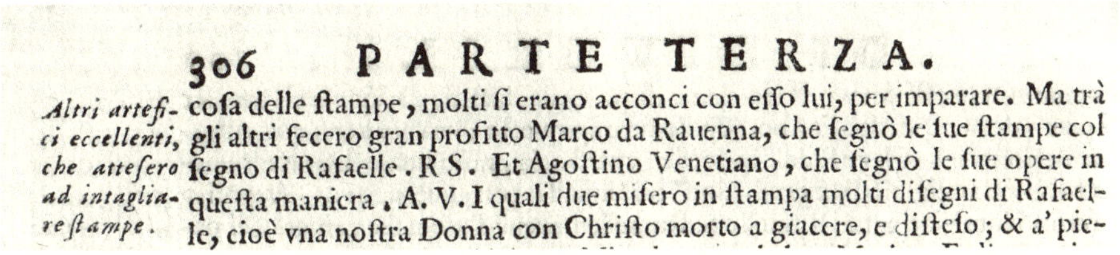
306 PARTE TERZA.

Altri artefici eccellenti, che atteſero ad intagliare ſtampe. coſa delle ſtampe, molti ſi erano acconci con eſſo lui, per imparare. Ma trà gli altri fecero gran profitto Marco da Rauenna, che ſegnò le ſue ſtampe col ſegno di Rafaelle. R S. Et Agoſtino Venetiano, che ſegnò le ſue opere in queſta maniera. A. V. I quali due miſero in ſtampa molti diſegni di Rafaelle, cioè vna noſtra Donna con Chriſto morto a giacere, e diſteſo; & a' pie-

2

Fig. 1. J. Evelyn, *Sculptura: or the History, and Art of Chalcography and Engraving in Copper [...]*, London, Printed by J.C. for G. Beedle, and T. Collins, at the Middle-Temple-Gate, and J. Crook in St. Paul's Church-yard, 1662, p. 42. Fig. 2. G. Vasari, *Le Vite De' più Eccellenti Pittori, Scultori et Architetti di Giorgio Vasari Pittore, & Architetto Aretino. In questa nuova edizione diligentemente riviste, ricorrette accresciute d'alcuni Ritratti, et arricchite di postille nel margine*, ed. a cura di C. Manolessi, 3 voll., Bologna, presso gli Heredi di Evangelista Dozza, 1647, II, p. 306, postilla sul margine sinistro.

nella ristampa manolessiana, e scambiata dall'inglese come parte del monogramma stesso (Figg. 2-3).[91]

Anche servendosi delle postille a margine del testo dell'edizione bolognese, aggiunte «perché possa ciascheduno rinvenire più facilmente le cose notabili»,[92] Evelyn dimostra di aver utilizzato largamente tale fonte. Copiando quasi alla lettera alcune di esse, egli cerca di rendere il proprio testo più scorrevole e sintetico. Per esempio, nel citare i bulini rappresentanti la *Crocifissione*, l'*Ecce Homo* e la *Conversione di S. Paolo* di Luca di Leida,[93] anziché tradurre le cinque righe di descrizione di Vasari, l'autore si limita a descriverli come «his great *Crucifix*, *Ecce Homo*, and Conversion

---

91 Cfr. *ivi*, p. 43 e Vasari, *Le Vite*, ed. C. Manolessi, cit., II, p. 306.

92 Cfr. C. Manolessi, *Carlo Manolessi a Lettori*, in Vasari, *Le Vite*, ed. C. Manolessi, cit., I.

93 *Crocifissione* (B.VII, p. 380, n. 74, bulino siglato e datato 1517), all'*Ecce Homo* (B.VII, p. 378, n. 71, bulino siglato e datato 1510) e *Conversione di San Paolo* (B.VII, p. 394, n. 107, bulino siglato e datato 1509) di Luca di Leida.

3

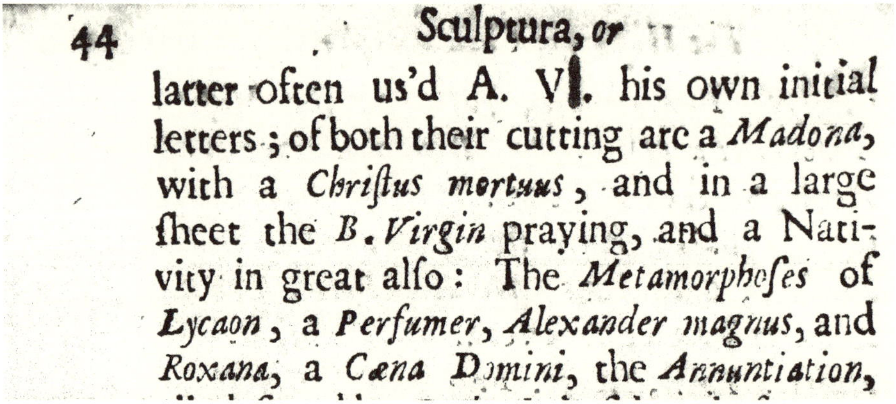

44 *Sculptura, or*

latter often us'd A. V. his own initial
letters; of both their cutting are a *Madona*,
with a *Chriſtus mortuus*, and in a large
ſheet the *B. Virgin* praying, and a Nati-
vity in great alſo: The *Metamorphoſes* of
Lycaon, a *Perfumer*, *Alexander magnus*, and
Roxana, a *Cœna Domini*, the *Annuntiation*,

4

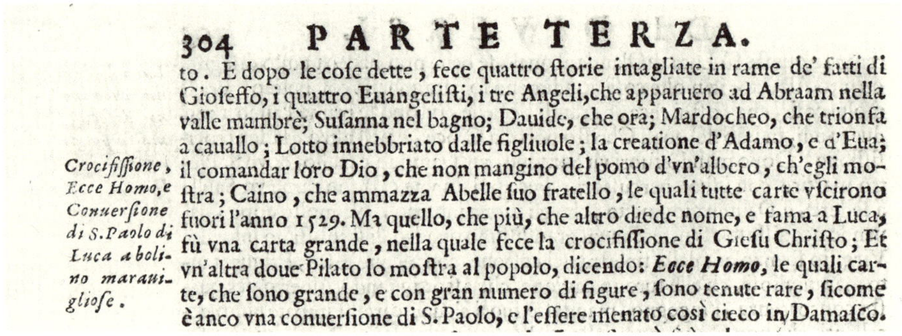

304 PARTE TERZA.

to. E dopo le coſe dette, fece quattro ſtorie intagliate in rame de' fatti di
Gioſeffo, i quattro Euangeliſti, i tre Angeli, che appaiuero ad Abraam nella
valle mambrè; Suſanna nel bagno; Dauide, che ora; Mardocheo, che trionfa
a cauallo; Lotto innebbriato dalle figliuole; la creatione d'Adamo, e d'Eua;
il comandar loro Dio, che non mangino del pomo d'vn'albero, ch'egli mo-
ſtra; Caino, che ammazza Abelle ſuo fratello, le quali tutte carte vſcirono
fuori l'anno 1529. Ma quello, che più, che altro diede nome, e fama a Luca,
fù vna carta grande, nella quale fece la crocifiſſione di Gieſu Chriſto; Et
vn'altra doue Pilato lo moſtra al popolo, dicendo: *Ecce Homo*, le quali car-
te, che ſono grande, e con gran numero di figure, ſono tenute rare, ſicome
è anco vna conuerſione di S. Paolo, e l'eſſere menato così cieco in Damaſco.

Crocifiſſione, Ecce Homo, e Conuerſione di S. Paolo di Luca a bolino marauiglioſe.

Fig. 3. J. Evelyn, *Sculptura*, cit., p. 42.
Fig. 4. G. Vasari, *Le Vite*, ed. C. Manolessi, cit., II, p. 304, postilla sul margine sinistro.

of St. *Paul*»,[94] dalla postilla «Crocifissione, Ecce Homo, e Conversione di S. Paolo di Luca a bolino maravigliose»[95] (Fig. 4). Oppure, quando menziona i «cinquanta habiti di diverse nattioni, cioè, come costumano di vestire in Italia, in Francia, in Spagna, in Portogallo, in Inghilterra, in Fiandra, & in altre parti del mondo, così gli huomini, come le donne, e così i contadini, come i cittadini, il che fu cosa d'ingegno, e bella, e capricciosa»[96] come «several habits of Countries»,[97] egli ha evidentemente sott'occhio la postilla di Manolessi: «Cinquanta habiti di diverse nationi intagliati da Enea»[98] (Fig. 5).

---

94 Cfr. Evelyn, *Sculptura*, cit., p. 40.

95 Cfr. Vasari, *Le Vite*, ed. C. Manolessi, cit., II, p. 304, postilla sul margine sinistro.

96 Cfr. *ivi*, p. 311 (Vasari, *Le vite*, cit., V, p. 19).

97 Cfr. Evelyn, *Sculptura*, cit., p. 49.

98 Cfr. Vasari, *Le Vite*, ed. C. Manolessi, cit., II, p. 311, postilla sul margine destro.

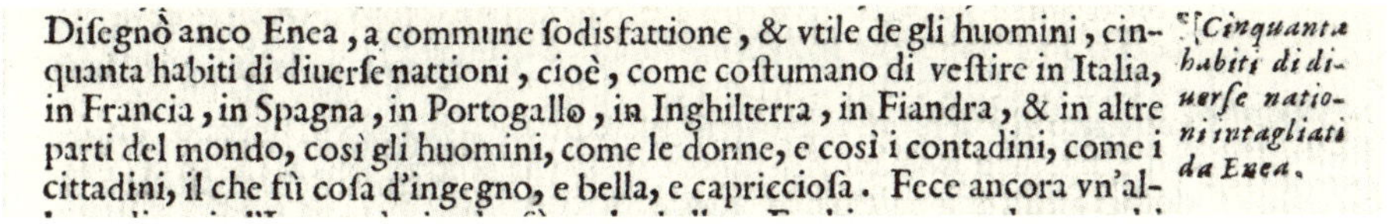
Diſegnò anco Enea, a commune ſodisfattione, & vtile de gli huomini, cinquanta habiti di diuerſe nattioni, cioè, come coſtumano di veſtire in Italia, in Francia, in Spagna, in Portogallo, in Inghilterra, in Fiandra, & in altre parti del mondo, così gli huomini, come le donne, e così i contadini, come i cittadini, il che fù coſa d'ingegno, e bella, e capriccioſa. Fece ancora vn'al-

[Cinquanta habiti di diuerſe nationi intagliati da Enea.

Fig. 5. G. Vasari, *Le Vite*, ed. C. Manolessi, cit., II, p. 311, postilla sul margine destro.

In alcune parti, perfino l'impaginazione scandita da paragrafi visualmente distinti, riguardanti singoli incisori, è d'aiuto per l'inglese nell'individuazione dei soli nomi degli artisti da citare, al fine di velocizzare la narrazione e sintetizzarne ulteriormente il contenuto. È il caso dell'elenco d'intagliatori di altri metalli o pietre preziose «*Cosimo da Trezzo, Philippo Negarolo, Gaspar* e *Girolamo Misuroni, Pietro Paulo* Galeotto, *Pastorino di Siena*»,[99] tratto dalla parte finale delle *Vite di Valerio Vicentino, di Giovanni da Castel Bolognese, di Matteo dal Nasaro Veronese e d'altri eccellenti intagliatori di camei e gioie*[100] (Figg. 6, 7, 8).

Infine, come già notato da Keynes nel 1937,[101] il frontespizio posto all'inizio del *Sculptura* realizzato da Abraham Hertochs su disegno di Evelyn stesso (Fig. 9), può essere confrontato con quello dell'edizione bolognese delle *Vite* del 1647 disegnato da Giovanni Angelo Canini e inciso da Cornelis Bloemart (Fig. 10). In particolare, la somiglianza è rinvenibile nella personificazione dell'incisione nel primo rispetto alla figura femminile seduta sulla sinistra nell'antiporta di Manolessi, risultando «painfully banal».[102]

Nell'impossessarsi delle informazioni lette dal testo vasariano, Evelyn compie anche svariati errori, che consistono, in primo luogo, nel riportare informazioni inesatte in partenza: egli non si pone il problema di verificarle perché presumibilmente impossibilitato rispetto alle opere letterarie o esemplari artistici da lui posseduti nella collezione privata, oppure più probabilmente perché stimate del tutto attendibili. Ne è un esempio l'indicazione del monogramma di Martin Schongauer come M.C.[103] anziché M.S., della

---

[99] Cfr. Evelyn, *Sculptura*, cit., p. 61.

[100] Cfr. Vasari, *Le Vite*, ed. C. Manolessi, cit., II, pp. 297-298.

[101] Cfr. Keynes, *John Evelyn: a study in bibliophily*, cit., p. 118.

[102] Cfr. *ivi*, p. 114.

[103] Cfr. Evelyn, *Sculptura*, cit., pp. 35-36; Evelyn qui copia la sigla errata riportata da Vasari per Martin Schongauer, che si firmava con il monogramma M+S (Vasari, *Le Vite*, ed. C. Manolessi, cit., II, p. 300). Tuttavia, è necessario sottolineare che più avanti nel testo (p. 37), l'autore parlando dello stesso incisore, ancora una volta si rifà al testo vasariano e riporta solo la lettera "M." come segno di riconoscimento dell'incisore. Questo porta a due congetture possibili: o che qui Evelyn stia semplicemente copiando Vasari – sebbene più avanti nel testo non riporti

an expresse Treatise. Likewise those of *Antonio de Rossi*, *Cosimo da Trezzo*, *Philippo Negarolo*, *Gaspar* and *Girolamo Misuroni*, *Pietro Paulo Galcotto*, *Pastorino di Sienna*, not omitting that famous *Pharodoxus* of *Milan*, *Fran. Furnius*, and *Severus* of *Ravenna*, &c. whose works were in *Gold*, *Sil-*

6

Cosmo da Trezzo stimato dal Rè di Spagna per esser insigne in cauare, & intagliare.

Cosimo da Trezzo ancora hà fatto molte opere degne di questa professione, il quale hà meritato, per le rare qualità sue, che il gran Rè Filippo Cattolico di Spagna lo tengha appresso di sè, con premiarlo, & honorarlo, per le virtù sue, nell'intaglio in cauo, e di rilieuo della medesima professione, che non hà pari per far ritratti di naturale, nel quale egli vale infinitamente, e nell'altre cose.

Negrolo, e Misuroni Milanesi eccellenti nell'intagliare in gemme.

Di Filippo Negrolo Milanese, intagliatore di cesello in arme di ferro con fogliami, e figure, non mi distenderò, hauendo operato, come si vede in rame cose, che si veggono fuor di suo, che gli hanno dato fama grandissima.

E Gasparo, e Girolamo Misuroni Milanesi intagliatori, de' quali s'è visto vasi, e tazze di cristallo bellissime, e particolarmente n'hanno condotti per il Duca Cosimo due, che sono miracolosi, oltre, che hà fatto in vn pezzo di Elitropia vn vaso di marauigliosa grandezza, e di mirabile intaglio; Così vn vaso grande di lapis lazaij, che ne merita lode infinita, e Giacomo da Trezzo fà in Milano il medesimo, che nel vero hanno renduta quest'arte molto bella, e facile. Molti sarebbono, che io potrei raccontare, che nell'in-

7

Galeotto Romano fece anch'esso molte bell'opere in questa professione.

Pietro Paolo Galeotto Romano fece ancor lui, e fà appresso il Duca Cosimo medaglie de' suoi ritratti, e conij di monete, & opere di tarsia, imitando gli andari di maestro Siluestro, che in tale professione fece in Roma cose marauigliose, e fù eccellentissimo maestro.

Pastorino da Siena hà fatto il medesimo nelle teste di naturale, che si può

Pp dire,

8

Fig. 6. J. Evelyn, *Sculptura*, cit., p. 61. Fig. 7. G. Vasari, Le Vite, ed. C. Manolessi, cit., II, p. 297, postilla sul margine destro. Fig. 8. G. Vasari, Le Vite, ed. C. Manolessi, cit., II, p. p. 297, postilla sul margine destro.

datazione del 1510 per la *Grande Passione* di Dürer[104] o del soggetto del famoso bulino della *Santa Felicita* di Marcantonio Raimondi non riconosciuto in quello della *Santa Cecilia* più avanti nel testo descritta.[105] Anche l'interpretazione dello scritto è motivo di errore da parte di Evelyn che, fraintendendo la ridondante punteggiatura dell'edizione di Manolessi confonde quelli che sono i soggetti di un'unica incisione per più opere distinte,[106] o traducendo frasi dalla complessa sintassi ne travisa il significato,[107] oppure, semplicemente, non intende l'accezione corretta di alcune parole.[108]

---

la stessa sigla, forse per un errore di trascrizione – oppure, ed è più improbabile, egli si vuole riferire alle incisioni di Marten van Cleef (Anversa, ca. 1527-1581 ca.), come alcuni studiosi non convincentemente sostengono nel caso vasariano (cfr. Getscher, *An Annotated and Illustrated*, cit., I, nota 8 p. 146). Sul monogramma di Schongauer e il suo significato storico fra XVI e XVIII secolo si veda G.M. Fara, *Intorno a Dürer: 1470-1550. Gli antichi maestri tedeschi nel Gabinetto dei disegni e delle stampe degli Uffizi*, Firenze-Milano, Giunti, Firenze musei, 2019, nota 13 p. 47.

104 Cfr. Evelyn, *Sculptura*, cit., p. 38; Vasari, *Le Vite*, ed. C. Manolessi, cit., II, p. 301. Nell'affrontare la "Grande Passione" Vasari, e quindi Evelyn, citano solo quattro xilografie di questa famosa serie (B.VII, p. 117, n. 5 e 7; p.118, n. 14 e 15), le uniche datate (1510) e dal primo riconosciute come autografe, probabilmente perché pervenutegli sciolte e non nell'edizione completa con testo latino del 1511. Inoltre, egli riconosce il divario stilistico tra queste incisioni e le altre sette non datate (non otto come erroneamente scrive, seguito da Evelyn), quindi considerate "mala cosa" e necessariamente opera di contraffattori. L'inglese, da parte sua, non riporta quest'ultima ipotesi fantasiosa di Vasari, continuando con un più scorrevole elenco di opere incisorie düreriane.

105 Cfr. Evelyn, *Sculptura*, cit., pp. 42 e 43; Vasari, *Le Vite*, ed. C. Manolessi, cit., II, p. 303. Si tratta dell'incisione a bulino del *Martirio di Santa Cecilia* (B.XIV, p. 104, n. 117, con iscrizione "RA. VR. IN / MAF").

106 È il caso di *Ercole caccia l'Avarizia dal tempio delle Muse* di Ugo da Carpi da Peruzzi (B.XII, p. 133, n. 12) descritto come «*Hercules*, *Parnassus*, the *Muses*» (Evelyn, *Sculptura*, cit., p. 48) che nell'edizione delle *Vite* del 1647 appare come «una carta d'Hercole, che caccia l'Avaritia, carica di vasi d'oro, e d'argento, dal Monte di Parnaso, dove sono le Muse in diverse belle attitudini, che fu bellissima» (Vasari, *Le Vite*, ed. C. Manolessi, cit., II, pp. 308-309), oppure il *Parnaso* (B.XIV, p. 200, n. 247) di Marcantonio Raimondi («the *Muses*, *Apollo*, *Parnassus*, the *Poets*» in Evelyn, *Sculptura*, cit., p. 43) corrispondente a «la storia, che dipinse Rafaelle nella medesima camera, del Monte Parnaso, con Appollo, le Muse, e Poeti» (Vasari, *Le Vite*, ed. C. Manolessi, cit., II, p. 305).

107 Per esempio, una proposizione nel testo dell'aretino, con soggetto sottinteso («fù cagione ch'egli diede principio a intagliare molte sue opere»: *ivi*, p. 300) confonde Evelyn, che traduce attribuendo un senso errato alla frase. Infatti, Vasari si riferisce a Mantegna, che viste le opere di Baccio si convince a praticare l'arte dell'incisione. Evelyn, invece, crede che sia Mantegna a vedere le opere di Baccio e a fornirgli disegni per incoraggiarlo ad inciderli: «This mean commencement was yet afterwards pursu'd by *Baccio Baldini* a Goldsmith, his Country man, whose works coming to the sight of *Andrea Mantegna* in *Rome*, invited that great Painter to give him some designes of his own for his encouragement» (Evelyn, *Sculptura*, cit., p. 37).

108 Come quando travisa il significato del termine "*Facia*", utilizzato dall'aretino per indicare la parete della cappella Sistina in cui si trova il *Giudizio Universale* di Michelangelo, attribuendogli il contenuto semantico del vocabolo italiano "*Facciata*", che tuttavia era già entrato nel vocabolario architettonico inglese con il medesimo significato di parete esterna di un edi-

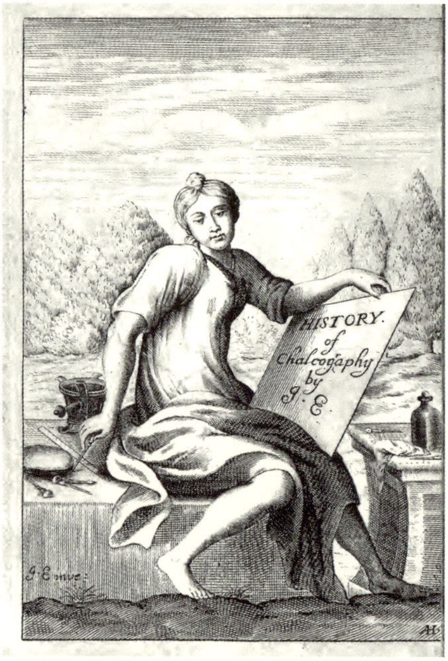

Fig. 9. Antiporta della prima edizione di J. Evelyn, *Sculptura*, cit.

L'importanza di entrambi i testi come fonti fondamentali per la storia dell'incisione era già stata compresa da un cospicuo numero di trattati ottocenteschi, che citano i due titoli vicini. Per esempio, Luigi De Angelis, all'interno del suo *Saggio letterario-bibliografico-cronologico-critico degli scrittori dell'incisione in legno ed in rame* che introduce il Tomo Quarto (1808), nel gestire quello che diventerà un canone dei testi storico-artistici sulla stampa, pone lo *Sculptura* al sesto posto della lista, dopo Vasari, Cellini, Lomazzo, Van Dyck e Bosse:

> 1662 Giovanni Evelyn
> *Giovanni Evelyn* Inglese nel 1662 ci diede la sua bell'opera, che comprende la storia dell'arte calcografica, ove felicemente dimostra i progressi della Incisione in rame. Egli poté senza dubbio scrivere assai bene su questa materia, giacché, oltre essere ammaestrato nelle Belle-Arti, e nella letteratura, sapea trattare giudiziosamente l'acquaforte, come ne fan chiara testimonianza le sue opere, che verranno citate all'articolo di questo bravo intagliatore.[109]

Ancora, elenchi simili (sintomo che il canone elaborato dal De Angelis si era ormai diffuso, aggiornato con le ultime novità) sono individuabili ne *Il fiore dell'arte dell'intaglio nelle stampe con singolare studio raccolte dal signor Luigi Gaudio* (Padova, 1823) di Antonio Marsand, che annovera tra «gli scrittori più dotti» che consultò come fonti anche Evelyn, addirittura posto prima di Vasari,[110] così come nel trattato di Giulio Ferrario (Milano, 1836).[111]

---

ficio, e non generalmente di parete, come qui sembra voler esprimere: «*Giorgio Mantuano* set forth the *Facciata* of the Popes Chappel, *M. Angelos* Judgement» (*ivi*, p. 46).

[109] Cfr. Gori Gandellini, *Notizie degli Intagliatori raccolte da varj scrittori ed aggiunte a Giovanni Gori Gandellini dal padre maestro Luigi De Angelis*, cit., IV, 1808, p. 16.

[110] Cfr. A. Marsand, *Il fiore dell'arte dell'intaglio nelle stampe con singolare studio raccolte dal signor Luigi Gaudio*, Tipografia della Minerva, Padova, 1823, pp. ix-x: egli cita anche Watelet, Lévesque, Heinecken, Strutt prima di Evelyn, e dopo Baldinucci, Vasari e Bartsch.

[111] Cfr. Ferrario, *Le classiche stampe*, cit., nota 1 p. 14. Egli cita il nome di Evelyn tra le

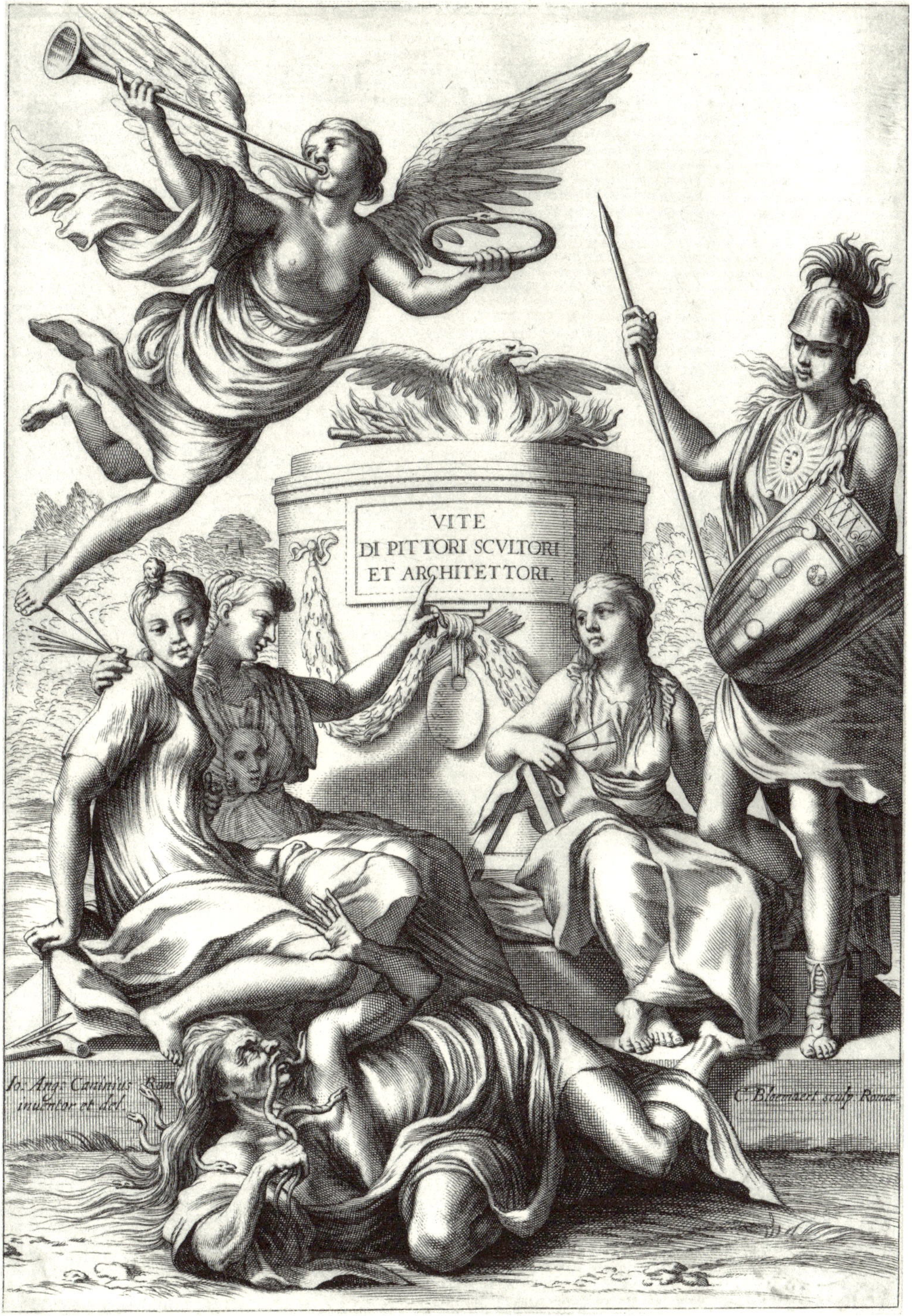

Fig. 10. Cornelis Bloemart, antiporta di G. Vasari, *Le Vite*, ed. C. Manolessi, cit.

Insomma, è facilmente confermabile da sì tante prove l'adozione da parte del *Virtuoso* inglese delle *Vite* di Vasari nell'edizione del Manolessi, in particolare del «contenitore biografico» dedicato a Marcantonio Raimondi, segno che già nel 1662, o prima, era divenuta punto di riferimento fondamentale per gli studiosi d'incisione anche non italiani, in particolare per coloro che erano specializzati nel collezionismo.

---

opere «dalle quali tanto i raccoglitori delle migliori stampe, quanto gli intagliatori attinsero quelle utili cognizioni ch'erano necessarie al loro intento», ossia Watelet, Lévesque, Huber e Rost, Heinecken e poi Baldinucci, Vasari, Milizia, Lanzi, Bartsch e perfino lo stesso De Angelis e Joubert.

Émilie Passignat

RACCONTARE L'INCISIONE NELLA FRANCIA DEI *CURIEUX DE PAPIER*, TRA ABRAHAM BOSSE E FLORENT LE COMTE

Nelle pagine d'esordio di uno dei primi trattati d'arte pubblicati in Francia, non è accidentalmente che ci imbattiamo in un glossario messo a disposizione del lettore a guisa di avvertimento. Dedicato a Philippe, duca d'Orléans, fratello del re Luigi XIV, *L'Idée de la Perfection de la peinture* di Roland Fréart de Chambray, destinata ad essere presentata principalmente agli occhi della corte, doveva in qualche modo adeguarsi alle esigenze e agli sforzi di vigilanza sulla diffusione di neologismi attuati in quegli anni dall'Académie française. Proprio come nel secolo precedente, in cui la questione della lingua aveva permeato la stampa delle *Vite* vasariane, una tale premessa lessicografica dimostra quanto tutt'altro che marginale fosse il settore delle arti, diventato fin dalla fondazione dell'Académie Royale de Peinture et de Sculpture nel 1648 uno strumento consapevole di affermazione di potere.[1] Con la differenza che non si trattava soltanto di individuare e integrare i tecnicismi utili alla lingua comune, usuale primo scoglio della costruzione di una lingua, ma di adottarne degli italiani: un doppio difetto dunque, del quale Fréart de Chambray si scagionava fornendo appunto qualche definizione giustificativa.[2] Ebbene, il primo termine che l'autore

[1] Sulla questione della lingua e del lessico artistico, si rinvia a M. Fumaroli, *La question de la langue et la littérature d'art en France au XVIIe siècle: en souvenir du catalogue de l'exposition "Les Peintres français du XVIIe siècle dans les collections américaines" (1982)*, in *Mélanges en hommage à Pierre Rosenberg*, a cura di A. Ottani Cavina e J.-P. Cuzin, Paris, Réunion des Musées Nationaux, 2001 pp. 199-209; O. Bonfait, *La lingua francese e il "lessico artistico", 1660-1700*, in *Art History Before English. Negotiating a European Lingua Franca from Vasari to the Present*, a cura di R. Brennan, C.O. O'Donnell, M.M. Mascolo, A. Nova, Roma, Officina libraria, 2021, pp. 81-104.

[2] [Uno dei miei amici, che aveva avuto la curiosità di vedere questa trattazione sulla Pittura [...], sapendo inoltre che volevo pubblicare e che, anzi, il mio proposito era principalmente quello di sottoporla all'attenzione della Corte, mi ha avvertito che, nel mio discorrere, io mi servivo di alcuni termini italiani, la cui comprensione risulterebbe certamente difficile a molte persone che non conoscono l'uso di questa lingua, e che perciò occorreva evitare, per quanto possibile,

giudica necessario spiegare, non seguendo l'ordine alfabetico, ma privilegiando la rilevanza all'interno del suo discorso, è quello di «estampe»:

> Le plus remarquable, à mon avis, parce qu'il est le plus ordinaire dans ce discours, et qu'il sert même de titre à une partie des sections de ce traité, c'est le mot d'*estampe*. Il n'y a point de dessinateur, ni de curieux de cet art-là, qui ne sache bien que c'est un dessin gravé et imprimé, que le vulgaire, et tous les marchands appellent tailles-douces, ou des images. Mais il y a cette différence néanmoins, que les estampes sont des choses plus considérables, et des dessins de réputation. Il s'en trouve de plusieurs manières, les unes gravées en cuivre avec le burin, ou à l'eau-forte, et les autres en taille de bois. On en voit de ces trois sortes de la main d'Albrecht Durer, peintre allemand, qui a été un très excellent graveur. L'origine du mot d'estampe vient de l'italien *stampare*, qui signifie imprimer.[3]

«Estampe» avrebbe fatto il suo ingresso, meno di trent'anni dopo, nel *Dictionnaire* di Antoine Furetière, ovvero il primo dizionario normativo della lingua francese, secondo il quale «Estampe se dit plus particulièrement d'une image en papier tirée de quelque planche gravée et passée sous la presse. C'est une belle curiosité que celle des estampes. Les livres d'estampes de Marc Anthoine, de Lucas, d'Albert, sont extrèmement chers, quand ils sont entiers et bien conditionnez».[4] Testimonianza dell'effervescenza

---

di mettere in imbarazzo l'intelligenza del lettore. Questo consiglio, che m'è sembrato giudizioso e ragionevolissimo, m'ha tuttavia procurato molto disagio, non trovandosi infatti altri termini puramente francesi, che fossero così espressivi come quei barbarismi che l'uso ha come naturalizzati presso tutti i pittori. Mi sono dunque limitato a scartarne una parte dei meno necessari. Ma, quanto agli altri, che sono i termini propri dell'Arte, ho creduto che dovesse bastare spiegarli qui, in modo da istruire coloro che hanno amore della pittura, e che di essa vorranno parlare, da intenditori, con chi fa parte della professione] (R. Fréart de Chambray, *La perfezione della pittura*, a cura di F. Fanizza, Palermo, Aethestica, 1990, p. 31). Per quanto riguarda la traduzione dei brani citati in lingua francese in questo contributo, se non viene indicato l'edizione (perché spesso non esiste), è proposta da chi scrive ad uso dei lettori, e sempre tra parentesi quadre.

3 R. Fréart de Chambray, *Parallèle de l'architecture antique avec la moderne. Suivi de Idée de la perfection de la peinture*, a cura di F. Lemerle-Pauwels e M. Stanić, Paris, École Nationale Supérieure des Beaux-Arts, 2005, p. 196, [Il termine a mio avviso più notevole, perché il più frequente in questo Discorso, e perché serve da titolo ad una parte delle Sezioni di questa trattazione, è quello di *stampa*. Non c'è disegnatore né curioso d'arte, che non sappia bene che si tratta di un disegno inciso e stampato, e che il volgo e tutti i mercanti chiamano comunemente intagli dolci o immagini. Ciò, d'altra parte, malgrado la differenza che esiste tra le stampe, che sono cose di maggior considerazione, e i disegni, che sono invece cose di maggior reputazione. Se ne trovano di più tipi: le une, incise sul rame o all'acquaforte, le altre, intagliate in legno. Di tutti tre tipi, se ne vedono della mano di Albrecht Dürer, pittore tedesco, che è stato un eccellente incisore. Il termine viene dall'italiano stampare, che significa "imprimere"] (Fréart de Chambray, *La perfezione della pittura*, cit., pp. 31-32).

4 A. Furetière, *Dictionnaire universel, contenant généralement tous les mots françois tant vieux que modernes, et les termes de toutes les sciences et des arts*, Den Haag, A. et R. Leers, 1690, I, *ad vocem*, [*Estampe* significa più particolarmente un'immagine di carta tratta da una lastra incisa

del collezionismo delle stampe, queste righe indicano peraltro quanto alla parola stessa venissero associati tre nomi di artisti appartenenti ormai alla cultura generale del tempo, i quali, non diversamente dalle tre corone, segnano per così dire l'apogeo dell'incisione, ma in tre diverse aree geografiche. Tuttavia, dietro tale triade si erano progressivamente sviluppate un'estetica e una storia ben precisa. E in quel periodo in cui l'incisione si afferma anche come strumento di potere sotto il regno di Luigi XIV, la storia della costruzione della storia dell'arte incisoria merita di essere ripercorsa e commentata. Occorre soprattutto analizzare come venne accolta, recepita e tramandata la prima narrazione di stampo storiografico fissata da Vasari nella biografia di Marcantonio Raimondi. A questo scopo ci soffermeremo sugli autori francesi che hanno contribuito a plasmare la storia dell'incisione quali Abraham Bosse, Pierre Daret, Jean de Bombourg, André Félibien, Pierre Monier e Florent Le Comte, individuando alcune criticità e preoccupazioni ricorrenti nei loro scritti pubblicati tra il 1645 e il 1700.

«Il était huguenot et n'effectua pas le voyage de Rome. Ces deux faits qui se complètent régirent l'existence d'Abraham Bosse; ils constituent la clé de son œuvre et de ses écrits».[5] Queste prime frasi di Roger-Armand Weigert in apertura della sua edizione del *Peintre converty* racchiudono l'autore del testo Abraham Bosse in una gabbia culturale che il tempo e gli studi successivi hanno progressivamente smontato. A pesare sulla fortuna critica di Bosse vi era in partenza lo sguardo stizzito dei contemporanei, i quali hanno lasciato non poche tracce di animosità nei confronti dell'incisore di Tours. Citiamone almeno una, quella forse più significativa scritta in versi da Michel de Marolles: «Des citoyens de Tours, diray-je Abraham Bosse ?/ Son eau forte admirable est allée aussi loin / Qu'on pouvoit porter par adresse et par soin / Mais pour vouloir escrire, il gasta son negoce».[6] A lungo condizionato, l'orientamento degli studi sulle opere testuali

---

e passata sotto il torchio. È una bella curiosità quella delle stampe. I libri di stampe di Marcantonio [Raimondi], Luca [di Leida], e Alberto [Albrecht Dürer] sono estremamente costosi, quando sono completi e in buone condizioni].

[5] R.-A. WEIGERT, *Introduction*, in A. BOSSE, *Le peintre converty aux précises et universelles règles de son art. Sentiments sur la distinction des diverses manières de peinture, dessin et gravure*, a cura di R.-A. Weigert, Paris, Hermann, 1964, p. 9, [Era un ugonotto e non fece il viaggio a Roma. Questi due fatti che si completano a vicenda hanno caratterizzato la vita di Abraham Bosse; sono la chiave del suo lavoro e dei suoi scritti].

[6] M. DE MAROLLES, *Le livre des peintres et des graveurs* [Paris, 1677 circa], a cura di G. Duplessis, Paris, P. Jannet, 1855, p. 34, [Dei cittadini di Tours, dovrei menzionare Abraham Bosse? Con maestria e cura, ha spinto la sua ammirevole acquaforte più in là che si possa andare, ma per voler scrivere, ha sprecato il suo lavoro].

di Abraham Bosse ha ormai ampiamente superato le reticenze imposte da André Blum, André Fontaine e Julius von Schlosser, prova ne sia che a partire dalla fondativa raccolta di contributi nel doppio numero della *Revue d'esthétique* del 1997 dedicato alla nascita della teoria dell'arte in Francia, Bosse abbia trovato un posto stabile tra i teorici rilevanti del suo secolo.[7] Ma tra i teorici appunto. Molto è stato discusso sul versante della tensione tra pratica e teoria, mentre mancante del tutto risulta l'indagine sulla dimensione storicizzante di questi testi, la quale di certo ne costituisce una componente minore, ma non per questo trascurabile, anche per quanto riguarda la questione incisoria.[8]

Nel 1645 esce il suo *Traicté des manières de graver en taille douce*, un testo inaugurale per la trattatistica artistica in Francia, stampato dall'autore per conto proprio, e quindi affrancato dal giogo degli editori parigini.[9] Bosse si era affacciato al mondo dell'editoria tre anni prima, avendo ottenuto il privilegio del re nel 1642, allorché, ormai noto come incisore, si era propo-

---

7 A. Fontaine, *Les doctrines d'art en France, peintres, amateurs, critiques de Poussin à Diderot*, (Paris, 1909) Genève, Slatkine, 1970, p. 7, battezzò Bosse «ce démon de la discussion», così stigmatizzato, con un lungo effetto sugli studi successivi, dalle polemiche e dai difficili rapporti con l'Académie. Secondo A. Blum, *Abraham Bosse et la société française au dix-septième siècle*, Paris, Albert Morancé, 1924, p. 74, spinto dall'obiettivo di studiare meno la produzione testuale che il suo corpus grafico, la teoria artistica espressa da Bosse non fa che allinearsi alle idee del tempo, pur riconoscendo dei caratteri originali al suo *Traicté*. Anche J. von Schlosser, *La letteratura artistica: manuale delle fonti della storia dell'arte moderna*, Firenze, La Nuova Italia, 1964, pp. 629 e 637, lo ricorda più per i suoi trattati tecnici. Il primo segnale di cambiamento di rotta giunge con la tesi di dottorato di C. Goldstein, *Abraham Bosse: Painting and Theory in the French Academy of Painting and Sculpture; 1648-1683*, PhD dissertation, New York, Columbia University, 1966. Nuove prospettive di studio si aprono decisamente con il contributo di M. Cojannot-Le Blanc, *Abraham Bosse et Léonard de Vinci: les débats sur les fondements de la peinture dans les premiers temps de l'Académie*, in *La naissance de la théorie de l'art en France, 1640-1720*, a cura di C. Michel e M. Saison, «Revue d'esthétique», 31/32, 1997, pp. 99-107.

8 Per gli studi più recenti incentrati sull'analisi della teoria degli scritti di Abraham Bosse, si segnala M. Le Blanc, *D'acide et d'encre: Abraham Bosse (1604?-1676) et son siècle en perspectives*, Paris, CNRS Éd., 2004; C. Goldstein, *Printmaking and Theory*, «Zeitschrift für Kunstgeschichte», 71, 2008, 3, pp. 373-388; J.-G. Castex, *Réduire la gravure en art et en principes. Lecture et réception du "Traité des manières de graver" d'Abraham Bosse*, in *Réduire en art: la technologie de la Renaissance aux Lumières*, a cura di H. Vérin e P. Dubourg Glatigny, Paris, Éd. de la Maison des sciences de l'homme, 2008, pp. 235-248. L'originale contributo di Bosse alla riflessione sull'imitazione e la copia è discusso da A. Baroni Vannucci, *"Graveur versus peintre-graveur": riflessioni sulla grafica nella biografia vasariana di Marcantonio (1568) alla luce della letteratura critica e storiografica successiva*, in *Vasari als Paradigma, Rezeption, Kritik, Perspektiven*, atti del convegno (Firenze, Kunsthistorisches Institut, Max-Planck-Institut, 2014), a cura di F. Jonietz e A. Nova, Venezia, Marsilio, 2016, pp. 225-234: 229-230.

9 A. Bosse, *Traicté des manières de graver en taille douce sur l'airin. Par le moyen des eaux fortes, et des vernix durs et mols. Ensemble de la façon d'en imprimer les planches et d'en construire la presse, et autres choses concernans lesdits arts*, Paris, Abraham Bosse, 1645.

sto in veste di interprete e divulgatore delle teorie geometriche dell'amico matematico lionese Girard Desargues con *La pratique du trait a preuves*, un manuale di stereotomia destinato ai capomastri. Ampiamente illustrato di tavole eseguite dallo stesso Bosse, caratterizzate da una costruzione prospettica impeccabile, tali competenze scientifiche prefiguravano l'approccio perseguito dall'artista, che di lì a poco avrebbe promosso e difeso davanti all'Académie Royale de Peinture et de Sculpture.[10]

Con il *Traicté* invece, avviava una folta serie di scritti personali. Si desume dal titolo stesso che questa prima opera appartenga al filone tecnico di una trattatistica destinata a un pubblico di dilettanti allora in pieno sviluppo, come si evince anche dalla dedica «Aux amateurs de cet art» nella quale l'incisione viene presentata come «une sorte d'occupation ou de divertissement».[11] Uno dei motivi che rende il *Traicté* così rilevante è proprio quello di mettere in luce il dilettantismo della pratica incisoria sotto il regno di Luigi XIII, costituendone la prova più manifesta tra le varie testimonianze raccolte da Marianne Grivel.[12] Bosse era probabilmente consapevole della richiesta da parte del pubblico già anni prima, o per lo meno nel 1643, al momento della pubblicazione di una sua famosa composizione intitolata *I bulinisti e acquafortisti* (Fig. 1) che illustra con dovizia di dettagli il proprio mestiere. L'estesissima didascalia esplicativa leggibile su tale stampa, di una lunghezza inusuale se paragonata alle molte altre incisioni realizzate da Bosse nella serie dei mestieri e delle scene di genere, è da considerarsi a tutti gli effetti come una prima prova che preannuncia una futura ambizione trattatistica.[13] Il *Traicté* si presenta dunque come un prolungamento

---

10 Sul rapporto tra Bosse e le scienze matematiche, e sul suo contributo alla teorizzazione della prospettiva, si veda Le Blanc, *D'acide et d'encre*, cit.; J.-P. Manceau, *Abraham Bosse, un cartésien dans les milieux artistiques et scientifiques du XVIIe siècle*, in *Abraham Bosse - savant graveur: Tours, vers 1604-1676, Paris*, catalogo della mostra (Paris, Bibliothèque Nationale de France, 20 aprile-11 luglio 2004; Tours, Musée des Beaux-Arts, 17 aprile-18 luglio 2004) a cura di S. Join-Lambert e M. Préaud, Paris, Bibliothèque Nationale de France, 2004, pp. 53-63.

11 Bosse, *Traicté*, cit., dedica n.n.

12 Generalmente noto nella seconda parte del Settecento, secondo C. Guichard, *Les amateurs d'art à Paris au XVIIIe siècle*, Seyssel, Champ Vallon, 2008, p. 263, in realtà il fenomeno del «graveur amateur» ha radici più remote e si manifesta già sotto Enrico IV, come ricorda M. Grivel, *Le Pays dont le prince était un graveur*, in *L'estampe au grand siècle*, a cura di P. Fuhring, B. Brejon de Lavergnée, M. Grivel e M. Préaud, Paris, Bibliothèque Nationale de France, 2010, pp. 349-370.

13 L'anno precedente realizzava anche *Gli editori in taille-douce* (Fig. 2) spesso messo a confronto anche con la composizione intitolata *Le Noble peintre*. Su queste stampe, si veda *Abraham Bosse - savant graveur*, cit., pp. 225-227; E sul rapporto tra immagine e testo nelle incisioni di Bosse, si veda C. Goldstein, *Print Culture in Early Modern France: Abraham Bosse and the Purposes of Print*, Cambridge, Cambridge University Press, 2012, pp. 118-125.

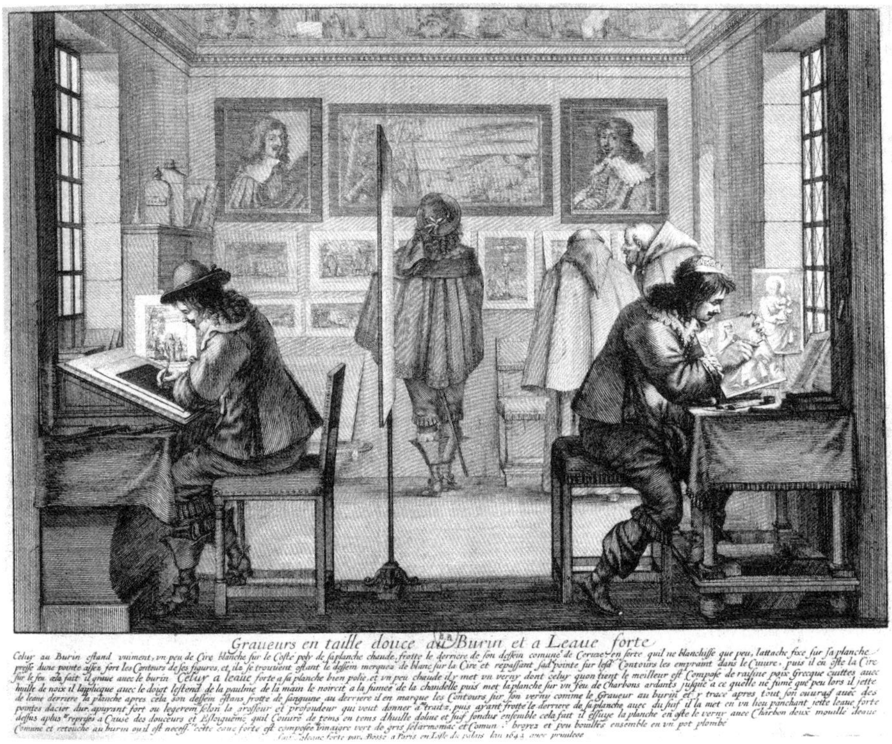

Fig. 1. Abraham Bosse, *I bulinisti e acquafortisti*, 1643.

di questo primo tentativo, una sua dilatazione fornita di ampie spiegazioni tecniche corredate di sedici tavole illustrative.

Pur rispondendo alla richiesta di un pubblico di amatori dell'alta società prevalentemente interessati alla pratica, il discorso basato sull'esperienza personale dell'incisore di Tours riserva anche qualche spazio ad alcuni aspetti relativi a una ricostruzione storica della disciplina che vale la pena rilevare. In effetti, nel suo *Avant Propos* l'autore ricorda «Marc Anthoine» insieme ad un piccolo gruppo di incisori da lui ritenuti importanti. I primi tre nomi corrispondono ai modelli seguiti personalmente da Bosse, ovvero Simon Frisius, Matthäus Merian il vecchio e Jacques Callot.[14] L'ultimo

14 «Le premier d'entre ceux à qui j'ai obligation est *Simon Frisius* Hollandois, lequel à mon advis doit avoir une grande gloire en cet art, d'autant qu'il a manié la pointe avec une grande liberté, et en ses hacheures il a fort imité la netteté et fermeté du burin, ce qui se peut voir en plusieurs de ses ouvrages, j'entens seulement pour la netteté des traits à l'eau-forte, laissant les inventions et le dessin à part, mon intention n'estant pas d'en traitter. [...] Apres luy nous avons

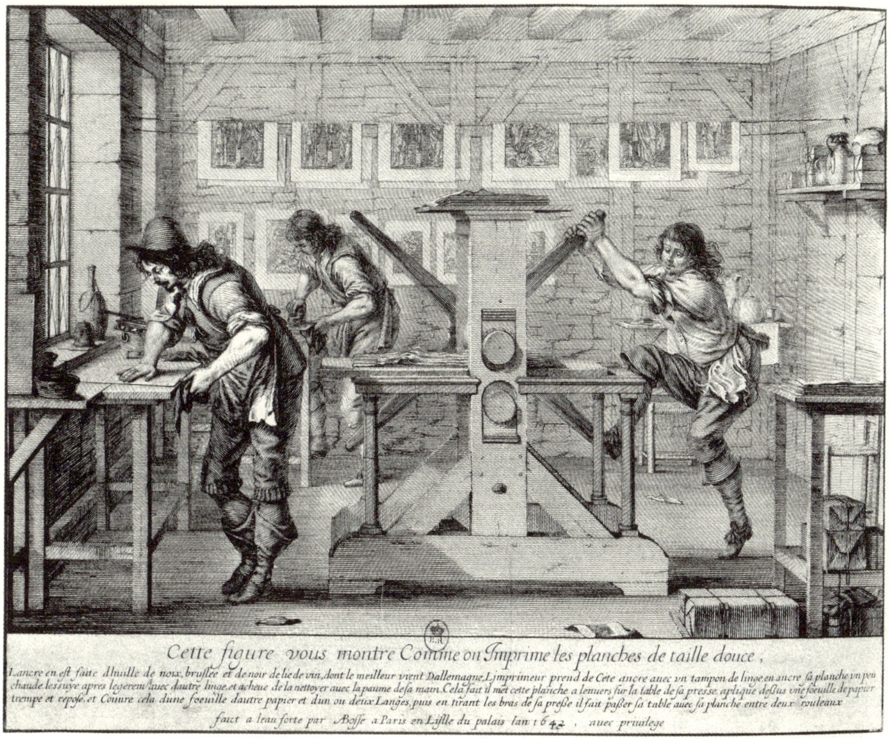

Fig. 2. ABRAHAM BOSSE, *Gli editori in taille-douce*, 1642.

Matthieu Merian Suisse, lequel a selon mon sens fait des ouvrages à l'eau forte aussi nets et également travaillez que l'on puisse faire; et lon pourroit dire que s'il eust fait en sorte que la partie de ses hacheures qui approche le plus de l'illuminé ou du jour eust esté plus déliée et perdue, il eust esté difficile de faire mieux et plus net; mais ce que lon trouve à désirer en son ouvrage est que les sorties de ses hacheures finissent fort à coup, qui fait connoistre aux clairs-voyants que c'est à l'eau forte. [...] En suite est venu *Iacques Callot* Lorrain, lequel a extremement perfectionné cet art, et de telle sorte qu'on peut dire qu'il la mis au plus haut poinct qu'on le puisse faire aller, principalement pour les ouvrages en petit; quoi qu'il en ait fait quelques uns en grand autant hardiment gravez qu'il se puisse faire, et n'eust esté que son génie l'a porté aux petites figures, il eust fait sans doute à l'eau forte en grand tout ce qui s'y peut faire à l'imitation du burin, comme cela se peut voir en plusieurs de ses ouvrages, et principalement en quelques pourtraits qu'il a faits à Florence ausquels je ne vois encore rien de pareil.» (BOSSE, *Traicté des manières de graver*, cit., p. 2), [Il primo con cui mi sento in debito è Simon Frisius Olandese, al quale secondo me deve essere riservata una grande gloria in quest'arte, in quanto maneggiava la punta con grande libertà, e nel tratteggiare imitava la nitidezza e la fermezza del bulino, cosa che si può vedere in diverse sue opere, intendo solo per la nitidezza dei tratti all'acquaforte, lasciando da parte le invenzioni e il disegno, non essendo mia intenzione occuparmene. [...] Dopo di lui abbiamo lo svizzero Matthieu Merian, che a mio parere ha fatto delle acquaforti quanto di più nette e lavorate si possa fare; e si potrebbe dire che se avesse fatto la parte delle

della lista certo non sorprende, lo rammentano spesso anche i più generici studi su Bosse, ma con i primi due nomi, l'autore accenna a una storia dell'incisione del tutto alternativa. Carl Goldstein sembra voler suggerire un possibile ruolo diretto di queste figure nella formazione di Bosse, della quale però sappiamo ben poco: se è attestata un'effettiva collaborazione con Callot, non è documentabile invece un contatto con Frisius e Merian.[15] Più che una selezione da leggere in senso meramente autoreferenziale che permette all'autore di dichiarare una personalità artistica ancorata in ambito esclusivamente nordico, tale triade vuole dunque offrire uno scorcio sulla storia dell'acquaforte, indicare una sua essenziale evoluzione in tre tappe, privilegiando in questa sede, come precisa egli stesso, non l'invenzione, non il disegno (caratteri intellettualizzanti tipici dei teorici italiani), bensì la perfezione della tecnica secondo il criterio della nitidezza, che diventa da subito il suo primo approdo teorizzante. L'altro elemento in comune, ed eventuale criterio determinante nella sua scelta, sta nel fatto che tutti sono stati attivi in Francia, anche solo per un breve periodo, i due ultimi essendosi perfino adoperati a forgiare l'immagine pubblica di Luigi XIII e della sua corte tramite l'incisione, quale anteprima, ancorché timida, dell'impressionante macchina mediatica messa in moto dal successore al trono.[16] Il prestigio della committenza reale partecipava senz'altro al tenta-

---

linee vicina alla luce più sciolta e sfumata, sarebbe stato difficile fare meglio e più nitido. Ma quello che si trova da desiderare nel suo lavoro è che le estremità dei suoi tratteggi finiscono molto bruscamente, il che fa capire agl'intenditori che è all'acquaforte. [...] Poi venne il lorenese Jacques Callot, che perfezionò notevolmente quest'arte, tanto da portarla al punto più alto che si potesse raggiungere, soprattutto per le opere di dimensioni ridotte, pur avendone fatte alcune grandi molto audacemente. E se non fosse stato per il suo genio che lo spingeva verso le piccole figure, avrebbe senza dubbio fatto all'acquaforte e in grande tutto ciò che si può fare ad imitazione del bulino, come si può vedere in diverse sue opere, specie in alcuni ritratti che fece a Firenze, ai quali non vedo ancora nulla di paragonabile].

15 Secondo Goldstein, *Print Culture in Early Modern France*, cit., p. 5, «Other printmakers who seem to have played roles in his formation, either directly or indirectly, were the Dutch Simon Frisius, the Swiss Mathieu Mérian, and, most of all the great and innovative Jacques Callot, with whom he collaborated in 1628-1630». Nonostante l'autore non indichi la fonte di questa sua osservazione, si tratta ovviamente del passo del *Traicté* riportato qui nella nota precedente. Invece, Le Blanc, *D'Acide et d'encre*, cit., pp. 35-44, non considera queste due figure nella sua meticolosa ricostruzione della formazione di Bosse (nemmeno facente parte della cultura visiva iniziale dell'artista), avvenuta a Parigi, dal 1620 al 1641, presso Melchior Tavernier.

16 Simone Frisius, era noto ai contemporanei in particolare per le sue abilità nell'incisione della calligrafia, segnalato per questo già da J. van de Velde (il Vecchio), *Spieghel der Schrijfkonste...*, Amsterdam, Cornelis Claesz, 1605 (o 1608), *Dedica*, volume illustrato appunto da Frisius. Svolse l'inizio della carriera in Francia, a Rouen, spostandosi poi a Parigi che lasciò nel 1599 circa, e sul cui soggiorno si rinvia a V. Meyer, *Les tribulations du graveur hollandais Simon Frisius chez les calligraphes parisiens*, «Bulletin du bibliophile», 2, 2006, pp. 245-313. Si veda inoltre N. Orenstein, *Simon Frisius*, Ouderkerk aan den Ijssel, Sound and Vision Publ., 2008 2 voll. (The new

tivo di promozione, al pari delle altre arti del disegno, dello statuto sociale dell'incisore e dell'arte incisoria cui Bosse si stava dedicando.

Ecco che in tale contesto Raimondi compare poco dopo come possibile ulteriore modello da seguire, premesso che il fine ultimo dell'acquaforte secondo Bosse è quello di imitare il risultato ottenuto con il bulino, puntando sempre alla maggior nitidezza del tratto:

> Et pour se faire j'estime qu'il se faut proposer à imiter la netteté et tendresse des ouvrages de quelques uns de ces excellents ouvriers du burin, comme des *Sadelers, Vilamene, Suannebourg*, et quantité d'autres dont j'estime extremement les beaux traits, car d'imiter un Graveur dont la graveure au burin ne paroist que comme à l'eau forte, je n'y vois pas grande apparence.
>
> Or encore que je ne face point de mention de plusieurs autres comme de *Marc Anthoine, Corneille Cort, Augustin Carrache*, ce n'est pas que je les tienne excellents graveurs, et davantage, les plus sçavants qui ayent esté dans le dessein, mais comme j'ay dit cy-devant, je n'ay autre intention que de proposer à celui qui veut graver à l'eau forte un modèle pour y faire des hacheures ou traicts bien nets et bien fermes, et quoy que *Cort* et *Carrace*, ayent gravé net, il me semble que c'est toujours un peu moins que ceux que j'ay nommez cy-devant.[17]

In tutto nove nomi, divisi a gruppi di tre, i quali accennano sia alla cultura visiva dell'autore sia ad una storia dell'incisione ancorata principalmente al suo secolo e alla seconda metà del Cinquecento. Raimondi risulta tanto il più antico maestro citato, ineludibile, segno di una fama indiscussa e duratura (nonché di una costante presenza sul mercato delle stampe), quanto il modello meno raccomandabile per gli acquafortisti dilettanti.

Il *Traicté* rientrava tra le tipologie di pubblicazioni legittime per l'artista volonteroso di scrivere della propria arte e rappresentava solo una prima tappa nel percorso di Bosse scrittore teorico. Affermatosi prima di tutto

---

Hollstein Dutch and Flemish etchings, engravings and woodcuts, 53-54). Su Matthäus Merian a Parigi (1612-1613), si veda L.H., WÜTHRICH, *Matthäus Merian d. Ä.: eine Biographie*, Hamburg, Hoffmann und Campe, 2007, pp. 43-58; M. IACCARINO, *L'immagine della città europea nell'opera di Matthäus Merian (1593-1650)*, Napoli, Edizioni Scientifiche Italiane, 2009, pp. 23-28.

17 BOSSE, *Traicté*, cit., p. 3, [E a questo fine credo che si debba cercare di imitare la nitidezza e la tenerezza delle opere di alcuni di questi eccellenti bulinisti, come i Sadeler, Villamena, Swanenburg, e molti altri di cui apprezzo moltissimo le belle linee, perché imitare un incisore i cui bulini sembrano come fatti all'acquaforte, non mi sembra una gran cosa. Ma nonostante non menzioni diversi altri come Marcantonio [Raimondi], Cornelis Cort, Agostino Carracci, non è che non li consideri degli eccellenti incisori, e ancora di più, i più esperti che siano stati nel disegno, ma come ho detto sopra, non ho altra intenzione che proporre a colui che vuole praticare l'acquaforte un modello per fare tratteggi o delle linee ben nette e ferme; e sebbene Cort e Carracci abbiano una maniera netta, mi sembra che lo sia sempre un po' meno di quelli che ho nominato prima].

come uomo di mestiere, al contempo intenditore e divulgatore di scienza matematica, con l'obiettivo di fissare su carta stampata le innovazioni da lui messe a punto nella tecnica dell'acquaforte, Bosse nel 1645 era probabilmente ancora frenato da una necessaria umiltà che lo vincolava all'egemonia del fare e alla sfera tecnica. Ma soltanto quattro anni dopo vedono la luce i suoi *Sentimens sur la distinction des diverses manieres de peinture, dessein et graveure, et des originaux d'avec leurs copies*.[18] Sappiamo da lui stesso, attraverso le pagine di questo nuovo testo, che stava maturando da anni un progetto teorico più ambizioso sulle arti liberali basato sulla prospettiva: «J'avais fait il y a quelques années un discours manuscrit assez ample sur cela que je n'ai désiré mettre en lumière avant qu'en avoir dit quelque chose en gros, pour voir si l'ébauche de cet ouvrage serait en quelque sorte approuvée».[19] Questo perché, nel 1648, era entrato a far parte del corpo docente della neofondata Académie Royale e, sicuramente incoraggiato anche dal successo editoriale del *Traicté*, si avventurava dunque in campo teorico con più determinazione, anticipando del resto i colleghi che non si erano ancora dedicati alla teoria scritta, spiazzando altri candidati come Hilaire Pader e Roland Fréart de Chambray, i quali avevano optato per una traduzione di testi italiani, come vedremo più avanti. È importante sottolineare come egli dedicasse i suoi *Sentimens* ai «Messieurs de l'Académie Royale, de la Peinture et Sculpture» dal momento che, in quanto incisore, non poteva essere nominato Accademico, dovendosi accontentare dello statuto di membro associato.[20] Tale discriminazione spiega anche la ristrettezza della parte riservata all'incisione nel trattato, contrariamente a quanto sembra annunciare il titolo dell'opera e a quanto avrebbe desiderato l'autore, rassegnato ad accettare la supremazia della pittura.[21]

---

[18] A. Bosse, *Sentimens sur la distinction des diverses manieres de peinture, dessein et graveure, et des originaux d'avec leurs copies. Ensemble du choix des sujets, et des chemins pour arriver facilement promptement à bien pourtraire*, Paris, Abraham Bosse, 1649. Il testo è stato recentemente tradotto in italiano: A. Bosse, *Sentiments sur la distinction des diverses manières de peinture, dessin et gravure, et des originaux d'avec leurs copies / Considerazioni sulla distinzione delle diverse maniere di pittura, disegno e incisione, e degli originali dalle loro copie*, a cura di G. Lo Nostro, Monaco, LiberFaber, 2015.

[19] Bosse, *Le peintre converty*, cit., p. 173, [Avevo fatto un discorso manoscritto piuttosto esteso su questo argomento alcuni anni fa, che non ho voluto portare alla luce prima di averne detto qualcosa sommariamente, per capire se il progetto di questo libro sarebbe stato in qualche modo approvato]. Le Blanc, *D'Acide et d'encre*, cit., p. 106, colloca la stesura di questo manoscritto, non conservato o non ancora rinvenuto, all'inizio degli anni 1640.

[20] Riuscì comunque a diventare membro onorario nel 1551, contrattando financo diversi privilegi. Cfr. J.-G. Castex, *Le statut des graveurs à l'Académie royale de peinture et de sculpture*, in *Druckgraphik: zwischen Reproduktion und Invention*, a cura di M.A. Castor, J. Kettner, C. Melzer e C. Schnitzer, Berlin, Deutsche Kunstverlag, 2010, pp. 307-321.

[21] Il settimo capitolo intitolato *Sur la distinction des diverses manières d'estampes ou tailles-douces, tant des originales que des copies* in Bosse, *Sentimens*, cit., 1649, pp. 73-86, occupa pro-

Dei nove nomi menzionati nel *Traicté*, i primi due sono ora omessi, ma la selezione si dilata nello spazio e nel tempo fino a ventitré personalità, alcune multiple. Se riportiamo gli incisori nell'ordine in cui appaiono nel testo, risulta il seguente elenco:[22]

Israël [van Meckenem]
Martin Schon ou le Tudesque [Martin Schongauer]
Les Maistres au Chandelier[23]
Albert Durer
Lucas de Leyden
Aldegrave
Marc Anthoine
Augustin Venitien
Iule Bonnazone
Silvestre [de Ravenne][24]
Marc de Ravenne
Les Mantouans[25]

---

porzionalmente un decimo del volume e si apre con la seguente osservazione: «Quand je commençay ce petit Traitté, j'avois comme délibéré de m'estendre sur l'explication des diverses manières des Stampes ou Tailles-douces tant au Burin qu'à l'eau-forte, et mesme en bois, mais ayant reconnu que cela est trop peu de chose à comparaison des Tableaux Peints, je me suis résolu de la faire courte» (*ivi*, p. 73), [Quando iniziai questo piccolo trattato, avevo quasi deliberato di soffermarmi sulla spiegazione delle diverse maniere di stampe o *tailles-douces*, tanto al bulino quanto all'acquaforte, perfino in legno, ma avendo riconosciuto quanto fosse poca cosa rispetto ai quadri dipinti, decisi di farlo breve].

22 L'ortografia dei nomi elencati è quella adottata da Bosse, con l'indicazione della forma moderna tra parentesi quadre soltanto quando non sono immediatamente riconoscibili.

23 «C'est à dire D. Hopfer, Hierosme et Lambert Hopfer, qui marquent leur nom avec un chandelier» (M. DE MAROLLES, *Catalogue de livres d'estampes et de figures en taille douce. Avec un dénombrement des pieces qui y sont contenuës*, Paris, Frédéric Léonard, 1666, p. 138), [Cioè Daniel, Lambert e Hieronymus Hopfer, che contrassegnano il loro nome con un candelabro].

24 Su Silvestro da Ravenna, non menzionato da Vasari, il quale compare per la prima volta proprio nel testo di Bosse, ma anche nel catalogo di M. de Marolles, poi in Baldinucci, e risulta a tutt'ora non identificato (nato forse da un errore di interpretazione della sigla SR), si veda F. BALDINUCCI, *Cominciamento e progresso dell'arte dell'intagliare in rame: colle vite di molti de' più eccellenti maestri della stessa professione*, a cura di E. Borea, Torino, Einaudi, 2013, p. 14; E. BOREA, *Filippo Baldinucci e le sue fonti francesi*, in *Da Torino a Parigi: Laura Malvano storica e critica d'arte*, a cura di A. Bechelloni e E. Neppi, Grenoble, GERCI, 2014 («Cahiers d'études italiennes» [Online], 18), pp. 149-153: 150.

25 Al gruppo degli incisori, detti mantovani, già ricordati da Vasari, appartengono Giovan Battista da Verona, collaboratore di Giulio Romano a Mantova, e Giorgio Ghisi, anche detto appunto Giorgio Mantovano, ai quali si aggiungono inoltre i figli di Giovan Battista, Adamo e Diana Scultori, noti ai *Curieux*, menzionati come Diana Mantuana e Adam de Mantoue in DE MAROLLES, *Catalogue*, cit., *passim*, ma in particolare pp. 24-25, nonché Andrea Andreani, ricordato come Andrea Andriani de Mantoue da M. de Marolles (*ivi*, p. 22) e del quale Baglione fornisce una *Vita*, cfr. G. BAGLIONE, *Intagliatori*, a cura di G.M. Fara, Pisa, Edizioni della Normale, 2016, p. 39.

Martin Ruota
Corneille Cort
Augustin Carracche
Cherubin Alberti
Villamene
Sadeler, Gille, Jean et Raphaël
Arman Muler
Henry Goltius
Sanredam
Suanebourg
Jacques Callot

La sequenza stessa dei nomi lascia intendere quanto lontana sia la vita vasariana di Raimondi e quanto sia una rielaborazione del tutto personale in coerenza con la selezione parsa nel *Traicté*.[26] Le sue cinque paginette di cronistoria, per riprendere il termine di Evelina Borea,[27] sono senza dubbio basate più su una conoscenza diretta delle opere che sugli autori precedenti. Non è affatto detto che abbia contezza del contributo di Giovanni Baglione sugli intagliatori, uscito nel 1642 in appendice delle sue *Vite de' pittori, scultori et architetti*, visto che cita, come esempio della famiglia Sadeler, soltanto Aegidius, Jan e Raphael, mentre Baglione aggiunge anche Justus.[28] Dal confronto dei testi, i dati non collimano e comunque Bosse intendeva fornire ai suoi lettori un breve inquadramento stilistico probabilmente concepito anche in funzione di quanto era allora più reperibile per i collezionisti. Una possibile lettura del testo di Vasari, nuovamente disponibile nell'edizione curata da Carlo Manolessi,[29] non è da escludere, ma non sono riscontrabili delle tracce inequivocabili, solo possibili suggestioni. In un punto soltanto Bosse presenta dei pareri altrui e ciò avviene a proposito dell'origine dell'incisione, un argomento appena accennato nel *Traicté*:

Plusieurs tiennent que l'origine ou commencement, ou crainte de s'abuser, la restauration de cet Art, n'est que vers l'année 1490. Et sur ce sujet je commenceray à nommer les premiers qui l'ont mis ou remis en pratique: Israël, Martin Schon ou le Tudesque, et quelques autres nommez par les Curieux, les Maistres

---

26 Cfr. G. Vasari, *Vita di Marcantonio Bolognese e altri intagliatori di stampe*, in Id., *Le vite de' più eccellenti pittori scultori e architettori nelle redazioni del 1550 e 1568*, testo a cura di R. Bettarini, commento secolare a cura di P. Barocchi, 6 voll. di testo e 3 di indici, Firenze, Sansoni e SPES, 1966-1997, V, pp. 3-26.

27 Baldinucci, *Cominciamento*, cit., pp. 11-12.

28 Cfr. G. Baglione, *Intagliatori*, cit., pp. 27-28.

29 Sull'edizione Manolessi delle *Vite* vasariane, si rinvia al contributo di Giovanni Maria Fara in questo volume.

au Chandelier, et pour leurs Stampes elles ont le nom de pieces de mauvais noir ou ancre, dautant qu'ils n'avoient pas encore la bonne maniere de la faire, ce qui se remarque en elles par l'huile qui a jauny le papier, y estant entrée après s'estre séparée du noir faute d'avoir esté cuite ou bruslée.[30]

La data 1490 pone subito la questione della fonte dell'informazione, soprattutto tenendo presente quella riportata invece da Vasari, 1460, associata a Maso Finiguerra, del quale Bosse proprio non si cura. Di fronte a questo dato piuttosto rilevante, gli studiosi non hanno proposto nessun commento convincente, attribuendo all'autore l'iniziativa periodizzante.[31] Certo non sono trascurabili in questo caso eventuali riferimenti dovuti ad una trasmissione orale,[32] ma la plausibile fonte testuale dalla quale proviene anche il binomio «Israël, Martin Schon», da Bosse considerati come i due maestri di Dürer, è senz'altro il *Schilder-Boeck* di Karel van Mander parso nel 1604.[33] In particolare, all'inizio della biografia di Dürer, lo storiografo fiammingo descrive un'incisione a suo tempo attribuita a Israhel van Meckenem, della quale segnala una copia eseguita da Dürer reca la data del 1497.[34] È assai plausibile che Bosse, dichiarando tuttavia le incertezze del

---

[30] BOSSE, *Sentimens*, cit., 1649, pp. 74-75, [Alcuni ritengono che l'origine o l'inizio, o per paura di sbagliarsi, la restaurazione di quest'arte, non risalga oltre l'anno 1490 circa. E a questo proposito comincerò a fare i nomi dei primi che l'hanno messa, o rimessa, in pratica: Israël, Martin Schon o il Tudesque, e alcuni altri noti ai *Curieux*, come i Maîtres au Chandelier, e quanto alle loro stampe, si dicono pezzi di cattivo nero o di cattivo inchiostro, in quanto non avevano ancora la buona maniera di farle, cosa che si nota nei fogli dall'olio che ha ingiallito la carta, essendovi entrato dopo essersi separato dal nero, perché cotto o bruciato].

[31] Cfr. GOLDSTEIN, *Print culture in early modern France*, cit., p. 26; mentre LE BLANC, *D'Acide et d'encre*, cit., pp. 39 e 44, pur non interrogandosi sulle fonti dei testi di Bosse, non dubita che abbia «indéniablement lu les Italiens». Tra le letture attestate sono da annoverare i *Quattro libri di architettura* di Palladio e il trattato di Leonardo da Vinci che Roland Fréart de Chambray stava traducendo.

[32] Sull'oralità, basta citare la formula dovuta allo stesso Bosse in chiusura del libretto: «diverses personnes ont dit, et d'autres écrit» (BOSSE, *Sentimens*, cit., p. 112), [varie persone hanno detto, e altre hanno scritto].

[33] K. VAN MANDER, *Het Schilder-Boeck...*, Haarlem, Passchier van Wesbusch, 1604, f. 204v, menziona una prima volta brevemente Israhel van Meckenem e Schongauer come incisori importanti, ma quasi dimenticati.

[34] «Vi è una leggiadra vecchia stampa, realizzata da Israel Van Mentz, con tre o quattro donne nude, molto somiglianti alle tre Grazie, sulle cui teste è appeso un globo sferico senza data. Albert Durer fece un'incisione a partire da quest'opera e sul globo appose la data 1497, allorché egli aveva ventisei o ventisette anni» (K. VAN MANDER, *Le vite degli illustri pittori fiamminghi, olandesi, tedeschi*, trad. e apparato critico di R. de Mambro Santos, Sant'Oreste, Apeiron, 2000, p. 136). Quanto alla questione attributiva, va precisato che la prima incisione ad essere stata eseguita è quella di Dürer, della quale è stato Israhel van Meckenem ad eseguirne la copia. Cf. K. VAN MANDER, *The Lives of the Illustrious Netherlandish and German Painters, from the first Edition of the Schilder-boeck (1603-1604)*, a cura di H. Miedema, vol. II, Doornspijk,

caso nella formulazione della proposta, abbia ritenuto questo dato valido per indicare, arrotondando al decennio inferiore come datazione dell'incisione di Israhel van Meckenem, la nascita della stessa incisione in terra tedesca. Colloca poi la maturità artistica di Dürer attorno al 1510, altra data significativa, probabile indizio di una conoscenza del testo vasariano, certamente ricavabile, per un *Connoisseur* come Bosse, anche dalle iscrizioni nelle stampe di Dürer, ma di fatto risulta in linea con la scelta operata da Vasari nella ricostruzione della carriera dell'artista. In questo modo però, Bosse ometteva la fase di sviluppo fiorentina scaturita nell'ambito dell'oreficeria descritta da Vasari. Se per motivi di sintesi, ciò non è dato sapere. Ma non è certo da escludere che ritenesse il contributo di Finiguerra, Baldini e Mantegna non all'altezza dal punto di vista tecnico nella sua storia della *taille douce* (essendo già molto critico riguardo all'esordio tedesco), a prescindere dal fatto che pochi dei loro fogli circolassero ancora ai tempi di Bosse e fossero poco ricercati, eccetto Mantegna, dai *Curieux de papier*, come si desume per esempio dal catalogo di Michel de Marolles.[35] Tale operazione avrebbe potuto senz'altro contribuire al ridimensionamento della supremazia dell'arte italiana a favore del Rinascimento nordico, anche se una controversia del genere non emerge esplicitamente nei commenti di Bosse, il quale nutre un'ammirazione indefettibile nei confronti dell'arte di Raffaello, considerato, insieme a Poussin, come il più grande pittore di tutti i tempi. L'altro passo dei *Sentimens* dove percepire un'eco del testo vasariano sta proprio nel punto in cui Bosse elogia le qualità di Raffaello, al di fuori della sua cronistoria dell'incisione, elencando le stampe in circolazione che permettevano di apprezzare l'opera del grande maestro:

> Outre les Tableaux qu'on voit de luy il y a un grand nombre de Tailles Douces, tant au burin qu'à l'eau forte, faites d'après ses Tableaux et Desseins, dont les meilleures et plus estimées sont celles qui sont gravées au burin par *Marc Anthoine*, entre autres *Le Jugement de Paris*, *les Innocents*, *la Madelaine chez Simon*, *la Présentation de la Vierge au Temple*, *une Vierge martyrisée dans une chaudière d'huile qui est Saincte Félicité*, et pour de grandes Histoires de noble ordonnance, le *mont de Parnasse*, une Bataille gravée par C. Cort, *l'Echole d'Athène* et la dispute sur le *Sacrement*, gravée par Georges Montoüan et autres.[36]

DAVACO, 1995, p. 297. Tale inversione di ruolo è ripresa da Baldinucci, per il commento del quale si rinvia a G.M. FARA, *Albrecht Dürer nelle fonti italiane antiche (1508-1686)*, Firenze, Leo S. Olschki, 2014, p. 465.

[35] Solo «Manteigne» è presente in una raccolta di xilografie in DE MAROLLES, *Catalogue*, cit., p. 153.

[36] Cfr. BOSSE, *Sentimens*, cit., pp. 33-34, [Oltre i quadri che si vedono di lui, c'è un gran numero di *tailles-douces*, tanto al bulino quanto all'acquaforte, eseguite a seguito dei suoi quadri e

Il catalogo fornito qui, molto selettivo, non è del tutto sovrapponibile con la sequenza vasariana, ma si apre nella stessa maniera, con il *Giudizio di Paride* e la *Strage degli innocenti*. Queste righe sono dunque un indizio della conoscenza della biografia di Raimondi, almeno che una tradizione orale diffusa presso i *Curieux* non abbia già integrato, sotto l'influsso duraturo del testo vasariano, la cronologia dei primi lavori dell'incisore bolognese realizzati per Raffaello. Va però ricordato come Roland Fréart de Chambray scelga anch'egli le prime due stampe per imbastire il suo commento dell'opera raffaellesca pubblicato nel 1662, seguendo la linea indicata da Bosse che conosceva e stimava.[37] E Fréart lascia meno dubbi per quanto riguarda il suo rapporto con la fonte vasariana, ben nota e altrove aspramente criticata.[38]

L'analisi puntuale, condotta in questa sede, di un testo così determinante per la storiografia artistica francese come quello di Bosse, permette di evidenziare una ricezione molto sottile della prima storia dell'incisione raccontata da Vasari, presente in sordina, schiacciata dall'autonomia critica di Bosse il quale usa le fonti con distacco per produrre una sua propria versione dei fatti aggiornata alla realtà del mercato delle stampe del suo tempo e all'esigenza di accollarsi un ruolo nell'evoluzione delle tecniche incisorie.

---

disegni, di cui le migliori e più stimate sono quelle incise al bulino da Marcantonio Raimondi. Tra queste: il *Giudizio di Paride*, gli *Innocenti*, la *Maddalena da Simone*, la *Presentazione della Vergine al tempio*, una *Vergine Martirizzata in una caldaia d'olio*, che è *Santa Felicità*, e per le grandi storie d'ordine, il *Monte Parnaso di Atene* e la *Disputa sul Sacramento*, incisa da Giorgio Mantovano e altri] (Bosse, *Sentiments/Considerazioni*, cit., p, 186).

[37] Cfr. Fréart de Chambray, *Parallèle*, cit., pp. 208-220. Sul rapporto tra Bosse e Fréart de Chambray, entrambi più o meno sotto la protezione del Segretario di Stato della guerra sotto Luigi XIII François Sublet de Noyers, si veda Le Blanc, *D'Acide et d'encre*, cit., pp. 45-48. Per una recente sintesi sulla cronologia delle incisioni di Raimondi dalle opere di Raffaello, si rinvia a E. Rossoni, *Raffaello inventore e la produzione incisoria della prima metà del XVI secolo: la diffusione di uno stile*, in *La fortuna visiva di Raffaello nella grafica del XVI secolo da Marcantonio Raimondi a Giulio Bonasone*, catalogo della mostra (Bologna, Pinacoteca Nazionale, 4 marzo - 7 giugno 2020) a cura di E. Rossoni, Rimini, NFC edizioni, pp. 7-27.

[38] «La première feuille qui porta le nom de Raphaël hors de l'Italie et qui fit connaître à tous les peintres de son siècle qu'il était leur coryphée, fut la noble et fameuse estampe du *Jugement de Pâris*, où Raphaël fit une si heureuse tentative pour lui, et pour son élève Marc-Antoine, que depuis il continua de l'entretenir en ce même emploi, et à cet effet il lui dessina tout exprès plusieurs autres belles choses, que nous n'aurions, peut-être, point vues sans cette occasion, parce qu'il ne les a jamais peintes» (Fréart de Chambray, *Parallèle*, cit., p. 208), [Il primo foglio che portò fuori d'Italia il nome di Raffaello, ed in grazia del quale fu allora noto a tutti i pittori del suo secolo che era lui il loro corifeo, fu la nobile stampa del *Giudizio di Paride*. In essa Raffaello compì un tentativo risultato felice sia per sé che per il suo allievo Marcantonio. Da quel momento quest'ultimo fu poi sempre mantenuto nel medesimo incarico. Ed anzi fu proprio per lui che Raffaello disegnò espressamente molte altre belle cose, che, in realtà, egli non ha mai dipinte, e che perciò, senza una simile circostanza, noi non avremmo forse mai viste] (Fréart de Chambray, *La perfezione della pittura*, cit., p. 46)

Mentre Abraham Bosse si stava affermando in ambito accademico, un altro incisore ed editore, Pierre Daret, dava alle stampe nel 1651 un agile libretto intitolato *Abrégé de la vie de Raphael Sansio d'Urbin*, una traduzione della vita vasariana, in cui non solo parte del sottotitolo, *De l'Origine de la Graveure*, ma l'intero frontespizio rivelava l'importanza dell'incisione in questo progetto editoriale.[39] Con artefatta modestia Daret si presenta come incisore. Appartenente a un piccolo gruppo di intagliatori piuttosto agiati, nel 1652 avrebbe fatto il suo ingresso in qualità di pittore all'Académie Royale e, contrariamente a Bosse, è un italofilo dichiarato.[40]

È ben risaputo come questi anni siano densi di pubblicazioni, tra cui anche il contributo di Daret, giustamente già segnalato da Antoine Schnapper.[41] Lo stesso anno sarebbe uscito il cosiddetto trattato di Leonardo da Vinci, una vera e propria pietra miliare, pubblicato in italiano, a cura di Raphaël Trichet du Fresne, mentre a stretto giro Roland Fréart de Chambray avrebbe finalmente dato ai torchi la sua traduzione francese. Un'operazione del resto non poco ostacolata da Abraham Bosse, il quale vedeva nell'accoglienza delle teorie di Leonardo una minaccia per le proprie idee sulla prospettiva.[42] È stato poi anche sottolineato quanto l'*Abrégé* di Daret testimoniasse della fortuna del formato biografico con medaglione-ritratto in quegli anni. L'opera è corredata di due ritratti di Raffaello e di Raimondi (ripresi dalla Giuntina) incisi probabilmente dallo stesso Daret (Figg. 3-4), secondo una modalità che ritroviamo, ad esempio, nella *Vita di Lionardo da Vinci*, fornita appunto da Trichet du Fresne in apertura del *Trattato della*

---

39 G. Vasari, *Abrégé de la vie de Raphael Sansio d'Urbin, très excellent Peintre et Architecte, ou il est traitté de ses œuvres, des Stampes qui en ont été gravées, tant par Marc-Antoine Bolognois qu'autres excellent [sic] Graveurs. De l'origine de la Graveure en taille douce, avec une adresse des lieux où les principaux Peintres italiens, descrits par Vasari, ont travaillé. Traduit d'Italien en François par P. Daret Graveur*, Paris, Pierre Daret, 1651 (da ora in poi Daret, *Abrégé*).

40 Su Pierre Daret, che ha lasciato poche tracce biografiche, si veda l'importante ricostruzione capillare di M. Grivel, *Le commerce de l'estampe à Paris au XVIIe siècle*, Genève, Droz, 1986, pp. 292-293; S. Lhopiteau, *Les Tableaux Historiques (1652) de Pierre Daret, une entreprise audacieuse de célébration des grands hommes*, «Bulletin de la Société de l'Histoire de l'Art Français», 2009, pp. 29-43. Sappiamo dalla sua nota *Au Lecteur*, che era giunto in Italia e che sperava di ritornarci (Daret, *Abrégé*, cit., p. 10).

41 Cfr. A. Schnapper, *Collections et collectionneurs dans la France du XVIIe siècle. 2. Curieux du grand siècle: œuvres d'art*, Paris, Flammarion, 1994, p. 57.

42 Gli altri testi richiamati da Schnapper (*ivi*, pp. 57-58), sono il *Cabinet*... di G. de Scudéry (1646); les *Petits Traités*... de La Mothe Le Vayer (1648); les *Sentimens*... d'Abraham Bosse (1649); les *Observations sur la Peinture* di C.-A. Du Fresnoy (1649); il *Parallèle*... di R. Fréart de Chambray (1650). Sulla ricezione del trattato leonardesco in Francia, soprattutto per quanto riguarda Bosse, si rinvia essenzialmente a Le Blanc, *Abraham Bosse*, cit.; T. Frangenberg, *Abraham Bosse in Context: French Responses to Leonardo's Treatise on Painting in the Seventeenth Century*, «Journal of the Warburg and Courtauld Institutes», 75, 2012, pp. 223-260.

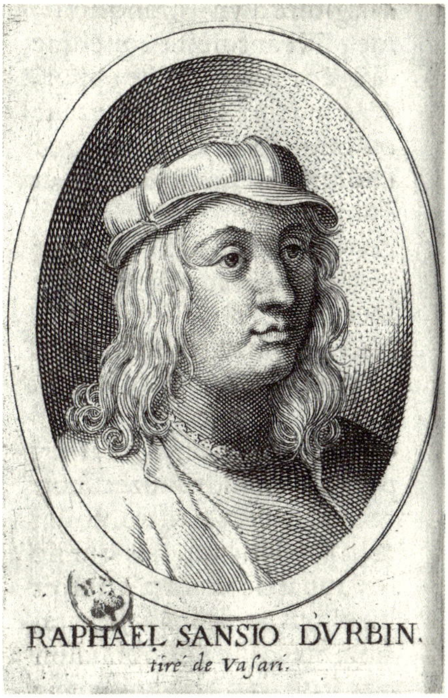

3

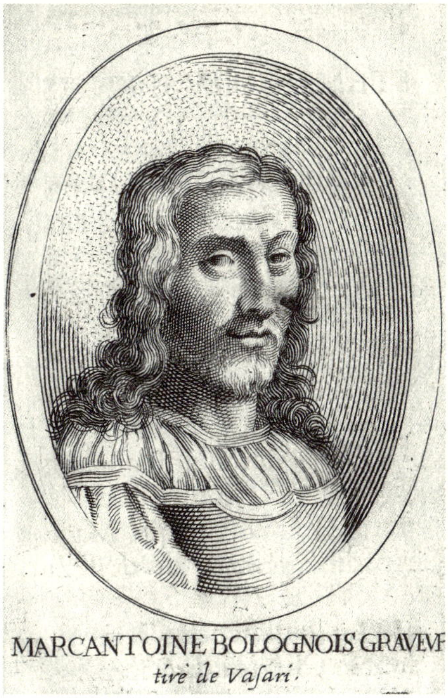

4

Fig. 3. Pierre Daret, *Ritratto di Raffaello Sanzio*, in G. Vasari, *Abrégé de la vie de Raphael Sansio d'Urbin...*, Paris, Pierre Daret, 1651, Paris, BNF. Fig. 4. Pierre Daret, *Ritratto di Marcantonio Raimondi*, in G. Vasari, *Abrégé de la vie de Raphael Sansio d'Urbin...*, Paris, Pierre Daret, 1651, Paris, BNF.

pittura, nella *Vita di Leon Battista Alberti*, dello stesso autore e nello stesso volume (il quale conteneva anche il *De Statua* di Leon Battista Alberti), ma anche nella *Vie de Jean Pol Lomasse peintre milanois* presentata insieme alla traduzione parziale del trattato di Giovanni Paolo Lomazzo proposta da Hilaire Pader.[43] Eppure, l'iniziativa di Daret ben si distingue dalle altre in quanto biografia autonoma che si costituisce, di fatto, come contributo non teorico.

---

43 Cfr. S. Tullio Cataldo, *La biografia vasariana di Leonardo nella letteratura artistica francese dei Seicento*, «Horti Hesperidum», 9, 2019, 2, pp. 59-89: 59-60. Le biografie in questione si leggono in L. de Vinci – L.B. Alberti, *Trattato della pittura di Lionardo da Vinci, novamente dato in luce, con la vita dell'istesso autore, scritta da Rafaelle Du Fresne. Si sono giunti i tre libri della pittura, et il trattato della statua di Leon Battista Alberti, con la vita del medesimo*, Parigi, Giacomo Langlois, 1651, n.n. (tra le pagine liminari, con medaglione in antiporta, inciso da R. Lochon); G.P. Lomazzo, *Traicté de la proportion naturelle et artificielle des choses, par Jean Pol Lomazzo*, trad. da H. Pader, Toulouse, Arnaud Colomiez, 1649, n.n. (tra le pagine liminari, preceduta da un medaglione inciso non firmato).

Condotta sul testo della nuova edizione bolognese che permise a Daret di scoprire le *Vite*, la traduzione della biografia vasariana, invero il primo tentativo di traduzione dichiarata, sia pure parziale, delle *Vite* sul suolo francese (con l'auspicio espresso dallo stesso autore di averne una versione integrale il prima possibile), ha un tale orientamento da renderla molto rilevante per la storia dell'incisione.[44] Trattasi, beninteso, di una traduzione in senso lato, molto libera, che riassume i fatti salienti della vita dell'urbinate e punta alla ricostruzione del catalogo accertato delle sue opere. Un'impresa di traduzione essenzialmente motivata da un indispensabile ritorno alla fonte primaria per contrastare il fenomeno di falsificazione che inquinava il mercato dell'arte e disperava gli *Amateurs*. Ma oltre al perseguire la verità sull'opera raffaellesca, Daret conferiva al suo libretto una più concreta funzione strumentale di sicuro interesse collezionistico e topografico. Incompleta e poco approfondita come guida per il viaggiatore curioso, non vi è dubbio che il vero scopo del libretto fosse quello di fornire valide indicazioni per i *Curieux de papier* avidi di cataloghi da consultare per arricchire i propri Cabinets. Sicuro ormai, come scrive nella sua dedica al *garde des sceaux* Charles de l'Aubespine marchese di Châteauneuf, che «la Graveure pourroit bien n'estre pas refusée à la porte de votre Cabinet».[45]

Interessato alla genesi dei cataloghi, Antoine Schnapper ha già rilevato alcune peculiarità dell'*Abrégé*, come la necessaria riduzione della fonte vasariana, l'integrazione della biografia di Marcantonio e l'importanza degli elenchi di opere.[46] Conviene apportare tuttavia ulteriori e più puntuali osservazioni, la prima delle quali in merito alla disomogeneità nella cura editoriale della traduzione. In questo testo costituito da due parti (l'*Abrégé de la vie de Raphaël Sansio* e le *Stampes ou pièces gravées par Marc Antoine Bolognois sur les desseins de Raphaël Sansio d'Urbin*), lo sforzo di riduzione appare più elevato nella prima, mentre nella seconda il testo resta più vicino alla fonte. A tradire una certa fretta, alcuni passaggi si rilevano addirittura grezzamente parafrasati, frutto di una traduzione letterale, e talvolta non coerenti al nuovo contesto.[47] La seconda evidente trasformazione sta

---

[44] Nella sua nota *Au Lecteur*, l'autore informa in effetti subito che «Je ne m'estois apliqué à dresser cet Abrégé que pour mon usage, n'ayant jamais leu Vasari que depuis 4 ans. Sa rareté avant sa dernière impression de Bologne l'ayant rendu cher, en rendoit la communication difficile» (DARET, *Abrégé*, cit., p. 7). [Mi sono sforzato di redigere questo *Abrégé* solo ad uso personale, non avendo mai letto Vasari fino a 4 anni fa. La sua rarità prima della sua ristampa a Bologna, avendolo reso costoso, ne rendeva difficile la sua diffusione].

[45] DARET, *Abrégé*, cit., p. 2, [L'incisione ben potrebbe non essere esclusa dal suo Cabinet].

[46] A. SCHNAPPER, *Raphaël, Vasari, Pierre Daret: à l'aube des catalogues*, in *"Il se rendit en Italie", études offertes à André Chastel*, Roma, Edizioni dell'Elefante-Flammarion, 1987, pp. 235-241.

[47] È il caso, per esempio, del seguente brano: «Mais parmis toutes ces stampes, celles qui

nell'integrazione non solo della biografia di Raimondi, ma di altri brani vasariani utili a rendere conto del catalogo di alcuni artisti come Andrea Mantegna e Giulio Romano.[48] E più che reintegrare, il traduttore cerca di riordinare il racconto. Accade già nella biografia di Raffaello quando vi inserisce la *Lucrezia* come primo lavoro realizzato a Roma da Marcantonio da un'opera di Raffaello, citato in realtà da Vasari solo nella *Vita di Marcantonio*.[49] L'operazione di riordinamento comporta il raggruppamento di passi significativi della biografia dell'incisore bolognese, più volte interrotta nella Giuntina da altre incursioni biografiche, giovando alla formazione di elenchi che risultano evidenziati tipograficamente con degli a capo. Il primo elenco, che rappresenta il primo nucleo di opere di Marcantonio, viene numerato da 1 a 39, prefigurandosi come uno strumento per il collezionista per il reperimento delle incisioni presso i mercanti, ma anche per l'eventuale organizzazione e riordino della propria collezione.[50]

Naturalmente anche le omissioni da parte del traduttore sono meritevoli di attenzione, anche perché alcune manifestano il segno di una precisa presa di posizione. Pacifica la censura della visione vasariana sull'incisione considerata «come cosa bassa» nel brano su Caraglio: in un contesto di valorizzazione dell'incisione tra le arti del disegno, Daret ha preferito eliminare tale giudizio poco lusinghiero.[51] Colpisce di più la quasi totale assenza dei maestri antichi di area nordica. Soprattutto, viene omesso il contributo di Martin Schongauer al quale Vasari aveva accordato una non trascurabile importanza proprio per iniziare ad illustrare gli scambi artistici tra Nord e Sud,[52] e sul quale Abraham Bosse, come abbiamo visto, ha invece sal-

---

ont esté gravées par Dominique Becafumy Siennois, après la mort de Parmigiano ont esté trouvées très belles, comme nous dirons dans sa vie» (DARET, *Abrégé*, cit., p. 89), [Ma tra tutte queste stampe, quelle incise da Domenico Beccafumi dopo la morte del Parmigianino furono trovati molto belle, come diremo nella sua vita], in cui l'ultima osservazione, è un evidente residuo incongruo, indicativo se mai di un eventuale procedimento di traduzione collaborativo.

48 *Ivi*, p. 67 e pp. 95-96.

49 «Les premières planches qu'il grava sont la Lucrèce, le massacre des Innocents, une Cène, le Neptune et quantité d'autres dont je parleray cy après» (*ivi*, p. 34), [Le prime lastre che incise furono la *Lucrezia*, la *Strage degli Innocenti*, un'*Ultima Cena*, il *Nettuno* e molte altre di cui parlerò dopo]. Cfr. VASARI, *Le vite*, cit., IV, p. 190 e V, p. 9.

50 L'elenco numerato delle stampe di Raimondi si legge in DARET, *Abrégé*, cit., pp. 70-77. L'ipotesi della fretta nella cura del testo potrebbe anche spiegare in parte il fatto che i cataloghi delle opere degli incisori trascritti da Daret non abbiano tutti la forma dell'elenco con dei rimandi a capo, privilegiando solo gli artisti più noti e dalle opere reperibili sul mercato.

51 VASARI, *Le vite*, cit, V, p. 17; DARET, *Abrégé*, cit., p. 93.

52 Su Vasari e Schongauer, si rinvia a G.M. FARA, *La recezione di Martin Schongauer incisore nell'arte e nella letteratura italiana del XVI e XVII secolo: modelli di lettura*, «Storia dell'arte», 146/148, 2017, Nuova Serie n. 46/48, pp. 17-32.

damente insistito, spostando l'origine geografica dell'invenzione. Al momento di tradurre quel brano vasariano che prende avvio con «Passata poi questa invenzione in Fiandra», dopo aver elencato alcune incisioni di Mantegna, Daret risolve infatti con una sintesi estrema: «Ces diverses stampes estant portées partout, Albert Durer de Nuremberg tailla les belles choses qu'on voit de luy».[53] Citare Dürer era davvero inevitabile nella dinamica del racconto, ma vuoi per ridurre all'essenziale questa specie di premessa al catalogo di Marcantonio, vuoi per evitare di trattare degli artisti nordici sui quali erano state rinvenute nel frattempo ulteriori notizie, fatto sta che Daret non si degna di fornire il catalogo delle opere di Dürer e di Luca di Leida, accontentandosi di menzionare i loro nomi soltanto con qualche succinto commento.[54] È chiaro che Daret conoscesse i *Sentimens* di Bosse e non è da escludere pertanto che abbia voluto opporsi al tentativo del collega, ribadendo l'invenzione della *taille douce* in Italia attorno al 1460, fedele alla proposta di Vasari. La contrapposizione tra Bosse e Daret si osserva inoltre nel modo di affrontare il racconto: Daret, pur essendo uomo di mestiere come Bosse, non rende conto degli aspetti pratici, già ampiamente trattati dal collega, tanto da tralasciare le descrizioni tecniche della Giuntina.

I due *graveurs* forniscono dunque le basi della storia dell'arte incisoria in Francia prima del loro ingresso nell'Accadémie Royale e prima ancora che la loro arte raggiungesse un nuovo rango e una più decisiva funzione sotto l'impulso di Colbert. Ecco che gli *Entretiens* di Félibien rispecchiano in qualche modo il crescente interesse anche in ambito accademico. Il famoso storiografo del re, coinvolto nell'impresa calcografica nominata Cabinet du roi, non poteva omettere alcuni dei più grandi incisori italiani già nel dialogo attorno alla biografia di Raffaello uscito nella prima parte degli *Entretiens* nel 1666.[55] Ma il rapporto con la fonte vasariana resta abbastanza

---

53 VASARI, *Le vite*, cit., V, p. 3; DARET, *Abrégé*, cit., p. 67, [Essendosi queste varie stampe diffuse ovunque, Albrecht Dürer da Norimberga intagliò le belle cose che vediamo di lui].

54 Luca di Leida compare alla fine del lavoro di traduzione, laddove Daret chiude la storia vasariana dell'incisione prima di aggiungere alcune notizie seicentesche: «Bref, Lucas d'Holande et plusieurs autres graveurs ont continué et continuent tous les jours à se rendre recommandables par leurs ouvrages, desquels je ne veux rien dire puisqu'ils parlent assez d'eux mesmes» (*ivi*, p. 102), [Insomma, Luca d'Olanda e molti altri incisori hanno continuato e continuano ancora adesso a rendersi lodevoli con le loro opere, di cui non voglio dire nulla perché parlano abbastanza da sole].

55 Su Félibien, gli *Entretiens* e la politica culturale di Luigi XIV, si veda essenzialmente O. BONFAIT, *Vasari e Félibien: due storie dell'arte a confronto*, in *Vasari als Paradigma*, cit., pp. 257-264; S. GERMER, *Art, pouvoir, discours: la carrière intellectuelle d'André Félibien dans la France de Louis XIV*, Paris, Éd. de la Maison des sciences de l'homme, 2016. Sul Cabinet du roi, si rinvia a *A Kingdom of Images: French Prints in the Age of Louis XIV, 1660-1715/Images du Grand Siècle:*

sbrigativo, poco preciso, e rinvia a Marolles per i *Curieux* interessati ai dettagli del catalogo delle stampe.[56] Nella seconda parte degli *Entretiens*, apparsa nel 1672, l'autore torna a trattare della storia dell'incisione, presentando un più ampio ragionamento attorno all'intagliatori, aprendo il discorso con gli intagliatori di pietre, un abbinamento con la glittica che decorre dalla struttura stessa delle *Vite* vasariane. Sforzando o mal interpretando la fonte, individua in effetti l'origine dell'incisione nell'intaglio delle pietre in Italia, un punto che meriterebbe un commento più esteso.[57] Il seguito è impostato attingendo largamente alla Giuntina, adattando il testo alla forma dialogica ed escludendo gli elenchi di opere con l'intento di alleggerire il racconto. Il risultato finale è un sunto della vita vasariana. Contrariamente a Daret,

---

l'estampe française sous Louis XIV, 1660-1715, catalogo della mostra (Los Angeles, Getty Research Institute at the Getty Center, 16 giugno-6 settembre 2015/Paris, Bibliothèque nationale de France, 2 novembre 2015-31 gennaio 2016), a cura di P. Fuhring, L. Marchesano, R. Mathis, V. Selbach, Los Angeles, Getty Research Inst., 2015.

56 Sbrigativo e forse distratto nel senso che A. Félibien, *Entretiens sur les vies et sur les ouvrages des plus excellens peintres anciens et modernes. Première partie*, Paris, Pierre Le Petit, 1666, I, pp. 269-270, cita i nomi principali richiamati nel segmento vasariano corrispondente (Marcantonio Raimondi, Marco Dente, Agostino Veneziano e Ugo da Carpi), i quali diventano a suo parere i primi inventori dell'incisione, dimenticando il *Giudizio di Paride* nell'elenco delle prime opere di Marcantonio, non interessato affatto alla precisa ricostruzione del suo catalogo. Del resto, è così che chiude il passo dedicato a questa arte: «Nous sommes redevables à ces premiers inventeurs de la graveure de tant de choses que l'on a mises au jour depuis ce temps-là et que nous n'aurions jamais eues, puis que dans ce beau recueil d'estampes que M. de Marolles abbé de Villeloin a pris soin de faire avec une dépense considérable, il en compte jusqu'à 740 qui ont esté gravées seulement après les tableaux ou les desseins de Raphael» (*ivi*, p. 270), [Siamo debitori a questi primi inventori dell'incisione di tante cose che sono venute alla luce da quell'epoca e che non avremmo mai avuto, poiché in questa bella collezione di stampe che M. de Marolles, abate di Villeloin, ha avuto cura di fare con spese considerevoli, egli conta fino a 740 che sono state incise unicamente dai dipinti o dai disegni di Raffaello].

57 L'«invention de la graveure» inizia secondo A. Félibien, *Entretiens sur les vies et sur les ouvrages des plus excellens peintres anciens et modernes. Seconde partie*, Paris, Sébastien Mabre-Cramoisy, 1672, II, p. 125, con i «graveurs en pierre», un breve resoconto attinto alla *Vite di Valerio Vicentino, di Giovanni da Castel Bolognese, di Matteo dal Nasaro Veronese e d'altri eccellenti intagliatori di camei e gioie* in Vasari, *Le vite*, cit., IV, pp. 619-630 (precedente la *Vita di Marcantonio bolognese e altri intagliatori di stampe*), che l'autore chiude così: «Il y eut encore un nommé Jean Antonio de Rossy milanois, un Benevento Cellini qui estoit orfèvre et qui travailloit à Rome du temps de Clément VII et dont l'on voit un traité de l'art d'orfèvrerie [...], et plusieurs autres dont je ne parleray pas, voulant passer à ceux qui ont gravé sur le cuivre, et ausquels nous sommes redevables des belles estampes que nous avons encore aujourd'huy, et qui sont la cause en partie de ce que je vous ay parlé des graveurs en pierres, qui en effet ont esté les premiers inventeurs de ce que l'on nomme la taille douce» (Félibien, *Entretiens*, cit., p. 131), [C'era anche un tale Giovanni Antonio Rossi milanese, un Benvenuto Cellini orafo che lavorava a Roma al tempo di Clemente VII e del quale abbiamo un trattato sull'arte dell'oreficeria [...], e diversi altri di cui non parlerò, volendo passare a quelli che intagliano il rame, ai quali siamo debitori delle belle stampe che abbiamo ancora oggi, e che sono in parte la causa del perché vi ho parlato degli intagliatori di pietre, i quali infatti furono i primi inventori di quella che si chiama la *taille douce*].

segue però in modo lineare la sua fonte, limitandosi alla parte biografica di Raimondi, tralasciando gli sviluppi successivi. Per abbreviare il racconto, stila l'elenco dei nomi citati da Vasari, mentre per le loro opere, rinvia di nuovo a Marolles, la cui ingente raccolta di 123.400 stampe era nel frattempo entrata a far parte delle collezioni reali.[58] E la presenza dei protagonisti oltremontani tra queste pagine degli *Entretiens* attenua la discussione sollevata dai due precedenti autori in merito all'invenzione dell'arte incisoria, alla sua diffusione e agli scambi, anche se implicita e velata è la presa di posizione percettibile nel solito brano «Passata poi questa invenzione in Fiandra», restituito da Félibien con «Et comme cette nouvelle invention se répandit bientost de tous costez, il y eut un peintre d'Anvers nommé Martin qui se mis aussi à graver ses propres ouvrages et envoya plusieurs estampes en Italie».[59] Una scelta piuttosto significativa e ben ponderata, già adottata da Daret, che lascia del margine alle terre tedesche e soprattutto non vuole escludere a priori una precoce diffusione anche in ambito francese. A questo fine sembra del resto anche contribuire il collegamento dell'incisione con la glittica, che permette a Félibien di evidenziare il ruolo della committenza di Francesco I: il breve profilo biografico di Matteo del Nassaro è di fatti tutto incentrato sulla sua attività alla corte di Francia.

Malgrado il potere acquisito dall'incisione nella politica culturale del re e la progressiva accoglienza degli incisori nell'Académie (gli statuti furono modificati in tal senso nel 1664), a parte gli spunti di Félibien, gli accademici non le accordarono molto spazio nei loro dibattiti teorici e si dovette aspettare la conferenza di Pierre Monier, pronunciata il 1 marzo 1698, per proseguire la riflessione sulla storicizzazione dell'arte incisoria. Questi era l'*Académicien* tra i più disposti a prendere la parola, tanto che decise di raggruppare i suoi discorsi, ritirando tutti i manoscritti dall'archivio dell'istituzione per pubblicarli in un libro.[60] In questa sua *Histoire des arts* (Fig. 5), l'ultimo capitolo è dedicato all'incisione, il quale, inequivocabilmente, si apre con l'origine fiorentina dell'invenzione: «Pour achever ce dernier livre, il reste à parler de l'avantage que reçurent les Arts du Dessein par l'invention de la gravure, qui fut trouvée à Florence en 1460, car cette invention servit

58 *Ivi*, pp. 138-139. Cfr. Schnapper, *Curieux*, cit., pp. 251-253.

59 Vasari, *Le vite*, cit., V, p. 3; Félibien, *Entretiens*, cit., II, p. 133, [E mentre questa nuova invenzione si diffuse presto in tutte le parti, vi era un pittore di Anversa di nome Martin che iniziò anche lui a incidere le sue opere e inviò diverse stampe in Italia].

60 Su Pierre Monier e l'Académie Royale, si rinvia essenzialmente a C. Michel, *Introduction*, in *Conférences de l'Académie royale de peinture et de sculpture. Tome II, Les conférences au temps de Guillet de Saint-Georges: 1682-1699*, a cura di J. Lichtenstein e C. Michel, Paris, Beaux-arts de Paris les éditions, 2008, pp. 25-26.

et sert infiniment à faire monter les beaux Arts à leur perfection».[61]

La fama di Raffaello e delle stampe di Marcantonio non scema. L'impatto delle *Vite* di Vasari, neppure. Si tratta, almeno per la parte riguardante il Quattro e il Cinquecento, di una nuova e libera traduzione della biografia di Marcantonio, non mediata dalla precedente versione di Daret, poiché, come negli *Entretiens*, lascia incontrarsi e incrociarsi artisti del Nord e del Sud Europa, seguendo fedelmente il racconto vasariano.[62] Non tenendo

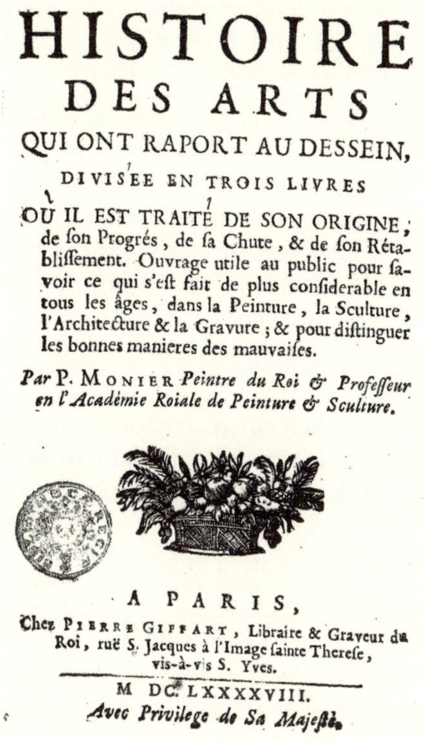

Fig. 5. PIERRE MONIER, *Histoire des arts qui ont raport au dessein, divisée en trois livres où il est traité de son origine, de son progrès, de sa chute, et de son rétablissement. Ouvrage utile au public pour savoir ce qui s'est fait de plus considerable en tous les âges, dans la peinture, la sculpture, l'architecture et la gravure; et pour distinguer les bonnes manieres des mauvaises*, Paris, Pierre Giffart, 1698, frontespizio.

---

61 P. MONIER, *Histoire des arts qui ont raport au dessein, divisée en trois livres où il est traité de son origine, de son progrès, de sa chute, et de son rétablissement. Ouvrage utile au public pour savoir ce qui s'est fait de plus considerable en tous les âges, dans la peinture, la sculpture, l'architecture et la gravure; et pour distinguer les bonnes manieres des mauvaises*, Paris, Pierre Giffart, 1698, p. 327, [Per completare quest'ultimo libro, resta da parlare del vantaggio che le arti del disegno ricevettero dall'invenzione dell'incisione, trovata a Firenze nel 1460, poiché questa invenzione servì e serve infinitamente ad elevare le belle arti alla loro perfezione].

62 Vale la pena riportare l'inizio di questa nuova traduzione: «La gravure fut trouvée à Florence par *Maso fineguerra* orfèvre, qui imprimoit tout ce qu'il gravoit en argent: ensuite Baccio Baldinelli [sic], qui étoit aussi orfèvre florentin continua cet art, mais comme il n'étoit pas habile dessinateur, il suivit les desseins de Sandro Boticello, l'un des peintres de cette vile. L'invention de la gravure, alors étant venue à la connoissance d'André Mantege [sic], excelent peintre qui étoit en ce tems là à Rome en fut si charmé qu'il voulu s'y apliquer, et il grava des Baccanales au burin, et un grand triomfe en taille de bois qui est merveilleux. Cet art après passa d'Italie aux Païs bas: Martin d'Anvers qui travalloit en peinture l'exerça, il envoia un grand nombre de ses estampes en Italie, et il continua de faire de mieux en mieux des planches. Ensuite de Martin d'Anvers, Albert Durer commença avec plus d'intelligence dans la même vile à graver d'un meilleur goût, d'un meilleur dessein et d'une plus belle composition, parce qu'il cherchoit de plus près le naturel et à approcher davantage la maniere italienne, qu'il estima toujours beaucoup» (*ivi*, pp. 330-331), [L'incisione fu trovata a Firenze da Maso Fineguerra orafo, che stampò in argento tutto ciò che incideva: poi Baccio Baldinelli [*sic*], anch'egli

conto né della proposta di Bosse né del suggerimento di Daret e di Félibien di una più ampia diffusione delle stampe di Mantegna, Monier si fa in realtà interprete più entusiasta, esaltando la dinamica degli scambi ed evidenziando una fruttuosa emulazione tra artisti. Nel chiudere la parafrasi su Dürer, il quale «n'étoit pas seulement bon graveur, mais bon peintre, bon sculpteur, bon géomètre et bon architecte», egli glossa infatti: «On le voit par ses traitez des proportions de la figure humaine, de la perspective et de l'architecture et ses ouvrages ont rendu son nom illustre, car ils ont contribué au rétablissement des Arts en Flandres, en Allemagne, et même en Italie puisque ce sont les estampes d'Albert qui portèrent Marc-Antoine à embrasser la gravure et cause qu'il grava heureusement les ouvrages de Raphael si nécessaires à tous ceux de l'art du Dessein».[63] Monier riconosce all'incisione un ruolo fondamentale nel progresso delle arti. È il motivo principale e ricorrente del suo discorso che determina anche la forma del suo racconto. Come Félibien, non esegue nessun inventario. Tutt'al più cita due opere e tronca l'elenco con l'espediente «et plusieurs autres». E contrariamente a Félibien e a Daret, non si cura di ricordare le sigle, confondendo (trattasi probabilmente di un errore tipografico) perfino l'unica citata, ossia A.B. per il famoso A.D. di Dürer.[64]

In assenza di cataloghi delle opere, i contributi di Félibien e di Monier rappresentavano però delle letture tutto sommato poco agevoli, poco

---

orafo fiorentino, continuò quest'arte, ma non essendo un abile disegnatore, seguì i disegni di Sandro Botticelli, uno dei pittori di quella città. Essendo poi venuta l'invenzione dell'incisione a conoscenza di Andrea Mantegna, un eccellente pittore che si trovava in quel momento a Roma, questi ne fu così affascinato che volle sperimentarla, e incise dei Baccanali al bulino, e un grande trionfo in xilografia che è meraviglioso. Quest'arte passò poi dall'Italia ai Paesi Bassi: il pittore Martin [Schongauer] di Anversa la praticò, mandò un gran numero delle sue stampe in Italia, e continuò a produrre incisioni sempre migliori. Dopo Martin di Anversa, Albrecht Dürer cominciò a intagliare con più intelligenza nella stessa città, con un gusto migliore, un disegno migliore e una composizione più bella, perché cercava di avvicinarsi di più al modello della natura e alla maniera italiana, che ha sempre stimato molto].

63 *Ivi*, pp. 335-336, [Lo si vede dai suoi trattati sulle proporzioni della figura umana, sulla prospettiva e l'architettura, oltre alle sue opere che hanno reso illustre il suo nome, perché hanno contribuito alla rinascita delle arti nelle Fiandre e in Germania, ma anche in Italia poiché sono le stampe di Alberto [Albrecht Dürer] che portarono Marcantonio [Raimondi] a dedicarsi all'incisione e gli fecero incidere felicemente le opere di Raffaello così necessarie a tutti quelli dell'arte del Disegno]. Si noti come tale brano testimoni della celebrazione del Dürer teorico, resa possibile anche grazie alla traduzione del trattato sulle proporzioni umane fornita da Gallucci, ben diffusa in Francia come attesta l'elenco bibliografico stilato da Trichet du Fresne nel 1651 (in apertura dell'edizione del *Trattato della pittura di Lionardo da Vinci*), in cui il testo viene segnalato addirittura in prima posizione. Cfr. Fara, *Albrecht Dürer nelle fonti*, cit., p. 373.

64 *Ivi*, p. 333. Questo tipo di errore tipografico era comunque piuttosto frequente; basta ricordare che nella Giuntina, per lo stesso monogramma di Dürer, si legge "AE" invece di "AD".

funzionali per gli *Amateurs*, troppo accademiche. La richiesta da parte di un sempre più folto pubblico di collezionisti dovette allora spingere l'orologiaio Jean de Bombourg alla ristampa non autorizzata del libretto di Pierre Daret, nel 1675 a Lione, sotto il titolo *Recherche curieuse de la vie de Raphael Sansio d'Urbin*, appropriandosi di fatto della traduzione di Daret, senza alcuna modifica, ad eccezione dell'assenza dei ritratti incisi: un'operazione da considerare se non altro come la chiara testimonianza di un vivace collezionismo lionese di stampe.[65]

Un altro personaggio al di fuori della cerchia accademica, appartenente probabilmente al mondo del commercio delle stampe, pensò bene di occupare quello spazio editoriale ancora vuoto alla fine del secolo, proponendo una sorta di manuale enciclopedico aggiornato per il collezionista. Rimasto piuttosto ai margini degli studi perché considerato un mero compilatore, Florent

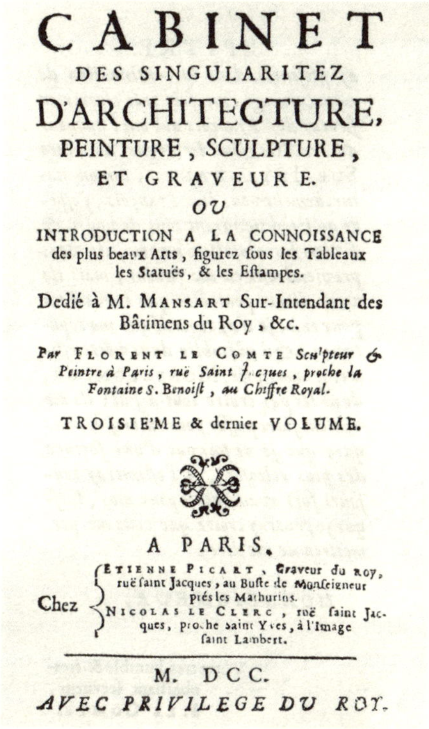
CABINET
DES SINGULARITEZ
D'ARCHITECTURE,
PEINTURE, SCULPTURE,
ET GRAVEURE.
OV
INTRODUCTION A LA CONNOISSANCE
des plus beaux Arts, figurez sous les Tableaux
les Statuës, & les Estampes.
Dedié à M. MANSART Sur-Intendant des
Bâtimens du Roy, &c.
Par FLORENT LE COMTE *Sculpteur & Peintre à Paris, ruë Saint Jacques, proche la Fontaine S. Benoist, au Chiffre Royal.*
TROISIE'ME & dernier VOLUME.
A PARIS,
Chez { ETIENNE PICART, Graveur du Roy, ruë saint Jacques, au Buste de Monseigneur prés les Mathurins.
NICOLAS LE CLERC, ruë saint Jacques, proche saint Yves, à l'Image saint Lambert. }
M. DCC.
AVEC PRIVILEGE DU ROY.

Fig. 6. FLORENT LE COMTE, *Cabinet des singularitez d'architecture, peinture, sculpture, graveure ou Introduction à la connoissance des plus beaux Arts, figurez sous les Tableaux, les Statuës, et les Estampes, dédié à M. Mansart sur-Intendant des Bâtimens du Roy, etc*, Paris, Etienne Picart - Nicolas Le Clerc, III, 1700, frontespizio.

---

[65] J. DE BOMBOURG, *Recherche curieuse de la vie de Raphael Sansio d'Urbin, de ses œuvres, peintures et stampes qui ont esté gravées par M. A., bolognois; avec une adresse des lieux où les principaux peintres d'Italie ont travaillé décrite par G. Vasary; et un petit Recueil des plus beaux tableaux tant antiques que modernes, architectures, sculptures et figures qui se voyent dans plusieurs églises, rues et places publiques de Lyon*, Lyon, André Olyeren, 1675. La ricostruzione dell'ambiente sociale degli orologiai lionesi eseguita da F. BAYARD, *Les horlogers à Lyon à l'époque moderne (XVIIe-XVIIIe siècles)*, in *Pratique et mesure du temps. Actes du 129e Congrès national des sociétés historiques et scientifiques, «Le temps»* (Besançon, 2004), a cura di J. Mauerhan, Paris, Editions du CTHS, 2011, pp. 125-136 (www.persee.fr/doc/acths_1764-7355_2011_act_129_5_1900, consultato il 3/08/2021) fornisce alcune utili notizie sull'attività di Jean de Bombourg. Se non deve stupire il fatto che un orologiaio, tecnico dall'alto livello d'istruzione, possa fornire una guida alle opere d'arte visibili nella propria città (che costituisce la seconda parte del volume), non è però noto l'intento, l'ambizione o il preciso contesto che abbia portato Bombourg a ristampare a Lione l'opera di Daret, la quale peraltro doveva già essere quasi irreperibile (a tutt'oggi ancora molto rara nelle biblioteche pubbliche).

Le Comte raccoglieva nei suoi tre volumi, pubblicati tra il 1699 e il 1700 (Fig. 6), una mole d'informazioni organizzata a soddisfacimento di una fruizione multipla, con tanto di cataloghi e di tabelle con le sigle degli incisori.[66] La costruzione del testo di Le Comte meriterebbe una ben più ampia trattazione, ma come per i casi precedenti, alcune brevi osservazioni basteranno a illustrare l'uso delle fonti e soprattutto a tirare le fila su come la biografia vasariana di Raimondi sia stata tramandata a distanza di tredici decenni.

È risaputo come Le Comte abbia abbondantemente e pedissequamente copiato il testo degli *Entretiens* nel suo *Cabinet*, e ciò si verifica anche nel capitolo sulla «seconde prétention qui n'a pour but que de faire connoistre l'estampe à fond».[67] In realtà, il testo degli *Entretiens* costituisce la trama di partenza nella quale possiamo rilevare alcune integrazioni, tra cui l'episodio della correzione degli errori di Bandinelli nel *Martirio di San Lorenzo*, tralasciato dallo storiografo del re, per il quale Le Comte attinge all'*Histoire des arts* di Pierre Monier, il solo del resto a riportare erroneamente che Marcantonio non sia uscito, ma sfuggito dalla prigione.[68] Una traccia vasariana più diretta si riscontra tuttavia all'inizio dello stesso brano: «Marc-Antoine après la mort de Raphaël arrivée en 1520 grava deux grandes batailles et autres pièces pour Jules Romain», laddove le «deux grandes batailles», sono ricavate da «due battaglie di cavalli bellissime in carte assai grandi», non presenti nelle fonti precedenti.[69] È bene sottolineare che il ricorso a Vasari per raccontare la storia dell'origine dell'incisione in questo terzo volume, avendo ormai a disposizione non meno di tre versioni francesi del testo vasariano (Daret-Bombourg, Félibien e Monier), non era per niente scontato. In questo suo modo di procedere, Le Comte utilizza, da un lato, il lavoro

---

66 Sull'importanza del contributo di Le Comte allo sviluppo del genere dei cataloghi, si veda M. Grivel, *L'Amateur d'estampes en France aux XVIe et XVIIe siècles*, in *Le Livre et l'historien. Études offertes en l'honneur du Professeur Henri-Jean Martin*, a cura di F. Barbier, A. Parent-Charon, F. Dupuigrenet Desroussilles, C. Jolly, D. Varry, Genève, Droz, 1997, pp. 215-228; V. Meyer, *Florent Le Comte et la gravure*, «Nouvelles de l'estampe», 261, 2018, pp. 44-62.

67 F. Le Comte, *Cabinet des singularitez d'architecture, peinture, sculpture, graveure ou Introduction à la connoissance des plus beaux Arts, figurez sous les Tableaux, les Statuës, et les Estampes, dédié à M. Mansart sur-Intendant des Bâtimens du Roy, etc*, Paris, Etienne Picart - Nicolas Le Clerc, 1699-1700, III, p. 1 [285].

68 Cfr. Félibien, *Entretiens*, cit., II, pp. 136-137; Monier, *Histoire des arts*, cit., pp. 337-338; Le Comte, *Cabinet*, cit., III, pp. 7-9 [291-293]. Da notare come Le Comte, *ivi*, p. 4 [288], segua Monier, *Histoire des arts*, cit., p. 330, anche riportando il nome di Baccio Bandinelli invece di Baccio Baldini, storpiato da Monier, nel passo sugli albori fiorentini della *taille douce*.

69 Le Comte, *Cabinet*, cit., III, p. 7 [291]; Vasari, *Le vite*, cit., V, p. 13. Naturalmente, per la vicinanza con la fonte vasariana, il dato è riscontrabile anche in C. C. Malvasia, *Felsina pittrice. Vite dei pittori bolognesi*, Bologna, Domenico Barbieri, 1678, I, p. 67, ma è più probabile che Le Comte abbia consultato direttamente l'edizione vasariana bolognese.

di traduzione e di adattamento già compiuto dagli accademici, riferimenti indiscutibili in materia come ricorda anche in prefazione; dall'altro, torna puntualmente a Vasari per rimediare ai tagli e alle omissioni dei predecessori. Inoltre, attirato dai pur sempre preziosi dati ed elenchi forniti da Vasari, anche nel capitolo successivo, è ben riconoscibile il reimpiego di altro materiale vasariano in un brano di qualche pagina, presentato come una gradevole digressione per i *Curieux*, nel quale sono riportate le notizie su Martin Schongauer, Dürer e Luca di Leida non tradotte da quegli autori.[70] Ecco che, all'altezza del 1700, Vasari resta, dunque, oltre che una fonte sempre valida, una lettura dilettevole.

Non può mancare, nella stratificazione intertestuale del *Cabinet*, il contributo di Abraham Bosse, altra autorità influente alla quale Le Comte ricorre per completare la storia delle origini dell'incisione raccontata da Félibien. Seguendo la consueta metodologia, parafrasa il passo dei *Sentimens* dell'acquafortista di Tours: «Plusieurs tiennent que l'origine, ou pour mieux dire, la restauration de l'Art de la Graveure, n'est que de l'année 1490 et que ceux qui l'ont mise en pratique sont Israel Martin Schon, le Tudesque et quelques autres nommez par les Curieux, les Maîtres au Chandelier, et autres».[71] Non curante della confusione che tale proposta possa arrecare alla chiarezza della sua cronologia, Le Comte si erge a portavoce delle diverse storie dell'incisione emerse negli scritti degli accademici. È evidente come l'opinione di Bosse sia rimasta isolata o minoritaria. Lo rispecchia la posizione di queste righe adombrate dalla predominanza di Félibien. Ma è altrettanto evidente come una disputa sulla questione dell'invenzione dell'incisione abbia animato i discorsi dei *Curieux*, degli *Amateurs* e dei *Connoisseurs* seicenteschi, tanto quanto l'annosa e in parte sempre da ricostruire dinamica degli scambi artistici rinascimentali tra il Nord e il Sud dell'Europa.

E a proposito di tali criticità, tanto la questione dell'origine, quanto quella degli scambi internazionali, conviene constatare, in ultima battuta, come molto più avanti, all'altezza del 1790, per Pierre-Charles Lévesque, sia prevalsa la soluzione rivendicata già da Bosse, difesa poi da Sandrart. Nella sua redazione della storia dell'incisione per l'*Encyclopédie méthodique*,

---

[70] Introduce questa parte così: «En faveur des Curieux d'Estampes: il faut faire icy une digression qui ne leur sera pas désagréable» (*ivi*, p. 119 [403]), [All'attenzione dei *Curieux* di stampe: è necessario fare qui una digressione che non sarà sgradevole per loro].

[71] *Ivi*, p. 11 [295], [Alcuni ritengono che l'origine, o meglio, la restaurazione dell'Arte dell'incisione, non risalga oltre l'anno 1490 e che coloro che la misero in pratica siano Israel Martin Schon [*sic*], il Tudesque e alcuni altri noti ai *Curieux*, come i Maîtres au Chandelier, e altri.].

il primo artista risulta Schongauer. Ma non sembra essere a conoscenza dell'opinione italiana più aggiornata, che vede accettata l'origine tedesca dell'incisione,[72] quando scrive, alcune righe dopo, giungendo a Maso Finiguerra, che il dibattito deve essere considerato superato:

> Les Italiens prétendent à la gloire d'avoir inventé cet art. Comme il y avoit alors très peu de communication entre l'Italie et l'Allemagne, on peut aisément supposer qu'aucune des estampes gravées dans l'une de ces contrées ne fut d'abord connue de l'autre. Il n'est donc pas contraire à la vraisemblance que la gravure trouvée en Allemagne vers 1440, ait été trouvée de nouveau en Italie vingt ans après. Ainsi les deux peuples qui se disputent la gloire de cette invention doivent peut-être la partager. C'est ainsi que les Européens peuvent avec raison se glorifier d'avoir inventé l'art de l'imprimerie, quoiqu'elle ait été inventée longtemps auparavant par les Chinois.[73]

---

[72] Per una discussione sugli sviluppi di tale dibattito, in cui spicca in particolare la posizione di Giuseppe Pelli Bencivenni espressa nel manoscritto *Catalogo generale delle pitture* della Galleria degli Uffizi, si veda G.M. Fara, *Intorno a Dürer: 1470-1550. Gli antichi maestri tedeschi nel Gabinetto dei Disegni e delle Stampe degli Uffizi*, Firenze-Milano, Giunti Editore, 2019, p. 30.

[73] P.-C. Lévesque, *Graveurs*, in *Encyclopédie Méthodique. Beaux-Arts*, Paris, Panckoucke, 1788-1791, I, p. 365, [Gli Italiani rivendicano la gloria di aver inventato quest'arte. Dato che vi era in quel tempo ben poca comunicazione tra l'Italia e la Germania, si può senz'altro supporre che nessuna incisione prodotta in uno di questi paesi fosse nota all'altro. Non è dunque inverosimile pensare che l'incisione trovata in Germania intorno al 1440, sia stata trovata nuovamente in Italia vent'anni dopo. Quindi, i due popoli in disputa per la gloria di tale invenzione devono forse condividersela. È così che gli Europei possono a giusto titolo vantarsi di aver inventato l'arte della stampa, sebbene fosse stata inventata molto prima dai Cinesi].

Francesca Toso

LA *VITA DI MARCANTONIO BOLOGNESE, E D'ALTRI INTAGLIATORI DI STAMPE* NELL'EDIZIONE DI GIOVANNI GAETANO BOTTARI*

Erudito, chierico, filologo, giansenista, intenditore d'arte, letterato, classicista sono solo alcuni degli aspetti della poliedrica personalità del fiorentino Giovanni Gaetano Bottari. Protagonista della politica culturale del XVIII secolo, Bottari si distingue tra Firenze e Roma per cariche ecclesiastiche prestigiose e il coinvolgimento in questioni religiose dell'epoca, come conoscitore e critico d'arte in tutta Europa, per la riedizione di fonti letterarie, come pioniere nelle problematiche sulla salvaguardia delle opere d'arte, come catalizzatore di circoli eruditi e come membro della *République des Lettres* di questo secolo.[1]

---

* Il presente contributo nasce nell'ambito della ricerca per la tesi magistrale F. Toso, *La Vita di Marcantonio Bolognese e d'altri intagliatori di stampe nell'edizione vasariana di Giovanni Gaetano Bottari 1759-1760*, Università Ca' Foscari di Venezia, a.a 2019/2020, con relatore il Professore Giovanni Maria Fara e correlatrice la Professoressa Maria Chiara Piva, ai quali rivolgo i miei più sinceri ringraziamenti. Obiettivo in questa sede è l'analisi del commento di Giovanni Gaetano Bottari alla *Vita di Marcantonio Bolognese, e d'altri intagliatori di stampe*, pertanto si indicherà in nota esclusivamente la bibliografia funzionale allo studio e alla contestualizzazione critica del commento bottariano.

[1] Su Giovanni Gaetano Bottari (Firenze, 15 gennaio 1689 – Roma, 4 giugno 1775) manca ancora uno studio monografico; un'introduzione biografica apre il volume, dedicato alla sua attività per il *Vocabolario della Crusca*, E. Salvatore, *«Non è questa impresa da pigliare a gabbo». Giovanni G. Bottari filologo e lessicografo per la IV Crusca*, Firenze, Accademia della Crusca, 2016, sebbene la biografia più dettagliata rimanga ancora A. Petrucci – G. Pignatelli, *Bottari, Giovanni Gaetano*, voce in *Dizionario Biografico degli Italiani*, 13, Roma, Istituto della Enciclopedia Italiana, 1971, pp. 409-418. Ricevuti gli ordini sacri e la mozzetta teologale nel 1726, Bottari prosegue la carriera ecclesiastica e gioca un ruolo chiave nella diffusione della cultura giansenista in Italia, che si intreccia con le teorie e le iniziative d'ambito storico-artistico dell'erudito, come evidenzia il recente contributo S. Concilio, *Immagini, devozioni, superstizioni. Le teorie artistiche di due giansenisti italiani: Giovanni Gaetano Bottari e Scipione de' Ricci*, «Giornale di storia», 32, 2020, pp. 1-21, al quale si rimanda anche per una panoramica generale delle principali imprese editoriali di Bottari. Testimonianza della sua personalità è data anche dal suo esteso carteggio, conservato oggi alla Biblioteca dell'Accademia Nazionale dei Lincei e Corsiniana, per un rege-

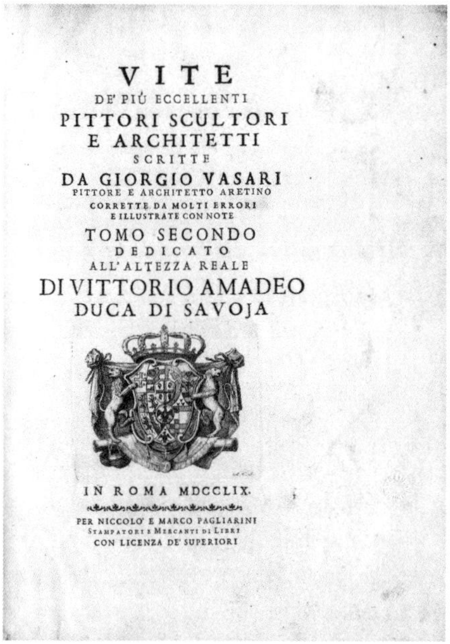
VITE
DE' PIÙ ECCELLENTI
PITTORI SCULTORI
E ARCHITETTI
SCRITTE
DA GIORGIO VASARI
PITTORE E ARCHITETTO ARETINO
CORRETTE DA MOLTI ERRORI
E ILLUSTRATE CON NOTE
TOMO SECONDO
DEDICATO
ALL'ALTEZZA REALE
DI VITTORIO AMADEO
DUCA DI SAVOJA
IN ROMA MDCCLIX.
PER NICCOLO' E MARCO PAGLIARINI
STAMPATORI E MERCANTI DI LIBRI
CON LICENZA DE' SUPERIORI

Fig. 1. *Frontespizio*, in G. Vasari, *Vite de' più eccellenti pittori, scultori e architetti, scritte da Giorgio Vasari pittore e architetto aretino, corrette da molti errori e illustrate con note*, a cura di G.G. Bottari, 3 voll., Roma 1759-1760, volume II (1759).

Tra i meriti che gli si riconoscono spicca la monumentale impresa della quarta edizione dell'opera di Giorgio Vasari, pubblicata tra il 1759 e il 1760 a Roma in tre volumi con il titolo le *Vite de' più eccellenti pittori, scultori e architetti, scritte da Giorgio Vasari pittore e architetto aretino, corrette da molti errori e illustrate con note*, dove per la prima volta il testo vasariano è corredato da note di commento (Fig. 1).[2] L'innovativo approccio adottato dall'editore non mira più a un mero ampliamento di quanto scritto da Vasari, bensì per la prima volta il testo vasariano è posto sotto verifica attraverso un processo di storicizzazione, volto a verificarne le informazioni, a motivarne gli errori e le lacune con opportuni rimandi documentari e di

sto del quale si veda A. Silvagni, *Catalogo dei carteggi di G.G. Bottari e P.F. Foggini*, con introduzione e appendice di A. Petrucci, Roma, Accademia dei Lincei, 1963, e parzialmente pubblicato da Bottari stesso in G.G. Bottari, *Raccolta di lettere sulla pittura scultura e architettura scritte da' più celebri personaggi che in dette arti fiorirono dal secolo XV al XVII*, 7 voll., Roma 1754-1773. Tra i principali meriti storico-artistici, riconosciutigli dagli studi moderni, vi è un precoce interesse per l'arte dei 'primitivi', rilevato da G. Previtali, *Bottari, Maffei, Muratori e la riscoperta del Medioevo artistico italiano*, «Paragone», 9, 1959, 115, pp. 3-18 poi confluito in Id., *La fortuna dei primitivi. Dal Vasari ai neoclassici*, Torino, Einaudi, 1964.

2 G. Vasari, *Vite de' più eccellenti pittori, scultori e architetti, scritte da Giorgio Vasari pittore e architetto aretino, corrette da molti errori e illustrate con note*, 3 voll., ed. a cura di G. G. Bottari, Roma, Niccolò e Marco Pagliarini, 1759-1760. Manca ad oggi uno studio sistematico sull'edizione bottariana, si rimanda alle pagine fondamentali in P. Barocchi, *Premessa al commento secolare delle Vite di Giorgio Vasari* in G. Vasari, *Le Vite de' più eccellenti pittori, scultori et architetti nelle redazioni del 1550 e 1568*, testo a cura di R. Bettarini, commento secolare a cura di P. Barocchi, 6 voll. di testo e 3 di indici, Firenze, Sansoni e S.P.E.S., 1966-1997, *Commento*, I, pp. ix-xlv, e ai contenuti specifici sull'edizione di A. Gambuti, *La quarta edizione delle Vite*, in *Il Vasari storiografo e artista*, atti del convegno (Arezzo-Firenze, 2-8 settembre 1974), Firenze, Istituto Nazionale di Studi sul Rinascimento, 1976, pp. 83-91; T. Frangenberg, *The Limits of a Genre. Giovanni Gaetano Bottari's Edition of Vasari's Lives (1759-1760)*, in *Le Vite del Vasari. Genesi, topoi, ricezione. Die Vite Vasaris. Entstehung, Topoi, Rezeption*, atti del convegno (Firenze, Kunsthistorisches Institut, 13-17 febbraio 2008), a cura di K. Burzer, C. Davis, S. Feser, A. Nova, Venezia, Marsilio, 2010, pp. 293-300.

letteratura artistica, senza tralasciare il confronto continuo con le edizioni precedenti.[3] Bottari articola un commento tra note e postille marginali,[4] fornendo notizie sulle opere d'arte e i loro cambiamenti, sulla base delle sue osservazioni personali o dei suggerimenti dei numerosi corrispondenti italiani e stranieri.[5] Traspare l'importanza dell'opera d'arte come insostituibile testimonianza storica per la visualizzazione del progresso artistico, tema che nel commento bottariano si intreccia indissolubilmente con quello della stampa di riproduzione.

---

[3] Come ben sintetizza Paola Barocchi, nell'approccio bottariano «[...] ad una erudita informazione, che illustra e rettifica puntualmente, anche se non in modo sistematico ed esauriente, si allea una intelligente magnanimità storico-critica che riesce a chiarire i meriti del Vasari contro le censure dei regionalisti e dei classicisti, a distinguere banali errori di cronologia da quelli riguardanti l'"istoria de' professori delle belle arti", a rilevare i "lumi" vasariani entro l'ampio contesto. Siamo, insomma, di fronte ad un lettore esperto ed equilibrato, che non si lascia prendere dal cavillo informativo (il primato di Cimabue, ad esempio non è inteso in senso assoluto) e da godere di un testo "leggiadro" e "naturale", che "incanta i lettori e da loro parere non di leggere, ma di vedere quel ch'ei racconta"» (Barocchi, *Premessa*, cit., p. xvii).

[4] L'edizione bottariana si caratterizza per essere la prima edizione dell'opera vasariana corredata da note, stese senza una sistematica prestabilita «nell'atto che si faceva questa nuova impressione» (Vasari, *Vite*, cit., I, pp. xi-xii), «di mano in mano nel rivedere le stampe» (*ivi*, III, p. xi), per cui è stato poi necessario apportare correzioni e aggiunte in sezioni successive, che Bottari indica come *Giunte alle note* (fig. 4); arricchiscono l'edizione anche postille marginali al testo, che accennano «quello, che quivi di dirimpetto alla postilla trattava il *Vasari*» (*ivi*, I, p. x), per la maggior parte copiate o rielaborate dall'edizione di Carlo Manolessi, pubblicata a Bologna nel 1647, modello anche per la stesura testuale, su cui si veda il contributo di G.M. Fara in questo volume (G. Vasari, *Delle Vite de' più Eccellenti Pittori, Scultori et Architetti. In questa nuova edizione diligentemente riviste, ricorrette, accresciute d'alcuni Ritratti, et arricchite di postille nel margine*, ed. a cura di C. Manolessi, 3 voll., Bologna, eredi di Evangelista Dozza, 1647; per un confronto delle postille marginali tra le due edizioni nella *Vita di Marcantonio* si veda F. Toso, *La Vita di Marcantonio*, cit., pp. 61-63 e *Appendice 2*, pp. 271-274). Bottari si augura nella *Prefazione* di dar vita a «una edizione migliore delle antecedenti e più chiara e più copiosa di notizie» (Vasari, *Vite*, cit., I, p. xiii), che per il nuovo taglio interpretativo filologico e storico diventa un valido punto di partenza per le edizioni successive, nelle quali sono spesso citate puntualmente le sue note (su questo Barocchi, *Premessa*, cit. che accenna ai debiti delle edizioni successive nei confronti di Bottari, confermati da un confronto testuale in part. per l'edizione G. Vasari, *Vite de più eccellenti pittori, scultori e architetti scritte da Giorgio Vasari pittore e architetto aretino. Edizione arricchita di note oltre quelle dell'edizione illustrata di Roma*, 7 voll., Livorno-Firenze, 1767-1772, considerata dalla studiosa un «sottoprodotto della romana» (*ivi*, p. xxii); si ricorda anche la traduzione francese incompleta *Vies des peintres, sculpteurs et architectes les plus célèbres, avec des notes et particulièrement celles de Bottari*, traduit par C. Lebas de Courmont, 3 voll., Paris, Boiste, 1803.

[5] Molti dei corrispondenti epistolari di Bottari si dimostrano fondamentali nella stesura delle note di commento (sul contributo di Domenico Maria Manni, per esempio, si veda F. Grisolia, «*Di queste bagattelle ella ben vede pieno il Vasari*». *Spigolature alle Vite nelle lettere di Domenico Maria Manni a Giovanni Gaetano Bottari*, «Studi di Memofonte», 8, 2012, pp. 95-122). In questa sede si ricorda in particolar modo il francese Pierre-Jean Mariette (1694-1774), la cui affinità di interessi alimenta frequenti scambi di opinioni con Bottari, dando vita a un intimo rapporto d'amicizia e di collaborazione professionale (S. Prosperi Valenti Rodinò, *Le lettere del Mariette a Giovanni Gaetano Bottari nella Biblioteca Corsiniana*, «Paragone Arte», 339, 1978, pp. 35-62, 79-132).

Forte dell'esperienza maturata in qualità di responsabile della collezione di disegni e stampe della famiglia Corsini[6] e del coinvolgimento in numerose imprese editoriali per la riproduzione di opere d'arte,[7] Bottari sente quella necessità, ormai innegabile, di affiancare al testo l'immagine. Egli auspica l'idea di tradurre graficamente almeno un'opera per artista delle *Vite*, per dare vita a un 'Vasari illustrato',[8] dove il mezzo incisorio è in-

[6] Nel 1716 Bottari è posto a capo della Stamperia Granducale a Firenze, occasione grazie alla quale entra a contatto fin dagli anni giovanili con i processi produttivi e organizzativi della stampa e con moltissimi incisori, affinando sempre di più la sua esperienza con il mezzo incisorio. Svolta decisa è poi l'incarico per la formazione e direzione della collezione di disegni e stampe della famiglia Corsini a Roma, per volere di Papa Clemente XII e del cardinal nepote Neri Corsini; il coinvolgimento di Bottari come 'eminenza grigia' nella politica culturale dei Corsini – fin dal 1718 con incarichi tra Firenze e Roma e poi per la direzione della collezione ufficialmente dal 1735 al 1754, ma almeno fino al 1766 – è già stato ampiamente messo in luce dagli studi: *La collezione del principe: da Leonardo a Goya: disegni e stampe della raccolta Corsini*, Catalogo della mostra (Roma, Palazzo Fontana di Trevi, 21 maggio – 18 luglio 2004), a cura di E. Antetomaso, G. Mariani, Roma, Libreria dello Stato, 2004, in part. E. Antetomaso, *La collezione di stampe: mercanti, collezionisti, bibliofili*, *ivi*, pp. 48-67 e G. Mariani, *La collezione di stampe dei Principi Corsini. Origini e metodologia di ordinamento di una raccolta di grafica tra Settecento e Ottocento*, *ivi*, pp. 16-31; G. Pezzini Bernini, *La collezione di disegni e stampe Corsini nell'ambito del collezionismo di grafica del XVIII secolo*, in *Il Gabinetto Nazionale delle Stampe. Storia e collezioni 1895-1975*, a cura di G. Mariani, Roma, Edizione de Luca, 2001, pp. 65-100; S. Prosperi Valenti Rodinò, *Giovanni Gaetano Bottari 'eminenza grigia' della politica culturale dei Corsini*, in *I Corsini tra Firenze e Roma. Aspetti della politica culturale di una famiglia papale tra Sei e Settecento*, atti del convegno (Roma, 27-28 gennaio 2005), a cura di E. Kieven, S. Prosperi Valenti Rodinò, Milano, Silvana, 2013, pp. 157-170.

[7] Per una panoramica dei principali progetti editoriali ai quali prese parte Bottari si veda con bibliografia precedente Prosperi Valenti Rodinò, *Giovanni Gaetano Bottari 'eminenza grigia'*, cit., pp. 161-166; si ricorda tra tutte la grande raccolta di tavole illustranti le opere del *Museo Capitolino* (G.G. Bottari – P.F. Foggini, *Museo Capitolino, o sia, Descrizione delle statue, busti, bassirilievi, urne sepolcrali, iscrizioni, ed altre ammirabili, ed erudite antichità: che si custodiscono nel Palazzo alla destra del Senatorio vicino alla Chiesa d'Araceli in Campidoglio*, 4 voll., Roma 1741-1782; su questo in part. G. Mariani, *Del Museo Capitolino. Giovanni Gaetano Bottari, la stampa di traduzione e la Calcografia Camerale*, in *I Corsini tra Firenze e Roma*, cit., pp. 171-179 e E. Borsellino, *Il "Museo Capitolino" di Giovanni Gaetano Bottari e i cataloghi delle collezioni di antichità tra XVII e XVIII secolo*, in *Roma e Varsavia: tradizione classica e educazione artistica nell'età dei lumi e oltre*, atti del convengo internazionale (Varsavia, 9-12 ottobre 2017) a cura di J. Miziołek, in coll. con H. Kowalski, Roma, L'Erma di Bretschneider, 2019, pp. 57-107).

[8] L'espressione è coniata da I.R. Vermeulen, *Vasari illustrato. Il progetto di Giovanni Bottari (1759-60) e la collezione di stampe Corsini*, «Prospettiva», 125, 2007 pp. 2-22. Bottari in più di quattrocento note elenca traduzioni grafiche di opere menzionate da Vasari, specificando chiaramente che «[...] sarebbe un'opera utilissima, e immortale chi facesse intagliare d'ogni pittore una figura o un'istoria delle più conservate e più notabili de' quali Vasari qui scrive la Vita o fa particolar menzione, cominciando da Cimabue. Non dico di tutti, ma di quelli, che andarono migliorando l'arte fino a Raffaello, facendo sopra ogni stampa le osservazioni circa il miglioramento di ciascuno» al fine di «far vedere il principio, gli accrescimenti, i progressi, e la perfezione della pittura» (Vasari, *Vite*, cit., I, p. 182, nota 1). Per Bottari e la stampa, si veda anche I.R. Vermeulen, *Picturing Art History. The Rise of the Illustrated History of Art in the Eighteenth Century*, Amsterdam, Amsterdam University Press, 2010, in part. pp. 19-90 e Prosperi Valenti Rodinò, *Giovanni Gaetano Bottari 'eminenza grigia'*, cit., in part. pp. 161-162.

2

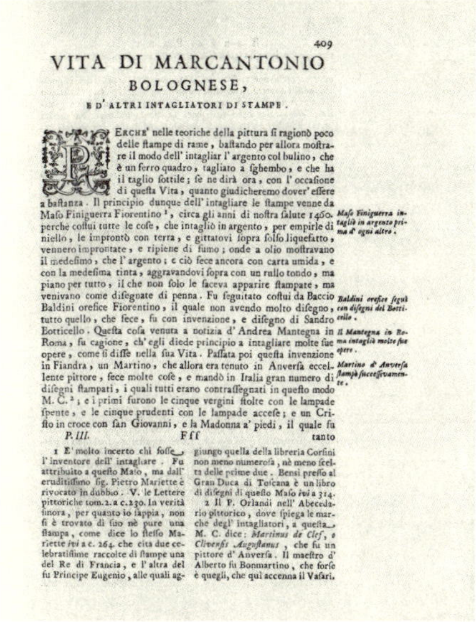

409

VITA DI MARCANTONIO BOLOGNESE, E D'ALTRI INTAGLIATORI DI STAMPE.

PERCHE' nelle teoriche della pittura si ragionò poco delle stampe di rame, bastando per allora mostrare il modo dell' intagliar l' argento col bulino, che è un ferro quadro, tagliato a sghembo, e che ha il taglio sottile; se ne dirà ora, con l' occasione di questa Vita, quanto giudicheremo dover' essere a bastanza. Il principio dunque dell' intagliare le stampe venne da Maso Finiguerra Fiorentino [1], circa gli anni di nostra salute 1460. perchè costui tutte le cose, che intagliò in argento, per empirle di niello, le improntò con terra, e gittatovi sopra solfo liquefatto, vennero improntate, e ripiene di fumo; onde a olio mostravano il medesimo, che l' argento; e ciò fece ancora con carta umida, e con la medesima tinta, aggravandovi sopra con un rullo tondo, ma piano per tutto, il che non solo le faceva apparire stampate, ma venivano come disegnate di penna. Fu seguitato costui da Baccio Baldini orefice Fiorentino, il quale non avendo molto disegno, tutto quello, che fece, fu con invenzione, e disegno di Sandro Botticello. Questa cosa venuta a notizia d' Andrea Mantegna in Roma, fu cagione, ch' egli diede principio a intagliare molte sue opere, come si disse nella sua Vita. Passata poi questa invenzione in Fiandra, un Martino, che allora era tenuto in Anversa eccellente pittore, fece molte cose, e mandò in Italia gran numero di disegni stampati, i quali tutti erano contrassegnati in questo modo M. C. [2]; e i primi furono le cinque vergini stolte con le lampade spente, e le cinque prudenti con le lampade accese; e un Cristo in croce con san Giovanni, e la Madonna a' piedi, il quale fu

Maso Finiguerra intagliò in argento prima d' ogni altro.

Baldini orefice seguì con disegni del Botticello.

Il Mantegna in Roma intagliò molte sue opere.

Martino d' Anversa stampò successivamente.

P. III. Fff tanto

1 E' molto incerto chi fosse l' inventore dell' intagliare. Fu attribuito a questo Maso, ma dall' eruditissimo sig. Pietro Mariette è rivocato in dubbio. V. le Lettere pittoriche tom. 2. a c. 230. In verità finora, per quanto io sappia, non si è trovato di suo nè pure una stampa, come dice lo stesso Mariette *ivi* a c. 264. che cita due celebratissime raccolte di stampe una del Re di Francia, e l' altra del fu Principe Eugenio, alle quali aggiungo quella della libreria Corsini non meno numerosa, nè meno scelta delle prime due. Bensì presso al Gran Duca di Toscana è un libro di disegni di questo Maso *ivi* a 314.

2 Il P. Orlandi nell' Abecedario pittorico, dove spiega le marche degl' intagliatori, a questa M. C. dice: *Martinus de Clef, o Clivensis Augustanus*, che fu un pittore d' Anversa. Il maestro d' Alberto fu Bonmartino, che forse è quegli, che qui accenna il Vasari.

3

Fig. 2. *Ritratto di Marcantonio Bolognese Intagliatore* in G. VASARI, *Vite de' più eccellenti pittori, scultori e architetti, scritte da Giorgio Vasari pittore e architetto aretino, corrette da molti errori e illustrate con note*, a cura di G.G. Bottari, 3 voll., Roma 1759-1760, II, tra pp. 408-409.
Fig. 3. *Vita di Marcantonio Bolognese, e d'altri intagliatori di stampe* in G. VASARI, *Vite de' più eccellenti pittori, scultori e architetti, scritte da Giorgio Vasari pittore e architetto aretino, corrette da molti errori e illustrate con note*, a cura di G.G. Bottari, 3 voll., Roma 1759-1760, II, p. 409.

terpretato quasi unicamente come moltiplicatore di immagini e la stampa di riproduzione diventa strumento imprescindibile per la completa documentazione visiva dell'opera d'arte. È sulla base di queste considerazioni che Bottari si approccia alla lettura della *Vita di Marcantonio Bolognese, e d'altri intagliatori di stampe* (Figg. 2-3),[9] propriamente dedicata da Vasari alla tecnica incisoria e ai suoi protagonisti, le cui note offrono diversi spunti di riflessione sulla concezione della stampa e sulla ricezione della biografia vasariana a metà del Settecento.

Dopo una prima nota di natura più critica su «chi fosse l'inventore dell'intagliare»,[10] si conferma da subito uno scarso interesse di Bottari per

[9] Nell'edizione bottariana VASARI, *Vite*, cit., II, pp. 409-433 e II, *Giunta alle note*, pp. 47-50.

[10] *Ivi*, II, p. 409, nota 1. La paternità dell'invenzione della stampa a Maso Finiguerra e il fatto che «non si è trovato di suo né pure una stampa» (*ibid.*) sono argomenti di discussione e ricerca per Bottari e i suoi contemporanei, come dimostrano le due lettere di Mariette, indicate in nota come riferimento, che Bottari stesso aveva editato nella sua *Raccolta di lettere* (BOTTARI, *Raccolta di lettere*, cit., II, p. 230, n. XCII e II, p. 264, n. XCVII).

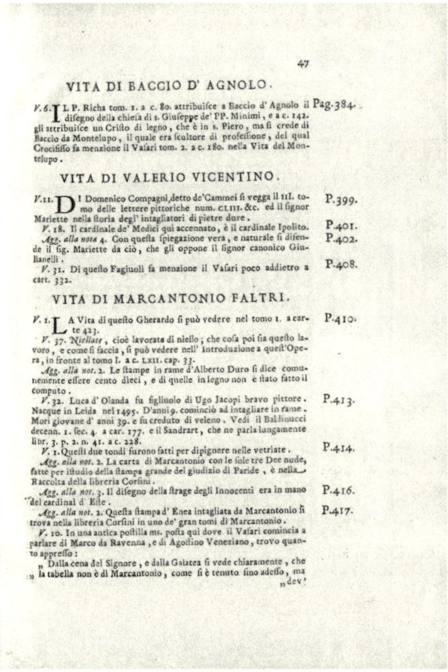

47

VITA DI BACCIO D' AGNOLO.

V. 6. IL P. Richa tom. 1. a c. 80. attribuiſce a Baccio d' Agnolo il diſegno della chieſa di s. Giuſeppe de' PP. Minimi, e a c. 142. gli attribuiſce un Criſto di legno, che è in s. Piero, ma ſi crede di Baccio da Montelupo, il quale era ſcultore di profeſſione, del qual Crocifiſſo fa menzione il Vaſari tom. 2. a c. 180. nella Vita del Montelupo. Pag. 384.

VITA DI VALERIO VICENTINO.

V. 11. DI Domenico Compagni, detto de'Cammei ſi vegga il III. tomo delle lettere pittoriche num. CLIII. &c. ed il ſignor Mariette nella ſtoria degl' intagliatori di pietre dure. P. 399.

V. 18. Il cardinale de' Medici qui accennato, è il cardinale Ipolito. P. 401.

Agg. alla nota 4. Con queſta ſpiegazione vera, e naturale ſi difende il ſig. Mariette da ciò, che gli oppone il ſignor canonico Giulianelli. P. 402.

V. 31. Di queſto Fagiuoli fa menzione il Vaſari poco addietro a cart. 332. P. 408.

VITA DI MARCANTONIO FALTRI.

V. 1. LA Vita di queſto Gherardo ſi può vedere nel tomo 1. a carte 423. P. 410.

V. 37. *Niellate*, cioè lavorate di niello; che coſa poi ſia queſto lavoro, e come ſi faccia, ſi può vedere nell' Introduzione a queſt'Opera, in fronte al tomo I. a c. LXII. cap. 33.

Agg. alla not. 2. Le ſtampe in rame d'Alberto Duro ſi dice comunemente eſſere cento dieci, e di quelle in legno non è ſtato fatto il computo.

V. 32. Luca d' Olanda fu figliuolo di Ugo Jacopi bravo pittore. Nacque in Leida nel 1495. D'anni 9. cominciò ad intagliare in rame. Morì giovane d' anni 39. e fu creduto di veleno. Vedi il Baldinucci decenn. 1. ſec. 4. a car. 177. e il Sandrart, che ne parla lungamente libr. 3. p. 2. n. 41. a c. 228. P. 413.

V. 1. Queſti due tondi furono fatti per dipignere nelle vetriate. P. 414.

Agg. alla not. 2. La carta di Marcantonio con le ſole tre Dee nude, fatte per iſtudio della ſtampa grande del giudizio di Paride, è nella Raccolta della libreria Corſini.

Agg. alla not. 3. Il diſegno della ſtrage degli Innocenti era in mano del cardinal d' Eſte. P. 416.

Agg. alla not. 2. Queſta ſtampa d' Enea intagliata da Marcantonio ſi trova nella libreria Corſini in uno de' gran tomi di Marcantonio. P. 417.

V. 10. In una antica poſtilla ms. poſta qui dove il Vaſari comincia a parlare di Marco da Ravenna, e di Agoſtino Veneziano, trovo quanto appreſſo:

„ Dalla cena del Signore, e dalla Galatea ſi vede chiaramente, che
„ la tabella non è di Marcantonio, come ſi è tenuto fino adeſſo, ma
„ dev'

Fig. 4. *Giunta alle note del secondo tomo* in G. Vasari, *Vite de' più eccellenti pittori, scultori e architetti, scritte da Giorgio Vasari pittore e architetto aretino, corrette da molti errori e illustrate con note*, a cura di G.G. Bottari, 3 voll., Roma 1759-1760, II, p. 47.

gli incisori d'invenzione: i cataloghi dei primi artisti d'oltralpe menzionati da Vasari – Martin Schongauer, Albrecht Dürer e Luca di Leida – interessano limitatamente all'editore,[11] che si adopera prima di tutto per identificarli, riportando in nota notizie tratte dalle fonti letterarie.[12] Traspare però una certa difficoltà: se la notorietà di Dürer si era ormai consolidata al punto che Bottari corregge solo le imprecisioni vasariane,[13] una lettura comparata delle note su Schongauer conferma che inizialmente nella *Vita di Marcantonio* l'editore fatica a riconoscerlo nel Martino nominato da Vasari e nel Bonmartino, maestro di Dürer, mentre solo nella *Vita di Michelangelo* Bottari inquadra correttamente l'incisore,[14] avanzando, inoltre,

---

11 Quasi a voler rispettare quanto affermato in merito al progetto del 'Vasari illustrato', Bottari commenta in nota una sola incisione per artista: il *Sant'Antonio battuto dai diavoli* di Martin Schongauer (B. VI, n. 47), *Le quattro donne nude* di Albrecht Dürer (B. VII, n. 75) e il *Virgilio sospeso in una cesta* di Luca di Leida (B. VII, n. 136). In merito all'incisione di Dürer, Bottari scrive che «rappresentava tre donne nude, come le tre Grazie, con una palla pendente sopra il loro capo, ricavata da una carta d'Israel Mecken, come ha il Sandrart, o di Menz, come ha il Bald.» (Vasari, *Vite*, cit., II, p. 410, nota 2), ritenendo precedente l'esemplare di Israhel van Meckenem (B. VI, n. 185), incisore non chiaramente identificato da Bottari.

12 Per le notizie sugli incisori d'oltralpe Bottari si affida a J. von Sandrart, *Academia nobilissimae artis pictoriae*, Nürnberg, Froberger, 1683, a F. Baldinucci, *Cominciamento e progresso dell'arte dell'intagliare in rame; colle vite di molti de' più eccellenti maestri della stessa professione*, Firenze, Matini, 1686 e Id., *Notizie de' professori del disegno da Cimabue in qua [...]*, 6 voll., Firenze 1681-1728; per gli artisti stranieri dell'ultima sezione della biografia si aggiunge anche il primo volume di J.B. Descamps, *La vie des peintres flamands, allemands et hollandois, [...]*, 4 voll., Paris, Chez Charles-Antoine Jombert, 1753-1763. È invece sconosciuto a Bottari, probabilmente per ragioni linguistiche, lo *Schilder-boeck* di Karel van Mander.

13 «Credo, che debba dire Norimberga, dove nacque Alberto nel 1470 e morì nel 1528.» (Vasari, *Vite*, cit., II, p. 410, nota 1); «Alberto non fu, dico Fiammingo, ma Tedesco. In questo errore è caduto anche il Malvasia, che a c. 64 del primo tomo lo chiama il *gran Fiammingo*» (*ivi*, II, 412, nota 1).

14 Se nella *Vita di Gherardo miniatore* nel primo volume (*ivi*, I, p. 423, nota 1) e in quella di

l'ipotesi che il monogramma M.C. possa essere un «errore di stampa tra gl'innumerabili, che sono nella edizione de' Giunti».[15] Il riconoscimento dei monogrammi come firma dell'artista è fondamentale per Bottari, il quale interviene direttamente nel testo per correggere per la prima volta in A.D. il monogramma di Dürer, riportato erroneamente da Vasari come A.E.[16]

Fermo nell'idea della stampa come strumento per la riproduzione di opere d'arte, Bottari rende inevitabilmente protagonista delle sue note Marcantonio «della famiglia Raimondi»,[17] in qualità di primo incisore delle opere di Raffaello, ma anche di *unicum* nella storia della grafica, per la sua intrinseca capacità di cogliere «il sublime del carattere» del maestro,[18] e

---

Marcantonio nel secondo (*ivi*, II, p. 409, nota 2) Bottari non è sicuro che Vasari faccia riferimento al Bonmartino, maestro di Dürer, nel terzo volume nella *Vita di Michelangelo* in una lunga nota (*ivi*, III, pp. 191-192, nota 1) a proposito del Bonmartino scrive che «chi sa, che questi non sia Martino Schoen», mentre nella *Vite dei diversi Fiamminghi* identifica il Martino d'Olanda citato con il Bonmartino. Bottari conclude poi il ragionamento in una *Giunta alle note* alla *Vita di Gherardo miniatore* (*ivi*, I, *Giunta alle note del tomo primo*, p. 42), affermando che «questo Martino qui accennato dal Vasari sia quello stesso, che egli nomina» nella *Vita di Marcantonio* e in quella di Michelangelo, ricollegando tutti i passi vasariani in cui è nominato Martin Schongauer. Su Vasari e Martin Schongauer si veda G.M. Fara, *La recezione di Martin Schongauer incisore nell'arte e nella letteratura italiana del XVI e XVII secolo. Modelli di lettura*, «Storia dell'arte», 146/148 (n.s. 46/48), 2017 [i.e. 2018], pp. 17-32.

15 In nota Bottari argomenta che «questa cifra M.C. la quale cifra usò Martino de Clef, e la quale viene spiegata dal P. Orlandi: *Martinus Clevensis Augustanus*; come si può vedere nelle mie note nel tomo II a c. 409 e 140. Il Vasari attribuisce a questo Martino d'Anversa la qui nominata carta di s. Antonio, la quale ho riscontrato, con molte altre dello stesso autore, nella Raccolta di stampe della libreria Corsini, nelle quali stampe ho veduto questa cifra M+S, e non quella, che dice il Vasari [...]»; l'editore ragiona sulle base del confronto con l'*Abedecedario pittorico* del Padre Pellegrino Orlandi, nell'edizione veneziana del 1753 (P.A. Orlandi, *Abecedario Pittorico del M.R.P. Pellegrino Antonio Orlandi Bolognese [...] in questa edizione corretto e notabilmente di nuove Notizie accresciuto da Pietro Guarienti*, ed. a cura di P.M. Guarienti, Venezia, Giambattista Pasquali, 1753) e della visione diretta della stampa nella collezione Corsini.

16 Bottari precisa ancora, in corrispondenza dell'episodio del plagio veneziano di Marcantonio Raimondi delle opere di Dürer, che «la marca più comune, e più nota di Alberto fu questa qui A.D.» (Vasari, *Vite*, cit., II, p. 413, nota 1).

17 *Ivi*, II, p. 412, nota 2.

18 In una lettera a Bottari, Mariette scrive: «Vedete Raffaello (ve lo propongo per esempio) vi è egli stato, dopo Marcantonio suo contemporaneo, alcun intagliatore, che abbia veramente colto il sublime del carattere, che gli era proprio? Io sono sempre stato di quest'opinione; e quando alcun mi ha detto, che qualche intagliatore d'oggidì vuol pubblicare opere di pittori morti da lungo tempo, gli ho detto, e non mi son mai ingannato, che le copie sarebbero infedeli» (Bottari, *Raccolta di lettere*, cit., IV, p. 379, n. CCXXXIV). L'inadeguatezza degli incisori contemporanei nel riprodurre le opere dei maestri del passato è un tema discusso anche da Bottari in alcune pagine dei *Dialoghi sopra le tre arti del disegno*, dove Carlo Maratta e Giovan Pietro Bellori – protagonisti d'eccezione, scelti da Bottari come dialoganti per questa sua opera originale a carattere storico-artistico – nominano Marcantonio in un abbozzato elenco di incisori dopo Albrecht Dürer, riconoscendogli non solo la vicinanza storica alle opere di Raffaello, ma anche «l'accuratezza, e la giustezza del [...] disegno, e per la perfetta precisione de' contorni, più che

per una singolarità, ormai difficilmente discutibile, che lo avvicina, anche a livello collezionistico, agli incisori propriamente di invenzione.[19] Il legame tra l'arte di Raffaello e le stampe di Marcantonio[20] diventa il metro di lettura principale della personalità artistica di quest'ultimo e ne consegue che in molte note siano evocate sue stampe sia nella *Vita di Marcantonio* sia in quella di Raffaello, in corrispondenza della descrizione delle pitture del maestro. La familiarità con le incisioni del Raimondi deriva a Bottari da una visione diretta delle stampe nella collezione Corsini, spesso esplicitata in nota, sebbene la mancanza di un inventario dettagliato della collezione negli anni della direzione di Bottari renda difficile oggi un riconoscimento preciso degli esemplari visionati.[21] Bottari si affida poi al «più copioso» elen-

---

per aver saputo maneggiare a maraviglia il bulino» (G.G. Bottari, *Dialoghi sopra le tre arti del disegno*, Lucca, per Filippo Maria Bedini, 1754, p. 268).

19 Il prestigio di Marcantonio trova riflesso anche nell'ordinamento della collezione Corsini all'epoca di Bottari, parzialmente suggerito da alcune annotazioni dell'editore, che nelle note fa riferimento a «uno de' grandi tomi dedicati a Marcantonio» (Vasari, *Vite*, cit., II, *Giunta alle note del tomo secondo*, p. 47), la cui esistenza è confermata nella relazione ufficiale del 1755 di Giuseppe Querci, bibliotecario in carica dopo Bottari: «Tutte le Stampe sono disposte per serie di Pittori, e loro Scuole; e quando gli Intagliatori sono stati eccellenti, anche per la invenzione, come *Alberto Duro, Marco Antonio, Rembrandt, il Callotti, Stefano della Bella*, e simili, si sono fatte raccolte a parte, e queste oltre ogni credere copiosissime, e pulitissime. Fra queste, quelle di *Marco Antonio Raimondi*, e pel numero, e per la conservazione, superano tutte le altre raccolte, di cui si abbia in Europa notizia» (G. Querci, *Lettera al Signor Dottore Giovanni Lami contenente la descrizione della Biblioteca de Signor Principe Corsini*, «Novelle Letterarie», 16, 1755, pp. 145-153, 180-184).

20 Anche se certamente lontano dalla rilettura critica moderna del rapporto di collaborazione tra Marcantonio e Raffaello, «personalità in pieno accordo intellettuale e creativo» (E. Borea, *Lo specchio dell'arte italiana: stampe in cinque secoli*, 4 voll., Pisa, Edizioni della Normale, 2009, I, p. 49), è interessante che Bottari ponga Marcantonio come soggetto agente insieme a Raffaello per la chiamata del Baviera nella bottega: «Fu il Baviera un garzone, che macinò per molti anni i colori a Raffaello, e perché aveva qualche lume del disegno, fu posto da Raffaello, e da Marcantonio a far lo stampatore in rame» (Vasari, *Vite*, cit., II, p. 297, nota 2).

21 Per un regesto delle stampe da Raffaello provenienti dalla collezione Corsini, oggi nel Fondo Corsini dell'Istituto Nazionale della Grafica a Roma, si rimanda alla pubblicazione *Raphael invenit. Stampe da Raffaello nelle collezioni dell'Istituto Nazionale per la Grafica*, a cura di G. Pezzini Bernini, S. Massari, S. Prosperi Valenti Rodinò, Roma, 1985 e all'aggiornato catalogo online dell'Istituto (https://www.calcografica.it/). Non si esclude che un'auspicabile ricognizione sulle oltre cinquecento stampe di provenienza Corsini oggi connesse a vario titolo a Marcantonio Raimondi, molte delle quali tuttora inserite o già parte di album risalenti allo stesso Bottari e talvolta corredate di iscrizioni antiche, possa consentire l'identificazione di qualcuno degli esemplari a disposizione dell'erudito fiorentino. In generale, spesso dettagli nelle descrizioni in nota forniscono a tal proposito indizi preziosi: per l'incisione dello *Stregozzo* Bottari afferma di conoscere due esemplari, uno con la tavoletta bianca del Raimondi e uno con delle iniziali R.S. impresse sul corno del putto che cavalca la capra, invece delle consuete iniziali di Agostino Veneziano (Vasari, *Vite*, cit., II, *Giunte alle note del tomo secondo*, pp. 47-48); nel Fondo Corsini è segnalata una stampa dello *Stregozzo* (Inv. FC4992) dove «in corrispondenza dei due monogrammi (nella tavoletta e nel corno) la carta risulta abrasa e quindi illeggibile. Ciò può portare a ipotizzare una probabile cancellazione delle scritte, affinché il foglio potesse risultare

co di stampe di Marcantonio, redatto da Carlo Cesare Malvasia nella *Felsina Pittrice*;[22] il Malvasia è citato come riferimento perché più di ogni altro autore aveva fornito «tante, e tante notizie de' pittori Bolognesi», essendo in questo campo «autorità maggiore d'ogni eccezione»,[23] ma è ricordato anche per le posizioni antivasariane, delle quali è testimonianza, per esempio, la tagliente risposta alla frase di Vasari su Marcantonio, che «andotesene [...] a Roma, si diede tutto al disegno», ben nota a Bottari.[24]

L'approfondita conoscenza del *corpus* grafico del bolognese, garanzia per gli studiosi dell'epoca,[25] consente all'editore di destreggiarsi senza problemi tra le stampe elencate da Vasari, interpretando per lo più correttamente il testo. Trovano spazio in nota la *Lucrezia*, anche se per Bottari «due sono le

---

un ante litteram e quindi un esemplare più raro di primo stato. [...] il suo stato di conservazione non risulta dei migliori: si notano, infatti, diverse lacerazioni lungo i margini e nell'angolo inferiore destro, buchi di tarli che hanno eroso la carta in diversi punti, le cui lacune sono state integrate a penna in seguito ad un vecchio restauro che ha provveduto a rifoderare interamente il foglio.» (*La collezione del principe: da Leonardo a Goya*, cit., p. 204, cat. n. 18). Tale esemplare potrebbe corrispondere a quello visionato da Bottari e il cattivo stato di conservazione potrebbe giustificare l'errore di lettura del monogramma.

22 Vasari, *Vite*, cit., II, p. 433, nota 2. Si veda C.C. Malvasia, *Felsina pittrice: vite de' pittori bolognesi*, 2 voll., Bologna, per l'Erede di Domenico Barbieri, 1678, I, pp. 68-74.

23 Vasari, *Vite*, cit., III, pp. 371-372, nota 2.

24 «Il Malvasia per tutto accusa il Vasari di mala intenzione contro i Bolognesi; ma cade nello stesso fallo; e come la passione accieca, così in queste parole del Vasari, che dicono, che Marcantonio andato a Roma si diede tutto al disegno gli ha fatto credere, che il Vasari voglia dire, che Marcantonio non sapendo disegnare si messe in Roma a fare il noviziato di questa arte. Vedilo nel tom. I. a c. 74. Ma ognuno vede, che vuol dire, che sotto Raffaello potendosi mettere a dipingere, come tutti gli altri attese unicamente al disegno, su cui non si finisce mai d'imparare, e in esso divenne affatto eccellente» (*ivi*, II, p. 413, nota 3). Interlocutore di primo piano nell'acceso dibattito Vasari-Malvasia, Bottari interpreta il passo della *Felsina Pittrice*, dove Malvasia nega la necessità per Marcantonio del noviziato romano (Malvasia, *Felsina pittrice*, cit., I, p. 74), come l'ennesimo attacco a Vasari da parte del bolognese, non tenendo conto che la critica di quest'ultimo si basasse probabilmente sullo stile più maturo di Marcantonio nella serie della *Piccola Passione* (G.M. Fara, *Albrecht Dürer nelle fonti italiane antiche (1508-1686)*, Firenze, Olschki, 2014, pp. 440-443; Id., *Albrecht Dürer (e Marcantonio Raimondi) nella Felsina pittrice di Carlo Cesare Malvasia: biografia, autografia e collezionismo*, «Storia della critica d'arte. Annuario della S.I.S.C.A.», 2020, pp. 25-37). Più volte Bottari difende Vasari nel corso dell'edizione delle *Vite*, a partire da un passo significativo nella *Prefazione* (Vasari, *Vite*, cit., I, *Prefazione*, p. xvii); sul dibattito nel Settecento, si veda E. Grasman, *All'ombra del Vasari: cinque saggi sulla storiografia dell'arte nell'Italia del Settecento*, Firenze, Istituto Universitario Olandese di Storia dell'Arte, 2000, pp. 21-92, in part. sul ruolo di Bottari pp. 32-34, 80.

25 Mariette si rivolge spesso a Bottari per questioni inerenti a Marcantonio (si veda per esempio la lettera sui *Modi* in Bottari, *Raccolta di lettere*, cit., IV, pp. 329-335, n. CCVIII), al punto da considerarlo per un progetto monografico sul bolognese: «Un giorno prenderò la libertà di consultarvi sopra vari piccoli intagli di Marcantonio, de' quali io sarei curioso di sapere varie cose. Io ho già fatte sopra di essi alcune scoperte, ma non mi bastano pel disegno, che ho di dare una notizia esatta, e ragionata di tutto ciò, che è stato intagliato da Marcantonio» (*ivi*, IV, p. 484, n. CCVIII).

Lucrezie Romane, che intagliò Marcantonio»,[26] e tutte quelle stampe intagliate dai disegni «di cose sue» che Raffaello «si dispose a mettere fuori in istampa»:[27] la *Santa Felicita,*[28] il *Giudizio di Paride,*[29] il *Quos Ego,*[30] il *Ratto di Elena*[31] e la *Strage degli Innocenti*, unica incisione alla quale Bottari dedica due note pressoché identiche nella *Vita di Raffaello* e in quella di Marcantonio.[32]

Proseguono l'elenco delle stampe da Raffaello le incisioni ricavate dalle opere pittoriche attribuite da Vasari a Marcantonio e agli altri incisori coinvolti nella bottega, Agostino Veneziano e Marco Dente.[33] Delle traduzioni

---

26 Per la *Lucrezia* (B. XIV, n. 192), Bottari afferma che «Due sono le Lucrezie Romane, che intagliò Marcantonio, e amendue queste carte sono rare, e una è un poco più grande dell'altra» (Vasari, *Vite*, cit., II, p. 416, nota 1), specificando poi in una nota a una lettera di Mariette che esse si trovano «in piedi, e in atto d'uccidersi [...] diverse tra di loro, una più grande, e una più piccola; ambedue si trovano nella libreria Corsini» (Bottari, *Raccolta di lettere*, cit., IV, p. 350, nota 1, n. CCVIII), alludendo forse alla stampa con *Didone* (B. XIV, n. 187).

27 Vasari, *Vite*, cit., II, p. 416.

28 B. XIV, n. 117. Nella *Vita di Raffaello* Vasari descrive erroneamente la stampa come «la santa Cecilia, quando bolle nell'olio» (*ivi*, II, p. 114), corretto da Bottari in nota: «la s. Felicità, cioè il martirio di lei, e de' figliuoli, che il Vasari ha preso per una s. Cecilia, che bolle nell'olio, non avvertendo, che nella carta si veggono intorno alla Santa i corpi, e le teste staccate de' suoi figliuoli, e che s. Cecilia non fu messa nell'olio bollente» (*ivi*, II, p. 114, nota 2).

29 B.XIV, n. 245. Sul *Giudizio di Paride* Bottari annota che «ci sono le tre Dee sole intagliate per suo studio da Marcantonio, che poi riportò nella detta carta del giudizio in grande», aggiungendo poi che «la carta di Marcantonio con le sole tre Dee nude, fatte per istudio della stampa grande del giudizio di Paride, è nella Raccolta della libreria Corsini» (*ivi*, II, p. 416, nota 2 e II, *Giunta alle note del tomo secondo*, p. 47); è ipotizzabile identificare questa stampa con *Le tre Grazie* (B. XIV, n. 340) o con una copia attribuita oggi a Marco Dente (B. XIV, n. 310; *La collezione del principe: da Leonardo a Goya*, cit., p. 200).

30 B. XIV, n. 352. L'opera è ricordata come la stampa con «il Nettuno con molte storiette intorno tratte dall'Eneide» (Vasari, *Vite*, cit., II, p. 114, nota 2).

31 B. XIV, n. 209. L'editore specifica solo che è «quando è fatta imbarcare per forza, carta più dell'altre rara» (*ivi*, II, p. 416, nota 4).

32 «Della stage [strage] degl'Innocenti ve ne sono due intagli fatti ambedue da Marcantonio sul medesimo disegno. Racconta il Malvasia tom. 1 pag. 64 che la prima fosse da lui intagliata di commissione d'un signore Romano, ma che poi la rintagliasse per se, a fine di venderla, con maggior pulizia, e morbidezza, e che per distinguerla dalla prima, vi fece nell'alto della carta in un canto sulla destra un albero in lontananza, che comunemente si chiama *felcetta*, benchè sembri piuttosto la cima d'un abeto; e che per questo rintaglio fosse fatto ammazzare da quel Signore, che gli aveva fatto fare la prima, ma non so se sia vero» (Vasari, *Vite*, cit., II, p. 416, nota 3; per la nota nella *Vita di Raffaello* si veda *ivi*, II, p. 113, nota 2). Bottari conosceva bene i due esemplari (B. XIV, nn. 18, 20), le cui circostanze di realizzazione sono spiegate dal Malvasia, in un aneddoto considerato però da Bottari «una favola» (*ibid.*). Nelle due stampe l'editore ravvisa una differenziazione stilistica, riconoscendo all'esemplare con la felcetta una «maggior pulizia, e morbidezza».

33 Di Agostino Veneziano, Bottari attesta di conoscere sia incisioni menzionate nella biografia vasariana, come lo *Spasimo di Sicilia* (B. XIV, n. 28), che è correttamente – anche se con datazione errata – ricondotta alla mano dell'artista e non a quella di Marcantonio, come scrive Vasari (*ivi*, II, p. 115, nota 1), sia altre stampe dal catalogo dell'incisore, come il particolare inci-

grafiche ricordate, Bottari tende a sottolineare le differenze, laddove presenti, con i modelli originali: ne sono due esempi il *Parnaso*, intagliato «eccellentissimamente da Marcantonio Raimondi, ma con qualche varietà, perché ricavò l'intaglio non dalla pittura, ma da uno schizzo di Raffaelle»,[34] e *l'Estasi di Santa Cecilia*, incisa «sopra un disegno, che ora è in Francia, perché la stampa è alquanto varia, benchè in poco, dalla pittura».[35] Queste precisazioni si spiegano in virtù di alcune riflessioni dell'epoca sulle caratteristiche più ottimali della stampa di riproduzione: se da una parte, infatti, la vicinanza storica tra incisore e opera consente di far corrispondere gli stili della pittura e dell'intaglio, dall'altra la fedeltà iconografica al modello risponde maggiormente all'esigenza di documentazione.[36] Ne deriva la tendenza da parte di Bottari ad elencare non solo una, ma più stampe, tratte da uno stesso soggetto, di artisti ed epoche differenti. Questo si verifica per le singole opere,[37]

---

so della *Scuola di Atene*, «dove sono alcuni passi Greci dell'Evangelio per farla credere una storia sagra» (B. XIV, n. 492; *ivi*, II, p. 98, nota 2). Bottari commenta anche la collaborazione con Andrea del Sarto per la *Pietà con angeli* (B. XIV, n. 40), cogliendo la differente narrazione dell'episodio nella *Vita di Marcantonio* e in quella di Andrea: «Si sentirà nella Vita di Marcantonio, che il Vasari racconta con alquanta diversità questo fatto, poiché dice, che Agostino venne a Firenze, per accostarsi ad Andrea e intagliar le sue cose, e avendogli fatto grande istanza per avere qualche suo disegno, Andrea gli diede questo Gesù Cristo deposto di croce» (*ivi*, II, p. 224, nota 1).

Su Marco Dente, Bottari sostiene che «molti scambiano il nome a questo eccellentissimo intagliatore, chiamandolo Silvestro da Ravenna, il quale non si sa, che fesse mai, benchè il P. Orlandi lo ponga dal 1535 al 1560 [...]» (*ivi*, II, p. 418, nota 1), per concludere che Silvestro da Ravenna «non fu mai nel Mondo» (*ivi*, II, *Giunta alle note del tomo secondo*, p. 48).

34 B. XIV, n. 247. In nota si approfondiscono le differenze: «La diversità consiste, che nella stampa vi è qualche putto di più in aria, e nella pittura son più poeti, che nella stampa, nella quale Apollo suona una lira all'antica, dove nella pittura suona un violino» (*ivi*, II, p. 100, nota 1).

35 B. XIV, n. 116. *Ivi*, II, pp. 110-111, nota 5. Non si è certi se Bottari intenda il disegno oggi al Petit-Palais di Parigi, da ultimo attribuito a Raffaello (M. Procaccini in *Raffaello 1520-1483*, Catalogo della mostra (Roma, Scuderie del Quirinale 2020), a cura di M. Faietti e M. Lafranconi, con F.P. Di Teodoro e V. Farinella, Milano, Skira, 2020, p. 251, cat. n. V.3), in virtù delle complesse vicende collezionistiche (J. Winkelmann in *L'Estasi di Santa Cecilia di Raffaello da Urbino nella Pinacoteca Nazionale di Bologna*, Catalogo della mostra (Bologna 1983), a cura di C. Bernardini, A. Emiliani e G. Zarri, Bologna. M. Faietti, Bologna 1983, pp. 165-185) e considerando che egli attesta anche l'esistenza di una stampa «impressa in Francia ricavata da un disegno, che ne aveva il Sig. De Piles» (Vasari, *Vite*, cit., II, pp. 110-111, nota 1), probabilmente l'incisione di Elisabeth Cheron Le Haye (*Biblioteque nationale, département des Estampes. Inventaire du Fonds Français. Gravures du XVIIe siécle. Vol. III*, éd. par R. A. Weigert, Paris 1954, p. 5, n. 5). In un'altra nota l'editore aggiunge: «La testa di s. Agostino in alcune stampe è in profilo, e senza mitra, ma nell'originale di Marcantonio è in faccia, e volta verso terra, e con la mitra in testa» (Vasari, *Vite*, cit., p. 111, nota 1); Bottari conosce forse la stampa di Marco Dente (B. XIV, n. 116b) e sicuramente quella «intagliata in rame anche da Giulio Bonasone, conforme ella sta nella pittura» (B. XV, n. 74; *Ivi*, II, *Giunta alle note del tomo secondo*, p. 15).

36 Vermeulen, *Vasari illustrato*, cit., pp. 11-15.

37 A proposito della *Galatea*, Bottari ricorda anche la stampa di Hendrik Goltzius: «La Galatea fu intagliata da Marcantonio, che è carta rarissima. Fu anche rintagliata più volte da

ma soprattutto quando Vasari menziona stampe derivanti dai grandi cicli pittorici, per i quali Bottari si dilunga in elenchi di incisioni, che traducono in serie o parzialmente le opere. Alle stampe da «i cartoni de i panni d'arazzo [...] con istorie di s. Pietro, s. Paolo, e s. Stefano»,[38] Bottari riconduce correttamente la *Predica di San Paolo* di Marcantonio e la *Punizione di Elima* di Agostino Veneziano, già citate da Vasari, insieme a esemplari grafici, che spaziano cronologicamente dal Cinquecento al Settecento;[39] ugualmente si legge per «le storie, ch'esso Giulio avea dipinto nelle logge col disegno di Raffaello»,[40] sebbene Bottari non creda possibile che «le storie della Bibbia dipinte nelle logge Vaticane sieno state intagliate tutte dagli scolari di Marcantonio. Le intagliarono bensì molti altri tutte quante».[41] È evidente che questi elenchi siano stilati in accordo con il fine riconosciuto alla stampa e siano preziosi per ricostruire le conoscenze grafiche dell'editore, non solo in relazione alle stampe nella *Vita di Marcantonio*.

Non mancano però le imprecisioni: Bottari cade completamente in errore per alcune identificazioni,[42] mentre per altre egli si corregge pronta-

---

altri intagliatori in rame, e fra gli altri da Goltzio nell'anno 1592» (Vasari, *Vite*, cit., II, p. 104, nota 2).

38 *Ivi*, II, p. 417.

39 Nella nota dedicata da Bottari alle traduzioni dai soggetti degli arazzi (*Ivi*, II, pp. 123-124, nota 1), si legge che «Marcantonio intagliò eccellentemente al suo solito s. Paolo, che predica nell'Areopago» e che «Agostin Veneziano nel 1516 intagliò il fatto d'Elimas Mago accecato miracolosamente» (B. XIV, n. 44, 43). Queste stampe ricorrono in nota solo dopo la menzione di due serie incisorie tratte dagli arazzi – quella del francese Nicolas Dorigny del 1719 e quella del francese Simon Gribelin del 1707 – che anche se più recenti riproducevano interamente tutti i soggetti raffaelleschi, con gran valore documentale; con il medesimo intento conoscitivo, è citata nella nota anche la serie dei *Fatti della vita di Leone X*, che decoravano le bordure degli arazzi vaticani, incisa da Pietro Sante Bartoli (per queste serie nel Fondo Corsini: *Raphael invenit.*, cit., pp. 134-136).

40 G. Vasari, *Vite*, cit., II, p. 419.

41 *Ivi*, II, p. 419, nota 1. Bottari aggiunge poi un rimando per il lettore «a c. 119»: si tratta di una nota nella *Vita di Raffaello* (*ivi*, II, p. 119, nota 1), nella quale l'editore registra molte traduzioni grafiche degli affreschi a lui familiari, perché viste nella collezione Corsini, con un ordinamento di esposizione che vede sempre prima la menzione delle serie complete e poi le stampe di singoli episodi. Tra le traduzioni dell'intero ciclo di affreschi Bottari cita in ordine la *suite* incisoria di Giovanni Lanfranco e Sisto Badalocchio del 1607 (B. XVIII, nn. 1-28), quella di Francesco Villamena del 1626, quella di Orazio Borgianni del 1615 (B. XVII, nn. 1-52), quella di Pietro Aquila del 1675 e le serie seicentesche dei francesi Nicolas Chaperon e Antoine Aveline (per queste serie nel Fondo Corsini: *Raphael Invenit*, cit., pp. 77-95). In seguito tra le storie «intagliate separatamente», Bottari elenca diversi esemplari cinquecenteschi come, per esempio, *Giuseppe e la moglie di Putifarre* di Marcantonio (B. XIV, n. 7), ma anche stampe a lui contemporanee, come il *Ritrovamento di Mosè* di James Stuart datato 1747.

42 Anche Bottari, come Vasari, attribuisce la stampa con *Enea e Anchise* a Marcantonio (Vasari, *Vite*, cit., *Giunta alle note del tomo secondo*, p. 47), aggiungendo che «in questa stampa sono queste parole: 160 B.4 Quest'è colui, che a Troja il padre Anchise Trasse dal foco, e dopo longo

mente nelle *Giunte alle note*; questo accade per esempio per le «due storie delle nozze di Psiche», attribuite da Vasari ad Agostino Veneziano e Marco Dente, le quali sono inizialmente associate da Bottari alle «carte della favola di Psiche, ricavata da Apulejo», che «sono 38 nella raccolta Corsini, ed hanno sotto una ottava in rima»[43] e solo in seguito riconosciute correttamente nelle stampe «ricavate dalla volta dipinta da Raffaello nel palazzetto della Lungara, detto la Farnesina».[44]

Terminata la parentesi vasariana inerente alle incisioni legate all'ambiente raffaellesco, il commento bottariano si fa più sporadico e meno attento al riconoscimento delle stampe. Il nome di Ugo da Carpi, nonostante la vicinanza alla bottega e alle opere di Raffaello, ricorre poco nelle note: negli elenchi di traduzioni grafiche d'ambito raffaellesco Bottari nomina qualche carta «in legno di più colori»,[45] mentre nella biografia di

---

errore Sotto la rupe Antandra a posar mise» (*ivi*, II, p. 417, nota 2), caratteristica che consente oggi di identificare l'esemplare con l'incisione di Gian Giacomo Caraglio (B. XV, n. 60). Difficilmente interpretabile è invece l'attribuzione della *Strage degli Innocenti* su disegno di Baccio Bandinelli non a Marco Dente, bensì all'incisore Martino Rota, sostenuta fermamente in due note (*Ivi*, II, p. 419, nota 2 e II, *Giunta alle note del tomo secondo*, p. 48 dove si legge: «La strage degli Innocenti del Bandinello fu intagliata da Martino Rota, e per cifra vi sono le due lettere R.S. sovrapposte, che qui non significano *Raffaello Sanzio*, né *Salvestro da Ravenna*, come molti le interpretano»).

43 *Ivi*, II, p. 419, nota 2.

44 Prosegue in nota Bottari: «Ma le 38 carte furono ricavate dai disegni non mai eseguiti, e sono intagliate la maggior parte delli scolari di Marcantonio» (*ivi*, II, *Giunta alle note del tomo secondo*, p. 48) per poi aggiungere ulteriormente: «[...] fece [Raffaello] in 38 disegni tutta la favola di Psiche come la racconta Apulejo, i quali disegni furono intagliati non da Marcantonio, ma da due suoi scolari, benchè passino tutti comunemente per essere intagliati da lui. Agostin Veneziano ha intagliato la 4 la 7 e la 13 tavola. L'altre sono opere d'un intagliatore, che usa questa cifra B.V. che io non saprei come dicifrare. Alcuni la spiegano, che significhi Beatricetto, ma s'ingannano; e si vede, perché non è la maniera di Beatricetto. E perché, che cosa vorrebbe dire quel V.? Certo è, che il disegno è di Raffaello, e fatto per fare intagliare, e che l'intaglio è bello, e corretto, come se fosse di mano di Marcantonio» (*ivi*, II, *Giunta alle note del tomo secondo*, p. 17). Il riferimento è alla serie della *Favola di Psiche* di Agostino Veneziano e del Maestro del Dado, ignoto all'epoca di Bottari, per cui è interessante il tentativo di attribuzione del monogramma. La serie è stata recentemente oggetto del contributo S. Cavicchioli, *Michiel Coxcie e la Favola di Psiche incisa dal Maestro del Dado, invenzione 'postuma' di Raffaello*, in *La fortuna visiva di Raffaello nella grafica del XVI secolo*, cit., pp. 37-55, che la interpreta come esempio di quel «pietrificarsi in un accademismo di immobilità dei modelli stilistici raffaelleschi», per cui essa viene erroneamente ritenuta invenzione di Raffaello fino all'Ottocento. Bottari è testimone di questa tendenza, rifiutando l'attribuzione vasariana a Michiel Coxcie, per asserire la paternità raffaellesca: «È impercettibile, come il Vasari attribuisca ad un Fiammingo la storia di Psiche, che tutti sanno, e veggono, essere invenzione di Raffaello, e l'intaglio di Marcantonio, e de' suoi scolari» (Vasari, *Vite*, cit., II, *Giunta alle note del tomo secondo*, pp. 49-50). La paternità dell'invenzione è addirittura oggetto di discussione con Mariette (Bottari, *Raccolta di lettere*, cit., IV, pp. 361-363, n. CCXXII).

45 Bottari utilizza sempre l'espressione «in legno di più colori», senza mai citare espressamente il nome di Ugo da Carpi. Se la *Guarigione del paralitico* non è riconosciuta oggi nel cata-

Marcantonio discute solamente del *Diogene*.[46] Ugualmente si constata per Gian Giacomo Caraglio, del quale «poco dice il Vasari»[47] secondo Bottari, il quale, seppur conoscesse alcune stampe dell'incisore veronese,[48] non le commenta.

Al contrario le note di commento alle altre *Vite* provano che Bottari vantasse un'ampia familiarità con i cataloghi di alcuni artisti, come Giorgio Ghisi, Giovanni Battista Cavalieri, Giulio Bonasone, Nicolas Béatrizet, appena menzionati da Vasari nella *Vita di Marcantonio*. Delle poche stampe di questi artisti registrate nella biografia, Bottari riflette sulla paternità della *Conversione di San Paolo* e della *Crocifissione di San Pietro* attribuite da Vasari al Cavalieri[49] e accenna alla *Natività* di Giorgio Ghisi dall'opera di Bronzino.[50] Altre traduzioni grafiche consentono poi di aprire uno sguardo sulla grafica cinquecentesca oltre il testo vasariano: tra le stampe degli affreschi delle Stanze Vaticane, la *Scuola di Atene* di Giorgio Ghisi è duramente criticata per la modifica dell'iconografia originale,[51] mentre tra le stampe

---

logo dell'incisore (VASARI, *Vite*, cit., II, pp. 123-124, nota 1), l'editore menziona correttamente il *Davide e Golia* (B. XII, n. 8, si veda *Ivi*, II, p. 119, nota 1).

[46] B. XII, n. 10. Bottari intende chiarire il testo vasariano facilmente fraintendibile: «Il Diogene non fu intagliato dal Parmigiano ma da Ugo da Carpi, come si legge nella stampa fatta in legno, ed è uno sbaglio dello stampatore, e non del Vasari; perché dopo aver detto, che *il Parmigiano intagliò un Diogene*, non avrebbe subito soggiunto, che questa fu *la più bella stampa, che facesse Ugo*. Sicchè va letto: *Il Parmigiano disegnò &c*» (*ivi*, II, *Giunta alle note del tomo secondo*, p. 48); si sofferma poi sulla particolare iconografia (*ivi*, II, p. 422, nota 2 e II, *Giunta alle note del tomo secondo*, p. 48). Delle incisioni menzionate nel passo vasariano seguente, Bottari testimonia di conoscere da Parmigianino anche la stampa del *Martirio di San Pietro e San Paolo* (*ivi*, II, *Giunta alle note del tomo secondo*, pp. 44-45) e alcune incisioni di Domenico Beccafumi (*ivi*, II, *Giunta alle note del tomo secondo*, p. 56).

[47] *Ivi*, II, p. 423, nota 2.

[48] La serie degli *Amori degli Dei* è oggetto di confronto con Mariette (BOTTARI, *Raccolta di lettere*, cit., IV, pp. 329-330, n. CCVIII) e presente in collezione Corsini (VASARI, *Vite*, cit., II, p. 495, nota 1), tuttavia – forse volutamente – l'unico commento a riguardo si trova nella *Vita di Perino del Vaga*, dove l'editore classifica queste stampe come «tenute con riserva per esser disoneste» (*ibid.*). Nella *Vita di Tiziano* è menzionata in nota anche l'*Annunciazione* del Caraglio (B. XV, n. 3), unica memoria visiva per un dipinto del pittore, oggi perduto (*ivi*, III, p. 388, nota 1.).

[49] «La conversione di s. Paolo è intagliata in rame, ma non vi è né il nome del disegnatore, né dell'intagliatore, ma solamente quello d'Antonio Salamanca venditore di stampe» (*ivi*, III, p. 259, nota 2), mentre conferma la paternità della *Crocifissione di San Pietro* (*ivi*, III, p. 206, nota 1).

[50] B. XV, n. 3; *ivi*, III, *Giunta alle note del tomo terzo*, p. 22.

[51] *Ivi*, II, p. 98, nota 2. Il cambiamento dell'iconografia originale in una scena tratta dagli Atti degli Apostoli nella stampa del Ghisi offre l'occasione a Bottari per segnalare al lettore che «il Vasari ha preso errore, e mal descritta questa pittura [...]. Poiché come può essere, che gli astrologi avendo fatto delle figure geometriche, le facciamo portare per mano degli Angeli agli Evangelisti, che le dichiarino?», alludendo al fatto che Vasari si fosse affidato per le descrizioni

singole dalle Logge vaticane l'editore registra il *Noè che esce dall'arca*, nelle versioni di Giovanni Battista Cavalieri e di Giulio Bonasone,[52] *Giuseppe che spiega il sogno ai fratelli* di Nicolas Béatrizet, «rintagliata a rovescio in antico, e variamente»,[53] e *Giuseppe venduto dai fratelli* attribuito da Bottari al Bonasone.[54] Arricchiscono il commento altrettante traduzioni da opere di Michelangelo: stona il silenzio sul *Giudizio Universale* del Ghisi dell'editore, che si pronuncia altresì sulle versioni del Cavalieri e del Bonasone;[55] di Nicolas Béatrizet, ad eccezione dell'incisione predetta dalle Logge e dell'incisione della *Navicella di Giotto*,[56] Bottari segnala quasi esclusivamente stampe da disegni e pitture di Michelangelo.[57] Infine, Giovanni Battista Cavalieri e Giulio Bonasone sono citati nel commento alla *Vita di Polidoro*

alle fonti grafiche, a lui più accessibili, con il rischio che spesso esse differissero dal modello pittorico – fatto ben noto per i lettori vasariani – e rimandando il lettore per «il significato, o l'ordine di queste pitture ammirabili» alla *Descrizzione delle imagini dipinte da Rafaelle d'Urbino nelle Camere del Palazzo Apostolico Vaticano* di Giovan Pietro Bellori (G.P. Bellori, *Descrizzione delle imagini dipinte da Rafaelle d'Urbino nelle Camere del Palazzo Apostolico Vaticano*, Roma, Nella stamparia di Gio. Giacomo Komarek Boëmo, 1695). Anche per il *Parnaso*, Vasari riporta nel testo elementi iconografici e compositivi propri dell'incisione e non dell'affresco (Vasari, *Vite*, cit., II, p. 101), ma in questo caso, come si è notato precedentemente, Bottari sottolinea solo la differenza tra l'incisione di Marcantonio e l'affresco di Raffaello. Se la *Scuola di Atene* è riconosciuta correttamente come parte del catalogo del mantovano, la *Disputa del Sacramento*, sempre del Ghisi, è erroneamente indicata come «intagliata dal Cock nel 1552», tanto che Bottari si stupisce che Vasari non l'abbia registrata tra le prime opere dell'incisore (*ivi*, II, *Giunta alle note del tomo secondo*, pp. 49-50). Di Giorgio Ghisi, l'editore nomina nelle note anche la *Madonna di Loreto* da Raffaello (B. XV, n. 5; *ivi*, II, p. 103, nota 1) e le *Ninfe e Divinità* dalla Galerie d'Ulysse (B. XV, nn. 36-39, 48-51; *ivi*, III, *Giunta alle note del tomo terzo*, p. 3).

52 B.XV, n. 4; si legge nell'elenco: «[...] l'escir degli animali dall'arca intagliato dal Bonasone nel 1544 e poi da Gio. Battista de' Cavalieri totalmente diverso, dedicato al signor Antonio Chiappolini da Fossombrone con una ottava da Pier Gentili Panfili» (*ivi*, II, p. 119, nota 1).

53 B. XV, n. 9; *ivi*, II, p.119, nota 1.

54 In realtà l'incisione in questione, datata 1533 – come correttamente segnala Bottari (*ivi*, II, p.119, nota 1) – è l'esemplare intagliato dal Maestro del Dado (B. XV, n. 1): Bottari come nel caso delle *Storie di Psiche* non comprende il monogramma B.V., riconducendolo a Nicolas Béatrizet.

55 Bottari, sebbene sapesse che delle opere del Buonarroti «buona parte furono intagliate da Giorgio Mantovano» (*ivi*, II, p. 230, nota 1) non si sofferma sul bulino del Ghisi, ma solo sulle versioni del Cavalieri (*ivi*, III, pp. 255-256, nota 4) e del Bonasone (B. XV, n. 80; *ivi*, III, p. 361). È opportuno infine ricordare che per la sua edizione Bottari utilizza il *Ritratto di Michelangelo* inciso dal Ghisi (B. XV, n. 71), la cui scelta è discussa in una nota dedicata ai ritratti dell'artista, tra cui è noto anche quello del Bonasone (B. XV, n. 345; *ivi*, III, pp. 294-295, nota 1).

56 B. XV, n. 16; *ivi*, II, p. 427, nota 5.

57 Tra queste il *Geremia* (B. XV, n. 10; *ivi*, III, pp. 226-227, nota 2 e p. 230, nota 1), la *Caduta di Fetonte* (B. XV, n. 38; *ivi*, III, p. 309, nota 3), *Cristo e la Samaritana* (B. XV, n. 17; *ivi*, III, p. 349, nota 3) e una stampa del *Mosè*, la cui «maniera dell'intaglio, pare di Beatricetto» (*ivi*, III, p. 214, nota 1; si tratta in realtà di una stampa di anonimo fiammingo, A. Alberti, *D'Après Michelangelo. II. La Fortuna di Michelangelo nelle Stampe del Cinquecento*, Venezia, Marsilio, 2015, pp. 220-221).

da Caravaggio e Maturino Fiorentino, poiché impegnati nell'intagliare alcune pitture murali «quasi tutte state imbiancate, o demolite, e solo d'alcune poche restano alcuni miserabili vestigi».[58]

Anche sulla produzione grafica delle personalità d'oltralpe nelle ultime pagine della biografia scarseggiano i commenti in nota: Bottari non si sofferma su nessuna delle incisioni attribuite da Vasari a Hieronymus Cock, mentre pone l'accento sul rapporto dell'incisore con Maarten van Heemskerk;[59] Jan Stephan van Calcar, che Vasari ricorda come autore delle xilografie di studi anatomici per Andreas Vesalius, è invece considerato dall'editore al fine di smentirne la paternità dei ritratti delle *Vite* vasariane.[60] La ricostruzione artistica delle personalità d'oltralpe, basata quasi esclusivamente sullo studio delle fonti, comporta per esempio che Bottari sostenga che «Vasari cade nell'errore, in cui sono caduti altri, di far diverso

---

[58] Vasari, *Vite*, cit., II, p. 286, nota 4. Si rammentano l'*Allegoria della Fede* del Cavalieri (*ivi*, II, p. 284, nota 3) e la *Fuga di Clelia* e *Scipione ferito* del Bonasone (B. XV, nn. 83, 91; *ivi*, II, *Giunta alle note del tomo secondo*, p. 42). Il fine documentaristico della stampa di riproduzione si intreccia a prese di posizioni alquanto pioneristiche di Bottari in materia di restauro e conservazione: già in una nota all'edizione del *Riposo*, da lui edita nel 1730, egli scrive a proposito degli affreschi di Polidoro da Caravaggio che «molte di queste facciate sono in Stampa: ed è bene, perché gli originali sono periti o per mutamenti; o per intemperie di stagioni: laonde tutte le buone pitture a fresco si vorrebbero intagliare in rame, per eternarle» (R. Borghini, *Il Riposo*, ed. a cura di A.M. Biscioni, G.G. Bottari, Firenze, Nestenus & Moücke, 1730, p. 353, nota 1), auspicandone quindi la traduzione grafica, prima che il naturale deterioramento della materia pittorica ne determini la perdita di leggibilità. Per le riflessioni di Bottari sulla salvaguardia delle opere d'arte, che si concretizzano anche in uno scritto inedito, catalogato col titolo *Discorso imperfetto contro il distrurre o lasciar perire od uscire dallo stato le opere antiche di belle arti* (Concilio, *Immagini, devozioni, superstizioni*, cit., p. 11), si rimanda a U. Procacci, *Di uno scritto di Giovanni Bottari sulla conservazione e il restauro delle opere d'arte*, «Rivista d'arte», 30, 1955, pp. 229-249; B. Zanardi, *Bellori, Maratti, Bottari e Crespi. Intorno al restauro. Modelli antichi e pratica di lavoro nel cantiere di Raffaello alla Farnesina*, «Atti dell'Accademia Nazionale dei Lincei, Rendiconti. Classe di scienze morali, storiche e filologiche», 18, 2007, pp. 205-286; M.C. Piva, *Anton Maria Zanetti e la tradizione della tutela delle opere d'arte a Venezia: dalla critica d'arte all'attività sul campo*, in *Il restauro come atto critico Venezia e il suo territorio*, atti della giornata di studi (Venezia, Università Ca' Foscari, 27 marzo 2012), a cura di M.C. Piva, Venezia, Edizioni Ca' Foscari – Digital Publishing, 2014, pp. 83-114: pp. 87-91, 95-96.

[59] Si vedano Vasari, *Vite*, cit., II, p. 423, nota 3 (c'è un errore nel testo, doveva essere la nota 2) e II, *Giunta alle note del tomo secondo*, p. 49 e III, p. 458, nota 3. Bottari interviene anche a livello testuale riportando correttamente il nome di Maarten van Heemskerk, che Vasari indica come «Martino Ems Kycr», consapevole che anche Baldinucci «a car. V. della prefazione dell'arte dell'intagliare lo chiama Emskyen, credo per errore di stampa» (*ivi*, II, *Giunta alle note del tomo secondo*, p. 49).

[60] «[...] il Sandrart attribuisce a Gio. di Calcar l'intaglio in legno de' ritratti, che sono nell'edizione de' Giunti, ma s'inganna, e bisogna credere al Vasari» (*Ivi*, II, pp. 432-433, nota 4; si veda il passo in von Sandrart, *Academia*, cit., pp. 232-233). La paternità dei ritratti delle *Vite* è oggetto di un interessante scambio epistolare tra Bottari e Tommaso Temanza (Bottari, *Raccolta di lettere*, cit., IV, pp. 295-296, n. CLXXXV e pp. 301-302, n. CLXXXVIII).

Lamberto Suave da Lamberto Lombardo, quando sono lo stesso»,[61] fondendo i due artisti in un'unica persona.[62]

Diversamente per i 'Piccoli Maestri' tedeschi l'edizione di Bottari risulta essere un primo studio critico prezioso, per le valide ipotesi di identificazione e integrazione per quegli artisti, il cui nome è lasciato in sospeso o riportato incompleto da Vasari.[63] Bottari propone infatti di riempire «il vano, che ha lasciato il Vasari, e vi si ponga il nome di Alberto Aldegraef»,[64] suggerisce che «GP. significa Giorgio Pens, uno di quell'intagliatori, che in Francia si dicono *i piccoli maestri*»[65] e che l'incisore col monogramma I.B. possa riconoscersi in Jacob Bink.[66]

L'ultimo riferimento in nota agli artisti d'oltralpe è inevitabilmente dedicato da Bottari all'artista indicato come incisore dei ritratti delle *Vite*; sull'esempio dell'edizione del 1647, Bottari integra direttamente nel testo il cognome del «Maestro Cristofano»,[67] lasciato incompleto da Vasari e in nota tenta di approfondirne la figura, avvicinandolo ai Coriolano, famiglia di incisori bolognesi.[68]

---

61 Vasari, *Vite*, cit., III, p. 465, nota 3.

62 La convinzione che «Lamberto detto Lombardo, o Lamberto Suterman [...] scrisse nelle sue stampe *L. Suavis*» (*ivi*, II, p. 424, nota 1) si deve al Sandrart, che per primo fonde i due artisti nella biografia di «Lambertus Lombardus», ritenendo che la firma potesse riferirsi a un primo periodo d'attività e criticando Karel van Mander – fonte sconosciuta a Bottari per questioni di lingua – per averne parlato come di due artefici diversi (von Sandrart, *Academia*, cit., p. 237).

63 Su Vasari e i *Piccoli Maestri*, si veda G.M. Fara, *Intorno a Dürer: 1470-1550. Gli antichi maestri tedeschi nel Gabinetto dei disegni e delle stampe degli Uffizi*, Firenze, Giunti, 2019, pp. 17-22, dove è indagato anche il diagramma della comprensione storica del testo vasariano, fino alla fine del XVIII secolo.

64 Vasari, *Vite*, cit., I, *Giunta alle note del tomo secondo*, p. 50; Bottari aggiunge che «nella Raccolta delle stampe della libreria Corsini sono circa 200 pezzi di stampe di questo autore», da altri «nominato *Arrigo Aldegraef*».

65 *Ivi*, II, p. 432, nota 1.

66 *Ivi*, II, p. 432, nota 2. Se i nomi di Heinrich Aldegrever e Georg Pencz sono riconosciuti oggi come corretti, l'ipotesi di Jacob Bink è superata in favore dell'incisore Hans Sebald Beham (si veda Fara, *Intorno a Dürer*, cit., p. 21 con bibliografia precedente).

67 Vasari, *Vite*, cit., II, p. 432. Bottari afferma di aver integrato il cognome Coriolano «sulla fede del Baldinucci» (*ivi*, II, pp. 432-433, nota 4), senza indicare la fonte precisa, descritta come «quell'Opera», con «l'impicciatissima divisione» e «gl'Indici miserabili» (*ivi*, II, *Giunta alle note del tomo secondo*, p. 43). Ad oggi non risulterebbe che Baldinucci citi l'artista né nel *Cominciamento e progresso dell'arte dell'intagliare in rame* né nelle *Notizie de' professori del disegno*, dove attribuisce i ritratti delle *Vite* a Jan Stephan van Calcar (Baldinucci, *Notizie de' professori del disegno*, cit., V, p. 335).

68 In un primo momento Bottari sembra confondere Cristofano e Bartolomeo Coriolano, perché «così lo chiama sempre il Malvasia» (Vasari, *Vite*, cit., II, pp. 432-433, nota 4), per poi concludere che Cristofano Coriolano avesse origini tedesche, non bolognesi (*ivi*, II, *Giunta alle*

Per concludere il commento, Bottari rievoca nuovamente «Marcantonio Raimondi, suddetto eccellentissimo intagliatore»,[69] suggerendo al lettore, che bramasse «un inventario delle stampe intagliate da Marcantonio» il primo tomo del Malvasia «il più copioso»,[70] con un ultimo e intenzionale riferimento al catalogo delle opere dell'incisore bolognese, vero fulcro di interesse del commento bottariano.

La lettura delle note alla *Vita di Marcantonio Bolognese e d'altri intagliatori di stampe* di Giovanni Gaetano Bottari ribadisce fortemente il peso e il ruolo della stampa, restituendo nell'ambito della critica di pieno Settecento la ricezione della biografia vasariana e la singolarità dell'incisore bolognese, come artista che non può essere semplicemente categorizzato come incisore di riproduzione, ma che allo stesso tempo si tende a considerare come tale in virtù della sua attività con Raffaello; è chiaro come già per Bottari e i suoi contemporanei Marcantonio rappresentasse un *unicum* nella storia della grafica, l'incisore di riproduzione per eccellenza.

---

note del tomo secondo, p. 50), e che «fosse padre, o zio di Bartolommeo, perché questo ultimo non potè intagliare i ritratti del Vasari, che furono pubblicati nel 1568 essendo che era vivo nel 1647» (*ivi*, II, pp. 432-433, nota 4).

69 *Ivi*, II, p. 107, nota 2.

70 *Ivi*, II, p. 433, nota 2. Il giudizio sul Malvasia ricalca quanto affermato da Baldinucci, che ne riteneva l'opera «un diligente catalogo quasi di tutti gl'intagli che uscirono dalla dotta mano di questo grand'artefice» (Baldinucci, *Cominciamento e progresso dell'arte dell'intagliare in rame*, cit., p. 63). È significativo che Bottari, nel quarto volume della *Raccolta di lettere* pubblicato nel 1764, anni dopo l'edizione delle *Vite*, scriva che «il Malvasia nella Felsina pittrice ha fatto un catalogo delle stampe di Marcantonio Raimondi, ma imperfetto» (Bottari, *Raccolta di lettere*, cit., IV, p. 331, nota 1, n. CCVIII), sintomo forse di un approccio ora più critico.

INDICE DEI NOMI*

* In questo indice non sono compresi i nomi di Albrecht Dürer, Marcantonio Raimondi e Giorgio Vasari. I nomi sono indicati secondo la consuetudine moderna; quando necessario si sono indicate fra parentesi le varianti italiane o in lingua straniera in cui tali nomi compaiono nelle fonti citate in questo volume. Gli studiosi moderni sono riportati nell'indice con il nome sotto forma abbreviata. Non sono indicizzati i nomi menzionati nei titoli dei saggi, libri e opere.

INDICE

FINITO DI STAMPARE
PER CONTO DI LEO S. OLSCHKI EDITORE
PRESSO ABC TIPOGRAFIA • CALENZANO (FI)
NEL MESE DI NOVEMBRE 2021